U0687048

经典战史回眸·二战系列

燃烧的太平洋

太平洋战区战史1941—1945

李亦杨 著

WUHAN UNIVERSITY PRESS
武汉大学出版社

图书在版编目(CIP)数据

燃烧的太平洋:太平洋战区战史:1941-1945/李亦杨著.—武汉:武汉
大学出版社,2022.12
经典战史回眸,二战系列
ISBN 978-7-307-23235-8

Ⅰ燃…   Ⅱ.李…   Ⅲ.太平洋战争—史料   Ⅳ.E195.2

中国版本图书馆 CIP 数据核字(2022)第 139579 号

责任编辑:蒋培卓   责任校对:李孟潇   版式设计:马　佳

出版发行:**武汉大学出版社**　　(430072　武昌　珞珈山)
　　　　　(电子邮箱:cbs22@whu.edu.cn 网址:www.wdp.com.cn)
印刷:武汉中科兴业印务有限公司
开本:787×1092　1/16　印张:30　字数:740 千字
版次:2022 年 12 月第 1 版　　2022 年 12 月第 1 次印刷
ISBN 978-7-307-23235-8　　定价:79.00 元

前　言

前　言

第二次世界大战或许是人类历史上影响最大的事件之一,至少我们可以肯定这是历史学家和历史爱好者们研究最多的历史事件,在世界各地的广大群众之间也随着书籍、电影、电视剧等媒介深入人心。我也在热爱历史的父母熏陶下自幼就对"二战"史产生了浓厚的兴趣,于是阅读关于"二战"的书籍、观看关于"二战"的影片也成为我人生的最主要爱好。在这个过程中,我自然无法忽视规模宏大又十分独特的太平洋战场。我最早就是通过《虎!虎!虎!》《中途岛之战》《硫黄岛家书》《血战太平洋》等影视作品开始接触太平洋战场,之后在阅读能力、知识储备和英语水平逐渐提高的同时接触更多中英文书籍资料,获得了更深入和广泛的了解。其中让我记忆犹新的就有宋宜昌前辈《燃烧的岛群》这种引人入胜的历史小说,也有美国历史学家罗纳德·斯佩克特思维清晰、令人信服的 *Eagle Against the Sun*,理查德·弗兰克关于瓜岛战役、安东尼·塔利和乔纳森·巴歇尔关于中途岛、何国治关于几场航母对战以及冬初阳关于几场陆战的详细战役研究,等等。这些精彩的作品不仅是我了解太平洋战争的主要媒介,也是我童年和青年时代快乐的重要源泉。

不过,我写这本书的具体契机,也是这本书最大的特点,是我对"二战"战场的实地考察。在这点上,我必须感谢我热爱历史和旅行的父母,他们从我小的时候就带着我在世界各地旅行,给我讲述有趣的历史故事,而且在我小学的时候同意了我的请求,带我去了一次法国诺曼底。这次启蒙之旅的行程在现在看来非常简短,我也跟很多重要的战争痕迹擦肩而过,但是这次旅行还是给我留下了不可磨灭的印象:站在奥马哈海滩上残存的德军碉堡里俯瞰整片海滩;爬上德军留在法国小镇上的虎式坦克;走进美军公墓一排排雪白的十字架之间。在这些时刻,仿佛我和那段历史的距离瞬间消失了,我就置身在那段历史之中。从此之后,父母又在数个假期先后带我去了数个战场,但是随着我自己的成长,每次看之前的旅行经历照片都会发现满满的"擦肩而过"的遗憾。终于,在2019年夏天我和家人一起探访了太平洋战区那些我们耳熟能详却又十分偏僻的岛屿,我也深知这样的机会几乎只有一次,因此做到了当时最详尽的准备,也开通了公众号"七点六二"与大家分享我的所见和对应的历史。等我结束旅途之后,我又在亲朋好友的鼓励下一遍遍重新学习太平洋战场相关知识,也反复修改甚至重写我最初漏洞百出的稿件,这对我来讲是一个既痛苦又美妙的学习、反思过程。

在这个过程中,我又愈发感受到太平洋战

展区是"二战"中最为独特的组成部分。不同于早就对硝烟和杀戮司空见惯的亚非欧大陆和近海，浩瀚的太平洋中部第一次成为世界强国殊死决战的战场。不同于各方势力犬牙交错、战斗一刻不停的其他战场，太平洋战区的战事围绕着一座座孤立的岛屿发生，几乎是为历史学家们天然地分好了章节，但是千里之外、数月之间的各场战斗却又遥相呼应、环环相扣。在太平洋战场浩瀚无垠的海空之间，双方以不可思议的工业和科技实力驱动着庞大的舰队、机群决定着战争的走向，但同时在远离现代文明中心的小岛上，双方士兵却又进行着最原始、血腥的近距离激战。没有哪个战场的局势甚至国家的命运可以像太平洋战区这样在短短几分钟内被一场航母对战的高潮决定。只有在太平洋战区，盟军战争初期的节节失利和中后期的不可阻挡产生的反差如此彻底。也只有在太平洋战区，盟军反攻的优势如此巨大以至于其结果几乎注定，但是敌人却又抵抗得如此疯狂……我谨希望自己的作品可以向读者们呈现太平洋战区这些值得我们细细品味的特质。

我要在这里感谢所有帮助过我、鼓励过我的亲朋好友们。虽然我不可能一一感谢其中的所有人，但是我有必要着重感谢以下这些为这本书作出了卓越贡献的朋友们。首先，我要感谢帮助我联系出版社、修订内容、给我指导的"二战"史前辈董旻杰老师和帮助我出版这本书、为国内"二战"历史爱好者们带来过众多优质作品的武汉大学出版社。其次，我要感谢为我提供过历史资料、帮助我勘正错误的历史学家和研究者们，其中包括太平洋战场陆战专家冬初阳老师，太平洋航母战役专家何国治老师，"二战"日军战史专家刘海丰老师，"燃烧的岛群"军史网、公众号作者"群主飞龙"，公众号"SkyCaptain"作者，公众号"海战研习所"作者，公众号"诸神的黄昏研究会"作者，还有太多太多与我讨论这段历史、让我不断学习到新知识的老师、朋友们，恕我无法一一列举。再次，我要感谢鼓励我开通公众号、通过阅读支持我的读者和同学们，包括不厌其烦被我拉着构思公众号内容的"5482小伙伴们"和女友。最后，我要着重感谢资助我、支持我、帮助我、陪伴我的家人们，尤其是资助我并陪伴我走过这些战场的父母亲，特别是拍摄、整理了其中绝大部分今日战场照片的母亲，这本书是献给你们的。没有你们，《燃烧的太平洋》绝无可能成书，因此这本书的任何价值都应该归功于你们，其中全部的不足和错误均为我的责任。

提前感谢读者们批评指正！

目　录

第一部分　风暴来袭

第一章 虎！虎！虎！——偷袭珍珠港

人类历史上几乎没有任何一场战争像太平洋战争一样以如此独特且戏剧性的方式开场。1941年12月7日清晨，当渊田美津雄率领的183架零式战斗机、九七舰攻和九九舰爆从珍珠港上空的云层中俯冲下来时，上至山本五十六、下至日本军舰上的炊事兵都十分清楚，历史即将不可逆转地进入一个新的篇章。

从"Z作战"到"攀登新高山"

美日两国走向战争的政治、经济、外交背景相当复杂，但是基本事实是从1931—1941年日本对中国的侵略行径愈发猖狂、日本军队在1940年9月铤而走险占领法属印度支那并促成日本加入德意日三国同盟，美日两国的关系走向破裂，以至于美国在1940年7—8月对日实行了战争物资的全面禁运和日本在美资产的冻结。由于日本军国主义者的一意孤行，双方未能在此后的谈判当中取得进展，日本的石油等资源储备则在禁运下逐渐见底，最终日本选择了战争的不归路。

早在两国关系彻底恶化之前，美国就作出了相应的军事部署，其中尤其重要的是富兰克林·罗斯福总统于1940年5月决定将美国海军太平洋舰队主力从圣地亚哥派遣至夏威夷的珍珠港，以震慑日本。夏威夷群岛的地理位置十分重要，分别距离日本东京6,200公里、菲律宾马尼拉8,500公里、美国加州圣地亚哥4,200公里，而且夏威夷和美国本土之间是地理上的"东太平洋屏障"（East Pacific Barrier），几乎没有任何岛屿，其西侧却存在着大量岛屿，一路指向亚洲大陆和日本本土。自从美国在1898年获取夏威夷群岛之后，它就成了美国在太平洋上最重要的桥头堡。然而，夏威夷相对突前的地理位置也意味着更大的危险，因此时任太平洋舰队司令的詹姆斯·理查德森上将（James O. Richardson）几次三番提出抗议，指出美军太平洋舰队容易遭到袭击，但是他在1941年2月1日被哈斯本·金梅尔（Husband E. Kimmel）上将替换。

大洋彼岸蠢蠢欲动的日本海军也将目光投向了珍珠港。早在1927年，海军大学校就进行过以航母突袭珍珠港的推演，后来成为第1机动部队参谋长的草鹿龙之介少佐也主持了关于空袭珍珠港的讲座，时任水雷学校教官的山本五十六大佐更在次年提出了进攻夏威夷的想法。由此可见，日军袭击珍珠港的构想并不是一时的心血来潮。不过，日本海军主流的对美作战方针还是依照日俄战争胜利经验设计的"渐减邀击作战"，即通过攻击美国的菲律宾殖民地引诱美国海军主力前来救援，然后以航空兵、潜艇、驱逐舰等辅助力量不断将其削

1940 年山本五十六在联合舰队旗舰"长门"号战列舰上研究战争计划。

弱、直至最后以主力战列舰在舰队决战中将其消灭。

无论这个计划本身是否可行，1939年升任海军联合舰队司令长官的山本五十六大将完全否决了这一构想。他曾在1919—1921年担任驻美武官，其间在哈佛大学学习，十分了解美国巨大的战争潜力。他认定对美作战唯有速战速决，而绝不能陷入旷日持久的消耗战。因此，他依照1940年英军突袭意大利塔兰托的经验，在航空专家大西泷治郎少将、第1航空舰队航空参谋源田实中佐、第2航空战队司令官山口多闻少将的帮助下，制订了极具创新性的"Z作战"计划。此计划是以南云忠一中将麾下、下辖日本全部6艘主力航母的第1航空舰队突袭珍珠港，力求重创美国太平洋舰队主力。为了实现这一计划，日军专门改装了可以在珍珠港港内浅水中使用的空投鱼雷，日军的九七舰攻、九九舰爆也分别作为鱼雷机、水平轰炸机和俯冲轰炸机进行了反复演练。为了确保战果，日军还派出了伊-16、伊-18、伊-20、伊-22、伊-24号潜艇，各自搭载1艘"甲标的"微型潜艇，用于潜入港内对美军战舰发射鱼雷。这一行动由第3潜水队司令佐佐木半九大佐负责。

美军方面虽然意识到美日战争一触即发，却没有料到日本人敢于派出航母直接偷袭珍珠港，太平洋舰队司令金梅尔上将与陆军夏威夷卫戍司令沃尔特·肖特（Walter C. Short）中将均未对此做出防范。当然，美军军政高层和情报部门同样失职严重，没有及时向夏威夷的两位指挥官传达截获的重要情报和相应的指示。结果，两位指挥官采取了灾难性的布置：海军将6艘主力战列舰分两排停放在"战列舰大道"上，而且没有防雷网保护；陆军则为了防止间谍破坏，将机场上的飞机集中停放在机场中央，完全没有任何隐蔽或者防护措施。

东京时间1941年12月2日17:30，日本政府作出宣战决定，第1航空舰队司令官南云忠一中将收到了"攀登新高山1208"的命令，意味着偷袭计划将在东京时间12月8日，也就是夏威夷时间的12月7日执行。按照具体计划，5艘微型潜艇将先行潜入港内，随后日军"赤城""加鹤""苍龙""飞龙""翔鹤""瑞鹤"6艘航母上的189架飞机将作为第一攻击波于拂晓时分出击，如果未遭到抵抗就依次雷击、俯冲

"沃德"号的三号炮组，正是这门炮击沉了日军微型潜艇，拿下了太平洋战争的第一个战果。

轰炸、水平轰炸。如果美军有所准备则改为强攻，依次俯冲轰炸、水平轰炸、雷击。

突袭开始前，日本间谍报告港内有9艘战列舰、3艘巡洋舰、17艘驱逐舰，船坞内还有4艘巡洋舰和3艘驱逐舰，"企业"号（USS Enterprise）和"列克星敦"号（USS Lexington）航空母舰却均不在港内。饶是如此，南云忠一认为机不可失，还是决定按照原计划展开突袭。于是，夏威夷时间1941年12月7日凌晨，日军微型潜艇提前出发。3:42，美国扫雷艇"秃鹰"号（USS Condor）和驱逐舰"沃德"号（USS Ward）发现了其中一艘甲标的潜艇，并且立即上报。

6:30，美军船只和PBY飞艇再次发现了微型潜艇的踪迹，"沃德"号舰长威廉·奥特布里奇（William W. Outerbridge）上尉这次直接发现了日军微型潜艇的潜望塔。奥特布里奇果断下令开火，在6:45打响了太平洋战争的第一炮，然后以第二炮击沉这艘微型潜艇。在此情况下，奥特布里奇再次立即上报，但是当值军官仍然没有重视"沃德"号的报告。值得一提的是，日军的5艘微型潜艇全部被击沉或者搁浅，10名成员中9人死亡、1人被俘，按照双方资料来看大概没有取得任何战果。从这个意义上讲，派出甲标的微型潜艇险些破坏了日军偷袭的突然性，实为得不偿失之举。然而，美军当值军官的失职化解了这种可能，就在"沃德"号开火30分钟前的6:15，日军第一攻击波已经从航母上

搁浅的HA-19号甲标的潜艇。

腾空而起，美军却毫无反应。

虎！虎！虎！

早晨6:45，美国陆军雷达站的两名二等兵在荧幕上发现大批不明飞机正在靠近瓦胡岛（Oahu），当即上报给防空中心。然而，值班的科米特·泰勒（Kermit A. Taylor）中尉判定这是来自加州的美军B-17轰炸机，因此没有作出任何反应。事实上，他们发现的正是日军第一攻击波的庞大机群。早在5:30，日军"利根"号、"筑摩"号重巡洋舰就各自派出了1架零式水侦分别对珍珠港和拉海纳（Lahaina）锚地进行最后的侦察，不久之后的6:15，日军第一攻击波也开始起飞整队。两架侦察机分别于7:35发回报告：在珍珠港发现9艘战列舰、1艘重巡洋舰、6艘轻巡洋舰，而拉海纳锚地未发现美舰。于是，日军第一攻击波按照原计划扑向了珍珠港，放弃了最后一个中止行动的机会。

7:40，日军183架飞机组成的庞大机群终于从五个方向飞抵瓦胡岛上空。这个由渊田美津雄中佐指挥的机群分为三组，其中第一组包括49架九七舰攻挂载由战列舰主炮炮弹改装的800kg穿甲炸弹，用作水平轰炸机，另40架九七舰攻挂载鱼雷，用作鱼雷机，准备协同攻击美军战列舰；第二组51架九九舰爆用于俯冲轰炸美国海军福特岛机场

（Pearl Harbor/Ford Island NAS）、陆军惠勒机场（Wheeler Airfield）和希卡姆机场（Hickam Airfield）；第三组43架零战负责掩护另外两组。

7:49，担任第一攻击波指挥官的渊田美津雄中佐见港内一片安静，判定美军不会抵抗，因此发出一发信号弹，命令按照首先雷击的计划发动偷袭，同时由发报员发出了"突！突！突！"的攻击信号。然而，渊田美津雄认为有

日本飞行员接受出击前的最后指示。

准备从"翔鹤"号航母上起飞的零战和九九舰爆。

机组没能看到信号弹，于是又打出了第二发信号弹。不成想，"翔鹤"号飞行队长高桥赫一少佐误以为这是发射两颗信号弹、改为强攻的命令，于是带着手下的九九舰爆直接向美军机场俯冲了下去。然而，这一混乱并没有给日军造成更严重的后果，美军仍然毫无反应。就在第一颗炸弹于7:51炸开在惠勒机场之后不久，渊田美津雄发出了著名的"虎！虎！虎！"信号，代表着偷袭成功。

"战列舰大道"的灾难

当日本飞机俯冲下来时，最令他们惊讶的就是6艘美国战列舰正分两列紧密停放在福特岛旁边。要知道，珍珠港内的全部战列舰不过是8艘。更令人惊奇的是，"内华达"号战列舰上浑然不觉的美军官兵们居然正在举行升旗仪式！当时美军战列舰大道上从左往右、从后往前依次是战列舰"内华达"号（USS Nevada），修理舰"维斯塔"号（USS Vestal），战列舰"亚利桑那"号（USS Arizona）、"西弗吉尼亚"号（USS West Virginia）、"田纳西"号（USS Tennessee）、"俄克拉何马"号（USS Oklahoma）和"马里兰"号（USS Maryland）。前方不远处停靠着"加利福尼亚"号（USS California），干船坞内还有"宾夕法尼亚"号（USS Pennsylvania）。7:57，"赤城"号飞行队长村田重治少佐率领的雷击组和渊田美津雄中佐亲率的水平轰炸组开始进入攻击位置。

日本飞行员在攻击刚刚开始时拍摄的"战列舰大道"，可见美军的主力舰只是何等集中，又缺乏防备。

日军水平轰炸机视角下的"战列舰大道"。

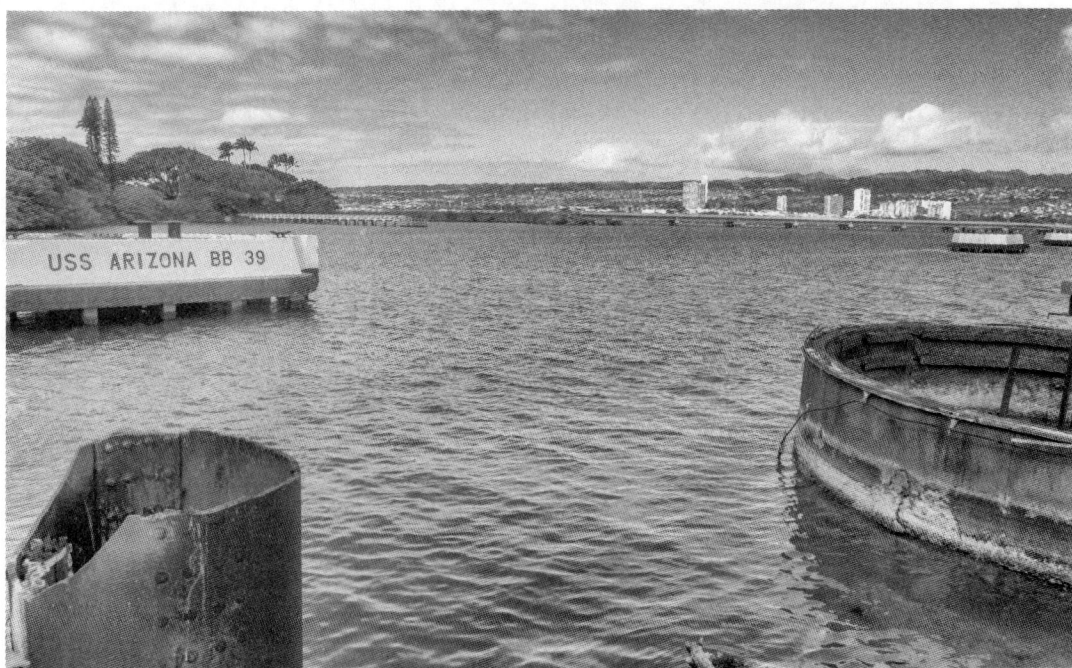

今日的"战列舰大道":左手边就是"亚利桑那"号战列舰的位置标示,而照片中前方的残骸正是"亚利桑那"号的烟囱。

水平轰炸组的49架九七舰攻包括"赤城"15架、"加贺"14架、"苍龙""飞龙"各10架，以密集的五机编队攻击"战列舰大道"内侧的目标。待日军完成投弹后，"亚利桑那"号被直接命中了4枚800kg重磅穿甲炸弹，其中最后一枚直接穿透了"亚利桑那"号前部二号炮塔的弹药库装甲，从而引发了大爆炸。另外，"马里兰"号、"田纳西"号和"西弗吉尼亚"号也分别被命中两弹，幸而没有引发大爆炸。总之，日军投掷的49枚800kg穿甲弹当中10枚命中，对于高空水平轰炸来讲准确率相当可观。关于日军命中的具体情况仍然存在着不小争议，美国历史学家艾伦·齐姆（Alan Zimm）给出的数据是8枚命中或近失，依然算是不错。

同时，"战列舰大道"外侧遭到了日军鱼雷的沉重打击。雷击组的40架九七舰攻当中，来自一航战"赤城""加贺"号的各12架首先扑向了"战列舰大道"，对外侧的战列舰造成了毁灭性打击。村田重治率领的"赤城""加贺"雷击队全部由精锐资深飞行员组成，配上相当先进的九七舰攻和九一式鱼雷，可以算是当时世界上最致命的反舰力量。一马当先的"赤城"号雷击队在美军作出反应之前就投下了鱼雷并扬长而去，因此未受损失。紧随其后的"加贺"号雷击队也取得了相当战果，但是遭到了美军防空火力的猛烈阻击，多达5架九七舰攻被击落。来自"苍龙""飞龙"号的各8架九七舰攻则首先扑向了美军航母锚地，未果后才转过头来攻击"战列舰大道"，但是此时战场已经浓烟滚滚，而且外侧的战列舰非沉即伤，因此他们选择了飞过福特岛前去攻击美军巡洋舰或者将宝贵的鱼雷浪费在了"犹他"号（USS Utah）训练舰之上。

在日军的鱼雷攻击中，"加利福尼亚"号中雷3条；"俄克拉何马"号中雷多达9条，因

日本飞行员拍摄的照片：可见远处"俄克拉何马"和"西弗吉尼亚"号被鱼雷击中产生的冲天水柱。

攻击结束后的"亚利桑那""西弗吉尼亚"和"田纳西"号战列舰。

此倾覆沉没;"西弗吉尼亚"中雷7条;"内华达"仅中雷1条。同时,"海伦娜"号(USS Halena)和"雷利"号(USS Raleigh)轻巡洋舰分别被中1条鱼雷、遭到重创,"犹他"号训练舰被命中2条沉没。除此之外,"奥格拉拉"号(USS Oglala)布雷舰也被在不远处爆炸的鱼雷震碎了船体,不久后沉没。综上所述,日军第一攻击波的九七舰攻共放雷40条,其中竟有多达24条命中目标!艾伦·齐姆给出的数据是19条鱼雷命中,整体出入也不大。

总之,第一攻击波的雷击组和水平轰炸组先后命中了港内的8艘美国战列舰,其中"亚利桑那""俄克拉何马""加利福尼亚""西弗吉尼亚"号沉没,另有2艘轻巡洋舰被重创、1艘训练舰被击沉。这8艘战列舰中,"亚利桑那"号和"俄克拉何马"号损伤最为严重:前者的主弹药库被直接命中,瞬间发生大爆炸,

舰上共1177人阵亡;后者被命中9条鱼雷,直接在8:08倾覆沉没。被困在西弗里吉尼亚号舱内的70名水兵命运最令人唏嘘:按照他们后来留下的记号来看,他们一直坚持到了12月23日才终于因为饥饿、窒息在被困了整整16天之后绝望地死去。相比之下,日军第一攻击波仅有9架飞机被击落,其中5架是攻击"战列舰大道"的九七舰攻,可谓大获成功。不过,被击沉击伤的8艘美国战列舰当中有6艘后来都被打捞修复,重新投入战争,可见美国可怕的工业和科技实力严重削弱了日军偷袭的长期意义。无可救药的"俄克拉何马"号被美军拆解,唯有"亚利桑那"号还沉在港口中央,仍然时不时地向港口中渗出燃油。

当然,美军也并非毫无反应:不少缓过神来的高射炮手英勇开火,其中包括"西弗吉尼亚"号上的黑人炊事兵多里斯·米勒(Dorris

"亚利桑那"号弹药库爆炸的瞬间。

Miller）。从未接受过高射机枪训练的他毅然开火射击，可能击落了1架九七舰攻。因为此远超职责的英勇行为，米勒被授予海军十字勋章，美国海军最新的一艘福特级航母也将以他的名字命名。"内华达"号战列舰更是首开纪录，以击落1架"加贺"号的九七舰攻取得了太平洋战争中美军的第一个防空战果。

第二攻击波：内华达的奋战

在日军第一攻击波来袭时，"内华达"号舰长并不在舰上，因此由当职军官弗朗西斯·托马斯（Francis J. Thomas）少校代行指挥。由于"内华达"号受创较轻，且位于"战列舰大道"末尾，托马斯少校在组织防空火力和注水工作的同时下令立即出港，以免坐以待毙。同时，当天的舰上值日军官、贵为海军中将之子的小约瑟夫·陶西格（Joseph K. Taussig）少尉也在第一时刻组织高射炮火，

并且在大腿被击中的情况下拒绝撤离，以至于最后被截肢。两人均因当天的高光表现荣获海军十字勋章。

8:40，日军167架飞机组成的第二攻击波开始抵达瓦胡岛，由"瑞鹤"号飞行队长岛崎重和少佐指挥。其中，54架挂载250kg和60kg炸弹的九七舰攻负责轰炸其余4座美军机场，78架九九舰爆负责继续攻击受损的美军舰船，35架零战提供空中掩护。日军的九九舰爆主要挂载250kg炸弹，威力远不如之前九七舰攻挂载的800kg炸弹，但是其俯冲轰炸的精度更高，而且由号称"舰爆之神"的"苍龙"号飞行队长江草隆繁少佐率领。胆大妄为的江草隆繁决定优先攻击高射炮火最猛烈的美军舰船，理由是这样可以判明哪些敌舰还具备抵抗能力，没有被第一攻击波摧毁。

于是，在第一攻击波中逃过一劫、从干船坞里织起密集防空火网的"宾夕法尼亚"号战列舰从9:05开始遭到重点"关照"，旁边的"卡辛"号（US Cassin）及"道恩斯"号

正在试图驶向外海的"内华达"号战列舰。

空袭珍珠港的九九舰爆。

架日军九九舰爆机群的围攻，接连被5~6枚250kg炸弹命中。最后，托马斯少校为了防止阻塞航道在9:10将"内华达"号自行搁浅。勇敢的"内华达"号高射炮手们还在奋力还击，一共在两个攻击波内击落了7架日机，成为了当天珍珠港内美军各军舰当中战绩最优者。等到日军攻击结束时，"内华达"号的上层舰体已经面目全非，但是坚实得于10:30在两艘小艇的帮助下平稳搁浅。在惨烈的战斗中，"内华达"号共60人阵亡、109人受伤。

等到日本飞机彻底离去时，14艘美国军舰已经失去了战斗能力，还有20多艘受损。总

（USS Downes）驱逐舰也被殃及。1枚直接命中的250kg炸弹对"宾夕法尼亚"号造成了严重破坏，另1枚则击毁了"道恩斯"号的燃油舱，导致3艘军舰均被大火焚烧，"卡森"号更是从船台上滑落砸在"道恩斯"号上，两艘驱逐舰因此基本报废。除此之外，"檀香山"号（USS Honolulu）轻巡洋舰、"维斯塔"号维修船、"柯蒂斯"号（USS Curtis）水上飞机母舰和"肖"号（USS Shaw）驱逐舰也遭到了九九舰爆不同程度的打击。

面对汹汹来袭的日军机群，"内华达"号战列舰继续向珍珠港的出口艰难航行，结果招致了14~18

干船坞中的"宾夕法尼亚"号战列舰（后方）和两艘驱逐舰。

遭到攻击几天后的"战列舰大道"，其中倾覆的是"俄克拉何马"号，最下方的是已经一半沉入水中的"亚利桑那"号。

之，在一上午之内，强大的美国太平洋舰队水面部队就被打得只剩下了一个空壳，几无还手之力。然而，第二攻击波的日军舰爆将大部分炸弹都扔向了皮糙肉厚的"宾夕法尼亚"和"内华达"号战列舰上，对舰体造成的伤害非常有限。相比之下，遭到重创甚至报废的3艘驱逐舰足以说明，日军九九舰爆如果集中攻击中小型舰艇将取得更大的战果。从这个意义上讲，两艘战列舰用他们的牺牲换来了日军第二攻击波大量九九舰爆的注意力，保护了更为弱小的友舰。日军方面，78架九九舰爆中的14架被击落，另有14架返航后报废，大部分都毁于美军高射炮之手。按照艾伦·齐姆的统计，他们

投下的78枚炸弹当中15枚命中、4枚近失，但是其中7枚投在了两艘战列舰头上，造成的实际损害非常有限。

机场灾难

日本飞机蹂躏美国海军太平洋舰队的同时，夏威夷的几座机场也未能幸免。其中今日最容易参观的就是福特岛上的海军机场，即现在的太平洋航空博物馆所在地。正是福特岛机场塔台在7:55遭到攻击后不久向太平洋各美军基地发出了"珍珠港遭到空袭！这不是演习！"的重要警报。其实，当时福特岛机场上主要部

日军发起攻击时看到的福特岛机场。

今日的福特岛机场。有趣的是红白色的高塔并不是防空塔，而是水塔。

这张著名的照片就拍摄自福特岛机场，两名水兵看着火海中的水上飞机茫然无措。

署了60架水上飞机，对日军的威胁并不大。相比之下，部署着多达140架战斗机的陆军惠勒机场和部署了56架轰炸机的陆军希卡姆机场才是对日军的主要威胁。不过，福特岛机场仍然遭到了日军舰爆和零战的联合攻击，按照卡尔·史密斯（Carl Smith）的保守统计，当天机场上共有26架PBY飞艇和J2F水上飞机被直接摧毁。

日军第一波攻击的目标包括福特岛机场、惠勒机场和希卡姆机场，由"翔鹤""瑞鹤"的51架九九舰爆展开轰炸，来自全部6艘航母的零战制空队也对美军各机场展开了扫射。这些机场的机库纷纷被炸弹击中，顿时陷入熊熊大火，密集停放在机场中央的机群更是在日军零战的扫射下遭受了灭顶之灾。按照卡尔·史密斯

的统计，当天惠勒机场上共42架飞机被直接摧毁，其中包括30架新锐的P-40战斗机、10架P-26或P-36老式战斗机和2架OA-9两栖运输机；希卡姆机场上则有20架轰炸机被直接摧毁，包括2架A-20、12架B-18、5架B-17和当时太平洋区域唯一一架新型的B-24轰炸机。

与此同时，两个倒霉的美军机群不知不觉地飞抵了战火纷飞的珍珠港。"企业"号航母VS-6侦察轰炸中队的18架SBD"无畏"俯冲轰炸机于6:20起飞返回珍珠港，结果在8:15到8:30之间突然遭到日军零战袭击。美军飞行员与日军展开了缠斗，但是终究不敌，其中6架SBD被以逸待劳的日军零战和地面上歇斯底里的美军防空炮一并击落，造成9名机组成员阵亡。无

独有偶，陆航第11轰炸机联队的12架B-17"空中堡垒"轰炸机也恰好正从美国加州飞来，在8:30左右抵达瓦胡岛上空，立即遭到日军零战截击。这些轰炸机为了减少长途飞行的负担都没有安装机枪，因此毫无还手之力，但是凭借着坚固的机身，全部12架B-17都得以降落，只有2架因为受损过重而无法修复。

其余3座主要机场也遭到了日军零战扫射和

这架B-17被直接打断成了两截。

少数九九舰爆轰炸。按照卡尔·史密斯的统计，卡内奥赫海军机场（Kaneohe Bay NAS）共33架PBY飞艇和1架OS2U水上侦察机在当天被击毁；埃瓦海军陆战队机场（Ewa Mooring Mast Airfield）的陆战队第21航空大队遭到重创，共32架F4F"野猫"战斗机、SBD和SB2U俯冲轰炸机被摧毁；只有贝洛斯机场（Bellows Airfield）几乎全身而退，仅遭到1架零战扫射。相比起美军上百架飞机的重大损失，日军第一攻击波除5架九七舰攻在攻击"战列舰大道"时损失之外，只有3架零战和1架九九舰爆在攻击机场时被美军高射炮击落。日军对美军机场的突袭可谓

大获全胜，对美国陆海军航空兵来说则是彻头彻尾的灾难。

以寡敌众

8:54，日军第二攻击波开始对美军机场展开第二轮攻势。来自"翔鹤""瑞鹤"号航母的共54架九七舰攻对福特岛、卡内奥赫和希卡姆这三座主要机场展开了水平轰炸，以求彻底摧毁机场上残存的飞机和设施，来自"赤城""加贺""苍龙""飞龙"号航母的35架零战组成的制空队则前往扫射希卡姆、卡内奥赫和贝洛斯机场。最后，埃瓦机场被设为了日军机群的集合地点，日本飞行员奉命将剩余的弹药倾泻在埃瓦机场上。希卡姆和卡内奥赫机场的设施再次遭到了炸弹的严重破坏，其中希卡姆机场在两波攻击中遭受了严重的人员损失，卡内奥赫机场上的每一架飞艇都被摧毁，其他各机场上的飞机损失应该也不算小，但是第二攻击波的总体效果无法与第一攻击波相提并论。相当说明问题的是，贝洛斯机场在第二攻击波当中才遭到大规模攻击，但是通过此前

日军九七舰攻对福特岛机场展开轰炸。

的及时疏散，美军仅仅在机场上损失了2架试图起飞的P-40、1架O-49侦察机和1架迫降在此的B-17轰炸机。

然而，日军遭遇的抵抗却与第一攻击波大相径庭。尽管负责攻击机场的九七舰攻无一损失，制空队的零战和攻击美军军舰的九九舰爆编队却遭到了猛烈抵抗，共计6架零战和14架九九舰爆未能返航，成功返航的飞机当中也有多达70架被击伤。这很大程度上源于艺高人胆大的美国战斗机飞行员在以寡敌众的情况下毅然升空、勇敢抵抗。在偷袭过程中，14名美军陆航战斗机飞行员驾着P-40或P-36起飞迎战，共击落了第二攻击波的10~14架日机。

其中表现尤其出色的是惠勒机场第47战斗机中队的乔治·韦尔奇（George S. Welch）和肯尼斯·泰勒（Kenneth M. Taylor）两位少尉。这二位年轻人刚刚打牌喝酒玩儿了一个通宵，却在7:55被炸弹惊醒后第一时间驱车前往机场。韦尔奇和泰勒意识到惠勒机场肯定遭到了攻击，于是果断前往偏远的哈罗瓦机场（Haleiwa Fighter Strip），路上遭到了日军战斗机扫射但安全抵达。这是一座尚未完工的临时野战机场，停有几架P-40用于训练任务。由地勤人员加好油弹之后，两人在8:30架着P-40起飞与敌交战，首先前往埃瓦机场上空截击完成轰炸任务后扫射机场

战斗结束后的泰勒（左）和韦尔奇（右）。

的九九舰爆，共击落2架、击伤1架。

打光弹药后，二人前往惠勒机场强行降落补充弹药，然后再度起飞投入战斗，一边爬升一边对迎面而来的九九舰爆机群开火。泰勒一度遭到了"赤城"号舰爆分队长牧野三郎大尉的咬尾攻击，黄雀在后的韦尔奇却将其直接击落。此后两人转向海上追击日机，韦尔奇击落了一架零战，泰勒也击落了另一架日机。总之，韦尔奇确定击落3架日机、泰勒击落2~4架日机，两人均被授予了优异服务十字勋章。

其他飞行员的经历没有泰勒和韦尔奇这么传奇浪漫，其中四人更是血洒长空，包括一人被友军防空炮火击落，但是他们的勇敢还击有效打击了日军的第二攻击波。地面防空火力也取得了战果，例如卡内奥赫机场的12.7mm高射机枪打穿了"苍龙"号舰战分队长饭田房太大尉的零战座机油箱，饭田房太决定撞击美军库房，却一头栽向了土坡。另外，西开地重德一等飞行兵曹也是零战油箱被击穿而迫降在了尼豪岛（Niihau）上，从而引发了影响深远的"尼豪岛事件"。

总之，关于美国陆海军在偷袭中的飞机损失，说法不一，按照马克·斯蒂尔（Mark Stille）采用的广泛说法，97架海军和陆战队飞机以及77架陆军飞机被当场摧毁，另外24架事后报销，总计198架，另有至少137架遭到重创。日军的损失情况还算清晰，共29架飞机，包括9架零战、15架九九舰爆和5架九七舰攻，机组成员共阵亡55人，另外甲标的艇员死亡9人、被俘1人，其中死亡的9人被日本宣传为"九军神"。无论如何，第二攻击波结束后渊田美津雄最后亲自在瓦胡岛上空盘旋检查了一遍战果，然后带着两架与编队失散的零战返回了"赤城"号航空母舰，最终于13:00降落。

时至今日，日军是否可以进行第三攻击

波的问题还是充满争议。近年来的研究表明，关于第三攻击波可以摧毁美军油库、干船坞的理论基本上都是经不起推敲的，本书不在此赘述。但是第二攻击波当中日军遭受的惨重损失也是南云忠一打消第三攻击波念头的重要原因，客观上美军的顽强抵抗消除了日军进一步扩大战果的可能。最终，南云忠一在16:30决定不派出第三攻击波，下令掉头西撤，偷袭珍珠港的行动也就此画上了句号。

后记：历史的过客和主角

当珍珠港的硝烟散尽时，日本联合舰队司令长官山本五十六已经十分清楚，自己将作为能够与纳尔逊、德雷克、东乡平八郎齐名的海军名将被载入史册。他一手策划的偷袭珍珠港已经彻底改变了海战的战斗方式：大炮巨舰将史无前例地靠边站，将舞台中央留给那些从航空母舰甲板上腾空而起的飞行员小伙子们。作为一名赌徒，他以一点微薄的成本（64个日本飞行员和潜艇艇员的生命）换取了大半支美国太平洋舰队和半个珍珠港的瘫痪。山本五十六无法像他的那些手下，比如带领机动部队的南云忠一一样沉浸在狂欢中，因为美国的几艘航空母舰并没有在港中。美军航母部队将卯足了力气为沉在珍珠港中的2,388名美国军人复仇。

美国太平洋舰队司令金梅尔想必心中充满了苦涩。他的一切命令都没有违反美国海军的传统和规定，只是历史比他的经验超前了一步罢了。在攻击过程中，一发流弹打碎了他的办公室窗户、轻弹到了他的身上，眼看着浓烟滚滚的"战列舰大道"，金梅尔喃喃说道："若能被这子弹打死，对我也算慈悲了。"经过简单调查，美军高层就匆匆将金梅尔和肖特撤职，金梅尔海军上将在这个人类海战史上最伟大的乐章开始的时候，被叫下了指挥台，成为一名看客。

接替金梅尔的是一位其貌不扬，但是深知航空母舰重要性、对战术战略有着深刻认识、深受尊敬、智力超群的德国裔军人。

惨遭撤职的金梅尔上将。

那时，面对着一半沉入了水底的太平洋舰队的他可能还意识不到，他将成为历史上最伟大的海军将领。在短短四年之内，他将带领着一只被打醒的美利坚巨兽，越过浩瀚的太平洋，将这支舰队从珍珠港带到东京湾，也同时把那些参与袭击珍珠港的日本军舰一艘艘送入海底。他就是切斯特·尼米兹海军上将。

与珍珠港港内军舰上的熊熊烈焰一起燃起的还有美国人民心中的复仇之火。当1941年12月7日早晨7:55第一枚炸弹落在惠勒机场上的时候，日本还未向美国递交宣战战书。因此，美国人将珍珠港看作一次肮脏、无耻的偷袭，日本人则是彻彻底底的背信弃义之徒。次日中午，美国国会以参议院82票支持0票反对、众议院388票支持1票反对的压倒性投票结果决定对日宣战。16:10，罗斯福总统签署宣战书，美日两国正式进入战争状态。很大程

罗斯福签署对日开战的国会立法，他左臂上绑着黑丝带来表示对珍珠港阵亡将士们的哀悼。

希卡姆机场前仍然飘扬的星条旗。这张照片成了美国在珍珠港遭到偷袭时不屈的象征。

度上，正是日本人对珍珠港的无耻偷袭注定了美国将举全国之力、不惜代价地打败日本人。在之后的战争中，无论是尼米兹伟大的越洋攻势、麦克阿瑟巧妙的西南太平洋蛙跳还是李梅最后天降怒火般的战略轰炸，其精神内核很大程度上都来自1941年12月7日的这场美国国耻。

今日珍珠港

今日的太平洋航空博物馆当中藏有不少"二战"名机，包括日本零式战斗机、美国海军SBD"无畏"式俯冲轰炸机、美国陆军航空兵P-40"战鹰"战斗机、美国海军和陆战队的F4F"野猫"战斗机和美国陆军航空兵B-25"米切尔"轰炸机。

珍珠港除了作为灾难的象征以外，也是盟国最终胜利的象征，尤其是因为停靠在珍珠港内的衣阿华级"密苏里"号战列舰（USS Missouri）。1945年9月3日，日本对同盟国最后的投降仪式正是在她的甲板上举行的。尽管"密苏里"号很可能是世界上最为强大的战列舰，海战迷们也津津乐道于设想她和日本"大和"号战列舰的决斗，但是正如偷袭珍珠港所示，太平洋战争的主角已经不再是强大的战列舰，而是航母战斗群、舰载机和潜艇。因此，强如"密苏里"也不过在"二战"中担任了轰击日军海岛阵地和为航空母舰提供防空保护的任务。

珍珠港内的"弓鳍鱼"号（USS Bowfin）潜水艇跟"密苏里"比起来毫不起眼，但这艘

"密苏里"号的 406mm 口径主炮，可以将近 1 吨重的炮弹发射到 38 公里外。

潜艇却是一艘名副其实的王牌艇，战果远高于"密苏里"号战列舰。在服役期间这艘潜艇共击沉了17艘敌舰，其中甚至包括了一艘维希法国的货轮。

在人类历史上，总有一些集体起到了重要作用，却被遗忘在了历史的长河之中。在"二战"中，美军潜艇部队仅占美国海军总吨位的2%，其战果却达到了击沉总吨位的55%。美军潜艇部队几乎摧毁了日本的运输船队，彻底瘫痪了日本的战时经济，还先后击沉了8艘航母、1艘战列舰、11艘巡洋舰和众多驱逐舰等小型舰艇，战果几乎与风头无两的美军航母部队相当。同时，潜艇兵在"二战"美国所有兵种当中死亡率最高，平时的生活条件也最为恶劣。他们生活在孤独、幽闭的潜艇中，随时面临着沉入海底的风险，却安静地帮助美国打赢了战争。考虑到这些危险，相当人性化的美国海军专门为每一艘潜艇配备了冰激凌制作设备以改善艇员生活条件，而且规定如果设备故障就不能出航。在之后的篇幅中，我们将经常看到美军潜艇关键的身影。

"弓鳍鱼"号潜艇。

第二章　背水一战——威克岛保卫战

孤岛前哨

战争开始之前，威克岛是美国在太平洋上战略地位关键的前哨阵地，距离东边的珍珠港远达3,700公里，距离南边日本控制下的马绍尔群岛仅有860公里，另外距离西边日本控制下的马里亚纳群岛2,300公里远。威克岛实为一座环礁，上面三座岛呈V形，左右顶端分别是微小的威尔克斯岛（Wilkes Island）和皮尔岛（Peale Island），中间主要部分是威克岛（Wake Island），机场坐落于底端，环礁陆地总面积7.38平方公里。

按照战前美军向西发动越洋攻势的"橙色计划"（War Plan Orange），威克岛突前的地理位置极为关键，可以为美国海军提供至关重要的中继站。然而，威克岛突前的地理位置同样意味着战争开始后日军将随时对其发起进攻，而且对日军来说，威克岛可以起到拱卫马绍尔群岛侧翼的作用。因此，1941年初美军开始将威克岛基地建设提上日程，太平洋舰队司令金梅尔上将更是在1941年4月18日提出优先向威克岛派驻防御部队、建设防御工事。总体来讲，美军对于守岛部队的期望是在遭到日军进攻的情况下拖住敌人，等待太平洋舰队主力对敌军登陆舰队进行致命打击。

同时，海军陆战队总司令托马斯·霍尔科姆（Thomas Holcomb）少将也出于防御太平洋前哨岛屿的实际需要和趁机扩充陆战队实力的目的，设立了守备营（Defense Battalion）这一编制。按照设想，每个守备营兵力大约900人，下属3个高射炮连，各装备4门3英寸高射炮，以及3个岸防炮连，各装备2门5英寸岸防炮，还有相应的机枪、通讯、雷达、声音测位器和后勤支援单位。在如此编制下，守备营将在到达任何地点三天内建立起完善的防御体系以抵御敌方空袭、军舰炮击和小规模突袭行动，但是并没有足够的陆战兵器和兵力来抗击大规模登陆行动。因此，美军同时计划成立独立步兵营与守备营协同部署，但是由于战争爆发未能实现。等到战争爆发时，陆战队已经编成了6个守备营，其中第5营驻守冰岛；第7营驻守美属萨摩亚；第6营驻守中途岛；第3、4营驻守珍珠港；第1营分散在珍珠港、约翰斯顿岛、帕米拉岛和威克岛；尚未编成的第2营仍在加州训练。

1941年10月15日，还佩戴着"一战"式钢盔、使用M1903"春田"步枪的第1守备营威克岛分队正式接管威克岛防务，由第1营执行军官詹姆斯·德弗罗（James Devereux）少校指挥，11月28日到任的温菲尔德·S.坎宁安海军（Winfield S. Cunningham）中校接任全岛最高指挥官。最终，威克岛守备队装备有6门淘汰

战争爆发时海军陆战队的装备和制服形象。

自"得克萨斯"号（USS Texas）战列舰的5英寸/51倍径岸防炮、12门3英寸/50倍径高射炮、18挺M1921水冷式12.7mm高射机枪和30挺M1917式7.62mm机枪。同时，美军充分意识到制空权是岛屿防御的关键，因此在12月4日以"企业"号航母送去了陆战队第211战斗机中队（VMF-211）的12架F4F"野猫"战斗机，由保罗·A.普特南（Paul A. Putnam）少校指挥。总之，等到战争开始时，岛上共有523名军人，其中449名是陆战队员，另有大约1,200名平民，以工人为主。这样的兵力只够操作大约半数高射炮，而且守军并无雷达。

战火突至

威克岛时间1942年12月8日清晨，也就是夏威夷时间的12月7日晨，电台如同往常一样呼叫珍珠港希卡姆机场，却迟迟无法取得联络。6:50，希卡姆电台突然以明码传来一条歇斯底里的电文：珍珠港正在遭到攻击，战争爆发了！威克岛塔台立即呼叫刚刚起飞的"菲律宾快船"号（Philippine Clipper）泛美航空公司

（PanAm）马丁-130飞艇，令其返航，因为这架飞艇的目的地正是在日军重重包围中的关岛。随后，陆战队员在德弗罗少校的指挥下于7:35之前全体准备战斗，普特南少校则命令4架F4F战斗机升空警戒。不过，普特南也作出了一个致命的决定：威克岛上的飞机掩体预计将在14:00完工，但是美军并无特种装备来移动飞机，如果以人力将飞机推过坑坑洼洼的地面很可能造成损坏，因此普特南决定将停机坪上的飞机就地分散。

中午11:58，来自夸贾林环礁（Kwajalein Atoll）罗伊岛（Roi）的日军第24航空战队千岁航空队的36架（一说34架）九六陆攻突然从云层中俯冲而来，没有雷达的美军毫无准备，等到对空观察哨发现敌机为时已晚。日军机群以密集编队俯冲至机场上空450米，一边投下破片炸弹一边以机枪扫射，瞬间就炸毁了机场上8架F4F当中的7架，剩下的1架也被重创。随后，日军机群兵分两路对美军设施发动攻击，重创了美军的地空无线电台站，还点燃了25,000加仑航空燃油。VMF-211的55名航空和地勤人员当中23死11伤，其中飞行员3死4伤，可谓损失惨重。提前升空的F4F战斗机根本没有看到日本轰炸机的影子，反而有1架在降落时陷入弹坑受损，航空战力折损四分之三。拼命开火的美军高射机枪和2门高射炮也未能取得战果，日本机群于12:10毫发无损地扬长而去。

追悔莫及的普特南少校命令3架硕果仅存的完好F4F补充油料后立即升空，"菲律宾快船"号飞艇则立即载着泛美航空公司人员撤离。然而，威克岛守军并未气馁，而是加快了防御准

备的进程，用残骸拼成了1架F4F，同时基本修复了受损的那架，并且将这5架宝贵的F4F拖入掩体。次日11:45，27架千岁空的九六陆攻从4,000米高空来袭，炸毁了美军医院和1门高射炮，炸死4名陆战队员和55名平民。然而，这次美军以炙热的防空炮火迎击了密集的日军编队，宣称击落1架、击伤4架，日方记录被击伤12架。

12月10日早晨10:45，26架九六陆攻再次来袭，但是摸清了空袭规律的美军战斗机终于成功拦截，声称击落2架，日方承认被击落1架，成了美国海军陆战队航空兵历史性的首个战果。同时，由于日军前日空袭的主要目标是皮尔岛高射炮阵地，因此美军提前移动炮位避开了炸弹。然而，另一枚随意投下的炸弹不偏不倚命中了威尔克斯岛上的建筑炸药，引爆了堆在一旁的L连5英寸岸防炮炮弹和F连3英寸高射炮炮弹，引起大爆炸，造成1名陆战队员阵亡、4人受伤。至此，日军认为轰炸行动已经取得成效，而且在此前的三天里，关岛已经在短暂抵抗后投降，马金环礁的英国当局不战而降，塔拉瓦环礁也遭到日军突袭，英国当局一番躲藏后撤离。骄横的日军认为攻取威克岛将如同探囊取物，于是信心满满地发动了登陆战，却不知其即将遭到太平洋战争中的第一场迎头痛击。

首战告捷

日本海军南洋区域（也就是中太平洋区域）由第4舰队负责，司令官由井上成美中将担任，他的主要任务是攻取关岛、威克岛、马金环礁和塔拉瓦环礁。具体指挥威克岛攻略部队的是第六水雷战队司令梶冈定道少将，攻略部队包括轻巡洋舰"夕张""天龙""龙

田"；驱逐舰"弥生""睦月""如月""疾风""追风""朝凪"；改装自老旧枞级驱逐舰的第32、33号哨戒艇；潜水艇母舰"迅鲸"；运兵船"金刚丸""金龙丸"。具体担任两栖作战的是"舞鹤"第1特别陆战队内田中队350人和第6根据地队高野中队310人（美方资料认为共450人），计划由150人的分队在威尔克斯岛登陆，主力则在威克岛南部登陆，行动在昼间进行。由此可见，日军并无显著兵力优势，火力支援水平相当有限，而且毫无空中掩护。

守岛美军的主要反舰武器是6门5英寸岸防炮，分属克拉伦斯·A.巴宁格（Clarence A. Barninger）中尉的A连、约翰·麦卡利斯特（John A. McAlister）少尉的L连和伍德罗·M.凯斯勒（Woodrow M. Kessler）中尉的B连，其炮台分别位于威克岛南端、威尔克斯岛和皮尔岛，分别占据环礁的三个角，射界非常开阔。12月11日凌晨3:00，美军观测员发现日军舰队，陆战队员立即进入炮位准备作战。德弗罗少校严令各炮组没有命令不得开火，准备等待日军靠近后再突然打击。5:00过后不久，以旗舰"夕张"号为首的日军舰队开始炮击威克岛，炮弹落点却离隐蔽良好的炮位相距甚远，同时德弗罗反复拒绝各炮组的开火请求以等待最佳时机。

6:15，日军舰队在威克岛南端仅5公里外的位置向西北方向转向，完全暴露在美军炮手面前。德弗罗抓住机会突然下令开火，A连的炮弹准确地砸向日军旗舰"夕张"号，美军记录观测到至少5次命中，不过日军并无记录。在突如其来的炮火威胁下，"夕张"号只好一边释放烟雾一边紧急规避，逃出了美军岸防炮的射程。然而，向西北方向逃窜的日军舰队驶入了皮尔岛B连的射界内，凯斯勒中尉当即瞄准10公

"得克萨斯"号战列舰上的 5 英寸火炮，后来被送到威克岛作为岸防炮。

里外的"弥生"号驱逐舰开火。日军此时也终于发现了B连炮位，立即还以炮火，击毁了其中1门5英寸岸防炮，但是凯斯勒命令剩下的1门岸防炮继续开火，最终命中了"弥生"号，炸死1人、炸伤17人，迫使日军再次撤离。

距离日军舰队最近的L连位于威尔克斯岛，但是沉着的凯斯勒中尉迟迟没有开火，而是一直等到半个小时后日军驱逐舰再次抵近炮击才准备开火。6:52，日军驱逐舰编队在距离威尔克斯岛仅4公里的位置转弯，凯斯勒抓紧时机命令2门5英寸岸防炮向距离最近的"疾风"号猛烈开火，仅仅三轮齐射就取得了两次直接命中，其中一枚炮弹不偏不倚地引爆了甲板上的鱼雷，进而造成了弹药库连环爆炸！在冲天的火光中，"疾风"号不复存在，167名船员无一幸存（一说仅1人幸存）。随后，美军军官立即

喝止了炮手们的庆祝，命令L连继续开火，又分别击中"追风"和"望月"号驱逐舰，击伤至少14名日军。在如此沉重打击下，梶冈定道于7:10下令舰队撤退，威尔克斯岛上美军仅有2人负伤。

就在此时，普特南少校率领4架F4F挂载100磅炸弹升空追击，20分钟后开始扫射"天龙""龙田"号轻巡洋舰，另外命中"金刚丸"号，击毙船上5人、击伤19人，还可能命中了第33号哨戒艇。然而，取得了头功的还是率先在12月10日击落日军轰炸机的亨利·埃尔罗德（Henry Elrod）上尉，他找准时机以100磅炸弹正中"如月"号驱逐舰，当即引爆了堆积在甲板上的深水炸弹，再次引发连环爆炸，全舰167人无一幸免。就这样，日军第一次攻占威克岛的企图以惨败告终，2艘驱逐舰被击沉、成员全

被美军岸防炮直接击沉的"疾风"号驱逐舰（拍摄于 1925 年）。

军覆没，另外7艘舰船也不同程度受损，日方记录共343人阵亡、79人受伤。美军方面则仅有4人受伤、1门5英寸岸防炮受损，另2架F4F被日军防空火力击中，迫降时一毁一伤，万幸的是飞行员安然无恙。

于是，在盟军连遭打击的太平洋战争初期，不起眼的威克岛守备队打了骄横的日本海军当头一棒，为悲观的美国上下注入了一剂强心针。威克岛的英勇守军瞬间成为媒体宠儿，关于威克岛守军指挥官的一段谣言更是在美国国内广为流传：守军指挥官坎宁安中校被上级问到需要什么援助时回复道："请送来更多日本鬼子！（Send us more Japs!）"

埃尔罗德上尉。

埃尔罗德一弹击沉的"如月"号驱逐舰（拍摄于 1927 年）。

四面楚歌

然而，坎宁安中校后来澄清他的实际回答远没有那么潇洒，他急切地向上级请求送来火炮瞄准具、飞机零件、火控雷达和援军。刚刚经历珍珠港灾难的太平洋舰队也并没有忘记威克岛守军，而是组织了颇具规模的增援舰队来拯救危难中的威克岛守军。"萨拉托加"号航母（USS Saratoga）于威克岛时间12月9日搭载着陆战队战斗机221中队从圣地亚哥全速驶向珍珠港。次日，太平洋舰队司令金梅尔上将正式制订了增援威克岛的计划，准备以萨拉托加号航母为核心组成TF14特混舰队，在重巡洋舰"阿斯托里亚"（USS Astoria）、"明尼亚波利斯"（USS Minneapolis）、"旧金山"（USS San Francisco），9艘驱逐舰、1艘油轮的支援下掩护水上飞机母舰"丹吉尔"号（USS Tangier）运载陆战队第4守备营至威克岛，同时VMF-221进驻威克岛机场。

为了配合此次行动，金梅尔又以"列克星敦"号航母和"企业"号航母编成两个特混舰队，前者佯攻突袭马绍尔群岛，后者前出至约翰斯顿岛海域。经过一番准备，TF14在12月16日16:00终于驶出了珍珠港。然而，就在美军特混舰队前进的同时，侦察机发现日军"苍龙"号航母已经游荡在威克岛海域；12月22日，TF14司令弗兰克·J.弗莱彻（Frank J. Fletcher）少将又匪夷所思地下令为驱逐舰补充燃料，浪费了最关键的一天。次日8:11，威克岛守军已经在投降边缘，TF14距离威克岛仅剩680公里，但就在此时舰队收到了太平洋舰队代理司令威廉·S.派伊（William S. Pye）中将的命令：放弃增援行动，舰队立即返航。

收到命令的大部分军官都极为震惊，甚至建议弗莱彻违抗命令坚决救援威克岛，但是最终弗莱彻遵照命令返航。就这样，险些爆发的首场美日航母对战被推迟至五个月后的珊瑚海海战。客观来讲，这对于急需保存实力的美军来讲自然更为明智，但是在美国海军和陆战队看来，这一行为无异于背叛威克岛上的战友，是全军的耻辱。于是，派伊在尼米兹到任后被派任闲职，再未重返战争一线，弗莱彻尽管在中途岛立下大功，也还是在瓜岛战役期间被哈尔西撤换，其中威克岛的旧账恐怕影响不小。

尽管援军迟迟不到，孤立无援的威克岛守军还是积极地抗击日军空袭。12月11日早晨10:00，日军登陆舰队被击退后，26架九六陆攻才姗姗来迟，结果遭到了2架F4F和高射炮的集中打击，后者共发射了225枚炮弹。美军声称F4F击落2架、高射炮击落1架，日方记录共被击落2架、击伤11架，机组15人阵亡、1人受伤。次日早晨5:00，横滨空首次派出九七大艇空袭威克岛，但是笨重的水上飞艇在F4F战斗机面前不堪一击，1架大艇和9名成员全部损失。随后进行昼间空袭的26架九六陆攻又遭到高射炮火猛烈射击，1架被击落、4架被击伤。载弹巡逻的F4F又于16:00攻击了西南40公里外的1艘日军潜艇，飞行员声称将其击沉，但是日方并无记录。

安静的12月13日过后，更大规模的空袭在14日来临。3架九七大艇首于凌晨3:30发起突袭，随后30架九六陆攻于11:00来袭，直接命中了1架掩体中的F4F战斗机，但是勇敢的美军地勤人员从燃烧的机体上抢下了宝贵的发动机。15日19:00，4架九七大艇趁夜来袭，但是投弹不精，只有机枪子弹打死了一名平民。随后，日军九六陆攻又在16、17日连续来袭，炸毁了柴油油罐。19日11:35，日军九六陆攻发动空袭时再次遭到了美军高射炮的猛烈打击，美军声

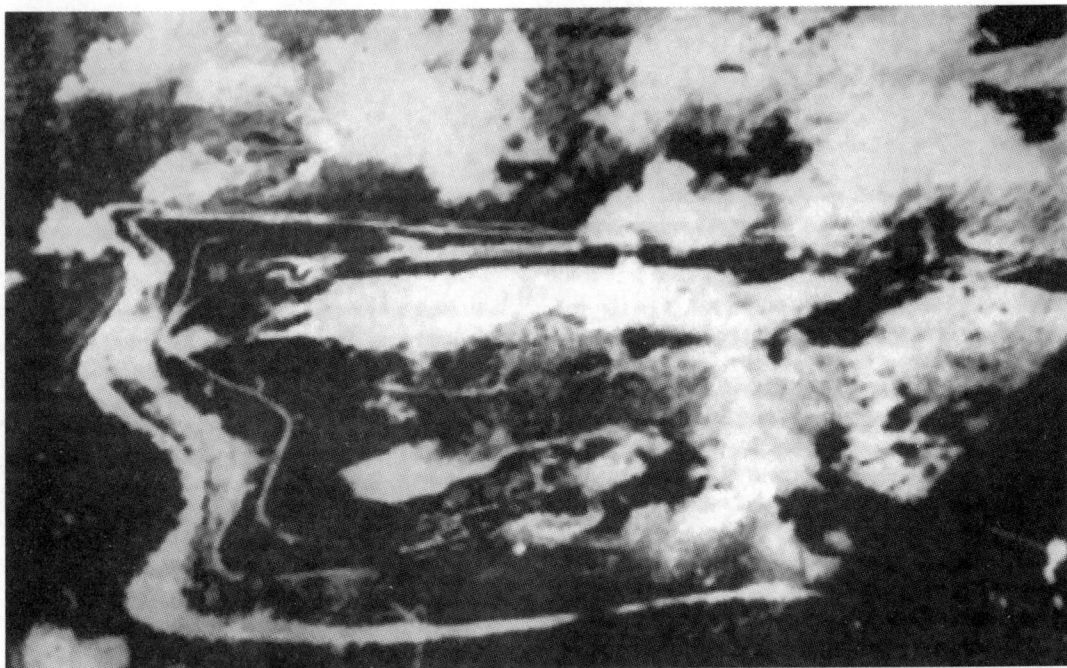

日军轰炸下的威克岛。

称击落1架、击伤4架，但是实际上多达12架被击中。次日，恶劣的天气阻止了日军空袭，但是1架美军PBY降落在泻湖内，送来了信件和命令。次日早晨7:00，这架PBY载着大部分平民腾空而起，留下了彻底孤立无援的威克岛守军和350名关岛劳工为主的平民。

不到两个小时后，29架九九舰爆、2架九七舰攻在18架零战的掩护下突然从低空袭掠威克岛，"苍龙""飞龙"号航母已经投入作战，准备发动最后一击。12:20，最后一次来袭的33架九六陆攻命中了皮尔岛上D连的防空指挥所，这样一来只剩下威克岛上E连的4门3英寸高射炮还能执行防空任务。次日正午时分，33架九七舰攻在6架零战掩护下发动了登陆前的最后空袭，但是威克岛最后残存的2架F4F却在赫伯特·C.

弗鲁勒（Herbert C. Freuler）上尉和卡尔·戴维森（Carl Davidson）少尉的控制下毅然升空迎战，如同骑士般杀入20倍于己的敌阵！弗鲁勒突入6架九七舰攻组成的编队，命中2架，但是自身也被零战击中迫降。戴维森同时击中1架九七舰攻，但是被零战击落阵亡。

弗鲁勒迫降后的座机残骸。

在这场悲壮的空战中，VMF-211以最后的力量击落了"苍龙"号航母2架九七舰攻，另迫使1架水上迫降，前两个机组全灭，其中包括日本海军轰炸王牌、号称偷袭珍珠港时引导舰攻队炸毁"亚利桑那"号战列舰的金井升一等飞行兵曹。著名的航空参谋源田实后来评论道，金井升的死让整场威克岛战役得不偿失。由于他们的壮举，弗鲁勒和戴维森均被授予海军十字勋章（Navy Cross），就连日军都承认了他们的英勇。然而，随着最后两架战斗机的损失，VMF-211残余人员只好编成步兵准备最后的战斗。一名军官在报告中准确地总结了威克岛守军的情况："我部已竭尽全力，唯力有不逮。（All that can be done is being done, but there is so little to do with）"

梶冈定道将首次进攻威克岛失败的原因归结为美军岸防炮和战斗机的猛烈抵抗、恶劣天气，以及日军兵力、实力不足。因此，井上成美特别要来了二航战"飞龙""苍龙"号航母，还增派了"利根""筑摩""青叶""加古""衣笠""古鹰"共6艘重巡洋舰，"谷风""浦风""朝凪""夕凪"4艘驱逐舰，水上飞机母舰"圣川丸"，以及舞鹤第二特别陆战队板谷中队。这样一来，日军总实力就上升至2艘航母、6艘重巡洋舰、3艘轻巡洋舰、8艘驱逐舰、1艘潜水艇母舰、1艘水上飞机母舰、2艘运输船、2艘哨戒艇和1艘扫雷艇。两栖登陆部队方面，日军共动用了高野、内田、板谷三个中队共970人，另外从舰员中组织了500人担任预备队。按照计划，日军登陆部队主力将搭乘第32、33号哨戒艇和大发艇从威克岛西南岸登陆，另外由高野中队组织一个100人的分队登陆占领威尔克斯岛。而且，日军为了躲避岸防炮选择在夜间登陆，而且做好了强行搁浅两艘哨戒艇的准备。

滩头激战

12月23日凌晨2:00，日军悄悄换乘大发艇接近威克岛，第32、33号哨戒艇也全速冲向滩头，一东一西搁浅在威克岛西南岸。两艘大发艇载着百人分队靠上了威尔克斯岛西岸，还有两艘大发艇正在接近威克岛西南岸中段。然而，美军哨兵也察觉了日军的行动，各部立即进入战斗状态。2:35，威尔克斯岛上的炮手克拉伦斯·B.麦金斯特里（Clarence B. McKinstry）发现了两艘大发艇低矮的轮廓，立即以M1921型12.7mm高射机枪猛烈扫射，打响了威克岛滩头防御战。同时，麦金斯特里又组织两名陆战队员上前投掷手榴弹，但是日军反应迅速，两人还没来得及投弹就一死一伤。

十分钟后，美军短暂地打开了探照灯，却意外发现了刚刚冲滩搁浅的两艘哨戒艇，此时哨戒艇已经进入了5英寸岸防炮的射界盲区，只有陆战队的机枪暂时压制了艇上日军。在此紧急情况下，罗伯特·M.汉纳（Robert M. Hanna）少尉以最快的速度组织了一个临时炮组，操纵岛南岸的3英寸高射炮对准远方的第33号哨戒艇，第一发炮弹就击中舰桥，当场炸死2人、炸伤日军舰长、航海长和另外5人。普特南少校则组织起VMF-211担任步兵的20人在这门火炮前方设置防御，防止日军步兵突击。同时，德维鲁少校立即派遣阿瑟·A.波因德克斯特（Arthur A. Poindexter）中尉的机动预备队携带4挺M1917型7.62mm重机枪乘坐卡车赶赴滩头，对准第32号哨戒艇猛烈开火。

3:00前不久，威克岛上的电话线突然被切断，德维鲁少校与前线失去了联络，但是各部自发地展开了英勇的抵抗。汉纳少尉的3英寸高射炮炮组面对搁浅滩头一动不动的第33号哨戒

战争结束后还残留在威克岛上的第 33 号哨戒艇残骸。

艇连续射击，迅速取得了15次命中，引爆了弹药库，将舰体直接炸断。紧接着，汉纳少尉又瞄准更靠近的第32号哨戒艇接连命中，将其重创。搭乘两艘哨戒艇的内田中队和艇员们刚刚回过神来就对汉纳的炮位发动了冲锋，但是遭到了VMF-211人员的顽强抵抗，内田中队长也被击毙。3名日军一度冲到了炮位附近，但是汉纳少尉冷静地拔出手枪将其一一击毙，然后继续指挥炮组开火。

几分钟后，驻守威克岛西北角、威尔克斯岛以南的一号营地守军突然发现面前有两艘日军大发艇正试图靠岸，于是以4挺M1917机枪猛烈射击，可惜子弹无法击穿大发艇，只是打得火光四溅。大发艇也受阻于珊瑚礁石无法靠岸，两次后退再次冲滩也毫无作用，最后结结实实地卡死在珊瑚礁上动弹不得。见此机会，3

搁浅在滩头上的第32、33号哨戒艇。

名美军和"一战"退役陆军军官雷蒙德·R.拉特利奇（Raymond R. Rutledge）上前投掷手榴弹，成功将一枚扔进艇内、炸死炸伤不少挤作一团的日军，但是剩下75~100名日军仍然冒着猛烈的弹雨跳出大发艇涉水上岸。由于兵力有限，美军只能收缩至一号营地，无法阻挡分散开来的日军向前渗透。

此时，整个威克岛西南岸的美军都与日军展开了战斗，凭借着有限的兵力在激烈的夜战中沉重打击了敌人，两艘搁浅的哨戒艇被打得千疮百孔，众多日本陆战队员也倒在了滩头水际。然而，数百名日军还是顶着炙热的美军炮火强行上岸，开始一边以掷弹筒压制美军火力，一边寻找美军脆弱防线上的薄弱环节向前渗透，日军轻巡洋舰也从3:30开始炮击岛上美军。

陷入绝境

此时威克岛（不算威尔克斯岛）上投入战斗的美军各部从西向东依次是一号营地守军、机动预备队、汉纳炮台和VMF-211余部。随着日军的推进，位于机场西端，机动预备队和汉纳炮台中间的发电站也成为了美军的抵抗核心之一。驻守这里的是大卫·克利维尔（David Kliewer）少尉及手下3名陆战队员，装备有2把"汤普森"冲锋枪、3把M1911手枪和2箱手榴弹，西北方向的2个M1921型12.7mm高射机枪阵地也从侧面为其提供强有力的火力支援。

眼看兵力不足，德维鲁命令没有遭到攻击的皮尔岛守军派出部队增援威克岛，但是这支援军还在机场上就遭到了日军射击，威克岛机场北边的E高炮连也与日军发生了交火，这说明部分日军已经渗透到了克利维尔和汉纳炮台/VMF-211后方。日军也逐渐发现了美军并无

连贯防线、只有孤立据点的事实，因此板谷中队组成了一支70人的"决死队"准备沿着东海岸向北突击，直取德维鲁指挥部，汉纳炮台和VMF-211阵地则留给内田中队处理。不过，日军决死队刚刚出发后就遭到机场东端温福德·J.麦克阿纳利（Winford J. McAnally）下士指挥的12.7mm高射机枪阵地阻击，日军第一波进攻被暂时压制。

破晓时分，美军各部均陷入孤军奋战的境地。VMF-211的阵地被彻底包围，部队却在B连3英寸高射炮空爆炮弹的支援下反复调整部署，数次击退日军进攻，甚至使用缴获的日军轻机枪猛烈射击日军。然而，此前先后击落日军轰炸机、炸沉"如月"号驱逐舰的功臣埃尔罗德上尉在指挥战斗时被日军击中阵亡，后来被追授荣誉勋章。同样遭到围攻的克利维尔4人小队充分发挥了冲锋枪和手榴弹在近战中的威力，远处的高射机枪又不断扫射，气急败坏的日军在6:00对其发动白刃冲锋，却在弹雨中丢下了更多具尸体。然而，机场东端的日军决死队逐渐迂回到了麦克阿纳利阵地的后方，迫使德维鲁少校命令威克岛守备队执行军官乔治·H.波特（George H. Potter）少校以最后40名指挥部人员及皮尔岛的30名援军在指挥部前方设立防线。

在此时晨曦的映照下，威克岛岸防炮和高射炮发出了最后的怒吼。留在皮尔岛的岸防炮B连在凯斯勒中尉的指挥下于6:00调转5英寸岸防炮炮口，让炮弹准确地飞越友军阵地砸向第32号哨戒艇，几番命中后哨戒艇终于起火。45分钟后，B连又数次命中企图接近威克岛的"睦月"号驱逐舰，迫使其后撤。7:00，12架九九舰爆飞临威克岛上空，高射炮E连射出了威克岛防御战最后的高射炮弹，却无力阻止日军肆意轰炸目标。

就在此时，日军决死队突然攻击，一举突

破了波特少校匆匆建成的防线，瓦解了威克岛美军防御。在德维鲁看来，此时威克岛各部均已身陷重围，弹药所剩无几，现在指挥部前方的防线又被突破。另外，德维鲁认为威尔克斯岛防御早已崩溃，继续抵抗已无意义。其实早在5:00，岛上总指挥官坎宁安中校就发出了"日军登陆，战况不利（Enemy on Island. Issue in doubt）"的电文。只不过威尔克斯岛战局远不像德维鲁所想，而是一场近乎奇迹的胜利。

失去的胜利

由于美军早早就发现了日军登陆威尔克斯岛的行动，因此将守军兵力加强至70人来面对高野中队的百人队。如前所述，麦金斯特里首先操纵12.7mm高射机枪猛烈射击大发艇，随后附近的高射炮F连也以3英寸高射炮让高爆弹在日军头顶空爆以杀伤日军。因此，日军首先集结兵力突击F连炮位，经过一番近战后迫使美军炮手破坏火炮，向东撤退。但是就在日军试图继续向西进攻海岸炮L连炮台的时候，隐蔽良好的桑福德·雷上等兵（Sanford Ray）突然以9号高射机枪在近距离向日军开火，突如其来的12.7mm弹雨顿时打蒙了日军，而且后者仍然无法发现雷的位置。同时，麦金斯特里和此前击毁了"疾风"号驱逐舰的麦卡利斯特少尉也率部挡住了日军向东的试探性进攻。

就在日军于4:30两面受阻的同时，威尔克斯岛守军总指挥韦斯利·普拉特上尉（Wesley Platt）亲自在黑夜中潜伏至前线了解战况。他发现此时日军正聚集在F连炮位周围，因此在5:10命令手中剩余的2个7.62mm机枪组和10号高射机枪在F连炮位西边悄悄设立射击阵地，另外准备以8名陆战队员对近百名日军发起反攻！随着普拉特一声令下，3挺机枪同时向毫无防备的日军

猛烈开火，瞬间打死了数十人，然后8名陆战队员跟随着普拉特向乱做一团的日军猛烈突击，迫使日军仓皇逃进F连炮位。

巧合的是，此前不久，6名日军组成的巡逻队恰好遭到了东边麦卡利斯特的伏击，首先被打死1人，接管了战场的麦金斯特里随后率部逐个消灭日军侦察兵。同时，麦卡利斯特率领手下25人绕过这股日军，与普拉特不谋而合地几乎同时对F连炮位附近的日军主力发动了反冲锋。在美军坚决的两面夹击下，本来就陷入混乱的日军更是挤作一团，结果遭到了美军火力更严重的杀伤，美军甚至记录约30名日军慌不择路地躲到了同一座探照灯运输车下方，随即被美军全数歼灭。在打扫战场的过程中，美军共清点了94具日军尸体、俘虏2名重伤员，另4人失踪，日军百人队竟然全军覆没！美军损失仅为9名陆战队员和2名平民阵亡、4名陆战队员和1名平民受伤，威尔克斯岛守军取得了一场奇迹般的完胜。

不幸的是，由于电话线中断而且无线电台失灵，普拉特无法将此捷报通报给德维鲁少校。即便如此，普拉特还是决定率领手下主力驰援威克岛战局，途中遭到了日军驱逐舰和轰炸机先后轰击，罗伯特·L.斯蒂文斯上等兵（Robert L. Stevens）不幸被炸弹炸死，成了威克岛保卫战中牺牲的最后一名美军。13:30，普拉特终于率部登上威克岛，却遇到了2名美军军官和1名日军军官，为首的美国陆战队军官下达了一道惊人的命令：停止抵抗。

"虽败犹荣"

早晨8:00，坎宁安中校同意了德维鲁少校的投降请求，随后命令手下各部破坏武器装备、尽量吃掉剩余口粮以免挨饿。随后，德维

鲁与传令兵唐纳德·马莱克中士（Donald Malleck）打着白旗越过前线向日军传达投降请求，随后坎宁安乘坐卡车到来与日军商议投降条件，同时德维鲁、马莱克与日本军官一同组成停火小组向各部传达投降决定。

停火小组首先于9:30抵达了VMF-211的阵地；此时20名守军当中只剩10人幸存，其中9人负伤。45分钟后，停火小组又抵达了克利维尔还在死死坚守的发电站，此时一名情绪激动的陆战队员哀求克利维尔少尉："不要投降，少尉。陆战队员从不投降！这一定是个诡计。"但是克利维尔还是执行了命令。11:15，停火小组险些陷入机动预备队和日军的交火当中，原来，美军机动预备队在波因德克斯特中尉的带领下向东进攻，一路发现了80具日军尸体，此时日军即将对机动预备队发起刺刀冲锋，好在停火小组的美日军官及时劝阻了双方。随后，停火小组命令一号营地守军投降，日军在苦涩的陆战队员面前砍下了旗杆上的星条旗。最后，投降小组在13:30与威尔克斯岛守军碰面，威克岛保卫战正式结束。

威克岛保卫战中守军伤亡相对轻微：449名陆战队员当中49人阵亡、32人受伤；海军68人当中3死5伤；陆军5人无人受伤；1,146名平民中70死12伤，幸存人员全体被俘。相比之下，仅日军方面记录在案的损失就包括3架九六陆攻、1架九七大艇、3架九七舰攻被击落，共40名机组成员阵亡，两次攻略行动海陆部队共464人阵亡失踪、176人受伤。但是美军方面认为日军损失不止如此，声称击落21架日机、击伤11架，毙伤日军近千人。无可置疑的是日本海军2艘驱

战斗结束后日军纪念内田中队长。

逐舰和2艘哨戒艇彻底损失，还有数艘舰船不同程度受创。诚然，倘若美军继续抵抗，那么一定还能毙伤更多日军，但是最终失守的结局难以改写。投降的决定拯救了大部分守军的生命，基本实现了"重创敌人"和"保全生命"这两个目标的平衡。

在战术方面，美军受制于没有雷达、电话线没有深埋地下和陆战队守备营缺乏步兵、坦克而未能守住威克岛。日军首次进攻的失败更说明了制海权本身并不能保证两栖登陆这种异常复杂的行动的成功。但是在战术战略之外，对于大多数美国人，尤其是海军陆战队来说，威克岛战役成为了"虽败犹荣"的代名词。威克岛战役仅仅结束两周后的1942年1月5日，罗斯福就授予了威克岛守军"总统集体嘉奖"；第一部讲述威克岛战役的电影也在1942年8月11日上映，成了美国当年票房最高的电影之一；威克岛战役中的光荣事迹更吸引了大批美国年轻人参加海军陆战队。一位陆战一师老兵的回忆：瓜岛战役结束后，刚刚扭转了太平洋战场战局的陆战一师英雄们对比自己和威克岛守

034 | 燃烧的太平洋——太平洋战区战史 1941—1945

军，最后仍然认为自己无法与威克岛守军相提并论。可见威克岛战役在陆战队员心目中的地位。

战役结束后，日军将大部分战俘匆匆运离威克岛，只留下98名工人为其修筑工事。1943年5月10日，大举来袭的美军舰载机让日军守备队司令酒井原繁松海军少将误认为美军登陆在即，因此杀害了全部98名战俘。其中一位无名战俘在屠杀过程中逃走，随后在一块大石头上刻下了"98 US PW 5-10-43"的字样，但是不幸被抓回斩首。美军在战后发现了这块石头，并因此展开调查，最后依靠日军军官的证词将酒井原繁松定罪处决。

美军航母自从1942年2月24日哈尔西率领"企业"号空袭威克岛之后共8次轰炸威克岛守军，其中在1943年10月5—6日派出了6艘新锐的埃塞克斯级航母（Essex Class Carrier）大举空袭，作为即将展开的中太平洋攻势序曲。美军

声称在此次空袭中击毁了61架日本飞机，还摧毁了机场、兵营等众多设施。等到战争末期，从珍珠港出发的美军航母常常以空袭威克岛作为前往前线的"热身"。

同时，陆航B-17轰炸机和B-24轰炸机又在战争中发动了至少29次空袭。起初，美军从中途岛对威克岛发起空袭，但是在马绍尔群岛战役结束后改为从当年日军用于轰炸威克岛的夸贾林环礁发起。美国海军的PB2Y"科罗纳多"（Coronado）飞艇也在1944年初至少4次从中途岛发动夜袭，也算是让老旧装备发挥了余热。最终，在美军的封锁和空袭下，4,000余人的日本守军当中多达1,340人饿死病死，另外291人死于空袭，死亡人数甚至超过了当年美国守军的总人数。日军以重大损失换来的胜利最后成了一个毫无意义、吞噬兵力的战略累赘。

1941年12月21日，负责组织对空防御的沃尔特·贝勒（Walter Bayler）上校乘坐PBY飞离

1943 年 10 月 5 日美军舰载机空袭下浓烟滚滚的威克岛。

了即将陷落的威克岛。此后他在中途岛和瓜岛战役中结合威克岛的经验，部署了致命的防空火网予日军重创，还制定了海军陆战队防空预警的程序。1945年9月4日，贝勒上校颇具象征意义地率先踏上威克岛，与一支陆战队分队一起接受日本守军投降，重新将星条旗悬挂在了威克岛的旗杆上。很显然，贝勒上校没有辜负那些深知援助无望却仍然英勇奋战，目送他离开的战友们。

日本威克岛守军向美军投降。图中右数第一名日本军官即因为屠杀战俘而被处决的酒井原繁松少将。

第三章　航母出击——1942年美军航母突袭行动

逃过一劫

1941年12月7日早晨，日本海军6艘主力航母对珍珠港展开毁灭性的偷袭时，美国海军太平洋舰队仅有3艘航空母舰，分别是正在向威克岛运送陆战队VMF-211中队12架F4F"野猫"战斗机的"企业"号、向中途岛（Midway）运送陆战队VMSB-231中队18架SB2U俯冲轰炸机的

"列克星敦"号以及远在加州圣地亚哥军港整修的"萨拉托加"号。

其中，威廉·F.哈尔西中将（William F. Halsey）指挥下的"企业"号原定要在12月6日返抵珍珠港，但是被突如其来的风暴耽误了行程，到了12月7日黎明时分仍在珍珠港以西400公里之外。"企业"号上的美军官兵对于无法赶回夏威夷享受周末懊悔不已，殊不知若不是这场风暴，未来太平洋战争中最战功卓著的一

1933年航行在夏威夷水域的"萨拉托加"号与"列克星敦"号航母。

艘军舰很可能在战争第一瞬间就被摧毁。不幸的是，主要来自VS-6中队（VS为侦察轰炸机中队、VF为战斗机中队、VB为俯冲轰炸机中队、VT为鱼雷机中队）的18架SBD"无畏"俯冲轰炸机于6:18提前飞返珍珠港。结果，毫无防备的VS-6飞进了漫天战火之中，在日军战斗机和美军高射炮的双重打击下被击落7架，机组成员8死2伤。

就在此时，"列克星敦"和"企业"号航母才收到了"珍珠港遭到空袭"的信息，接着"列克星敦"号受命中止运输行动，由威尔逊·布朗中将（Wilson Brown）接管指挥，并且开始搜索日军航母。同时，距离珍珠港更近的"企业"号也奉命做好出击准备，最终于17:00对夏威夷南边的日军航母疑似位置放飞了攻击波，包括6架F4F、18架TBD"蹂躏者"鱼雷机和6架SBD。但是，南云机动部队的实际位置却在夏威夷北边，"企业"号机群悻悻而归，其中燃料告急的6架F4F直接飞往珍珠港降落。悲剧的是，尽管"企业"号早已与珍珠港打好了招呼，精神紧张的高射炮手们还是将F4F误认成了来袭敌机，一通开火将3架F4F连人带机摧毁，还有1名飞行员跳伞逃生。就这样，"企业"号在12月7日当天未能给日军造成任何打击就损失了10架飞机，11名飞行人员阵亡、3人受伤。

12月8日傍晚，"企业"号终于驶入了一片狼藉的珍珠港，迅速补充油弹后于9日早晨启程追击日军航母却没能追上，"列克星敦"号也未能拦截日军舰队，令两舰官兵懊恼不已。其实，势单力薄的"企业"号或"列克星敦"号倘若真的与日军6艘主力航母交战，恐怕是凶多吉少，因为此时的美军航母部队无论数量、飞机性能还是训练、指挥水平都根本无法与南云机动部队相提并论。不过，日军伊-70号潜艇从9日开始尾随"企业"号，却在10日早晨6:00被

佩里·L.迪亚夫少尉（Perry L. Teaff）的SBD发现，并被迪亚夫投在潜艇不远处的1000磅炸弹击伤。下午，SBD飞行员克拉伦斯·E.迪金森中尉（Clarence E. Dickinson）再次发现无法下潜的伊-70。三天前迪金森刚刚在珍珠港上空跳伞逃生，后座机枪手却不幸牺牲，因此满腔怒火的迪金森不顾日军13mm高射机枪还击，准确炸沉了伊-70号潜艇，93名艇员无一幸免。迪金森为美国海军在"二战"中首开击沉敌舰纪录，也开启了"企业"号的漫长的复仇之路。

三位司令的决断

1941年12月25日7:00，新任太平洋舰队司令切斯特·尼米兹上将乘坐PBY飞抵毫无圣诞氛围的珍珠港。此时"俄克拉何马"号战列舰和"犹他"号靶舰倒翻在水中，"西弗吉尼亚"号、"亚利桑那"号和"加利福尼亚"号战列舰坐沉在泊位上，甚至连燃油、木头燃烧和尸体混在一起的刺鼻味道都还未散去。即便如此，尼米兹于12月31日就任后，美国海军舰队总司令欧内斯特·J.金上将（Ernest J. King）发出的第一道命令就明确要求尼米兹尽快以手中的3艘航母展开进攻行动，"约克城"号（USS Yorktown）也在一天前抵达圣地亚哥军港。金上将特别建议突袭日军控制下的马绍尔-吉尔伯特群岛（Marshalls and Gilberts），与尼米兹的想法不谋而合。太平洋舰队的大部分军官都认为以宝贵的航母攻击日军建有机场的"不沉航母"简直疯狂，但是悍将哈尔西大表支持，还主动请缨率领以"企业"号为核心的第8特混舰队（TF8）执行突袭任务。

哈尔西出生于1882年，是一名勇武彪悍、经验丰富的武将，就读于安纳波利斯海军学院期间，成绩在同届62名学员中仅排第42，却是

橄榄球队主力。此后,哈尔西历任多达12艘鱼雷艇、驱逐舰舰长,3支驱逐舰队司令,"怀俄明"号战列舰(USS Wyoming)执行军官,海军情报局(ONI)军官,驻德国、挪威、丹麦、瑞典海军武官,资历无人出其右。然而,哈尔西经过1932—1934年在海军战争学院的学习后意识到海军航空兵的重要性,于是在52岁高龄参加飞行员训练,成为当时年龄最大的学员。取得飞行员资格后,哈尔西从1935年至1938年历任萨拉托加号航母舰长、彭萨科拉海军航空兵基地司令,并且分别在大西洋和太平洋指挥过航母编队,最终在1940年晋升中将,兼任舰队航空部队和第2航母分队司令。此时59岁高龄的哈尔西既经验丰富、深得官兵信赖,又深刻了解航母作战的要领,而且多年来磨炼出了坚定的意志,是指挥太平洋战争首场反击的不二人选。

尼米兹果断命令哈尔西做好准备,待弗兰克·弗莱彻少将以"约克城"号为核心的TF17完成护航任务后协同出击。同时,威尔逊·布朗中将奉命指挥以"列克星敦"号为核心的TF11突袭威克岛,但是由于配合行动的"内奇斯"号油船(USS Neches)被日军伊-23号潜艇击沉而只得作罢。最后,"萨拉托加"号在费尔法克斯·利里中将(Fairfax Leary)的指挥下,作为TF14的核心拱卫夏威夷,却在1942年1月11日被日军伊-6号潜艇命中1条鱼雷,舰上6人死亡,航母返回美国大修至6月6日,错过了突

哈尔西中将。

袭东京、珊瑚海和中途岛大战,更开启了"萨拉托加"号屡屡阴沟翻船、完美错过全部大战的尴尬历程。

按照美军计划,TF8"企业"号舰载机群将在2月1日早晨同时攻击夸贾林环礁、沃特杰环礁和马洛依拉普环礁,同时雷蒙德·A.斯普鲁恩斯少将(Raymond A. Spruance)率领由重巡洋舰"北安普顿"(USS Northampton)、"盐湖城"(USS Salt Lake City)和"邓拉普"号驱逐舰(USS Dunlap)组成的TG8.1炮击沃特杰,另外由"切斯特"号重巡洋舰(USS Chester)、"鲍尔奇"号(USS Balch)和"莫里"号驱逐舰(USS Maury)炮击塔罗阿岛,仅留下3艘驱逐舰保护"企业"号。同时,TF17"约克城"号舰载机群将分别突击马金环礁、贾卢伊特环礁和米莱环礁,但是特混舰队内的2艘巡洋舰和4艘驱逐舰将留下来保护航母。值得一提的是,此时"约克城"号的战斗机中队并非其自带的VF-5,而是来自"突击者"号航母(USS Ranger)的VF-42。

他们的对手是井上成美中将手下的第4舰队,其中驻防在马绍尔和吉尔伯特群岛的日军主要力量来自后藤英次少将的第24航空战队。千岁空的18架九六舰战驻扎在马绍尔群岛中央的夸贾林环礁的罗伊岛;千岁空的15架九六舰战和9架九六陆攻驻于马绍尔群岛东部的塔罗阿岛;横滨空6架九七大艇驻于马绍尔群岛东南部的贾卢伊特环礁,另3架停泊在吉尔伯特群岛的马金环礁。1月25日,TF8和TF17会合后一同北上,经过2月1日海上加油后驶进了国际日期变更线西侧的1月31日,直指马绍尔-吉尔伯特群岛。

小试牛刀:突袭夸贾林、炮击沃特杰

2月1日凌晨4:43,"企业"号在夸贾林环礁

以东156海里的位置放飞了6架执行空中战斗巡逻的F4F。17分钟后，VS-6和VB-6的全部36架SBD与"企业"号舰载机大队长霍华德·L.杨中校（Howard L. Young）的SBD一同起飞前往夸贾林环礁，VT-6的9架TBD也在10分钟后起飞。每架SBD均挂载1枚500磅和2枚100磅炸弹，TBD则挂载3枚500磅炸弹。

VS-6在中队长霍尔斯特德·L.霍平（Halsted L. Hopping）少校的带领下于7:05飞抵罗伊岛上空，以100磅炸弹展开滑翔轰炸。然而，由于滑翔轰炸的角度过小，美军飞机速度缓慢，结果遭到了猛烈的防空炮火和至少10架九六舰战的沉重打击，2架SBD当即被九六舰战击落、2架被高射炮击落，霍平少校也不幸成为美国海军在二战中第一位牺牲的中队长。同时，美军声称SBD的自卫火力击落了3架日机，同时认为炸弹炸毁了机场上的7架飞机、1座机库、1座大型建筑和6座仓库，但是日军并无损失飞机的记录。无论如何，VS-6的行动牵制了日军战斗机并且破坏了机场，保证了对舰攻击能顺利进

2月1日从"企业"号甲板上起飞的SBD。

行。

早在VS-6开始攻击之前，VT-6中队长尤金·E.林赛（Eugene E. Lindsey）少校率领的9架SBD就从6:58到7:11对潟湖内的日军舰船进行了水平轰炸，战果十分有限。然而，林赛少校发现潟湖内有大量日军舰船，甚至误报"发现两艘航母"，因此VB-6中队长威廉·R.霍林斯沃思（William R. Hollingsworth）少校率领的9架SBD和7架保留了500磅炸弹的VS-6的SBD均转为俯冲轰炸日军舰船。从7:27开始，这些飞机冒着来自"香取"号轻巡洋舰的高射炮火轰炸日舰，不仅全部返航还取得了些许命中。最后，此前留作预备队的VT-6另外9架挂载鱼雷的TBD也于7:31在执行军官兰斯·E.梅西（Lance E. Massey）少校的带领下出击。梅西于9:05飞抵夸贾林环礁展开雷击，却由于鱼雷问题未能取得任何战果，好在美机也全身而退。

其实，美军取得的总战果相当有限，仅击伤"常磐"号装甲巡洋舰（舰上8死10伤）、击伤3艘潜艇母舰、机枪扫射轻伤伊-23号潜艇。不过，美军歪打正着地给日军造成了两个重量级的人员伤亡：日本海军特别陆战队第6根据地队司令八代祐吉少将在夸贾林岛上被美国炸弹直接炸死，成为太平洋战争中第一个丧命的日本海军将官，第6舰队司令清水光美中将也因为弹片卡进咽喉而被迫返回日本接受手术。

同时，斯普鲁恩斯的TG8.1和"企业"号舰载机对沃特杰环礁展开了协同攻击。VF-6中队长

炮击沃特杰岛的"北安普顿"号重巡洋舰副炮。

沃特杰岛上空校正舰炮炮火的SOC"海鸥"观测机。

韦德·麦克拉斯基（Wade McClusky）少校首先率领6架F4F于6:58飞抵环礁，从容地炸射了还未投入使用的机场。12:20到12:35，9架VT-6的TBD和8架VS-6的SBD也从容地轰炸了沃特杰岛和环礁内的舰船，其中SBD以4枚500磅炸弹击沉了特设运输船波尔多丸，以2枚100磅炸弹重创特设猎潜艇第11昭南丸，还炸毁了3座机库和2座油库。

与此同时，斯普鲁恩斯的TG8.1从7:15开始炮击日军舰船和沃特杰岛，日军岸防炮从7:21展开的还击非常不准确，直到8:42炮弹落点才逐渐靠近执行炮击任务的"北安普顿"和"盐湖城"号重巡洋舰。两舰各派出了水上观测机校正炮火，并且挂载100磅炸弹投弹，但是其中1架在回收时坠毁，好在机上成员得以生还。就在两艘重巡洋舰炮击的同时，特设猎潜艇第10昭南丸和特设炮艇丰津丸试图逃离环礁，结果遭到"邓拉普"号驱逐舰和飞机合力击毁。美军方面，除了坠毁的观测机以外，TG8.1和机群在沃特杰之战中毫发无损。

有惊无险：塔罗阿之战

相比之下，塔罗阿之战就更加惊险了。美军战前并未发现塔罗阿岛上的机场，因此仅派出詹姆斯·S.格雷（James S. Gray）中尉率领6架F4F于6:10起飞攻击塔罗阿岛。但是起飞过程中就有1架F4F连人带机坠毁，飞行过程中2名飞行员又错把各挂载的2枚100磅炸弹扔在了无人岛上，等到飞抵塔罗阿上空才惊讶地发现岛上有一座机场，而且10架日军九六舰战已经起飞。在随后的战斗中，美军仗着飞机性能优势击落1架敌机，并且完成了轰炸，格雷却在3挺机枪失灵的情况下陷入了10架敌机的围攻，最后逃回"企业"号后在机身上发现了近40个弹孔！

同时，"切斯特"号重巡洋舰也在6:00弹射了观测机准备炮击塔罗阿岛，观测机却在6:59遭到2架九六舰战攻击，"切斯特"号更在7:10遭到了至少6座岸防炮台的攻击！五分钟后，"切斯特"号开始炮击塔罗阿岛，但是未能阻止岛上8架九六陆攻于7:30到7:40在中井一夫大尉的指挥下升空。8:20，"切斯特"号被九六陆攻投下的1枚炸弹命中，后来又在8:41遭到13架九六舰战攻击，舰上8死34伤，好在日军只有60kg炸弹，才没能造成更大损害。见此情形，"切斯特"号于11:30收回4架观测机后急忙撤离。

塔罗阿岛上的机场对"企业"号威胁巨大，因此刚刚从夸贾林归来的霍林斯沃思少校立即于9:35率领9架SBD在没有战斗机护航的情况下转攻塔罗阿机场。十分幸运的是，SBD机群并未遭遇日军战斗机，而是发现大量日机密密麻麻地停在机场上。霍林斯沃思毫不留情地带队俯冲、投弹，一举摧毁了9架日机、1座油库和几座建筑，9架SBD全身而退。相比之下，于10:36再度来袭的9架SBD就运气不佳了，与日军九六舰战陷入了激战、被击落1架，丢下炸弹后匆匆离去，值得一提的是率领这次攻击的正是日后中途岛战役的大英雄、此时的VB-6执行军官理查德·H.贝斯特（Richard H. Best）上尉。

然而，美军并未能彻底摧毁塔罗阿机场，中井一夫率队在美机离去后于11:30降落补充油弹，随后于12:10起飞攻击"企业"号航母。13:35，由于云层的掩护和美军F4F机枪的卡壳，5架九六陆攻突入"企业"号上空，在密集却不准确的炮火下投弹，其中几枚近失弹造成"企业"号上1死2伤。然而，中井一夫在座机被击中起火后竟然掉转机头准备撞向"企业"号！

在此危急时刻，后坐机枪手布鲁诺·盖多（Bruno Gaido）跳进了甲板上最近的SBD以

2月1日下午向日军轰炸机开火的"企业"号高射机枪。

7.62mm双联装后座机枪拼命开火，导致中井机划过"企业"号甲板、切断SBD机身后坠入大海。负责警戒的F4F随后击落了1架零式水观，最后2架九六陆攻则在15:57匆匆投弹后逃离，美军F4F立即展开追击并击落1架。自此，TF8有惊无险的战斗终于结束，飞行人员共11死4伤，"企业"号和"切斯特"号上9死40伤，5架SBD在战斗中被击落，1架F4F和1架观测机坠毁，1架SBD被中井机撞毁，另33架飞机轻伤。

约克城初战

同日，处于TF8东南方向的TF17也在4:52放飞攻击波，此时约克城号距离贾卢伊特环礁、马金环礁、米莱环礁分别为140、127、71海里，位于三者中间。细心的弗莱彻依照距离依次放飞攻击波，以达到三处目标同时遭到攻击的效果。不过，攻击米莱环礁的5架SBD尽管最后起飞，却还是在6:45首先抵达目标。带队的VS-5执行军官华莱士·C.肖特（Wallace C. Short）上尉未能发现任何明确目标，只好将炸弹扔在疑似仓库、水罐的建筑物上离去。

同时，VT-5的11架TBD和VB-5的18架SBD首先与约克城舰载机大队长柯蒂斯·斯迈利（Curtis Smiley）中校的SBD座机起飞攻击贾卢伊特。然而，这个机群在黑夜中未能成功集结，后来又遭遇雷暴雨，最终只有22~23架飞机三三两两地飞抵目标，2架SBD和2架TBD则在飞行过程中失踪。VB-5中队长罗伯特·阿姆斯特朗（Robert Armstrong）少校率领的三机编队首先于7:25抵达目标区域，随后以俯冲轰炸成功命中特设运输船关东丸，使其起火。随后各编队依次抵达展开攻击，但是直至8:00攻击结束都未能再次取得命中，反而有2架TBD迫降、机组成员被俘。这场得不偿失的攻击造成了6架飞机和机组的重大损失，战果却不值一提。

只有VS-5中队长威廉·伯奇（William Burch）少校率领的9架SBD顺利发现了停泊在环礁内的2架九七大艇和3000吨的特设炮舰长田丸。但是不同于企业号的SBD，约克城的SBD并未挂载100磅炸弹，整个攻击队只有9枚500磅炸弹。伯奇于6:58率队展开俯冲轰炸，以1枚命中弹和数枚近失弹击伤长田丸，造成3死28伤，随后又以机枪将2架九七大艇打着火，其中试图强行起飞的米井克己中尉机组5人阵亡。尽情扫射完日军设施和长田丸之后，伯奇带队于7:30安全返航。

此时，TF17上空的天气骤然恶化，1架SBD和1架SOC观测机先后坠海，后者机组丧生。另外，从贾卢伊特起飞的日军九七大艇开始试探TF17，第一架于11:10发现TF17后逃走，第二架

被 VS-5 击毁在马金环礁的 2 架九七大艇正冒出浓烟。

则被斯科特·麦卡斯基（Scott McCuskey）少尉和约翰·P.亚当斯（John P. Adams）少尉的F4F双机编队击落。同时，得知美军航母突袭马绍尔群岛的日本海军也立即行动，第4舰队位于拉包尔的4艘重巡洋舰、南云忠一机动部队位于特鲁克环礁的"赤城""加贺""翔鹤"号航母立刻追击，但最终在2月2日晚放弃追击。

2 月 5 日光荣返港的 TF8 指挥人员。

2月5日，"企业"号在全部舰船的鸣笛致意和全体官兵的欢呼声中驶入珍珠港，哈尔西一时间风光无限，成了媒体的宠儿，还被尼米兹亲自授予优异服务勋章。低调的弗莱彻和斯普鲁恩斯则躲在了媒体的聚光灯之外。总之，马绍尔-吉尔伯特突袭战以"切斯特"号重巡洋舰轻创、损失14架飞机为代价，取得了击沉3艘敌舰船、击伤5艘、击毁18架敌机的战果，算是一场小胜利。不过，美军当时严重高估了战果，媒体甚至将其夸大为"珍珠港的复仇"，在暗淡时刻振奋了美国海军的士气。

最成功的失败行动：空袭拉包尔

尽管哈尔西的空袭声名远扬，却无法阻止日军势如破竹般的南进攻势，因此，金上将强烈要求尼米兹在南太平洋方向也展开航母反击。最终，尼米兹选定了威尔逊·布朗中将麾下以"列克星敦"号航母为核心的TF11突袭拉包尔。布朗比哈尔西年长几个月，几乎是当时美国海军年龄最大的一线军官，却与哈尔西截然不同，是一员儒将。布朗在此前的海军生涯中，曾于1923—1929年担任总统海军副官；1932—1934年担任海军战争学院参谋长，有趣的是哈尔西当时恰好在海军战争学院中学习；1938—1941年担任安纳波利斯海军学院院长。这样的履历使得布朗比哈尔西沉稳许多。

按照计划，"列克星敦"号航母舰载机将于2月21日从东北方向125海里外空袭拉包尔，同时4艘重巡洋舰和10艘驱逐舰负责护航。值得一提的是，此时"列克星敦"号的战斗机中队也非自带的VF-2，而是来自"萨拉托加"号航母、由约翰·S.萨奇（John S. Thach）中校指挥的VF-3，这个中队训练水平一流，即将成为太平洋战争中最具传奇色彩的舰载战斗机中队。驻扎在拉包尔的日军航空兵力包括四空的16架九六舰战、10架零战和18架一式陆攻，还有横滨空的数架九七大艇，由第24航空战队司令后藤英次少将统一指挥。

2月20日凌晨，TF11正在布干维尔岛东北方向海域航行，距离攻击位置还有一整天航程。然而，就在10:15左右，"列克星敦"号的雷

1942年4月编队飞行的两位VF-3王牌：萨奇中校与奥黑尔上尉。

达上出现了一个不速之客：坂井登中尉的九七大艇。萨奇立即率领6架F4F起飞截击，并且于11:00将其击落，但是坂井登已经于10:30报告了美国航母的位置。一小时后的12:02，伯特·史丹利（Burt Stanley）中尉也击落了1架九七大艇。

这样的接触意味着"列克星敦"号的行动已经失去了突然性，因此布朗中将于13:37报告了自己中止任务的决定。同时，第24航空战队司令后藤英次少将决定对远在460海里外的TF11发动攻击，因此在13:10命令四空司令官森玉贺四大佐出动全部一式陆攻，但是由于距离太远无法由战斗机护航。14:20，除去1机故障外，17架一式陆攻在伊藤琢藏少佐的带领下从瓦纳坎努机场起飞出击，由于没有鱼雷只能每机挂载2枚250kg炸弹。

15:42，"列克星敦"号的雷达发现了还远在76海里外的日军机群，赫尔·盖勒（Hoel Gayler）上尉率6架F4F早早起飞，占据高度优势。16:35，盖勒发现了日军第2中队9架一式陆攻，率队一波攻击就击落3架，日机进入美军舰队高射炮射程后又被高射炮和F4F合力击落2架。其余4机匆忙投下炸弹返航，但是其中1架被美军击伤后转头撞向"列克星敦"号，最后于16:51在"列克星敦"号70米外坠海。不可思议的是就在"列克星敦"号以30节速度、30度转弯躲避炸弹的同时，航母成功回收5架F4F并放飞萨奇率领的4架F4F和11架SBD，可见"列克星敦"号人员的高超技艺。随后，萨奇率部追击3架日机，但是霍华德·L.约翰逊（Howard L. Johnson）中尉和杰克·威尔逊（Jack Wilson）少尉一时大意，先后被日军机尾20mm机炮命中，约翰逊跳伞逃生，但是威尔逊不幸牺牲。满腔怒火的萨奇随后击落2架，最后1架也在远处被沃尔特·F.亨利（Walter F. Henry）上尉的SBD击落。

2 月 20 日试图撞击"列克星敦"号的一式陆攻。

　　然而，四空第 1 中队的 8 架 G4M 突然在 16:40 出现，"列克星敦"号上空却只有爱德华·"布奇"·奥黑尔（Edward "Butch" O'Hare）上尉和他的僚机马里恩·迪菲约（Marion Dufilho）

中尉警戒。好巧不巧，迪菲约座机的机枪又突然卡壳，只剩下奥黑尔单人单机保卫"列克星敦"。不过，奥黑尔是萨奇的爱徒，也是 VF-3 里水平最高超的飞行员之一。很

奥黑尔中尉靠在座机上。

快，奥黑尔一波俯冲爬升，分别击伤击落日军编队后方最右侧和最左侧的飞机，随后又从左往右杀入日军编队，再次击落击伤日机各 1 架。此时，美军高射炮弹已经开始四处爆炸，奥黑

今日陈列在芝加哥奥黑尔国际机场的 F4F，按照 1942 年 2 月 20 日的奥黑尔座机复原。

尔却仍然从左侧再次杀进日军编队，先击落了第2小队长三谷明中尉座机，随后直扑暴露的伊藤琢藏少佐座机，将其左侧发动机打爆。此时奥黑尔因为弹药耗尽无法击落第6架敌机，但是失去了领机的日军编队投弹完全偏离，在返航的途中又被萨奇率领的小队和SBD各击落1架，后者迫降。立下大功的奥黑尔荣获了荣誉勋章。

"列克星敦"号航母于19:02回收了全部飞机后安全撤离。在整场战斗中，美军损失2架F4F和1名飞行员，却击落了日军17架一式陆攻中的15架（其中13个机组全灭），以及2架九七大艇。除此之外，日军另有1架九七大艇和1架零式水侦未能归还。从战略上讲，布朗中将出人意料地达成了战略目的：日军经过此次打击推迟了攻占莱城-萨拉毛亚、莫尔斯比港和图拉吉的行动，为盟军组织新几内亚防御赢得了宝贵的时间。

突袭威克岛

2月11日，尼米兹命令哈尔西再度出击，指挥"企业"号和"约克城"号攻击威克岛等目标。然而，"约克城"号被临时调走，只剩下"企业"号为核心的TF8于2月24日突袭威克岛，斯普鲁恩斯也奉命率领重巡洋舰北安普顿、盐湖城和2艘驱逐舰抵近炮击。此时的威克岛上驻有十九空的九五水侦和横滨空的九七大艇，并无强大的航空战力，可以说是个绝好的目标。

2月24日早晨6:00，企业号放飞由霍华德·杨中校指挥的攻击波，但是1架SBD事故坠毁、后坐机枪手丧生，6架F4F、36架SBD和9架TBD等到6:47才全部起飞。此次攻击比较特别的是TBD没有携带500磅炸弹，而是各携带12枚100磅破

片炸弹用来摧毁机场。7:50，机群飞抵威克岛上空展开攻击，3个中队各负责一个区域，SBD在未遭有效抵抗的情况下狂轰滥炸机场设施，炸毁了10座油库中的7座，还扫射了1艘日军巡逻艇；TBD则摧毁了2架停靠的九七大艇。1架九七大艇试图尾随扬长而去的美军机群，结果被护航的F4F击落。至10:14，除1架SBD迫降、机组被俘外，企业号机群安全地降落在了甲板上。

不过，由于"企业"号机群起飞的延误，斯普鲁恩斯的舰队早早抵达了目标区域，结果从7:07开始遭到3架九五水侦轰炸，好在无一命中。7:42，美军军舰在近15公里的距离上向威克岛开火，却同样遭到了日军岸防炮准确的还击。要知道，不久前日军舰队在进攻威克岛时吃足了岸防炮的苦头，现在斯普鲁恩斯也不敢掉以轻心。然而，美军舰炮的火力在6架观测机的校正下又准又猛，最终在停火之前压制了几乎全部日军炮台，居功至伟的观测机也各投下11枚100磅炸弹过了把瘾。

同时，2艘驱逐舰也抵近射击，炸毁了2座油库，还先后发现第五富久丸和第一见宝丸两艘巡逻艇试图靠近，结果"莫里"号驱逐舰和"鲍尔奇"号分别于8:50和11:14将其击沉，"鲍尔奇"号甚至俘虏了4名日本水兵。攻击得手的TF8立即撤退，除了1架F4F在水中迫降和日军陆攻于18:00进行的一次毫无威胁的轰炸以外一切顺利。尽管规模不大，但是这次行动是美军一场毫无疑问的胜利。

2月28日，哈尔西在补充油料后决定进而空袭马库斯岛（Marcus Island，日方称之为南鸟岛），于3月4日5:04放飞32架SBD和6架F4F组成的攻击波。然而，美军飞行员于6:40飞抵目标后失望地发现泻湖里并无舰船、飞机，甚至连建筑物都没几个，于是对着仅有的几座建筑物一

轰炸威克岛的 TBD。

威克岛在舰载机和军舰的双重打击下冒出浓烟。

顿轰炸之后悻悻而归。可以确定的是，美军摧毁了无线电台，因为日军的电文发到一半时突然中止。然而，密集的高射机枪火力击落了哈特·D.希尔顿（Hart D. Hilton）中尉的SBD，两名机组成员被俘。TF16于3月10日终于返抵珍珠港，哈尔西亲自拿出了5瓶上好的威士忌犒劳飞行员们。

狩猎莱城

自从空袭拉包尔的行动取消后，尼米兹就急切地希望再次攻击，还在2月28日把弗莱彻的TF17调往南太平洋与威尔逊的TF11会合，执行太平洋战争中美军首次双航母出击行动。3月6日，两只特混舰队与澳新舰队（ANZAC Squadron）会合，拥有了2艘航母、11艘重巡洋舰、2艘轻巡洋舰、18艘驱逐舰和2艘油船的强大实力。正当美军计划于3月10日拂晓出击时，日本人却抢先动手了。

由于TF11此前突袭拉包尔的企图，第4舰队司令井上成美中将把占领莱城-萨拉毛亚的"RS作战"从3月3日推迟到3月8日，除了梶冈定道少将亲率的第6水雷战队运输攻略部队之外，还调来了五藤存知少将的第6战队护航，共4艘重巡洋舰、3艘轻巡洋舰、8艘驱逐舰、2艘辅助巡洋舰、3艘运输船、2艘布雷舰、1艘水上飞机母舰、1艘油船和4艘扫雷舰。登陆部队方面，堀江正少佐率领第144联队2大队和1个山炮中队共2,000人攻占萨拉毛亚；吴特别陆战队组成的1,360人分队攻占莱城，两部队均于3月8日占领既定目标。然而，澳大利亚皇家空军的PBY分别在3月7日和8日发现了日军舰队，1架哈德逊轰炸机更是命中运输船横滨丸一弹，造成日军9人伤亡（一说15人）。有鉴于此，布朗和弗莱彻决定改为攻击日军登陆舰队，从巴布亚半岛南侧放飞攻击波，各中队以10分钟间隔依次飞越欧文-史丹利山脉。

3月10日早晨7:49至8:22，"列克星敦"号按计划放飞攻击波，随后"约克城"号也从8:09至8:40放飞攻击波，共61架SBD、25架TBD和18

"约克城"号的SBD飞往目标区域。

架F4F组成的大机群由"列克星敦"号舰载机大队长威廉·B.奥尔特（William B. Ault）中校统一指挥。这104架飞机共挂载了6枚1000磅炸弹、79枚500磅炸弹、110枚100磅炸弹、16枚30磅破片炸弹和13条鱼雷，是一支不容小觑的打击力量。在奥尔特中校得力的指挥和良好天气的帮助下，整个编队都顺利飞越了高耸的欧文-史丹利山脉。

一马当先的VS-2在罗伯特·E.迪克森（Robert E. Dixon）中校的率领下于9:22飞抵莱城上空，惊喜地发现天空中没有1架日本飞机，而日军运输船队仍然停靠在岸边。见此良机，SBD机群立即俯冲下去，以数枚500磅炸弹击沉了特设巡洋舰金刚丸和特设布雷舰天洋丸。特设运输船黄海丸也搁浅并起火，特设扫雷艇第二玉丸被100磅炸弹命中，两天后沉没，梶冈定道旗舰"夕张"号轻巡洋舰也疑似中弹。回过神来的日军以80mm高射炮击落了约瑟夫·约翰逊（Joseph Johnson）少尉的SBD、两名机组成员阵亡，这将是日军唯一的战果。同时，萨奇的VF-3也以机枪和30磅破片炸弹打击了岸上日军，并击落了"圣川丸"号水上飞机母舰起飞的1架水上飞机。

詹姆斯·H.布莱特（James H. Brett）少校

已经起火、即将沉没的金刚丸。

率领的VT-2于9:38对萨拉毛亚区域的日舰展开鱼雷攻击，但是仅有1条鱼雷命中运输船横滨丸爆炸，将其击沉，其余12条全部偏或提前爆炸。不过同时进攻的还有威尔登·L.哈密尔顿（Weldon L. Hamilton）少校的VB-2，其中6架SBD装备1000磅炸弹，却只以1弹击伤了"津轻"号布雷舰。另外6架挂载500磅和100磅炸弹的SBD准头更佳，让已遭雷击的横滨丸再中4弹沉没，运输船支那丸也遭1弹击伤。

来自"约克城"号的VB-5在阿姆斯特朗中校的带领下于9:50飞抵战场，但是大部分日军运输船船都已经非沉即伤，因此集中轰炸了"夕张"号轻巡洋舰，却只命中1枚500磅炸弹将其击伤。不过，VB-5接着用100磅炸弹分别击伤驱逐舰"朝凪""夕凪"，还以机枪扫射特设扫雷艇玉丸，使其起火。随后于10:05带领VS-5来袭的比尔·伯奇少校决定继续攻击已经奄奄一息的金刚丸、天洋丸、黄海丸，各命中2弹，最终前两者沉没、后者重创搁浅。乔·泰勒（Joe Taylor）少校的VT-5于10:20最后一个抵达战场，随即对圣川丸水上飞机母舰和"望月"号驱逐舰展开水平轰炸，不过精度令人失望，24枚500磅炸弹当中只有1枚命中圣川丸，重创了甲板上的4架水上飞机。1架提前起飞的九五水侦试图攻击TBD机群，但是被后射机枪打退。奥斯卡·佩德森（Oscar Pederson）上尉VF-42的F4F战斗机并未发现这架敌机，而是扫射了舰船和岸上的日军。

攻击结束的舰载机立即返航，至12:01，除被击落的约翰逊少尉SBD座机外，全部103架舰载机都安然降落，其中11架轻伤。此后，8架陆航的B-17又飞来助战，却未能从高空击中任何目标。在此次攻击中，美军以1架SBD和2名飞行人员阵亡为代价击沉4艘敌船、击伤9艘，造成日军130人死亡、260人受伤，登陆区域的18艘舰船中只有5艘未遭打击。此次打击同时产生了不小的战略影响，迫使日军将攻占莫尔兹比港和图拉吉的MO作战再次推迟一个月。布朗中将在荣获了优异服务勋章后告别了前线，担任罗斯福总统的海军副官。

至此，太平洋战争初期美国航母特混舰队的4次行动以胜利告终，虽然战果和战略意义说不上决定性，却在决战之前为美军航母提供了宝贵的磨合机会。不久之后，美军航母将再次登场展开太平洋战争中最天马行空的一场突袭，目标：东京。

TBD 鱼雷机最后飞抵战场，可见萨拉毛亚岸边燃烧的日军舰船。

第四章 "东京上空三十秒"——杜立特空袭与日本战略抉择

不可思议的胜利、忧心忡忡的山本五十六

从1941年12月到1942年4月，日军在太平洋战场上可谓顺风顺水，取得了一场场近乎奇迹般的胜利。战争伊始，美国太平洋舰队主力就在珍珠港遭到重创，短期内无力大举出击，中太平洋的关岛、威克岛、吉尔伯特群岛都在半个月内落入日军之手。至2月15日，英国的马来亚和新加坡殖民地以令人瞠目的速度陷落，Z舰队也在日军陆攻机群的打击下烟消云散。随后，日军在3月势如破竹地攻占了荷属东印度（Dutch East Indies）、摧毁了ABDA舰队；英属缅甸（Burma）的中英联军崩溃在即；南太平洋方向，日军早在1月就攻占了重镇拉包尔，随后从3月开始入侵新几内亚。只剩下麦克阿瑟的美菲军还在菲律宾苦苦支撑，但是在孤立无援的情况下其最终失败也只是时间问题。

至此，日本已经完全占领了作为发动战争根本目标的南方资源区，同时鲸吞了一个硕大的"海洋帝国"。日占区西南角荷属东印度的雅加达（Jakarta）与东北角千岛群岛的占守岛相距7,900公里（作为对比：巴黎到莫斯科的直线距离仅有2,500公里）。然而，战争第一阶段的胜利再次将日本送到了战略决策的十字路口。

在所有战略选项中，最保守的方案是立即转入防御，这一方案的主要支持者是日本陆军。在日本陆军看来，现在日本已经占领了全部既定目标，继续进攻只会拉长补给线、浪费兵力。相反，日军应该一面集中兵力击败中国，一面加强太平洋诸岛防御，随后利用内线作战的优势击败盟军反攻。值得一提的是，日本海军内部也有此方案的支持者，尤以第1机动部队参谋长草鹿龙之介少将为代表。

不过，联合舰队司令长官山本五十六大将坚决反对这一战略，而且他的声音是日本军政高层无法轻视的。山本五十六出生于1884年，比尼米兹年长一岁，1904年从江田岛海军兵学院毕业，随后在日俄战争中表现出色，还丢掉了两根手指。1916年，山本五十六从海军大学校毕业，随后在1919—1921年担任驻美海军武官，同时在著名的哈佛大学学习。这份经历使山本五十六充分了解美国社会和其可怕的战争潜力，成了日本海军中少有的"亲美派"。1924年，担任霞浦航空队教育长兼副队长的山本五十六立即意识到了海军航空兵在未来战争中的重大作用，随后从1928年开始先后担任"五十铃"号轻巡洋舰和"赤城"号航母舰长，接着从1933—1934年担任第1航空战队司令。

从此之后，山本五十六陷入了危险的政治

漩涡。1934年，军衔少将的山本五十六支持并参与了第二次伦敦海军协定（Second London Naval Treaty）的谈判，随后明确反对对华扩大战争和德意日三国同盟。日本主战派因此将山本五十六、米内光政、井上成美并称为"海军左翼反战三羽乌"，山本五十六于1936年就任海军次长后更是数次收到暗杀威胁。因此，1939年8月30日，山本五十六被调离危险的东京，正式就任联合舰队司令长官。当日本不可避免地选择了战争之时，山本五十六反而坚持认为日本唯一的取胜机会就是在美国动员战争潜力之前就突然袭击、一击制胜，因此制订了偷袭珍珠港的计划。相反，负责制定海军战略的军令部部长永野修身大将支持只对英、荷开战的战略，坚信美国民众不会同意为了英、荷殖民地开战。

此时，热衷于赌博和女人、颇有军事天赋的山本五十六展现出了蛮横的一面：他以联合舰队司令部集体辞职相要挟，迫使日本海军高层批准了偷袭珍珠港的计划，并且从此开始一发不可收地将联合舰队司令部变成了他的"独立王国"。1942年3月，山本五十六再次成为了日军战略的关键决策者，而且不同于志得意满的大部分将领们，山本五十六仍然对眼下的战局忧心忡忡。在山本五十六看来，美国太平洋舰队，尤其是航母编队仍然实力尚存，在短期内很可能制造大麻烦，长期来讲动员了战争潜能的美国将是一个无法击败的对手，因此日本必须采取决定性的积极行动。

东进、南进还是西进？

在进攻方向的问题上，日本海军内部也存在着三个截然不同的观点。军令部作战部长福留繁少将提出"南进"方案，得到了第4舰队司令井上成美中将的支持。起初，日本海军认为澳大利亚必然是未来盟军反攻的重要基地，而且澳军尚未完成动员和部署，因此海军希望攻占澳大利亚。然而，日本陆军明确表示攻占澳洲次大陆需要至少10~12个师团，而且维持这些部队的补给几无可能。因此海军只能退而求其次，制定了攻占莫尔斯比港的"MO作战"和攻占新赫布里底群岛、新喀里多尼亚、斐济和萨摩亚的"FS作战"方案。前者将为日军夺取空袭澳大利亚北部的基地，后者将切断美澳之间的补给线。

"西进"方案主要由联合舰队首席参谋黑岛龟人大佐制定，同时得到了参谋长宇垣缠少将的支持。这一计划的核心是陆海军配合从缅甸向英属印度和锡兰（今斯里兰卡）进攻，同时策动印度民族主义者叛乱，最终实现与德军会师中东的长远战略目的。然而，日本陆军和德国先后泼了冷水，前者表示进攻印度所需的兵员和补给完全超出了现有能力，后者则表示对于实现会合并无兴趣。

山本五十六本人提出的"东进"方案最富野心，也最为大胆。他认为日本的当务之急是消灭美军太平洋舰队主力，同时彻底摧毁美国发动反攻的能力，而实现这一目的的手段就是夺取夏威夷群岛。这样一来，美军发动反击的起始点就变成了美国西海岸，行动难度也就堪比登天了，而且，山本五十六更险恶的意图是以夏威夷的数十万美国公民作为人质与美国谈和。毫无疑问，夺取夏威夷的意义巨大，更或许是日本避免战败的唯一方式，但在现实面前这一行动的可行性却微乎其微。首先，姑且不谈夏威夷的40万平民，为了支持部队的补给就要占用日本现有的很大一部分船舶，战时经济将被迫停摆。其次，日军几乎不可能攻占美军重兵把守的夏威夷——至1942年6月，仅美国陆军就在夏威夷部署了106,000名地面部队和16,000名陆航部队,装备96架重型轰炸机,24架中、轻型轰炸机,225架战斗机,这还不算驻守珍珠港的数万海军部队和海军航空兵的67架远程侦察机。

日军高层自然了解这些情况,因此海军军令部和陆军参谋本部断然拒绝了攻占夏威夷这一不切实际的方案,同时MO作战和FS作战也一拖再拖。最后,日军高层的妥协反而是执行一个严重缩水版的"西进"方案:以第1机动部队突袭印度洋。于是,南云忠一中将在4月率领机动部队横扫印度洋,重创了英国海空军实力,也在客观上加速了缅甸盟军的崩溃。然而,这一行动完全未能解决日本的根本战略问题,反而迫使其余战线陷入停滞,给盟军带来了重要的喘息之机。其中,南太平洋方向的攻势已经两次因为美军的航母突袭而被推迟,这两次航母突袭又加剧了日军高层的战略分歧:井上成美认为这意味着南进攻势需要更强大的海军支援,山本五十六却得出了需要立刻东进、与美国海军决战的相反结论。

"MI作战":山本的新计划

攻占夏威夷的方案遭拒并未打消山本五十六继续执行"东进"方案的念头,于是他设想攻占某个在瓦胡岛美军航空兵航程之外、但是又非常重要的目标来诱使美国海军主力出战,从而将其一举消灭。最终,山本五十六将目光投向了珍珠港西北方向2,100公里、威克岛东北方向1,900公里外的中途岛。中途岛实为环礁,主要岛屿是相邻的沙岛和东岛,两岛陆地面积6.2平方公里,建有一座机场。这一行动的代号为"MI作战"。

理论上讲,日军进可将中途岛作为跳板向夏威夷发动进一步攻势,退可将中途岛作为拦截美军航母编队的前哨。但是这一方案的根本设想存在着巨大漏洞。首先,山本五十六计划

战前在夏威夷演习的美国陆军机枪组。

的前提条件是美国海军不愿出战，因此需要诱出歼灭，但是实际上美军航母非常活跃，更不惧怕在南太平洋抗击日军攻势，包括2月试图突袭拉包尔、3月空袭莱城-萨拉毛亚攻略部队、5月展开珊瑚海大战。其次，日军是否能维持中途岛守军、以及美军是否会为了中途岛出动主力舰队并不明朗。中途岛面积很小，距离最近的日军基地又十分遥远，岛上日军很容易被美军围困消灭，事实上阿图岛、基斯卡岛守军正是如此。也正是因为这个原因，在实际上的中途岛战役中尼米兹并不打算死守中途岛，而是命令手下伺机重创日本海军，若战况不利立即撤退。最后，此前攻占夏威夷的设想有着决定战争结局的巨大潜在战略意义，但是攻占中途岛的意义完全无法与之相比。

事实上，当渡边安次中佐代表联合舰队与军令部的富冈定俊大佐在1942年4月2—5日召开会议时，富冈定俊就提出了三点质疑：1. 攻击中途岛意味着将宝贵的航母置于中途岛美军陆基航空兵的打击之下，风险巨大。2. 中途岛机场过小，对夏威夷美军基地并无威胁，维持日本守军的难度巨大。3. 因为上述两点，日军高层对美军太平洋舰队主力迎战并无把握。富冈定俊大佐进一步指出：相比之下，向南太平洋进攻的FS作战更能引诱美国海军主力出战，而且这个距离双方基地都非常遥远的战场至少将迫使双方面临同样的补给困境和舰船损失的风险。

面对这几点质疑，渡边安次中佐自然哑口无言，但是山本五十六故技重施以辞职相威胁，竟然再次迫使军令部部长永野修身大将于4月5日批准了MI作战。作为交换，山本五十六同意在MI作战之前派出航母掩护MO作战，在MI作战的同时执行军令部制定的、进攻阿留申群岛的AL作战，并且在MI作战结束后南下执行FS

作战。也就是说，日本海军的最后计划是向三个完全不同的方向发动四场南辕北辙的攻势。当然，联合舰队和军令部的妥协还仅仅是海军内部的共识。早在4月12日，陆军参谋本部的田中静壹中将就向海军明确表示陆军不会向中途岛和阿留申群岛派出一兵一卒。然而，就在陆军参谋总长杉山元大将正式反对MI作战之前，一场突如其来的美军突袭彻底改变了日军高层的政治风向，让海军的方案变成了现实。

空袭计划出炉

1941年12月21日，富兰克林·罗斯福总统与美国战时军政高层召开重要会议讨论战略方针，与会者包括时任美国海军舰队总司令的欧内斯特·金上将、陆航总司令亨利·哈利·阿诺德（Henry Harley Arnold）中将、陆军总参谋长乔治·C.马歇尔（George C. Marshall）上将、特别顾问哈利·霍普金斯（Harry Hopkins）、海军军令部长哈罗德·R.斯塔克（Harold R. Stark）上将、陆军部长亨利·史汀生（Henry Stimson）和海军部长弗兰克·诺克斯（Frank Knox）。在这场会议上，罗斯福总统明确命令陆海军立即研究轰炸日本本土的方案。然而，随着美军在太平洋上的基地纷纷告急，陆航轰炸机失去了航程内的机场，海军又不可能将航母驶近日本海岸，因此空袭日本的难度巨大。

然而，金上将的反潜作战参谋弗朗西斯·S.洛（Francis S. Low）上校受到陆航轰炸机飞越地面上的"大黄蜂"号航母（USS Hornet）甲板模型启发，于1942年1月10日向金上将提出了以航母搭载陆航双发轰炸机轰炸日本的构想。由于双发轰炸机无法在航母上降落，完成轰炸行动的轰炸机将飞往中国降落。金上将对此非常感兴趣，立即命令航空作战参谋唐纳德·邓肯（Donald Duncan）上校协助洛上校制定方案。二人首先敲定了所需的机型：当时美军装备的双发轰炸机当中，B-18已经过时，B-26所需跑道距离过长，只剩下北美航空的B-25"米切尔"轰炸机能够胜任。二人随即于1月16和17日分别向金上将和阿诺德中将提交了方案，两者立即表示赞成，阿诺德立即命令飞行天才詹姆斯·"吉米"·杜立特（James "Jimmy" Doolittle）中校全权负责。

毫不夸张地说，杜立特中校是当时美军全军最能胜任此项任务的人选。他出生于1896年，在"一战"中加入了通信兵部队属下的航空部门，成为美军最早的一批飞行员之一。战争结束后，杜立特凭借着高超的技术能力和智力成为了美军首屈一指的航空专家，还在1925年从麻省理工大学拿到了航空学博士学位。此后，杜立特专精仪表飞行，于1929年成为世界上首位从起飞到降落全程盲飞的飞行员。1930年，杜立特退伍并加入了壳牌石油公司担任航空部部长，迅速拿下了世界上三项主要飞行赛事的冠军，还在1932年打破了世界飞行航速纪录。1940年，随着战争黑云压境，杜立特重新返回了陆军航空兵，并且在1941年1月2日升任中校，担任阿诺德中将的参谋。

海军方面选定了刚刚在诺福克军港服役的新锐航空母舰"大黄蜂"号执行此项任务，并且在2月2日从"大黄蜂"号甲板上成功试飞了2架陆航B-25，证明了构想的可行性。由此，杜立特紧锣密鼓地开展了空袭行动的准备工作，首先改装了24架B-25B轰炸机，主要包括减重、拆除尚属机密的诺顿瞄准具、机腹机枪炮塔和联络电台，以及加装除冰装置和相机。随后，杜立特组织了人员筛选和训练工作，从第24轰炸大队征集了24个志愿机组来执行一项"极为机密且危险的行动"。这些飞行员被集中至佛罗里达州埃格林机场进行短程起飞训练，每个机组都获得了大约25个小时的训练时间。经过研究，杜立特选定了3枚500磅炸弹和1枚集束燃烧弹作为各机的标准弹药配备。

扬帆起航

3月1日，正式整装完毕的"大黄蜂"号航母在马克·米切尔（Marc Mitscher）上校的指挥下从诺福克启程驶向巴拿马运河进入太平洋，邓肯上校则在3月19日飞抵夏威夷向尼米兹面授机宜，后者立即表示了支持，同时指派哈尔西率领"企业"号航母为"大黄蜂"号护航。杜立特方面，除去两架在训练中一损一伤之外，余下22架B-25均于3月25日至4月1日顺利转场至加利福尼亚州阿拉梅达机场。

同时，杜立特与哈尔西当面敲定了行动细节：由"大黄蜂"号航母、"文森斯"号重巡洋舰（USS Vincennes）、"纳什维尔"号轻巡洋舰（USS Nashville）、1艘油轮和4艘驱逐舰组成的TF16.2将于4月2日驶离美国西海岸；由"企业"号航母、"北安普顿"号重巡洋舰、"盐湖城"号重巡洋舰、1艘油轮和4艘驱逐舰组成的TF16.1将与之在太平洋上会合，然后一同北上空袭日本。因此，16架B-25、80名机组成员和120名陆航地勤维护人员于4月1日按照计划登上"大黄蜂"号航母，留下了6架候补飞机和失望的机组。

4月2日早晨，负责联络中国方面的约瑟夫·史迪威（Joseph Stilwell）上将发来了"机场准备已完成"的讯息，之后马歇尔又亲自打来电话祝杜立特好运。上午11:48，"大黄蜂"号航母通过金门大桥驶出了海湾，等到舰队彻底驶离海岸之后，米切尔才用扩音器和旗语公布了目标，引来阵阵喝彩。4月13日早晨7:13，

1942 年 2 月准备从诺福克起航的"大黄蜂"号航母。

被固定在"大黄蜂"号甲板上的 B-25。

哈尔西率领的TF16.2在太平洋中央与TF16.1会合，哈尔西向整个舰队宣布："本舰队正驶向东京！(This force is bound for Tokyo!)"引起了哈尔西海军生涯中亲耳所闻的最热烈欢呼。值得一提的是，在航行过程中"大黄蜂"号的海军地勤人员积极维护甲板上饱受风浪侵蚀的B-25，还修好了一架杜立特已经决心抛弃的故障机，反而是陆航的地勤人员相当懒散，让海军同行颇为不齿。同时，"鳟鱼"号潜艇（USS Trout）和"长尾鲨"号潜艇（USS Thresher）在TF16前方侦察目标水域，还顺带击沉、击伤货轮各一艘。

杜立特（前左）、米切尔（前右）和轰炸机机组。

日本本土的防卫理论上由陆军防卫总司令部负责，司令官一职由东久迩宫稔彦王担任，而实际上防御日本本土的主力是陆海军航空部队和海军部队。陆航方面第1航空军负责保卫东京所在的关东平原，主力战备单位是驻防长府基地的第244战队，装备30架陈旧的九七式战斗机。除此之外，水户基地驻有一支三式战实验单位；东京周边各训练单位共有100余架老式飞机；名古屋地区仅有10架战斗机；大阪-神户地区另有20架战斗机。最后，陆军防空部队在国内约有150门高射炮，主要集中在东京地区。

海军方面具体负责警戒日本东侧海域的是细萱戊子郎中将的第5舰队，装备2艘轻巡洋舰、1艘驱逐舰、1艘炮艇、1艘扫雷艇、1艘水上飞机母舰、6艘辅助舰船和50艘渔船改装的特设哨戒艇。海军航空兵驻守日本的主要部队是第26航空战队，由山县正乡中将指挥，共装备90架九六陆攻和一式陆攻以及15架零战，此时还恰好得到了"加贺"号航母航空队18架零战、27架九七舰攻和18架九九舰爆的加强。除

此之外，海军各军港都有不少高射炮，而且纸面实力相当强悍的第1、第2舰队分别停泊在横须贺和柱岛两大基地，不过其大部分主力舰只航速都相当缓慢，无力追赶美军航母特混舰队。

"发现敌航空母舰！"

4月17日14:45，TF16的航母和巡洋舰抛开了航速相对较慢的油轮和驱逐舰，开始全速驶向日本。按照计划，杜立特将首先于次日14:00在距离东京800公里的位置起飞，向东京投下燃烧弹标注目标，随后其余飞机在黄昏出击，夜间轰炸日本，然后于拂晓降落在浙江省衢州机场。值得一提的是，杜立特在航行过程中举行了一项特殊的仪式，将日本政府在不同时期授予美军人员的勋章挂在炸弹上，以此特殊方式"还给"日本人。

然而，两艘美军航母的雷达从4月18日凌晨3:10开始断断续续地追踪到不明船只，顿时让哈尔西紧张不已，等到天空于5:08渐亮后立即从"企业"号放飞8架F4F和6架SBD向前搜

索。其中，VB-6的奥斯波恩·怀斯曼（Osborne Wiseman）上尉于5:58发现一艘小渔船，而这艘"小渔船"正是第23号日东丸特设哨戒艇，由中村兵曹长指挥。TF16收到怀斯曼通过沙包传递的报告后立即转向以避开日东丸，却还是在6:30被发现，中村立即以明码向指挥部发电："发现三艘敌航空母舰，距离犬吠崎650海里！"收到报告后，东久迩宫稔、细萱戊子郎、山县正乡纷纷命令手下部队进入戒备状态，第26航空战队也开始派出一式陆攻搜索美军航母。

起火的第23号日东丸。

美军航母成功截获了日东丸的电文，"大黄蜂"号航母的瞭望哨也终于在7:44发现了9公里外的日东丸，随即"企业"号的F4F和SBD轮番上阵，却始终未能在波涛汹涌的大海中命中渺小的日东丸。于是，"纳什维尔"号轻巡洋舰于7:53展开炮击，但是竟然发射了938枚炮弹后才在8:23将其击沉，令哈尔西大为光火。从此刻开始，"企业"号舰载机和护航舰船与众多日军哨戒艇展开了战斗，包括（按照日方记载）于8:00攻击栗田丸，11:00攻击海神丸，12:00攻击第一岩手丸、第二旭丸、长久丸，12:30攻击第一福久丸、兴和丸、第26南进丸，13:00攻击荣吉丸、栗田丸、第三千代丸，13:30攻击长渡丸，13:50攻击第21南进丸。总之，美军最后击沉了第23日东丸、长久丸、第21南进丸、长渡丸、第一岩手丸，击伤7艘，共造成日军33人死亡、23人受伤，美方则有1架SBD被日军机枪击落，所幸机组获救。

然而，哈尔西的注意力恐怕不在这些小打小闹之上，而是在于担忧TF16遭到强大日军反击，因此不得已在8:00传令给米切尔："立即起飞，祝英勇的杜立特部队好运并祝上帝保佑。"杜立特本人在米切尔的舰桥上收到了这一命令，立即奔向甲板上的飞机，同时扩音器里大声广播："陆军飞行员，立即登机！"

TF16于8:03转向迎风面，各机组则纷纷登机。在狂风恶浪之中，排在最前方的杜立特机组只有142米的起飞距离，而"大黄蜂"号此时距离日本还有1,200公里，远超计划中的800公里。即便如此，杜立特还是在8:20从

B-25 腾空而起。

容地腾空而起，后面的15个机组也在9:19之前依次起飞。两分钟后，目送B-25机群离去的TF16开始掉头返航，"大黄蜂"号舰载机也在11:00被升上甲板。从此刻开始，哈尔西唯有祝愿杜立特好运。

"东京上空三十秒"

杜立特制订了严谨周密的轰炸计划，准备空袭东京、横滨（包括不远处的神奈川和横须贺）、名古屋、神户、大阪五座城市内的军事工业目标，也因此将自己座机之外的15架飞机分为5个三机分队分头行动。第1分队（杜立特与其一同行动）、第2分队、第3分队分别负责轰炸东京北部、中部、南部目标；第4分队散开在80公里宽的空域负责轰炸神奈川、横滨、横须贺；第5分队则将在日本关西上空散开，分别轰炸名古屋、大阪、神户。经过连续4个小时贴着海面的60米高度超低空飞行后，美军轰炸机于正午12:00飞临日本上空，这时水户的对空监视站才为时过晚地发出空袭警报。值得一提的是，日本首相东条英机刚刚降落在水户机场，目瞪口呆地目睹了从头上高速掠过的美国轰炸机。

杜立特亲自驾驶的一号机按照计划从东北方向突防东京上空，遭遇了9架九七式战斗机的拦截企图，但是这种老旧的飞机因为速度不够而未能追上，零星的高射炮火也未能造成威胁。于是，杜立特在12:30从容地爬升至365米高度，将4枚集束燃烧弹扔向了目标军械库，随后转向南方飞往中国。就这样，敌国航空炸弹首次在日本的历史上落在了日本本土之上。

特拉维斯·胡佛（Travis Hoover）中尉驾驶的二号机未遭任何抵抗就飞抵了目标兵工厂，随后从275米高度投下3枚500磅炸弹和1枚燃烧弹（此为标准配置），随后从西南方向经由东京湾上空飞离日本。罗伯特·格雷（Robert Gray）中尉驾驶的三号机从东南方向飞抵东京，随后从440米高度先后以3枚炸弹和1枚燃烧弹命中一座钢铁厂、燃气公司、化工厂和军工厂，造成化工厂起火，还以机鼻机枪扫射了地面上的兵营，随后也从东京湾上空扬长而去。这样的飞行水平和轰炸技术着实令人敬佩。相比之下，埃弗雷特·霍斯特姆（Everett Holstrom）中尉的四号机就十分不幸了，不仅油箱破损泄漏，机背机枪塔还突然失灵。雪上加霜的是，2架新锐的日军三式战和2架其他型号战斗机恰好盯上了倒霉的四号机，四号机的机尾机枪却早已换成了木杆，毫无还手之力。于是，霍斯特姆只好将炸弹丢入海中逃之夭夭。

第2分队的领机是大卫·琼斯（David Jones）上尉驾驶的五号机，结果在东京上空遭遇了猛烈的防空炮火，无法找到既定目标。于是五号机从365米高度将4枚炸弹依次扔在了一座油库、发电站、工厂和大型建筑上，随后从西南方向撤离。紧随其后的六号机由迪恩·霍尔马克（Dean Hallmark）中尉驾驶，顺利找到了作为目标的钢铁厂，随后竟然大摇大摆地在其上空盘旋，以全部炸弹将其摧毁。泰德·劳森（Ted Lawson）中尉的七号机从东方突防至东京上空，却未能找到既定目标，于是分别将4枚炸弹投向岸边的一座发电站、两座疑似工厂和皇居东南方向的建筑群，其中就包括那颗挂满勋章的炸弹。

第3分队的领机是爱德华·约克（Edward York）上尉驾驶的八号机，他根本未能找到东京，而且飞机的技术故障导致燃料明显不足。

杜立特"归还"勋章，这颗炸弹由七号机投下。

于是，约克从460米高度将炸弹投向了一座有铁路联通的工厂，随后违背先前命令向北飞往苏联。哈罗德·沃特森（Harold Watson）中尉的九号机遭遇了猛烈的高射炮火，但是仍然从760米的高度将全部4弹投向一座燃气与电力工程公司，取得了一次命中。随后，1架日军三式战或零战对其展开攻击，好在机背机枪塔将其击退，随后九号机从东京湾上空飞离。与之情况类似，理查德·乔伊斯中尉（Richard Joyce）驾驶的十号机从760米高度以全部炸弹轰炸日本特种钢材公司，取得两弹命中，但是遭到了数架日本战斗机和猛烈高射炮火的攻击，造成机体受损，好在机枪塔最终击退敌机，十号机顺利飞走。

罗斯·格里宁（Ross Greening）上尉的十一号机率领第4分队空袭东京以南的横滨区域，结果遭到了1架三式战攻击，最后互相击伤、迫使对方降落（格里宁误认为遭到了4架三式战攻击，击落其中2架）。摆脱了战斗机拦截后，格里宁在180米低空以全部4弹炸毁了目标炼油厂，据说其燃烧产生的烟柱在80公里外都清晰可见。在撤离过程中，十一号机的机鼻机枪手又扫射了3艘小型船只。威廉·鲍威尔（William Bower）中尉的十二号机从北方沿着海岸线飞抵横滨码头区域，远处3架日本战斗机未及发起攻击。于是，鲍威尔依次轰炸了小仓炼油厂和3座可疑建筑物，还声称在撤离过程中以机鼻机枪击沉了一艘气象观测船。

1942 年日本国内的试生产型三式战斗机。

埃德加·麦克尔罗伊（Edgar McElroy）中尉的十三号机取得了整场突袭中的最大战果，也留下了唯一的存世影像资料。这个机组奉命轰炸戒备森严的横须贺军港，也的确遇到了猛烈的高射炮火，但是仍然从460米高度展开轰炸，其中第1枚炸弹炸毁一座起重机、第3枚炸弹疑似命中不明舰艇、燃烧弹命中岸上维修设施。第2枚炸弹则逮到了一条"大鱼"：这枚炸弹不偏不倚地落在了即将改装成"龙凤"号轻型航母的"大鲸"号潜艇母舰甲板上，炸出来了一个8×15米的大洞，使其改装进度延迟了4个月。这样一来，"龙凤"号航母就错过了1942年下半年至关重要的瓜岛海空拉锯战。

约翰·希尔格（John Hilger）上尉的十四号机率领第5分队空袭日本关西地区。十四号机挂载了4枚燃烧弹用于空袭名古屋，最终从460米高度将其依次投向担任侵华急先锋的第3师团司令部、一座储油库（造成大火）、热田工厂和

三菱飞机制造厂，随后冒着炙热的防空炮火向西南方向飞去。唐纳德·史密斯（Donald Smith）中尉的十五号机按照计划空袭了神户，分别轰炸了一座钢铁厂、川崎码头、一座电子机械厂和川崎飞机制造厂。在飞行过程中，十五号机没有遭到任何抵抗，2架九七战斗机也因为速度不够而放弃追逐。威廉·法罗（William Farrow）中尉的十六号机从起飞伊始就运气不佳，因为事故造成一名海军地勤人员单臂截肢，后来又在日本上空因为猛烈的高射炮火未能找到地处内陆的大阪。于是，十六号机掉头空袭名古屋，轰炸了一座油库和一座飞机制造厂后甩开尾随的日本战斗机全速撤离。

至此，美军的大部分机组都圆满完成了轰炸任务，按照日方统计，共造成日本军民87人死亡、151人重伤、311人轻伤。相当不可思议的是，竟然没有一架B-25在日本上空遭到击落。然而，对于燃料已经所剩不多的各机组来说，飞往中国并且在黑夜中降落到国统区将是更大的挑战。

十三号机拍摄的横须贺军港，这些照片极为珍贵。

逃出生天

在全部机组当中，油箱出现问题的八号机做出了最不寻常的决定：降落至苏联。此时的苏联没有与日本开战，此前更再三拒绝美国使用其机场轰炸日本的请求，因此将八号机连人带机扣押了起来，美国政府还要支付机组成员关押费用。最终，苏联当局秘密安排机组成员于1943年经由伊朗"逃走"，5名飞行员这才最终归国。

其余机组按照计划冒险飞往中国。不幸的是，由于杜立特提前起飞而且美方联络人员竟然忘记考虑国际日期变更线，更因为保密原因没有提前通知中国方面，预定接收美机的机场未能及时打开降落灯。因此，除了八号机之外的全部15个机组都只能迫降或者跳伞，过程中三号机的利兰·法克托尔（Leland Faktor）下士降落伞故障阵亡；六号机的威廉·迪特尔（William Dieter）上士和唐纳德·菲茨莫里斯（Donald Fitzmaurice）中士在迫降过程中阵亡。而且，六号机组和十六号机组不幸落入日占区，除上述阵亡的2人外，另8人全部被俘。1942年10月15日，两机机长迪恩·霍尔马克中尉和威廉·法罗中尉，以及机枪手哈罗德·斯帕兹（Harold Spatz）下士被日军以"轰炸、扫射平民"的罪名杀害于上海。此前日本陆海军航空兵早已对重庆展

被日军俘虏的罗伯特·海特少尉，他幸运地活到了战后。

开了持续四年的无差别轰炸，因此此项罪名完全无法成立。此外，罗伯特·米德尔（Robert Meder）少尉也在狱中病死，余下四人熬到了战争结束。

余下的69名美国机组成员得到了中国军民的舍命救援，其中不仅包括正规军、游击队，还包括无数的普通村民、地方政府人员、医疗人员，简单学习过英语教学的小学教员、大学生等知识分子更是主动担任翻译，共同将美国

安全抵达中国抗战大后方的杜立特机组。

飞行员送到安全的大后方。然而，残暴的日本军队为了报复中国军民的英勇救助行为发动了浙赣战役，杀害了约250,000名中国平民，还发动了丧心病狂的细菌战，以至于连日军参战部队中都有10,000余人患病，1,700人死亡。

安全抵达了重庆的杜立特认为自己将因为全部飞机的损失被送上军事法庭，却在4月28日得到消息：他已经被授予了荣誉勋章并特别晋升至准将。罗斯福总统对于此次行动极为满意，还在回答记者关于飞机从哪里起飞时风趣地答道：香格里拉，一个文学作品中虚构的东方仙境。有趣的是，后来美国海军真的将一艘航母命名为"香格里拉"号，以呼应总统的著名趣谈。杜立特获得蒋介石接见后返回美国，由罗斯福总统授予荣誉勋章，一夜之间成为了妇孺皆知的英雄。在此后的战争中，杜立特先后担任第15航空队和第8航空队司令，光荣地成为了唯一一名率部轰炸过东京、罗马和柏林这三座轴心国首都的指挥官。

参与行动的全部80名机组成员均被授予杰出飞行十字勋章，伤亡者获授紫心勋章。美国军民的士气更是大受振奋，从而促使美国政府将更多资源投入太平洋战场。值得一提的是，从任务中生还且没有重伤的机组成员们继续奋战在各条战线上，至战争结束时，其中22人已经阵亡，另5人在欧洲战场被俘，伤亡率实在不小。

惊慌失措的日军

接到哨戒艇的报告后，日军没有想到美国航母会搭载陆航双发轰炸机，因此还在等待美国航母接近日本近海，准备以国内的兵力会同从印度洋归来的第1机动部队将其围歼。一直等到美机飞抵日本上空时，日军指挥官们才如梦初醒地下令反击。山县正乡命令木更津空16架一式陆攻、三泽空8架、四空5架索敌攻击，六空和加贺航空队也派出12架零战掩护。同时，近藤信竹中将的第2舰队以"祥凤"号轻型航母、5艘重巡洋舰、1艘轻巡洋舰和12艘驱逐舰从横须贺等军港启程追击；细萱戊子郎中将的第5舰队也以1艘重巡洋舰、2艘轻巡洋舰和2艘特设巡洋舰展开追击；最后，高须四郎中将的第1舰队也以轻型航母"凤翔""瑞凤"、4艘战列舰、2艘轻巡洋舰和数艘驱逐舰从柱岛锚地起航。近藤信竹统一指挥这几支水面舰队，但是根本未见早已扬长而去的TF16踪影，只能悻悻而归。后者在4月25日返抵珍珠港，除前述1架SBD被击落和1架SBD在返航途中因为事故坠海外再无损失。

恼羞成怒的日本海军策划了对美国西海岸的报复行动。其实早在2月23日，伊-17号潜艇就以甲板炮向加利福尼亚州圣塔芭芭拉的埃尔伍德油田发射了20发炮弹，造成一座油井受损、一人轻伤。6月20日，伊-26号潜艇又向加拿大温哥华岛发射炮弹，但是发射的25~30发炮弹全部射失。次日晚，伊-25号潜艇炮击了俄勒冈州的斯蒂文斯堡军营，但是其17发炮弹仅仅炸断了电话线而已。最后，伊-25号潜艇搭载的零式小型水上侦察机于9月9日向俄勒冈州的一处森林投下了2枚76公斤炸弹，飞行员藤田信雄飞曹长也因此成为了美国历史上唯一一名空袭美国大陆本土的敌国飞行员。这些行动的军事价值除了在途中击沉10艘盟国舰船（包括苏联L-16号潜艇）之外不值一提，却促使美国将更多战争资源用于西海岸防御和太平洋战场。

然而，杜立特空袭最重要的后果还是对日本军事战略的影响。将天皇奉为神明的日本陆海军对于杜立特空袭极为惊恐，据说山本五十六更是因为自责躲入船舱一整天拒绝见人。从此刻开始，陆海军再无人敢于反对山本五十六以摧毁美军航母为目的的MI作战，田中静壹中将更是在4月20日代表陆军改变态度，决定派兵参与MI和AL作战，甚至暗示了对于进一步"东进"作战的支持，还从5月末开始命令数个师团展开登陆夏威夷的训练。就这样，日本战争机器不可逆转地驶向了决定命运的中途岛海战。

第二部分　伟大转折

第五章 锋芒顿挫——中途岛战役

倾巢而出：AL与MI作战

联合舰队司令长官山本五十六利用辞职威胁和"杜立特空袭"带来的恐慌情绪促使陆海两军高层批准了攻击中途岛的MI作战，并同意同时执行攻击阿留申群岛的AL作战。联合舰队的参谋黑岛龟人大佐人称"仙人参谋"，常常躲在船舱中数周不出、制定方案，偷袭珍珠港的计划就出自其手，现在山本五十六再次将AL和MI作战方案交由他手。按照计划，联合舰队将在AL-MI作战中倾巢而出，以期与美国海军主力决战。

两个作战以MI为主、AL为辅，但是执行AL作战的部队仍然实力强大，且目标复杂。首先，第5舰队司令细萱戊子郎中将亲率"那智"号重巡洋舰、2艘驱逐舰、2艘油轮、3艘补给舰编成的北方部队"主力"，负责统筹、保障整场行动。AL作战中的主要打击力量是角田觉治少将的第2机动部队，以第4航空战队"隼鹰""龙骧"两艘轻型航母为核心，还编有重巡洋舰"高雄""摩耶"、3艘驱逐舰以及1艘油轮。6月3日[①]，第2机动部队将首先空袭荷兰

港，提前摧毁阿留申战区内的美军海空实力。随后，由轻巡洋舰"阿武隈""木曾""多摩"、7艘驱逐舰、1艘布雷舰、3艘扫雷舰、1艘特设巡洋舰和3艘运输船组成的登陆舰队将运载并掩护海军"舞鹤"第3特别陆战队和陆军北海支队分别在6月6日和12日攻占基斯卡岛和阿图岛，并且对阿达克岛发动突袭。除此之外，高须四郎中将第1舰队的老式战列舰"日向""伊势""扶桑""山城"，轻巡洋舰"北上""大井"，12艘驱逐舰和2艘油轮也将在后方随时提供支援，但是不归细萱戊子郎指挥。

MI和AL作战的关系十分有趣。西方历史学家们长久以来想当然地认为AL是MI作战的佯攻行动，但是事实并不如此，其主要证据有四。首先，计划中对荷兰港和中途岛的空袭将在同一天展开，因此AL作战无法产生诱敌效果。其次，没有任何现存的日方资料表示AL作战的目的是诱使美军主力北上。再次，MI作战的根本假设就是美军舰队将从东南方向的夏威夷出击，反而害怕美军航母在中途岛北方设伏，因此日军没有任何理由先行引诱美军北上。最后，日军对于MI和AL首阶段作战结束后的计划

---

① 介于阿留申和中途岛战场均位于国际日期变更线不远处，本书将统一采用东侧的中途岛时间叙述两个战场的情况。

是将执行MI作战的主力舰队北调,彻底消灭美军北太平洋海军实力,可见日军的确在阿留申方向有所图谋,绝非简单地以诱敌为目的。由此可见,AL对MI作战根本谈不上起支援作用,反而是彻彻底底的分散兵力之举。

MI作战本身则是一个以诱歼美军太平洋舰队主力为根本目标,却异常繁琐、庞大的计划。MI作战的绝对主角无疑是南云忠一中将麾下的第1机动部队,主力为"赤城""加贺""苍龙""飞龙""翔鹤""瑞鹤"这6艘航母,分属南云忠一兼任司令的第1航空战队、山口多闻少将的第2航空战队和原忠一少将的第5航空战队,另外还有快速战列舰"榛名""雾岛";重巡洋舰"利根""筑摩";轻巡洋舰"长良"、11艘驱逐舰和8艘油轮护

航、保障。按照计划,担任矛头的南云机动部队将在6月3日早晨一举摧毁中途岛机场,并且在之后三天持续压制岛上美军。

6月6日,田中赖三少将指挥的护卫队将以轻巡洋舰"神通"、10艘驱逐舰、3艘哨戒艇、12艘运输船(一说18艘)运载陆军一木清直大佐麾下的一木支队和海军大田实大佐麾下的第2联合特别陆战队及2个设营队共约5,000人攻占中途岛。登陆行动还将得到栗田健男中将麾下重巡洋舰"三隈""最上""熊野""铃谷"、2艘驱逐舰和1艘油轮组成的支援队提供火力支援。此外,近藤信竹中将指挥的攻略部队也将在附近提供掩护,包括战列舰"金刚""比睿"、重巡洋舰"爱宕""鸟海""妙高""羽黑";轻型航母"瑞凤"、轻巡洋舰"由良"、

1941 年 11 月的中途岛,MI 作战的目标。

8艘驱逐舰、4艘油轮。

按照日军的如意算盘，美军太平洋舰队主力需要刚好三天时间才能从珍珠港出击，因此将正好于6月7日遭到上述部队、提前设伏的日军潜艇部队、埋伏在中途岛西北方向800公里外的南云机动部队、进驻中途岛机场的日军岸基航空兵夹击。从这些部队打击中幸存下来的美军舰队残部将遭遇从西方500公里外奔袭而来的主力部队。主力部队由山本五十六亲自指挥，包括日本海军大炮巨舰的代表：战列舰"大和""长门""陆奥"，辅以轻型航母"凤翔"、轻巡洋舰"川内"、9艘驱逐舰、2艘水上飞机母舰和2艘油轮。这一计划其实带有浓浓的"九段渐减作战风格"，根本思路是以航空兵、潜艇削弱敌军，最后由战列舰定胜负。

计划中的AL-MI作战将是日本海军历史上规模最大的行动，需要动用日本海军当时的全部10艘大小航母、全部11艘战列舰、17艘重巡洋舰中的13艘以及众多轻型、小型、支援舰船，还要多达28位海军将官参与指挥，出动的大小舰艇需要消耗平常日本海军一年所需的燃料。

一厢情愿的计划、敷衍了事的准备

MI作战的根本逻辑在于费尽心机诱使美国太平洋舰队主力出战并将其歼灭。在山本五十六看来，为了使美国海军主力出港应战，就必须设下一个精妙的陷阱，而近藤信竹的攻略部队就是陷阱中不大不小的诱饵——既不会"吓跑"美国海军，又足以引诱美国海军出击。因此，南云的机动部队和山本的主力部队就必须与攻略部队保持相当距离，以免提前暴露实力，致使美军避战。另外十分有趣的是，山本认为美军将混编航母和航速过慢的战列舰

部队，因此才设想远远跟在后方的主力部队将有机会与美军幸存的战列舰展开水面决战。

但是经过审视我们不难发现，这个计划完全属于一厢情愿，其根本设想完全与事实脱节。山本五十六一边认定美国海军需要被引诱出战，一边认为美国海军会完全"配合"他的剧本。但是事实上美国海军在此前的战斗中既没有消极避战，也没有选择混编高速的航母特混舰队和低速的老式战列舰，因此无论如何都很难如同山本预想的那样与日本海军交战。在此情况下，与南云机动部队和攻略部队相距甚远的主力部队几无参战机会，纯属白费燃料，高须四郎的第1舰队更是根本来不及参加AL或者MI任何一方的战斗。在登陆作战方面，突出的攻略部队很可能遭到美军打击而得不到南云机动部队的掩护，在登陆方面，支援队的火力水平也明显不足，一天之内修好机场、部署陆基航空兵更是不切实际。最后，也最致命的是南云机动部队实力的削弱和目标的不明确：机动部队的首阶段任务是压制中途岛机场、摧毁美军防御，预计6月7日才会与美国海军交战，但是如果美国海军提前出现就必须面对两个方向的威胁，顾此失彼。除此之外，分散在各处的4艘轻型航母被完全浪费，即没有用于压制中途岛，也没有用于支援南云机动部队，将高速重巡洋舰"三隈""最上"分配给支援队也极大削弱了机动部队的防空火力。

在计划破绽百出的情况下，日本海军在战斗准备阶段的各种敷衍了事、玩忽职守就更为致命了。首先，MI作战成功的绝对前提是日本海军在情报方面占据优势，确保美国海军浑然不觉地走进陷阱。为此，日本海军预定在5月31日执行"K作战"，以潜艇为二式大艇加油，进而强行侦察珍珠港。然而，美国军舰出乎意料地出现在了作为预定加油地点的法国军舰沙

洲，迫使"K作战"取消。此外，日本海军派出了14艘潜艇建立两道哨戒线，但是不仅各艇之间空隙过大，潜艇部队更未能按时出发，以至于潜艇哨戒线完全失效。在自身保密方面，日本海军更换密码的计划被一拖再拖，造成了灾难性的后果。

指挥方面，联合舰队参谋长宇垣缠少将担任裁判的兵棋推演简直自欺欺人。5月1日至5日，参与AL-MI作战的指挥官们齐聚"大和"号战列舰进行这场臭名昭著的兵棋推演。首先，美方玩家将航母部署在中途岛以北、伏击南云机动部队重创3艘航母，裁判却宣判无效，强令美方从珍珠港出航，殊不知实际上尼米兹正是将航母如此部署。随后，裁判掷骰判定中途岛美机击沉"赤城""加贺"号航母，宇垣缠却亲自更改为只有"加贺"号被击沉。颇具讽刺意义的是，山本五十六在推演的最后向南云机动部队司令部提问："如果美军航母从侧翼攻击如何处置？"航空参谋源田实中佐竟然脱口而出："铠袖一触！"大意就是"我们将轻松将其消灭"，完全没能提供实质性的答案。

其实，在稀烂的计划和准备背后，山本五十六真正的底气在于南云机动部队的6艘主力航母及其搭载的350余架舰载机。毫不夸张地说，至1942年6月，这是一支在全世界范围内都无与伦比的毁灭性战略打击力量。从数量上来讲，此时美国海军在太平洋上只有4艘航母可以应战，而且严重缺乏协同作战的经验。相反，日本海军早就设立了第1航空舰队来建立成熟的协同作战体系。具体来讲，每个航空战队（两艘航母）在发动首次攻击时都会混编一舰的舰攻队、另一舰的舰爆队和两舰的舰战队各一部分，对应的一半兵力则作为第二攻击波。当6艘航母发动这样的协同攻击时，敌军很难招架其庞大且均衡的立体攻势，其破坏力在偷袭珍珠

港的作战中展现得淋漓尽致。

然而，正是这支矛头在战役开始之前出现了严重折损：珊瑚海海战的结果于5月8日传回日本："翔鹤"号遭受重创、"瑞鹤"号的舰载机队也损失严重，两舰可堪使用或者容易维修的舰载机共余下25架零战、14架九七舰攻、17架九九舰爆。其实，"瑞鹤"号的规定舰载机总数只是63架，日军完全可以将两舰幸存的飞机集中到"瑞鹤"号上参加中途岛海战。匪夷所思的是，日军以飞行队与航母绑定的编制规定和五航战人员需要休整为由拒绝整编，放弃了以5艘主力航母出战中途岛的机会。根本上，日本人还是过于自大、认为没有整编的必要，这一方面是因为日军错误判定在珊瑚海海战中击沉了2艘美军航母，但是即便如此，按照当时日方的估计，美军也有可能派出3艘航母参加中途岛海战，日军优势并不明显。更不可思议的是日军4艘参战航母并没有满员出击，只搭载了72架舰战队零战、72架舰爆队九九舰爆、2架实验性"彗星"侦察机、81架舰攻队九七舰攻以及21架用于部署至中途岛机场的六空零战。于是，日军参战飞机总数就从偷袭珍珠港时的412架骤降至248架，拱手让出了数量优势。

5月25日，日本海军在"大和"号战列舰上进行了出战前最后的兵棋推演，再次对美方玩家利用日军侦察机的空隙发动突袭，击沉1艘、击伤2艘日本航母的结果置之不理。而且，南云忠一在当天向山本五十六报告机动部队无法按时在次日出航，建议推迟行动一天，获得了许多将领支持。对此，山本五十六竟然命令其余部队按原计划出击，唯独机动部队将空袭中途岛的时间推迟一天。这就意味着攻略部队将暴露在中途岛美军航空兵的打击之下，南云机动部队的攻击也将减少一天，而山本五十六给

出的理由却是只有6月6日的潮汐适合登陆，仿佛忘记了诱歼美国海军主力的根本目的。此种种敷衍了事之准备工作的确说明日军内部"胜利病"盛行，并为尽力准备所谓的"命运之战"。

"计算过的风险"：尼米兹应战

相比之下，美国海军为了赢得中途岛海战竭尽全力，在总兵力不占优的情况下尽己所能占得先机。首先，美军情报部门从5月9日发现日本海军在中太平洋方面通讯频繁，并且发现日军即将进攻代号为"AF"的目标。此时，太平洋舰队的情报军官埃德温·莱顿（Edwin Layton）上校和位于夏威夷的HYPO无线电监听站站长约瑟夫·罗彻福特（Joseph Rochefort）中校成功说服太平洋舰队司令尼米兹上将"AF"即中途岛，但是华盛顿的海军作战部长金上将坚持日本海军的下一步行动仍将在南太平洋方向。

在此情况下，尼米兹做出他在战争中最非同寻常的冒险举动，秘密命令哈尔西于5月17日向日军侦察机暴露第16特混舰队的位置，以此为借口将其撤回珍珠港。同时，莱顿和罗彻福想出了战争中最著名的计谋：命令中途岛守军于5月19日以明码报告岛上海水淡化装置损坏。次日，HYPO站如愿截获了日军报告AF进攻部队需要供水船的电文，由此确定了日军的目

5月29日在干船坞中接受维修的"约克城"号航母，美军技术人员在此创造了奇迹。

标，并且依靠破译的少量日军电文和流量分析推测出日军行动的大概时间和兵力，使得日军的诱敌计划彻底破产。

同时，在珊瑚海海战中"列克星敦"号航母被击沉、"约克城"号航母遭到重创，两舰的舰载机大队也损失严重。不同于日军干脆放弃五航战的行为，尼米兹决心尽一切努力让"约克城"号参战。5月28日，美军技术人员判定刚刚进入干船坞的"约克城"号需要至少三个月才能修好，尼米兹却限定要在48小时内完成维修。于是，美军技术人员加班加点地维修甲板、克服技术困难，竟然奇迹般地修好了"约克城"号航母，实现了战争中最不可思议的损管奇迹。而且，美军以"列克星敦"号航母的VB-3替代VB-5、VF-3替代VF-42、VT-3替代VT-5，并且将对应中队的飞机、人员两两整编，使"约克城"号的舰载机实力恢复至25架F4F战斗机、37架SBD俯冲轰炸机和14架TBD鱼雷机的水平。

5月30日早晨9:00，由"约克城"号航母，重巡洋舰"阿斯托里亚"、"波特兰"（USS Portland）和5艘驱逐舰组成的TF17在弗莱彻少将的指挥下从珍珠港出航。一天前，由"企业"号航母、"大黄蜂"号航母，重巡洋舰"新奥尔良"（USS New Orleans）、"明尼亚波利斯"、"文森斯"、"北安普顿"、"彭萨科拉"（USS Pensacola），"亚特兰大"号防空巡洋舰（USS Atlanta），9艘驱逐舰组成的TF16已经出航。由于此时哈尔西突发严重皮炎被强制入院治疗，他亲自推荐了此前指挥巡洋舰分队的雷蒙德·斯普鲁恩斯少将接替指挥。总之，TF16和TF17的3艘航母共搭载了233架舰载机，包括79架F4F、109架SBD和44架TBD，几乎达到了南云机动部队同等数量的水平。

同时，尼米兹以手头的各路航空部队增强

西里尔·西马德（Cyril Simard）海军上校指挥的中途岛航空大队，最终其实力包括海军航空兵的31架PBY水上飞艇、6架TBF鱼雷机和1架多用途飞机，陆军航空兵的17架B-17和4架B-26轰炸机，海军陆战队航空兵的21架F2A"水牛"战斗机、7架F4F战斗机、21架SB2U俯冲轰炸机和19架SBD俯冲轰炸机。就此，中途岛上的飞机总数达到了127架，与美军舰载机数量之和就达到了360架，对日军的248架舰载机形成了显著的数量优势。当然，岛上的F2A、SB2U已经成为淘汰机型，舰载的F4F和TBD也比日军的对应机型落后，大部分航空兵的技术水平更无法与日军一、二航战相比。

在此基础上，尼米兹冷静地制订了明确、合理的作战计划，将两个特混舰队派往南云机动部队东北方向500公里的位置，这样一来能避开全部日军水面舰队，二来能对南云机动部队展开突然袭击；尼米兹还另外部署了12艘潜艇至中途岛周围伺机发动攻击。尼米兹的作战目标也十分明确，那就是采用"强力消耗战术"，以"计算过的风险"为原则。也就是说，美军各部的目的是在避免过大损失的情况下沉重打击南云机动部队，在情况危急下应当撤出战斗而不是死守中途岛。由此可见，山本五十六战前对美军"消极避战"和"将竭力保卫中途岛"的两个判断都是完全错误的。

既然舰队不以保卫中途岛为目的，那么中途岛守军就必须做好独自抗敌登陆的准备。为此，岛上哈罗德·香农（Harold Shannon）上校的陆战队第6守备营获得了第

尼米兹。

2突击营C、D连和1个M3轻型坦克排的补充，解决了威克岛战役暴露出的守备营陆战兵力不足的问题。岛上守军还建立了坚固防御体系，包括水下障碍物、雷区、铁丝网、混凝土堡垒，等等，而且中途岛还有类似塔拉瓦环礁的水下礁石。最终，岛上守军人数有3,000至4,500人之众，重武器方面仅第6守备营和防空部队就装备了5门5英寸岸防炮、4门3英寸岸防炮、24门3英寸高射炮、48挺12.7mm重机枪、36挺7.62mm机枪和众多20mm/37mm轻型高射炮。由此可见，只有大约2,500名战斗部队和2,500名非战斗部队的日军即便按照计划发动登陆行动也是凶多吉少，成功的可能性十分渺茫。

"需要二次攻击"：空袭中途岛

6月3日清晨，田中赖三少将的护卫队和扫雷部队首先被2架PBY发现，山本五十六强令其他部队按原计划出击的恶果显现。下午，中途岛上的9架B-17前去轰炸没有空中掩护的日军登陆舰队，只可惜未能取得命中。此时天色已晚，但是西马德知道今天是他攻击没有空中掩护的日军登陆船舰队的唯一机会，因此毅然派出4架装备了雷达的PBY挂载鱼雷出击。笨重的PBY完全不是为鱼雷攻击设计的，夜间攻击的难度更是巨大，1架PBY果然因为天气原因提前返航。然而，其余3架PBY于6月4日凌晨1:54发现日军舰队并且发射鱼雷，其中1枚正好命中了"曙丸"号油船，造成23人伤亡。颇具讽刺意义的是，此次由PBY"客串"执行的鱼雷攻击将是整场中途岛战役中美方唯一一次有所斩获的鱼雷攻击。

6月4日早晨，南云机动部队终于抵达作战水域，开始执行源田实中佐制定的侦察计划和攻击计划。按照前者，"赤城""加贺"

号航母将各放飞1架九七舰攻；重巡洋舰"利根""筑摩"各放飞2架零式水侦；战列舰"榛名"放飞1架九五水侦，共7架侦察机形成一个扇面侦察东侧海域。然而，这个侦察计划意味着各机之间间隙巨大、很容易有漏网之鱼，但是源田实依照一向轻视侦察的日本海军教条不愿以削弱打击力量为代价派出更多舰攻执行侦察任务。

另外，他依照此前提到的联合攻击战术，派出"苍龙""飞龙"号航母的舰攻队共36架九七舰攻，"赤城""加贺"号航母的舰爆队共36架九九舰爆，以及全部4舰每舰各9架零战组成一个108机的攻击波轰炸中途岛。此次空袭将由飞龙舰攻队队长友永丈市大尉率领。这样的实力几乎注定了第一攻击波的实力不足以压制中途岛航空大队，但是本来机动部队就计划发动多波攻击。于是，4艘航母于4:30天蒙蒙亮之际就开始放飞中途岛攻击波，随后起飞了11架战斗机巡逻警戒。相当不可思议的是，日军攻击波在短短15分钟内全部升空并且完成整队，可见此时日军飞行员、地勤人员高超的技术水平和协同能力。同时，各舰也按照计划放飞侦察机，只有"利根"号的四号机拖延到5:00才起飞。

中途岛方面，西马德上校从3:50开始依次起飞执行战斗巡逻的F4F、执行侦察任务的22架PBY、前去再次轰炸田中赖三舰队的15架B-17。霍华德·埃迪（Howard Ady）上尉驾驶的PBY于5:30取得了当天最重要的侦察成果，随即于5:34报告："发现日军航母！"十分钟后，威廉·柴斯（William Chase）上尉驾驶的PBY首先与日军中途岛攻击机群擦肩而过，随后又在5:52报告发现2艘航母和战列舰。中途岛的雷达也立即发现日军机群，因此由陆战队弗洛伊德·帕克斯（Floyd Parks）少校指挥的VMF-221战斗机中

被日军炸毁的中途岛油库、建筑物。

队立即爬升，准备占据高度优势展开拦截，其余飞机向东躲避。

随着日军机群于6:21飞抵中途岛空域，美军20架F2A和5架F4F展开拦截（具体飞机数量说法不一），第一波俯冲攻击就打了日军一个措手不及，击落了4架九七舰攻。然而，在随后的缠斗当中，日军最精锐的飞行员驾驶着零式战斗机对美军新手驾驶的老旧机型大开杀戒，竟然击落了2架F4F、13架F2A，造成美军14名飞行员阵亡（包括中队长帕克斯少校）、4人受伤，其余飞机也只有3架未遭重创，而日军竟然无一损失，可见此时日军舰战队的压倒性优势。

随后，日军九七舰攻展开水平轰炸，九九舰爆俯冲轰炸中途岛上的设施，摧毁了东岛上

的发电站和输油管以及沙岛上的指挥部等建筑物，却未能摧毁中途岛机场的起降能力，更未能压制防空火力。相反，炙热的美军防空火力和此前战斗机的拦截造成日军损失11架飞机、重创14架飞机、轻创29架飞机，20名机组成员阵亡。其中二航战的舰攻队损失尤为惨重，派出的36架九七舰攻当中4架被击落、4架迫降海上、9架损坏至无法修复，战力几乎减半。综合这些情况，友永丈市大尉于7:00发回报告：需要二次攻击中途岛。

奋不顾身：中途岛大队的反击

基地遭到袭击的中途岛航空大队不顾装

备、训练水平参差不齐，毅然在完全没有战斗机护航的情况下向日军航母发动反击。首先，航速最快的VT-8分队的6架新型TBF复仇者鱼雷机和陆航第18侦察中队及第69轰炸中队的4架B-26轰炸机于7:10飞抵目标上空，立即发动鱼雷攻击。然而，两组飞机在攻击过程中失去协调，TBF前去攻击"飞龙"号航母、B-26攻击南云忠一旗舰"赤城"号航母，结果遭到了30架零战的先后截击。纵使这些新型飞机击落了2架零战、击毙1名飞行员，还是无法抵挡日机的围攻，1架B-26和5架TBF被迅速击落，投下的全部鱼雷也都射失。然而，1架B-26在攻击过程中几乎贴着"赤城"号的甲板飞过，还以机枪扫射甲板打死2人，另一架由赫伯特·梅斯（Herbert Mayes）少尉驾驶的B-26则在被击中的情况下径直撞向了南云忠一所在的"赤城"号舰桥，最后仅仅失之数米坠入海中。最终，只有伤痕累累的2架B-26和1架TBF返回中途岛。

然而，此次攻击向侥幸逃过一劫的南云忠一证明了中途岛机场仍然是个大威胁，而且此时日军侦察机还都未发现美军航母。值得一提的是，事后很多学者将未能发现美军航母归罪于推迟起飞的"利根"四号机，但是实际上"筑摩"五号机才早该发现美军航母，应该是飞行高度过高才被云层遮挡视线。"利根"四号机的推迟起飞反而使其发现了美军航母。无论如何，南云忠一因此下令机库内的一航战九七舰攻鱼雷换炸弹。需要说明的是，九九舰爆的挂弹过程是在甲板上完成的，只有九七舰攻需要在机库内挂弹，但是从升上甲板到放飞的过程需要至少30分钟左右，其间甲板上无法起降飞机。此时不知美军航母已经参战，且得

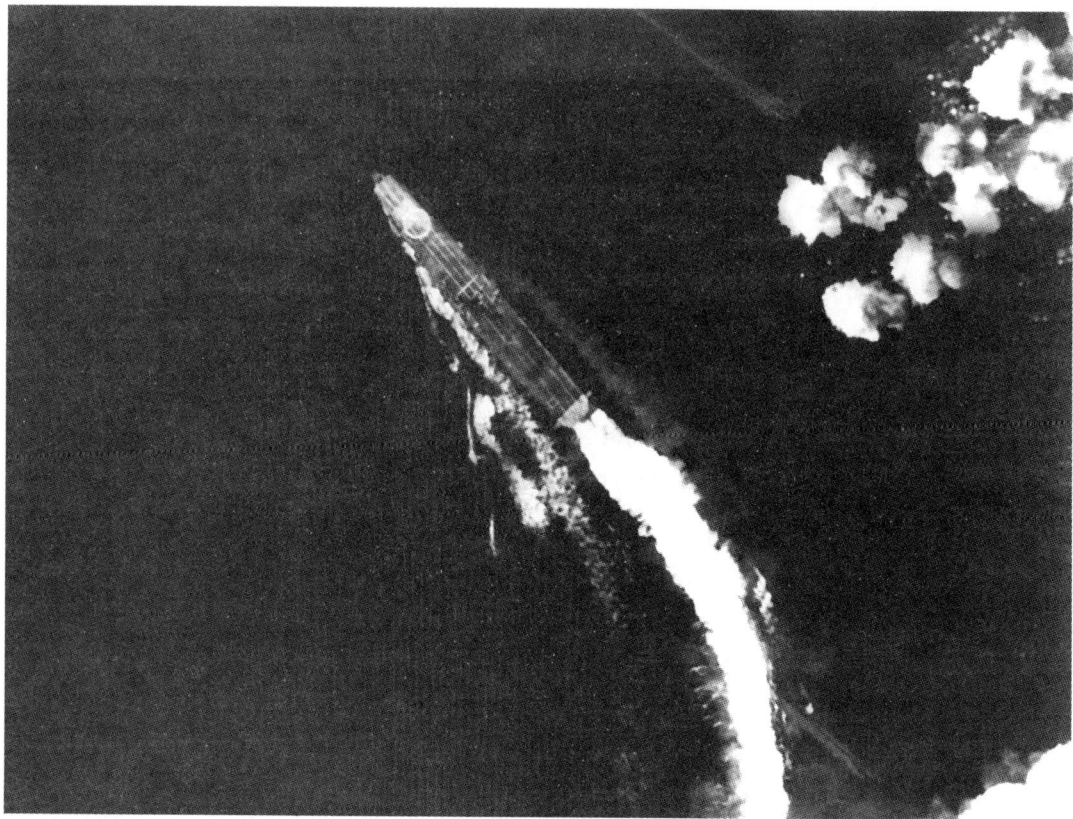

8:00左右遭到空袭的"飞龙"号航母，可见此时甲板上空空如野，还没开始回收中途岛攻击波。

知第一攻击波舰攻损失严重的南云下达换弹令完全合理。

就在南云忠一下达完换弹命令后不久的7:53，VMSB-241俯冲轰炸机中队的首批16架SBD在中队长洛夫顿·亨德森（Lofton Henderson）少校的率领下抵达机动部队上空。由于中队内的大部分飞行员是新手，亨德森只能率队进行速度慢又不准确的滑翔轰炸，炸弹全部于8:08到8:12在"飞龙"号周围炸开、无一命中。同时，日军9架担任警戒的零战立即发动攻击，第一波突袭就击落了6架SBD，其中包括亨德森的座机，SBD的自卫机枪仅击落1架零战。最终，只有8架SBD返回中途岛，其中6架损伤过于严重无法继续使用，包括亨德森在内的众多飞行员血洒长空。

几乎同时，日军对空观察哨于7:54发现14架B-17正从高空来袭，这些飞机来自第31、72、431轰炸中队，由沃尔特·斯威尼（Walter Sweeney）中校指挥。美国轰炸机的高度让刚刚俯冲下来攻击SBD机群的零战和高射炮火都无可奈何，但是其轰炸准星也令人失望，仅在"飞龙""苍龙"两舰周围取得近失。然而，美军的B-17机群继续在日军舰队上空盘旋，迫使日军航母反复转向摆脱，无法回收于8:15归来的中途岛攻击机群。

中途岛大队的最后攻击波于8:27抵达机动部队上空，包括VMSB-241航速最慢的11架SB2U俯冲轰炸机，由中队执行军官本杰明·诺里斯（Benjamin Norris）少校率领。担任空中警戒的11架零战和九九舰爆立即扑来，自知无力突防的诺里斯少校选择率部轰炸距离更近的"榛名"号战列舰，却仍然未能取得命中。即便SB2U机群在投弹之后立即返航，还是有2架被零战击落，另外2架在返航途中因为燃料耗尽坠海，还有多架严重受损。至此，中途岛大队

的51架飞机先后发动了攻击，其中19架未能返航，其余飞机除了B-17之外也都损坏严重，却没有一弹击中敌舰，自卫火力也仅仅击落3架零战、打死2名飞行员。但是，正是这些连续不断的空袭迫使日军将甲板用于起降战斗机、各航母进行规避机动，因而无法回收燃料告急的中途岛攻击波。

最后机会：南云的拖延与美军出击

就在前述的空袭一波接一波来临之际，南云机动部队也遭到了来自水下的威胁。从7:10开始，威廉·布罗克曼（William Brockman）少校指挥的"鹦鹉螺"号潜艇（USS Nautilus）就发现了机动部队。等到"鹦鹉螺"号于8:00浮出水面侦察情况时，布罗克曼惊讶地发现他误打误撞到了机动部队的正中央！很快，"鹦鹉螺"号就开始遭到深水炸弹攻击，布罗克曼于8:25对"雾岛"号战列舰发射的两枚鱼雷一枚卡在了发射管里，另一枚也未能命中目标。失望的布罗克曼只好在9:10下潜以躲避迫近的"长良"号轻巡洋舰，随后日军派出"岚"号驱逐舰持续攻击至9:33。布罗克曼一定无法想到，"鹦鹉螺"号失败的攻击将产生巨大后果。

早晨7:28，推迟起飞的"利根"四号机飞行员甘利样司突然报告：发现美军舰队！但是不知为何，南云忠一声称直到8:00才看到这封电报，而且甘利样司仅仅报告发现"10艘水面舰艇"，直至8:20才在追问下确认其中包括1艘航母。在此之前，南云忠一已经下令九七舰攻停止换弹，但是无论如何他也无法在中途岛攻击机群的燃料耗尽前派出完整的第二攻击波。如果要提前出击，南云忠一必须接受九七舰攻和护航零战减少的事实，而即便如此日军的最早出击时间也不会早于8:30。于是，被连续攻

6 月 4 日早晨即将放飞攻击波的"企业"号航母。

击搅得心烦意乱的南云忠一选择依照惯用教条行事，先行回收中途岛攻击波，同时为九七舰攻换回鱼雷，再派出完整的第二攻击波。美军B-17于8:37终于返航，各航母立即开始回收中途岛攻击波，至9:10回收完成。回头看来，在回收中途岛攻击波之前放飞不完整的第二攻击波是南云忠一赢得中途岛战役的唯一机会，但他的错误也仅是墨守成规而已。

关于南云的决定和其他理论上的可能操作众说纷纭，但是毫无疑问的一点是，哪怕南云忠一下令出击，也不可能避免美军舰载机的攻击，因为美军舰载机此时早已升空。位置靠前的TF16于7:00在斯普鲁恩斯的命令下开始放飞攻击波。如果说美国海军在中途岛海战中战略战术都更胜一筹，那么调度舰载机的技术就明显技不如人了，2艘航母耗费了一个小时才放飞20架F4F、68架SBD和29架TBD，根本无法与日军4艘航母在6分钟内放飞108架飞机的速度相提并论。

由于甲板长度所限，美军各航母必须分两

次放飞攻击波。"企业"号率先放飞执行警戒任务的F4F、航程较长的SBD，随后放飞执行护航任务的F4F和TBD。不过，VS-6和VB-6没有等待随后起飞的VT-6和VF-6，因此"企业"号的俯冲轰炸机未能与战斗机、鱼雷机协同出击。相比之下，"大黄蜂"号的起飞和导航过程堪称灾难。首先，VF-8、VB-8和VT-8的半数飞机首先起飞，VT-8的余下飞机随后起飞，这就意味着滞空时间最短的F4F徒劳地烧掉了更多燃料。此后，"大黄蜂"号大队长斯坦霍普·林（Stanhope Ring）少校带队扑向了南云机动部队西边的空荡大海，除了单独行动的VT-8之外根本未见敌舰踪影。返航途中，"大黄蜂"号舰载机大队又未能及时发现母舰，致使全部10架F4F迫降损失，其中2名飞行员丧生；VB-8的SBD除3架返回母舰外干脆飞往中途岛，其中3架燃料耗尽坠海，另3架又遭到中途岛高射炮误伤，只有VS-8集体返回"大黄蜂"号。

不过，经验丰富的TF17指挥官弗莱彻于8:38让"约克城"号航母颇有章法地开始放飞攻击波。至9:06，VF-5的6架F4F、VB-5的12架SBD和VT-5的12架TBD成功集结为一个编队飞向目标，VS-5则被留作预备队。至此，152架美军舰载机已经升空，即将发动太平洋战争中最悲壮、也最具决定性的打击。

九死一生：鱼雷机的悲壮突击

VT-8的中队长是有着美洲原住民血统的约翰·沃尔德伦（John Waldron）少校，除了已经在中途岛单独出击的TBF6机分队外，其余15个机组驾驶TBD"蹂躏者"鱼雷机从"大黄蜂"号出击。沃尔德伦少校一直看不上能力有限的大队长林少校，坚决反对其飞行计划，飞行途中干脆带队抗命、单独行动。沃尔德伦一直认为他的原住民血统带给了他特殊的第六感，而这

次他的第六感的确将他引向了目标，也引向了死亡。9:18，沃尔德伦终于发现了刚刚回收完中途岛攻击波的日军机动部队，随即率队发动突击。

陈旧的TBD速度奇慢无比，挂载的MK13鱼雷不仅可靠性差，射程还相当短。因此，VT-8需要在没有战斗机护航的情况下平飞15分钟，结果遭到了21架零战的屠杀。在此过程中，没有一架TBD掉头逃跑，全体飞行员跟着沃尔德伦毅然决然地冲入虎口，结果只有乔治·盖伊（George Gay）少尉的TBD投下了鱼雷，其余TBD全部被击落。盖伊的鱼雷被"苍龙"号航母轻松躲过，盖伊本人则被击落。在这场注定了结局的战斗中，参与行动的30位VT-8机组成员除盖伊一人外全体阵亡。更令人难以接受的是，"企业"号詹姆斯·格雷上尉指挥的VF-6其

编队飞向悲壮结局的VT-8。

实错误地跟着VT-8抵达了目标上空，但是由于等待"企业"号SBD的命令、视线受到云层阻挡以及未能收到VT-8的求援呼叫，VF-6没有俯冲下去拯救惨遭屠杀的TBD机群。然而，此次攻击并没有白费：此时的南云忠一正要开始将第二攻击波升上飞行甲板，但是由于VT-8的突然袭击，他只能优先起降执行拦截任务的战斗机并且命令航母进行规避机动。

9:38，VT-8的攻击刚刚结束不到10分钟后，"企业"号VT-6的14架TBD也在林赛少校的带领下从东南方向分成两组夹击"加贺"号航母。此时，30架零战还都围在VT-8刚刚发动攻击的东北方向，但是"加贺"号娴熟的规避机动迫使VT-6反复调整航向，未能在零战到达前发动攻击。正如VT-8的遭遇，大部分TBD未能发射鱼雷就被击落，5条勉强射出的鱼雷也全部被"加贺"号躲过。最终VT-6只有4架TBD返航，包括林赛少校在内的大批飞行员阵亡，而头顶上的VF-6再次声称没有收到求救呼叫，最终于9:50因为燃料不足悻悻而归，完全未能保护下方遭到屠杀的友军。

一波未平、一波又起，"约克城"号舰载机大队于10:03飞抵战场，包括兰斯·梅西少校的VT-3、麦克斯韦·莱斯利（Maxwell Leslie）少校的VB-3，还有大名鼎鼎的约翰·萨奇少校率领的VF-3。此时，日军的阵型早已走样，"赤城"号在正中间，"飞龙"号和"苍龙"号依次在其东北方向，"加贺"号在其西边，形成了一条弧线。从10:06开始，日军36~42架零战先后扑向一同突进的12架TBD和6架F4F，立即击落1架F4F，似乎要再次上演屠杀场面。然而，萨奇少校情急之下命令手下各机使用他刚刚研发的"萨奇剪"战术（Thach Weave），即各双机编队交替飞行、互相掩护，一旦日军攻击其中一架就以另外一架反咬其尾。就这样，占

据绝对数量优势的日机竟然无可奈何，反而被击落4架零战，其中萨奇独中三元！另外2位贴近护航VT-3的飞行员：托马斯·奇克（Thomas Cheek）士官和丹尼尔·希迪（Daniel Sheedy）少尉也在缠斗中不落下风，各击落1架零战后凭借着F4F坚固的机身带伤返航。就这样，VF-3在兵力占据绝对劣势的情况下不可思议地打出了6:1的胜利，短短几分钟内击碎了"零式神话"。

然而，此时突向飞龙号航母的VT-3遭到了其余日军

美国海军航空兵传奇人物——约翰·萨奇少校。

零战的攻击，7架TBD在发射鱼雷前就被击落，其余5架在10:40发射的鱼雷也未能命中，最终只有2架返回"约克城"号，包括身先士卒的梅西少校在内的大部分机组成员阵亡。日军方面只有1架零战被己方高射炮火误射击落，飞行员被救起。

至此，美军3艘航母派出的41架TBD鱼雷机当中35架被日军击落，3名中队长全部阵亡，却未能取得任何战果。这样的结果早已被TBD落

6月4日早晨一架VT-3的TBD正在飞向目标。

后的性能和缺乏战斗机掩护的事实注定，但是即便在知道发动鱼雷突击九死一生的情况下，美军各机组还是毅然决然地投入攻击。这些战士们没有白白牺牲，因为正是他们连续的攻击迫使日军战斗机占用甲板，第二攻击波迟迟无法升上甲板，VT-3的最后一波攻击更是将日军战斗机吸引到东南方向的低空。于是，美军鱼雷机飞行员们用鲜血为接下来永载史册的一幕创造了机会，美军俯冲轰炸机飞行员们即将创造历史。

重锤悄然而至

战至6月4日10:22，美军对南云机动部队发动的7波攻击完全以失败告终（包括即将失败的VT-3鱼雷突击），出击部队轻则七零八落、重则全军覆没，短期内丧失了战力。现在机动部队的零战正在东南方向低空屠杀VT-3速度缓慢的TBD机群，其攻击已经不可能奏效，因此对机动部队形成实质威胁的只剩下"企业"号的VB-6、VS-6和"大黄蜂"号的VB-3这三个俯冲轰炸机中队。只要挺过这波攻击，南云机动部队就可以从容地放飞齐装满员的第2攻击波，给位置已经暴露的美军特混舰队以毁灭性打击。但是，这一幻想于10:19被"飞龙"号航母上一名姓吉田的瞭望哨兵的嘶吼打碎：他看到美军SBD机群正准备从高空向毫无防备的"加贺"号航母俯冲！

大部分军迷对接下来的一幕再熟悉不过：甲板上停满舰攻、舰爆的日军航母应声爆炸、日军军官对于攻击波只要5分钟就能起飞捶胸顿足……这个片段主要来自渊田美津雄回忆录的所谓"命运五分钟"，此后在各种书籍、绘画和电影中反复上演。但是，历史学家们经过考证已经完全证明事实与此大相径庭。正如前文

所说，由于美军鱼雷机反复发动攻击，日军被迫将甲板用于升降战斗机，第2攻击波的舰攻、舰爆还完全停在机库里，需要至少30分钟才能起飞。此时，4艘日军航母甲板上只有少数补充油弹的零战。不过，即将开始的美军俯冲轰炸的确有"决定命运"的效果，而且其跌宕起伏之过程颇有命运之感。

美军方面，"约克城"号的整个舰载机大队于10:03从东南方向抵达目标上空，VF-3立即掩护VT-3从低空进行鱼雷突击，同时VB-3中队长莱斯利上尉带领17架SBD从高空飞向东北方向的"苍龙"号航母。相当幸运的是，"企业"号舰载机大队长麦克拉斯基少校也于10:02带领威尔默·加拉赫（Wilmer Gallaher）上尉的VS-6和贝斯特上尉的VB-6共33架SBD，从西南方向抵达南侧的"加贺"号和"赤城"号航母上空。

其实，这两支打击力量同时抵达战场纯属巧合，而且双方的飞行和攻击过程也都一波三折。首先，VB-3刚刚安装的新型电子炸弹保险解除装置设置错误，启用时会提前投下炸弹，因

"企业"号舰载机大队长麦克拉斯基少校。

此包括莱斯利座机在内的4架SBD误将炸弹投入海中，莱斯利及时命令其余机组改用手动解除才保住其炸弹。即便如此，莱斯利还是决定让失去了炸弹的SBD参加俯冲，为保有炸弹的SBD分散火力。

"企业"号机群方面，麦克拉斯基于9:20抵达预判的目标海域，但是此前机动部队连续进行的规避机动早已改变了航向，之后30分钟内麦克拉斯基只看到了茫茫大海。沮丧的麦克

拉斯基十分清楚，如果搜索至10:00还未能发现敌舰，机群就必须返航。幸运的是，他在9:55发现了独自航行的"岚"号驱逐舰，立即判断这艘驱逐舰是要返回机动部队，因此带队隐蔽尾随。这艘驱逐舰此前被派去压制"鹦鹉螺"号潜艇才脱离机动部队，因此"鹦鹉螺"号看似失败的鱼雷攻击反而产生了意想不到的关键作用。7分钟后的10:02，麦克拉斯基兴奋地用无线电向TF16指挥官斯普鲁恩斯少将报告："我是麦克拉斯基。已发现敌军！"

"命运五分钟"：致命的俯冲轰炸

10:22，加贺号航母甲板和舰桥上的几乎全体军官、瞭望哨兵异口同声地喊道："敌，急降下！"此时扑向"加贺"号的明显是一群经

验丰富的飞行员，因为他们的俯冲角度接近90度，而且这是一个30架SBD组成的强大机群。"加贺"号立即开始进行规避机动，同时高射炮手们拼命开火，尽管日军高射炮性能和火控水平非常低下，"加贺"号的炮手们还是取得了整场战役中日军高射炮对SBD的唯一战果。"加贺"号的这些措施取得了成果：美军打头阵的三机编队纷纷将炸弹投入了水中，未能取得命中，但是"加贺"号的好运也到头了。

由VS-6中队长加拉赫上尉驾驶的SBD第四个投弹，准确地将1枚500磅炸弹投向了"加贺"号的甲板，也取得了中途岛战役中美军对日军机动部队的第一次命中。随后，七号机的500磅炸弹直接洞穿了前部升降机，在装满了飞机、炸弹、鱼雷、航空燃油的机库中爆炸。接下来，第3枚500磅炸弹不偏不倚地命中了"加

"二战"期间美军凭借飞行员报告制作的描绘这场决定性俯冲轰炸的全景模型。

贺"号狭小的舰桥，瞬间炸死了包括舰长在内的大部分高级军官。最后，1枚1,000磅炸弹落在了舰体正中央，将飞行甲板炸了个粉碎。这4枚炸弹的综合效果极为致命，让"加贺"号航母立即开始原地打转并且熊熊燃烧。

在机动部队的北侧，"苍龙"号的瞭望哨于10:24突然报告发现1架SBD；"苍龙"号还应对不及之时，另外16架SBD也从三个不同方向拍马杀到、投下炸弹。VB-3飞行员投下的13枚炸弹当中，3枚1,000磅炸弹给"苍龙"号造成了致命性的打击。其中第1枚恰好命中了涂在舰桥前方甲板上的日之丸，当即炸碎了甲板。第2枚直接洞穿了飞行甲板中部，钻入机库内爆炸；第3枚也洞穿了飞行甲板后部，钻入机库爆炸。这两枚1,000磅炸弹不仅引爆了塞满机库的飞

机、航空燃油、炸弹、鱼雷，还直接摧毁了锅炉。至10:30，"苍龙"号已经失去了动力、燃起大火，并且即将开始连环爆炸。

至此，7位美军飞行员瞬间使加贺号和赤城号航母失去了战斗力，但是决定了战役胜负的却是VB-6中队长贝斯特上尉，电影《决战中途岛》的主人公。"企业"号的VS-6先于VB-6抵达战场，因此按照惯例VS-6应该攻击距离更远的"赤城"号。但是大队长麦克拉斯基少校原为战斗机飞行员，对俯冲轰炸的战术条例并不熟悉，因此由他率领VS-6轰炸"加贺"号、VB-6轰炸"赤城"号。然而，麦克拉斯基和贝斯特同时按下了无线电呼叫按钮，因此双方互相没有收到对方的指令，结果VS-6和VB-6一窝蜂地扑向了"加贺"号航母。如果美军就此放

保存在美国"名机博物馆"内的SBD俯冲轰炸机。

1932年的贝斯特，他将在10年后成为改变历史的重要人物。

过了"赤城"号，南云二打三的战役结果就难以预料了，尤其是因为村田重治少佐率领的"赤城"号舰攻队水平天下无双，正是他们在珍珠港对战列舰大道外侧展开了致命的攻击，而美军各舰载机大队均已七零八落。

值此关键时刻，贝斯特抓住了稍纵即逝的战机，命令手下飞行员改为攻击"赤城"号，不过只有贝斯特自己、埃德温·克勒格尔（Edwin Kroeger）中尉和弗雷德里克·韦伯（Frederick Weber）少尉组成的三机编队及时改出。好在"赤城"号发现这3架SBD时已经为时过晚，高射炮火也十分微弱，3位美军飞行员迅速投下炸弹。克勒格尔和韦伯的炸弹遗憾地失之毫厘、落入水中，但是坚持到最后一刻才投下炸弹的贝斯特将这枚至关重要的1,000磅炸弹投进了飞行甲板中部的升降机井，在挂满鱼雷、加满燃料的九七舰攻之间轰然爆炸。此时

这架VB-6的SBD紧急降落在了"约克城"号。

的时间是10:26，中途岛战役的胜负，乃至美日两军的战略态势和太平洋战争的进程都在过去的五分钟内被决定了。

不过，美军也为这场历史性的突袭付出了相当代价。"企业"号一共损失了21架SBD，其中绝大部分因为燃料耗尽在水上迫降，"约克城"号也有2架SBD在水上迫降，好在大部分飞行员都被救起。至此，TF16和TF17的3个航母舰载机大队已经在6月4日当天上午的攻击中损失了12架F4F、23架SBD和多达37架TBD，还有大量飞机遭到重创、失去战斗能力，攻击力遭到了严重削弱。

日军方面，等到美机扬长而去之时，"加贺"号和"苍龙"号已经无可救药。"加贺"号的上层甲板人员几乎全部死亡，损管系统彻底瘫痪，不久之后就连续爆炸7次，上方升起了蘑菇云。"苍龙"号机库被划分为3个独立区域以隔绝大火，但是3枚炸弹恰好分别命中了这3个独立区域，造成无法控制的大火，日军早早于10:43就在"苍龙"号失去动力后弃舰。"赤城"号的情况起初要好很多，但是从10:42开始，美军近失弹在水中爆炸造成的冲击波开始导致主舵失灵。11:35，"赤城"号的航空燃油库突然爆炸，15:00再次严重爆炸，"赤城"号最终无法挽救。另外值得一提的是，此前攻击"榛名"号战列舰未果，但是阴差阳错之下立下大功的"鹦鹉螺"号潜艇于13:59再次潜入机动部队中间，向瘫在水中的"加贺"号发射了4枚鱼雷，艇长布罗克曼少校认为命中1雷。但是不可思议的事实是：其中1枚鱼雷卡在发射管中、2枚射失、最后1枚命中目标却未能引爆！既便如此，"加贺"号舰

长最终在16:40下令弃舰。

飞龙反击

从10:54至10:58，二航战司令山口多闻少将终于让硕果仅存的"飞龙"号航母放飞攻击波，但是此时"飞龙"号仅能派出区区18架九九舰爆和6架零战，由舰爆队长小林道雄大尉率领。日军最新的侦察情报来自"筑摩"号重巡洋舰的五号侦察机，这架飞机报告了以"约克城"号航母为核心的TF17位置，另一架此前起飞的"彗星"舰载侦察机同时发现了实力更强大的TF16，却由于无线电失灵而无法汇报，因此小林道雄率队扑向了"约克城"号航母。直至13:00，日军才通过审讯俘虏了解到美军2个特混舰队、3艘航母的参战兵力，并且旋即将俘虏杀害。

大受打击的南云忠一于11:27率领机动部队指挥部从"赤城"号航母转移至"长良"号轻巡洋舰。但是此时他和山口多闻都头脑发热地决定率领机动部队剩余实力突向美军航母的位置，力求以"飞龙"号舰载机破坏其起降能力，再以水面舰艇将其摧毁。山本五十六于12:15获知机动部队损失情况后也像一个疯狂加注的赌徒，命令"瑞凤""凤翔"号轻型航母向南云忠一靠拢，远在阿留申方向的四航战"隼鹰""龙骧"号轻型航母南下，栗田健男的支援队以重巡洋舰炮击摧毁中途岛机场，主力部队全速加入战斗。不过，连续追踪TF17的日军侦察机发现弗莱彻少将明显无意与日军进行水面交战，而是在向东航行。回过头来审视战局，日军最合理的战术应当是保全最后具备战斗力的"飞龙"号航母，以航程优势与美军周旋。哪怕是以水面部队继续发动决战，也需要"飞龙"号收容空中的零战来提供空中掩护。

无论如何，现在能够给美军造成直接威

山口多闻。

"约克城"号一度燃起大火。

胁的只有"飞龙"号的攻击波,但是在飞行途中6架零战又按耐不住地攻击返航途中的美军SBD,留下九九舰爆独自突击。更令人哭笑不得的是这6架零战竟然未能击落任何美机,反而自身一损一伤。11:52,"约克城"号的雷达引导20架F4F前去拦截日军九九舰爆,以迎头攻击立即击落11架,随后又以1架F4F为代价击落了3架姗姗来迟的零战。

然而,避开了F4F拦截的7架九九舰爆展开了极为准确的俯冲轰炸。其中一号机被美军四联装1.1英寸高射炮打得领空散架,但是其242kg高爆炸弹正好炸毁了将其击落的高射炮位,双方竟然同归于尽!二号机同样被击落,炸弹落入水中,三、四、七号机投失炸弹后纷纷撤回

母舰。然而,五、六两机投下的250kg穿甲弹分别击穿了中部飞行甲板和前部升降机,在机库中爆炸。也就是说,7架参与进攻的九九舰爆共取得了3发命中和4发近失的惊人成绩,可见日军飞行员技术之高超。然而,出击的"飞龙"号机群只有4架九九舰爆和3架零战返航,其中各1架损伤过重失去了战斗力,小林道雄大尉则葬身大海。美军方面,尽管"约克城"号当时燃起了大火,但是技术娴熟而且设备先进的损管队员立即扑灭了大火,使"约克城"号恢复了起降能力。

不过,由10架九七舰攻和6架零战组成的飞龙第3攻击波经过漫长拖延后,终于于13:30在舰攻队队长友永丈市大尉的带领下腾空而起。此

两架九七舰攻飞过"约克城"号。

"约克城"号被第2枚鱼雷命中的瞬间。

时友永丈市的微弱攻击队完全无法与他早晨率领的108机庞大机群相提并论，而且友永座机的油箱仍在漏油，这意味着他将无法返航。不久之后的14:09，跟踪了TF17许久的"筑摩"五号侦察机终于被2架F4F发现并击落，3名机组成员无一生还，日军也因此失去了最直接的情报来源，因而再次扑向了"约克城"号。

从13:55开始，"约克城"号的雷达早早就发现了日军机群，立即派出16架F4F准备截击。14:34，友永丈市发现了此时已经恢复战力的"约克城"号，下令分为两组夹击敌舰。友永丈市的五机小组立即遭到突袭，2架F4F在首次攻击中就敲掉了1架九七舰攻，但是也被"黄雀在后"的零战击落。随后，更多F4F击落了剩下的4架九七舰攻，其中VF-3中队长萨奇少校亲手击落了勉强投下鱼雷的友永座机，取得了他当天的第4个，也是战争中的最后一个战果。

然而，另外一个五机小组得到了零战的拼死护卫：2架零战首先以被击落为代价缠住了3架来袭的F4F，另外1架零战则击落了1架冒险起飞的F4F战斗机，为九七舰攻扫除了障碍。抵达攻击位置的5架九七舰攻抓住机会发射鱼雷，除了1架九七舰攻鱼雷卡住未能发射外，其余4枚鱼雷当中2枚命中，造成大量海水涌入"约克城"号前部发电室，切断了全舰电力，还卡死了船舵，并且在17分钟内就造成了23度的严重倾斜。15:00，"约克城"号下达了弃舰命令。日军方面只有5架九七舰攻和4架零战返回航母，其中只有3架九七舰攻和1架零战还具备战斗力。不过，"飞龙"号的末日也即将到来。

飞龙之死

日军舰攻飞行员们回报他们击中了1艘"完

好无损"的航母,因此山口多闻以为此时他手下的飞行员们已经重创或击沉了2艘航母,与美军处于一比一的实力对比。然而,"利根"四号机于15:50"发现2艘完好航母"的报告打碎了这一幻想,此时山口多闻才开始考虑撤退。但是一切已经为时过晚,因为1架VS-5的SBD早在14:30就发现并报告了"飞龙"号航母的位置。15:25,VB-3、VS-6、VB-6三个中队剩下的共26架SBD在VS-6中队长加拉赫上尉的率领下从"企业"号的甲板上起飞,"大黄蜂"号也在一番拖延后放飞了16架SBD。谨慎的斯普鲁恩斯少将将全部F4F都留了下来用于保护舰队,其中执行警戒任务的F4F于16:33终于赶跑了"利根"四号机,并击落了"利根"三号机。

直至此时,山口多闻还试图以手中的5架九七舰攻、4架九九舰爆和1架紧急改作舰爆用的"彗星"舰侦发动最后一击。但是,加拉赫于16:45发现了"飞龙"号航母并下令进攻,随后于16:58带队展开俯冲,为"飞龙"号敲响了丧钟。没有雷达的日军于17:01才发现美机,13架空中警戒的零战和高射炮疯狂开火,击落了2架SBD,却无力阻止美军轰炸。前几架SBD投弹未中后,由德威特·沙姆韦(Dewitt Shumway)上尉暂时指挥的VB-3突然超过了贝斯特的VB-6,迫使后者重新整队俯冲。然而,沙姆韦先拔头筹,以1枚1,000磅炸弹命中"飞龙"号舰首的日之丸,包括贝斯特在内的3名飞行员也以1,000磅炸弹命中相同位置,彻底炸碎了"飞龙"号前部舰体、前部升降机和前部机库中的19架零战。

美中不足的是,同一编队内的几架SBD轰炸"榛名"号战列舰未果,"大黄蜂"号的SBD也未能命中"利根""筑摩"号重巡洋舰。分别从中途岛和夏威夷起飞的各6架B-17则在17:42发动了6月4日当天美军的最后一场空袭,但是B-17的水平轰炸仍然一无所获,反倒

"凤翔"号舰载机拍摄的"飞龙"号"遗照",可见舰首已经完全被炸毁。

是其自卫机枪摧毁了"飞龙"号上的1座高射炮。

随着夜幕降临，南云机动部队已经再无翻盘可能，绝望地在空中盘旋的零战一架架燃料耗尽落入水中，4艘航母也一一滑向灭亡。"苍龙"号首先于19:13被驱逐舰击沉处分，舰上1,103人当中711人死亡；"加贺"号也紧随其后于19:25被驱逐舰击沉处分，舰上811人死亡；"赤城"号则坚持到次日早晨5:20才被击沉，舰上267人死亡。比起另外3艘航母，"飞龙"号的损管工作其实颇有成效，火势一直在控制之下，但是随着全舰于21:23丧失电力，损管工作难度骤增。23:58，"飞龙"号上突然发生爆炸，此后大火也蔓延开来。其实"飞龙"号仍有拯救可能，但是心灰意冷的山口多闻于2:30下令弃舰。他于3:15召集全体舰员举行了空洞无谓的告别仪式，让船员高呼三声"万岁"并高唱"君之代"，随后以"一起欣赏今晚的月色吧"同意舰长加来止男大佐一起留下来与舰同沉的请求。最终，"飞龙"号于5:10被驱逐舰击沉处分，但是到了9:10才最终沉没，舰上392人死亡，还有不少舰员被留在舰上，后来被美军俘获。山口多闻并未提前报告南云忠一，以至于正在安排全力抢救"飞龙"号的南云忠一接到报告后错愕不已。

幻灭与追击

自从"约克城"号宣布弃舰以来，TF17指挥官弗莱彻少将就大度地将战役指挥权让渡给了TF16指挥官斯普鲁恩斯少将，后者则于19:15回收攻击波后明智地决定暂时撤退，避免遭到日军水面舰艇攻击，随后在安全海域来回游弋以达到掩护中途岛的目的。

此时，南云忠一如梦初醒、认识到战斗已经无法继续进行下去，因此命令机动部队向西北方向后撤来争取保全"飞龙"号。然而，山本五十六仍然在做着以水面舰艇展开夜战的春秋大梦，竟然在22:55将南云忠一解职，令其负责2艘尚未沉没的航母和担任护卫的驱逐舰，改由近藤信竹中将指挥机动部队剩余战斗力量。但是等到午夜，日军舰艇还根本不见美军踪影，山本五十六这才接受了现实，命令取消占领中途岛的行动，同时拒绝了参谋渡边安次中佐和黑岛龟人大佐在次日昼间以主力部队直接炮击中途岛的疯狂计划。6月5日白天，主力部队"凤翔"号轻型航母的舰载机在恶劣海况下强行起飞，终于从空中与南云部队建立了联系，随后引导两支部队合兵一处。但是直到此时，山本五十六还不愿退兵，而是再次寄希望于当晚靠近美军展开夜战，以水面舰艇反败为胜。

但是，栗田健男的支援队在接到撤退命令时距离中途岛仅剩90公里，而且立即陷入了麻烦。6月5日凌晨2:30，正在转向的支援队突然发现美军"河豚"号潜艇（USS Tambor），"最上"号重巡洋舰和"三隈"号重巡洋舰在慌乱之下发生碰撞，前者的航速骤减至12节。于是，栗田健男下令"三隈"号留下护卫，舰队主力全速撤退。除此之外，奉命炮击中途岛机场的"伊-168"号潜艇没有收到行动取消的命令，独自于1:20以甲板炮展开炮击，但是在岸防炮的还击下被迫下潜。美军方面，"河豚"号潜艇根本没能展开攻击，而且迟迟未能将情报传回，以至于斯普鲁恩斯直到6:00才搞清楚情况，"河豚"号艇长也因此在战役结束后被撤职。

接到情报后，中途岛航空大队立即派出PBY搜索，终于在6:30发现了"最上"号和"三隈"号，半小时后VMSB-241的6架SBD和6架

SB2U飞抵目标位置展开攻击。在前一天的战斗中，VMSB-241的中队长和执行军官先后阵亡，因此马歇尔·泰勒（Marshall Tyler）上尉成了两天内的第三任中队长。在随后的战斗中，理查德·弗莱明（Richard Fleming）上尉在坚决攻击时壮烈牺牲于日军高射炮之下，而且当时有人认为他驾机撞向了敌舰，因此被追授荣誉勋章。然而，飞行员们的勇气并不能弥补飞机的落后和飞行员技术的生疏，竟然没有1弹命中敌舰。8架B-17随后于8:34从高空投下了多达39枚炸弹，仍然无一命中。

同时，斯普鲁恩斯一度接到了"发现另一艘日军航母"的报告，实际上是侦察机飞行员发现了还未沉没的"飞龙"号。于是，至15:43，斯普鲁恩斯派出了三波共60架SBD前去攻击，结果只找到了"谷风"号驱逐舰。这艘驱逐舰可谓大难不死，首先于16:36遭到5架B-17轰炸，无一命中，此后这60架SBD又在"大黄蜂"舰载机大队长林少校的带领下从18:08开始轰炸，却仍然无一命中，还反被击落1架SBD、另1架迫降海上。最终，5架B-17于18:45展开了中途岛战役中此机型的最后一次轰炸，但是结果仍旧令人沮丧，而且2架B-17还在归途中燃

即将最终击沉"三隈"号的SBD，来自"大黄蜂"号航母。

料耗尽迫降，成了战役中B-17的唯二损失。至此，美军在6月5日的追击战斗未能取得任何战果，极其令人失望。说句题外话，"谷风"号最终在1944年6月用完了好运气，被美军潜艇击沉于菲律宾海域，获救的舰员又随"浦风"号驱逐舰再次被击沉，最终无一生还。

不过，6月5日一整天都没能逃多远的"最上"号和"三隈"号于6月6日早晨6:45被执行侦察任务的SBD发现，其不清楚的无线电报告还被听成了"1艘航母"。如临大敌的斯普鲁恩斯再次于8:00从"大黄蜂"号派出25架SBD，由林少校带队于9:50展开攻击。运气不佳的林少校并未转运，其机群仅命中"最上"号2弹，自身却被日军高射炮击落2架SBD。"最上"号的损管军官十分专业，早在前日就说服舰长抛弃了全部鱼雷和甲板上的易燃易爆物品，因此在1个小时内就扑灭了大火。

紧随大黄蜂机群之后的是"企业"号的31架SBD、3架TBD和12架F4F，但是"企业"号大队长麦克拉斯基已经负伤，因此改由"约克城"号被击中后降落至"企业"号的VS-5中队长肖特上尉率领。12:11，肖特率队集中攻击了被误认为战列舰的"三隈"号重巡洋舰，其命中目标的5枚500磅炸弹使"三隈"号燃起大火，2枚近失弹的水下冲击波也损坏了船体。13:58，"三隈"号没有提前抛弃的鱼雷突然被大火引爆，彻底炸飞了上层建筑、震碎了船体。

15:00，"大黄蜂"号的23架SBD展开了最后一击，舰长米切尔上校终于以飞机受损为由没有让表现不佳、运气不济的林少校带队。结果，"大黄蜂"机群命中"最上"号、"三隈"号重巡洋舰和"荒潮"号驱逐舰各1枚1,000磅炸弹，造成了甲板上严重的人员伤亡，更加速了"三隈"号的沉没。最终，"最上"号上

"三隈"号沉没前面目全非的惨状。

90人阵亡、101人受伤，却得益于损管得力而安全返航；"荒潮"号上包括转移的"三隈"号人员在内共死亡37人；"三隈"号则在19:30沉没，舰上888人当中700人死亡。

"约克城"悲歌

尽管"约克城"号早在6月4日15:00就被下令放弃，但是舰体情况至6月5日早晨奇迹般地发生好转，甚至连严重的倾斜都被基本扶正。于是，美军派人于13:08重新登舰，并且由"绿鹃"号扫雷舰（USS Vireo）拖曳前行，在6艘驱逐舰的保护下慢慢返回珍珠港，损管人员更是全面稳定了舰内损坏情况。在此时看来，已经在珊瑚海海战中大难不死，并且经过奇迹般的维修后参加中途岛战役的"约克城"号将再次

创造一个损管奇迹。

然而，指挥伊-168号潜艇的田边弥八少佐残酷地终结了这个奇迹。6月6日早晨，伊-168耐心地潜行尾随"约克城"号航母组成的舰队，竟然躲过了全部6艘美国驱逐舰的声呐。13:31，伊-168终于进入了攻击位置，田边弥八抓住机会发射4枚鱼雷后立即下潜。可能田边弥八都没能想到，这4枚鱼雷即将取得日军在中途岛战役中的主要战果——其中1枚鱼雷正中伴随"约克城"号的"哈曼"号驱逐舰（USS Hammann），引爆了船体中部的深水炸弹使其断成两截沉没，舰上84人阵亡。另外2枚鱼雷命中"约克城"号，立即使海水以无法控制的速度涌入舰体。愤怒的美军驱逐舰对伊-168进行了连续3个小时的深水炸弹攻击，一度令日军艇员们陷入了绝望，但是最终这艘"战功卓著"的

描绘"约克城"号和"哈曼"号驱逐舰被击中的场景模型。

潜艇死里逃生回到日本，不过最终也在1943年7月被美军潜艇击沉。

"约克城"号上的美军损管人员终于无力回天，只好再次弃舰，但是顽强的"约克城"号出乎意料地坚持到6月7日早晨5:01才最终沉没，遗憾之余只有整场战役中舰上仅57人阵亡这一数字还算令人欣慰。至此，"约克城"号的悲歌成为了荡气回肠的中途岛海战的最终乐章。山本五十六终于在6月7日早晨认清现实，意识到集结主力舰队、攻略舰队和机动部队水面舰艇与美军交战的设想已无希望。黄昏时分，山本五十六最终下令撤退，结束了灾难性的中途岛海战。不过，美军也在当天遭受了战役中军衔最高的人员损失：陆航第7航空队司令克拉伦斯·廷克少将亲自率领一队B-24轰炸机从夏威夷起飞追击日军，但是在索敌未果后返航时燃料耗尽，在海上迫降的过程中遇难。

东京时间6月5日晚，海军斗胆将仍在进行的中途岛海战战况报告给了裕仁天皇。尽管天皇装腔作势地表示体恤海军官兵，安抚部队情绪，他却立即与海军一同着手掩盖惨败的事实，甚至亲自授予安藤纪三郎中将部长级权力来指挥封锁消息的工作。因此，不仅普通日本国民和陆军被蒙在鼓里，就连内阁总理大臣东条英机都对战败的情况不甚了解。海军向外宣称又一次获得了"大捷"：声称击沉美军2艘航母、1艘重巡洋舰和1艘潜艇，自身航母被击沉、重创各1艘。

6月14日晚，日军舰队返回日本，在浓雾中垂头丧气地驶入柱岛锚地。为了封锁消息，日本海军以极为可耻的方式对待生还的航母官兵。伤员被偷偷送进吴、佐世保、横须贺三大军港的秘密病房，与外界隔绝数月甚至一年，人数不足的医务人员还常常羞辱受伤官兵，就连渊田美津雄这种佐级军官也不例外。没有负伤的官兵们在不准与家人通信，更不准回家探望，而是立即被派往南太平洋各偏远岛屿驻防，大部分葬身战场。与之大相径庭的是，应当为中途岛惨败负最大责任的山本五十六和战役的实际指挥者南云忠一均未遭惩罚，后者继续担任重组后从第1航空舰队改称为第3舰队的机动部队司令，前者则继续蛮横地支配日本海军战略。

矛头折断：中途岛战役影响

在中途岛海战中，日本海军一共被击沉了4艘航母和1艘重巡洋舰，还有1艘重巡洋舰、1艘驱逐舰和1艘油船遭到重创，飞机损失257架，人员损失达到3,057人阵亡、37人被俘，其中121人为机组成员。长久以来，很多人想当然地认为日军最精锐的海航飞行员随着航母被击沉而死伤殆尽，但是事实并非如此。首先，阵亡的121名飞行人员当中74人死于空战，与美军轰炸没有直接关系，而且121人阵亡的数字并不那么严重。相比之下，从1942年4月到1943年4月，日本海军航空兵在南太平洋损失了多达2,817架飞机及其大部分机组，这才基本输光了战前的

美军俘虏的"飞龙"号舰员。

精锐飞行员。与之类似，257架飞机的损失也没有那么严重。反而是721名熟练地勤人员的死亡相当无法代替，五航战"翔鹤""瑞鹤"号航母的地勤人员水平无法与一、二航战相比，日本海军机动部队舰载机放飞和回收速度再也无法达到中途岛海战的水平。

实际上，4艘舰队航母的沉没才是中途岛之战最大的损失，而且产生了巨大的战略后果。战争初期，机动部队的6艘主力航母可以说是整个日本战争机器的尖利矛头，其具备高度协同能力、机动性和打击力的舰载机队是一支可以轻易改变战略态势的关键打击力量。中途岛一役后，日本海军仅剩"翔鹤""瑞鹤"两艘主力航母，只能依靠在性质上完全不同的轻型航母加强机动部队实力。因此，尽管日本海军学习了中途岛海战的教训，开始强调尽快放飞攻击波、设计装甲航母，但是日本海军，乃至日本战争机器的绝对矛头却无法替代。要等到1944年，下一艘主力航母"大凤"号才会服役，接下来"云龙""天城""信浓"号航母姗姗来迟，沦为了运输船。矛头折断的后果就是日本海军被迫取消包括MO、FS作战在内的全部大型进攻行动，战略选项只剩下局部继续进攻，整体转入防御，依靠内线作战优势消耗盟军实力的消极战略，实则坐以待毙。

美军的损失包括1艘航母和1艘驱逐舰沉没，145架飞机被毁，307人阵亡。然而，美国海军起初并没有认识到取得了如此巨大的战果，而是慢慢分析才得出了这个结论。另外，直到战争结束美军都无法想象从中途岛起飞的陆基攻击机除了击伤"曙丸"号油船之外，竟然没有取得任何战

果，还长期认为是陆航B-17和海军舰载机共同击沉了日军航母。不过，美军从此得出的战术结论是有道理的，即以航母攻击敌军陆基航空兵基地十分危险，因此美军要等到1943年末至1944年初才尝试以航母挑战敌陆上航空基地。

战斗结束后，美军也论功行赏、论过处罚。尼米兹、弗莱彻、斯普鲁恩斯三位统帅获得杰出服务勋章。战役结束后，尼米兹继续担任太平洋舰队司令和太平洋战区司令；弗莱彻继续指挥特混舰队，但是在瓜岛战役期间因为过于谨慎被哈尔西撤换；斯普鲁恩斯则担任尼米兹的参谋长长达一年，深得尼米兹赏识，后被提拔为与老上司哈尔西平起平坐的第5舰队司令。表现不甚理想的"大黄蜂"号舰长马克·米切尔被调离一线，但是后来在所罗门群岛前线指挥航空兵部队表现出色，最终成为TF58特混舰队司令。同样表现不佳的林少校也被调回美国，但在战后官运亨通成为海军少将。

"企业"号舰载机大队长麦克拉斯基少校荣获海军十字勋章，伤愈后在战争末期成为"科雷吉多"号护航航母（USS Corregidor）舰长。中途岛战役中功劳最大的VB-6中队长

尼米兹前往码头迎接中途岛胜利的功臣们。

贝斯特上尉在飞行过程中吸入有毒气体，身患结核病，荣获海军十字勋章和优异飞行勋章后退伍。在战役中发挥神勇的战斗机王牌、VF-3中队长萨奇少校荣获了第2枚海军十字勋章和杰出服务勋章，随后被调回美国训练海航飞行员、制定战斗机战术，最终于1967年以上将军衔退役。为美军占得先机的罗彻福特中校未获勋章，而且出于保密原因等到20世纪70年代他的功绩才公诸于世。其余大部分在战斗中牺牲或者表现出色的中队长都被追授了海军十字勋章，其中包括VMSB-241的亨德森少校。他的名字被用于命名中途岛机场，还有瓜岛上那座举世闻名的亨德森机场。

毫无疑问，美军赢得了一场伟大的胜利，日军遭受了一场惨痛的失败，但是中途岛之战恐怕并不如经常宣称的那样彻底改变了战争结局。正如上文所述，就算日军赢得中途岛战役也几乎没有可能攻占夏威夷群岛，更无法扭转日美双方根本性的战争潜力差距。在这种情况下，只要美国军民的战斗意志不动摇，那么美军在1944年的反攻无论如何都是日本海军无法抵挡的。只要对比两组数据即可：战争开始时美国太平洋舰队共有3艘航母、9艘战列舰、12艘重巡洋舰、8艘轻巡洋舰和50艘驱逐舰，除了航母居于劣势外与日本海军不相上下，但是在战争中，美军各型军舰仅选取一级作为代表，就新建了17艘埃塞克斯级舰队航母、9艘独立级轻型航母、4艘衣阿华级战列舰、12艘巴尔的摩级重巡洋舰、25艘克利夫兰级轻巡洋舰和175艘弗莱彻级驱逐舰。而这些船只大部分在1942年6月就已经在远离战场的美国本土开始建造，

新型飞机等技术装备的研发、生产也完全碾压日本。也就是说，哪怕日本海军在中途岛战役及之后的战斗中击沉整支太平洋舰队，只要美国人的反攻决心不变就还是可以打败日本。从这种角度上讲，太平洋战争的结局在珍珠港落下第一颗炸弹，甚至日本军政高层乃至国民决定以掠夺扩张来挑战世界秩序的那一刻就注定了。

第六章　反攻的第一滴血——"瞭望台"行动与图拉吉之战

1942年8月7日，美国海军陆战队与海军打响了太平洋反攻的第一枪。他们的主要目标是所罗门群岛中的图拉吉岛和瓜岛。作为所罗门群岛政治商业中心的图拉吉岛因此成为"二战"中盟军从日本人手中夺取的第一座岛屿。在这里，海军陆战队洒下了太平洋大反攻的第一滴血，也预演了太平洋岛屿攻坚战的大概模式。同时，陆战一师登陆了无人防御的瓜岛，不经意间拉开了瓜岛决战的帷幕。

目标：图拉吉

在珊瑚海海战的同时，日军在所罗门群岛的扩张在一个名叫图拉吉的小岛达到了极限。但是这个现在不起眼的小岛当时有着巨大的政治、经济、军事意义。"二战"爆发之前整个所罗门群岛都属于大英帝国的一个保护国，图拉吉则是整个保护国的心脏，也是英国殖民长官的所在地。笔者在探访图拉吉岛的时候也有幸前往了当年殖民长官的宅邸遗址：官邸几乎位于图拉吉岛最顶端，可以360度看到全部海景。

除了政治经济价值以外，图拉吉岛也有着重要的军事战略价值。图拉吉岛背靠着庞大的佛罗里达岛，与周围的几个小岛形成了一座优良的深水港湾。这里的天然港口条件十分优

昔日英国殖民官的官邸所在地。

厚，以至于英国海军曾经有计划将其建设为英国的"珍珠港"，最后却因为经济危机而作罢。因此，控制图拉吉岛的海港可以说是在所罗门群岛方向发动任何大规模行动的前提条件。到了1940年，随着战争逼近，澳大利亚海军终于将图拉吉岛旁边的吉沃图-塔纳姆伯格两岛（Gavutu-Tanambogo）修筑成了一座水上飞机基地，以随时监视周边海域，防止日军进攻。

作为与珊瑚海海战同时进行的MO行动的一部分，志摩清英海军少将手下舰队搭载着日本海军吴第3特别陆战队于1942年5月3日抢占了图拉吉和吉沃图-塔纳姆伯格岛。驻守在这些岛屿上的英国人和澳大利亚人几乎在最后一刻才虎口脱险。5月4日作为珊瑚海海战序战的一部分，"约克城"号航空母舰派出舰载机攻击日军登陆部队，击沉了"菊月"号驱逐舰、2艘扫雷艇、1艘运输船，还炸毁了一部分设施。

不过，这并不能阻止日本人将吉沃图-塔纳姆伯格岛的水上飞机基地据为己用。日军迅速

向这里派出宫崎重敏大佐麾下横滨航空队的6架九七飞艇和6架零式水侦来监视盟军的一举一动。另外，日本人充分利用了这三座岛屿上的岩石山和天然洞穴，将山洞完全打通构建了三座山中的坚固堡垒。图拉吉岛、吉沃图岛和塔纳姆伯格岛上被日本人挖开的三座山后来分别按照高度（英尺）被美军称为281、148和121号高地。

更为重要的是，恐怕宫崎重敏都没有意识到自己在5月18日无意间提出了一个将要改变历史的建议：他向上级报告海湾对面的瓜达尔卡纳尔岛非常适合修建机场。6月8日，日本海军向瓜岛上送来了第一波建筑部队，之后在6—7月间送来了第11、13建筑部队的2,571人。也在几乎同时，日军因为中途岛惨败取消了进攻斐济、萨摩亚的"FS计划"，转入防御态势，因此在所罗门方向陆海两军都进行了整编。陆军百武晴吉中将的第17军和海军三川军一中将的外南洋部队分别负责南太平洋区域，后者包括5艘重巡洋舰、3艘轻巡洋舰和8艘驱逐舰。不过，驻防拉

图拉吉岛全景。

远看 281 号高地。

包尔的海军航空兵部队隶属于塚原二四三中将的第11航空舰队，不归三川军一指挥。

战略抉择："瞭望台"行动出炉

按照美军战前制订的"彩虹5号"计划，美国在战争中将遵循"先欧后亚"的大战略优先击败德国。因此，当日军在1942年初一路高歌猛进之际，美军完全没有发动反攻的计划。事实上，陆军和陆军航空兵主导的参谋长联席会议战略目标仅限于保住澳大利亚、通往澳大利亚的补给线（尤其是斐济和萨摩亚、新喀里多尼亚群岛）以及夏威夷区域。当然，将太平洋战场视为主要舞台的美国海军自然不甘就范。美国海军作战部长（Chief of Naval Operations）欧内斯特·金上将竭力争取到盟军高层同意美军伺机在太平洋战场上夺取战略关键点，为以后发动反击提供基地。

另外，复杂的政治因素迅速改变了美国的大战略。海军反复向高层强调美澳补给线的脆弱，要求获得更多的守备部队，其中包括当时海军陆战队的全部主力。麦克阿瑟在国内巨大

的政治舆论影响力也意味着美国政府不能对西南太平洋区域坐视不管。同时，澳大利亚政府面对来势汹汹的日军在麦克阿瑟的进一步煽动下频频向英美求援，甚至威胁撤离全部在地中海战场的部队。这样一来，害怕澳军撤出的丘吉尔也开始催促罗斯福尽快增援澳大利亚。最后，美国国内舆论对于偷袭珍珠港和太平洋战场上从威克岛到巴丹的一系列灾难极度愤怒，要求立即反击。因此，太平洋战争爆发后的头六个月里美国派出的绝大部分兵力其实被送到了太平洋战区。等到1942年3月，美军在美澳补给线上一共部署了41,000名陆军和15,000名海军陆战队员，其中海军陆战队主要属于陆战一师，陆军属于第37步兵师和亚美利加师。

具体执行南太平洋反击的重任落在了尼米兹和手下将领的头上。尼米兹太平洋战区下属的南太平洋战区指挥官是绝顶聪明但是缺乏人格魅力的罗伯特·戈姆利（Robert Ghormley）中将。负责计划进一步行动的是里奇蒙·凯利·特纳（Richmond "Kelly" Turner）少将，美国海军两栖作战之父。

受到了中途岛胜利的巨大鼓舞，美军将领

南太平洋区域总指挥戈姆利中将。

们一下从过度悲观滑向了盲目乐观的极端。麦克阿瑟计划使用西南太平洋和南太平洋战区的全部海陆空资源在15~18天内"逐步"夺回拉包尔。这样不靠谱的计划让海军瞠目结舌，金上将更是打死也不同意把宝贵的航母交到麦克阿瑟手上，坚决要求由海军指挥反击。于是，参谋长联席会议7月1日的决议是进行分阶段的反击，其中第一阶段目标是在所罗门群岛夺取机场和进攻基地，由海军负责，行动代号"瞭望台"（Operation Watchtower），其后继续向拉包尔进攻的阶段由麦克阿瑟负责。当特纳最早计划"瞭望台"行动时，其第一阶段的主要目标是夺取图拉吉岛和吉-塔岛，以及周边可以用来修建机场的大岛，初步定为佛罗里达岛（Florida Island）。一直到7月5日美军发现日军正在瓜岛修筑机场时才匆匆将佛罗里达岛换成瓜岛，纳入计划当中。在如此复杂的政治、战略背景下，美军在太平洋战场上的第一场攻势匆匆出炉。

不同于后来的太平洋战争中美国人一贯稳扎稳打的作风，"瞭望台"行动显得非常仓促，简直是一场赶鸭子上架的攻势。首先在情报方面，盟军陷入了一个暂时的迷雾之中：日军海军刚刚在6—7月更换了密码而且加强了保密措施。因此美军密码破译人员只能依赖流量分析，大体估计日军实力。对于所罗门群岛本身美军的参谋们更是知之甚少，甚至连一幅完整的瓜岛地形图都没有。不过，美军在7月发现日军在拉包尔的航空兵实力大为增强，但是航空母舰还在日本附近。这就意味着日军暂时在

所罗门方向还无法发动攻势，但是实力与日俱增。心意已决的金上将决定抓住这个战略机遇发动反击，哪怕准备达不到充足。

"瞭望台"行动两栖作战的主角是陆战一师，师长是亚历山大·范德格里夫特（Alexander Vandegrift）少将，一位集智慧、经验、勇气、人格魅力于一身的名将。不过，这支将成为在我看来是太平洋战争头号精锐的陆战师却丝毫没有作战经验，甚至几个团都没有什么合练的机会。陆战7团早在4月10日就被首先派往萨摩亚群岛担任守备部队。陆战5团的许多骨干被7团和新成立的陆战队突击营挖走，陆战1团更是干脆在3月才整编完成。另外，不同于换装M1半自动步枪的陆军部队，陆战队此时还装备着"一战"剩下的春田M1903手动枪机步枪。装备和训练方面唯一的亮点是陆战11炮兵团，这些75mm榴弹炮炮手训练充分，能为全师提供可靠的火力支援。

特纳（左）与范德格里夫特讨论作战计划。

负责指挥整支登陆舰队的是弗兰克·弗莱彻海军中将，其手下舰队代号为第61特混舰队（TF61），其中两栖登陆部分由特纳负责。由于陆战7团来不及从萨摩亚抽身，范德格里夫特暂时获得了陆战2团、陆战队第1突击营和第1伞兵营的加强。这三支部队都是陆战队中训练精良、准备充足的部队。按照计划，陆战1团、5团主力将在范德格里夫特的指挥下登陆瓜岛，陆战第1突击营、第1伞兵营、陆战2团和陆战5团2营则将在陆战一师副师长威廉·鲁佩图斯（William Rupertus）准将的指挥下夺取图拉吉岛、吉-塔

两岛和佛罗里达岛上的两处海角。陆战2团、第1伞兵营、第1突击营的指挥官分别为约翰·亚瑟（John Arthur）上校、查尔斯·米勒（Charles Miller）少校和此后大名鼎鼎的梅利特·埃德森（Merritt Edson）中校。

至此，美军的计划已经完全敲定，陆战一师各参战部队也在7月中旬于新西兰集结完毕。无论怎么看，"瞭望台"行动都非常仓促。尽管参战的海军陆战队员多达19,000人，但是他们还都没有任何作战经验。美国海军更是在此时在太平洋上处于绝对劣势：主力航母4:4、轻型或护航航母1:6、战列舰8:12、重巡洋舰14:17、轻巡洋舰13:20、驱逐舰80:106、潜艇88:62。回头看来我们不得不惊异于金、特纳等人的果敢，但是在1942年8月浩浩荡荡驶向所罗门的75艘军舰和运输船只能依赖出其不意和船上的飞行员、水兵、陆战队员的坚定意志。

清晨的"惊喜"：突然出现的美国舰队

1942年8月7日的清晨，经过了连续两天的乌云和暴雨之后，图拉吉和瓜岛上的日军终于可以看到远处升起的太阳。想必图拉吉岛上的日本哨兵此时此刻也在远观美丽的日出。同时，对于天气好转而大喜过望的宫崎重敏也命令飞行员们给水上飞艇加满油，在吉沃图-塔纳姆伯格岛热车、准备起飞。

不知道是日本哨兵先转头看到了那令他目瞪口呆的一幕，还是来自"黄蜂"号航空母舰的16架F4F野猫战斗机发射的子弹首先打破了清晨的宁静，抑或是向瓜岛打响反攻第一炮的

图拉吉281号高地顶上的日军阵地，可见石头上凿出来的机枪架。恐怕日军哨兵就是在这里亲眼目睹了美军太平洋反击的第一步。

8月7日当天低空突袭美军的3架一式陆攻。

"昆西"号重巡洋舰的炮声传了过来，整个图拉吉岛瞬间成了一座炸锅的蚂蚁窝！向岛的南方望去满是美国的登陆舰船。东方的吉-塔岛更是笼罩在了滚滚黑烟之中——加满油的7架九七飞艇和8架零式水侦已经全部被烈焰吞噬。紧接着，美国军舰上的炮弹开始如雨点般落在图拉吉岛上。

原来，美国人的舰队非常幸运地在暴风雨的掩护下到达了图拉吉海域。面对着强大的美军，图拉吉守军向拉包尔基地从6:52开始一次次发出绝望的求援电报，直到在8:05发出了"我们将战至最后一人，祝武运长久！"的诀别电报，随即销毁了收发报机。这是日本的岛屿守军第一次发出这样的电报，却不会是最后一次。

不过，日军第11航空舰队并没有完全辜负图拉吉守军。塚原二四三中将当即从提尼安岛飞抵拉包尔亲自指挥，然后派出三泽航空队的27架一式陆攻、台南航空队的18架零战和另外9架九九舰爆前去攻击美军登陆船队。除去一架提前返回的零战以外，53架飞机从13:15开始先

后抵达，遭到了18架美军F4F"野猫"战斗机的拦截。在随后的混战中，5架一式陆攻、9架九九舰爆、2架零战未能返航，美军也在空战中先后损失了9架F4F"野猫"，可见此时日本战斗机飞行员可怕的战斗力。然而，日军的空袭却只命中了一艘美国驱逐舰，无法阻止美军的登陆行动，更无法阻止美军在太平洋战争中第一次全歼日本岛屿守军。

太平洋战争的预演：攻克图拉吉

随着美国海军炮火的逐渐稀疏，梅利特·埃德森中校的陆战队第1突击营早在8:00就乘着被称为"希金斯艇"（Higgins Boat）的LCVP登陆艇冲向了代号为"蓝滩"的图拉吉登陆滩头。然而，令他们非常庆幸或许还些许失望的是滩头上空无一人，并没有日本士兵在这里阻击他们。紧接着，陆战一师5团2营也在9:16登陆，随后迅速肃清了岛北部。但是向南推进的第1突击营却逐渐遇到了208高地上日军的零星火力。这

是太平洋大反攻中美国海军陆战队首次遭受来自日军守备部队的有组织抵抗。当突击营接近281号高地时，日军的火力突然变猛，美军只得在281号高地前准备过夜。

驻守图拉吉岛的是铃木正明海军中佐麾下

吴第3特别陆战队为主的350人，集中在岛南端的281高地附近。随着夜幕降临，数百名日本陆战队员爬出了山洞，试图悄无声息地渗透到美军后方。尽管大部分做此尝试的日本兵都被发现并且被击毙，但还是有几十人在不同地方突

美军登陆滩头——蓝滩今昔对比。

日军山洞入口。

破了美军的防线，一度切断了A连与最右侧的C连之间的联系，还缴获了1挺机枪。

有不少日本士兵更是一路渗透到了作为突击营营长埃德森指挥部的殖民官宅邸前，先后在00:30到05:30之间进行了5次进攻，好在埃德森早已撤出了宅邸。次日清晨，6名日军埋伏在前门廊里突然向经过的美军士兵开火。经过一番交战，3名美军士兵被打死，但是这6个日本兵也马上被美军以手榴弹炸死。

8月8日清晨，第1突击营A连在自己的阵地周围发现了26具日军尸体。消灭了大部分渗透的日军后，第1突击营与陆战5团3营和当天增援的陆战2团2营继续向南推进。不过，清除躲在山洞里负隅顽抗的日军并不容易。于是，美军发挥了创造性精神，将炸药包绑在木杆上，直接伸入洞口连人带洞一起炸掉。其独特之处是引信很短，因此日军来不及抛出就会爆炸。这种木杆炸药随后被大规模生产，成了对付日军洞穴、掩体、坑道的利器。

经过了一番苦战，美国突击营终于在下午基本占领了图拉吉岛，但是扫清日军的任务又持续了4天。日军共307人在图拉吉岛上被消灭，还有40人向佛罗里达岛游泳逃跑后在之后的两个月里被美军赶尽杀绝，只有3人被俘。美军则付出了45人阵亡、76人受伤的代价，其中大部分来自第1突击营。

图拉吉岛之战的模式将在之后的太平洋战争中反复上演：占据了绝对海空优势的美国人攻击孤岛上修筑了坚固的掩体和工事、决意战斗到底的日本人。同样，在之后的日子里，美国陆战队员们将反复面对日本人在夜间的渗透和掏空成大掩体的山体。但是，从此开始无法改变的是一个个岛上的日本守军将在美军的海陆空立体攻势下灰飞烟灭的最终命运。

困兽之斗：吉沃图–塔纳姆伯格之战

由于美军的支援战机有限，海军无法同时支援瓜岛、图拉吉岛、佛罗里达岛的登陆（不过事实上陆战二团在佛罗里达岛的登陆没有受到抵抗），因此只好将吉沃图-塔纳姆伯格的登陆推迟到中午12:00。这给了岛上的日本守军充足的时间将部队部署到关键的地点、进入战斗位置。148和121两座高地上的日军心知肚明

自己的死期已至，却决意要把尽可能多的美国兵一起拉入阴曹地府。岛上共有包括横滨航空队、第14建筑部队和吴第3特别陆战队的一个小队共536人，接受宫崎重敏大佐统一指挥。

陆战队第1伞兵营只有397人用于进攻两岛，兵力还没有守军多。A连首先在舰炮的掩护下于中午12:00在吉沃图岛上英国殖民者修建的码头区域登陆。起初日军没有开火，但是随后开始登陆的B连、C连遭到了来自两座山腰上的日军猛烈的机枪火力。瞬间，登陆部队中的十

吉沃图 - 塔纳姆伯格岛，左侧为吉沃图岛。

陆战队第 1 伞兵营登陆地点——英国殖民者修筑的码头。

8月7日下午的吉-塔岛：右侧燃起大火的是塔纳姆伯格岛。这张照片拍摄自美军即将攻击塔纳姆伯格岛的时刻。

分之一非死即伤。

就在这时，美军架起了两挺M1919机枪还以颜色才稳住了局面。不愿坐以待毙的陆战队伞兵们更是从14:00开始一鼓作气地冲上了148

号高地的山顶，随后慢慢向下搜索山洞中的日军，用手榴弹将一处处洞口予以消灭。18:00左右，军舰上的美军官兵们在浓烟中看到了148高地上振奋人心的一幕：日本人的膏药旗被陆战

从吉沃图岛看连接两岛的堤坝，当年陆战2团B连的幸存者就是从这里跑了回来。

队员们摘下，星条旗冉冉升起。吉沃图岛成为美军从日本人手中夺回的第一个岛屿。即便如此，一直到次日上午，岛上还不时爆出阵阵枪声和爆炸声，直到日军被消灭殆尽，整个岛才安静了下来。

对吉沃图的攻击进展非常缓慢，对塔纳姆伯格岛的登陆战则差点酿成了灾难。驻守塔纳姆伯格岛的是由日本横滨航空队飞行员和地勤人员组成的临时部队。由于吉沃图岛的进展比预期缓慢，鲁佩图斯决定冒险仅用陆战2团B连突袭塔纳姆伯格岛东北角。然而，16:45左右海军炮火无意间点燃了塔纳姆伯格岛的一处油库，5艘登陆艇瞬间被火光照得清清楚楚。还在水中的登陆艇遭到了来自121号高地日军猛烈的火力，不少艇员被打死打伤。

在猛烈的打击下，3艘登陆艇掉头返航，只有2艘登陆艇成功靠岸。有鉴于此，连长将伤员送回登陆艇返航，然后带着仅剩的12个人硬着头皮一路猛冲，通过连接吉沃图岛和塔纳姆伯格岛的堤坝投入了伞兵营的"怀抱"，此时已经是午夜零点。

次日早晨，在伞兵营增援下的陆战2团3营从吉沃图方向接管了对塔纳姆伯格的进攻。从15:00开始，"圣胡安"号轻巡洋舰对塔纳姆伯格进行了半小时的炮击，之后陆战队展开进攻。这次，两辆M3轻型坦克率先于16:15在岛东北方的海滩登陆，I连也随即登陆。其中一辆坦克冲得太过迅猛，脱离了步兵的支援，结果陷入了弹坑中。瞬间，50多个日本兵从121号高地的山洞中"喷涌而出"，围住了这辆无助的坦克，还往坦克上扔了沾满了汽油的毯子，随后点着。忍受不了浓烟的美国坦克兵打开了舱盖，瞬间，两名车组成员被暴徒般的日本士兵们活活砍死，另外一名也被砍伤。

从震惊中反应过来的美国步兵马上开枪

一片片地打倒这些暴露在外、形同活靶子的日军。等到战斗结束时，被摧毁的M3坦克旁边堆积了45具日军尸体。经此损耗，日军残余部队再也无法有效从121高地阻击美军，只能在山洞中等待着美军来终结他们的性命。于是K连的一个排也在16:40从吉沃图岛冲过堤坝加入了进攻。等到枪炮声沉寂下来时，70名美国陆战队员和516名日本兵都长眠在了这两个巴掌大的小岛之上，美军87人受伤、日军20人被俘。加上海军的损失，美军在夺取图拉吉、吉沃图-塔纳姆伯格岛的战斗中共122人阵亡，日军阵亡人数则达到了863人。

今日的吉沃图和塔纳姆伯格岛都已经完全被废弃，长满了野草和各种植物。有幸联系到岛主的我们在游览这两座小岛时，只能跟着手持大砍刀在植物中劈开一条路的向导艰难前行。错误地穿了短裤的我在这一趟下来，小腿已经如同上了战场一般，布满着着各种植物留下的血道子。

图拉吉岛和吉沃图-塔纳姆伯格岛的战斗无可避免地成了瓜岛战役的一个脚注。但是这些岛屿对瓜岛战役的意义不可忽视。在之后的战役中，图拉吉的海港被建设成了美国海军的安全港：在夜幕降临之前未能撤离铁底湾的盟军舰船纷纷躲进图拉吉躲避即将在夜间抵达的日本军舰并且等待第二天清晨的到来。吉沃图-塔纳姆伯格岛则又一次恢复了之前的用途，从这里起飞的美国PBY"卡特琳娜"水上飞艇飞向四面八方，拯救落水的美国水兵和被击落的飞行员，侦察日本舰队的动向。

但是我们不应该遗忘的是在图拉吉和吉沃图-塔纳姆伯格岛的滩头和半山腰，最后终究是陆战队员们以鲜血为代价去一个个地肃清日本人盘踞的洞穴，赢得了这漫漫反攻路上的第一场胜利。

登陆瓜岛：出乎预料的胜利

同时，陆战一师主力在8月7日早晨紧张地

靠近了瓜岛。范德格里夫特将岛上的日军人数高估为5,000人，还判断其中包括一个2,100人的步兵联队被部署在伦加角（Lunga Point），另有不少位于东边的科利角（Koli Point）。因此，

今日的瓜岛红滩。

从红滩登陆的美军卡车。

美军在机场区域缴获的完好卡车。

8月8日被击落的一式陆攻。

陆战一师的登陆滩头，红滩被选在了这两个海角的正中间。按照计划，以陆战5团为主的A战斗群和陆战1团为主的B战斗群将先后登陆，然后控制周边的高地、建立滩头防御阵地。A、B两个战斗群的指挥官也分别由陆战5团团长勒罗伊·亨特（LeRoy Hunt）上校和陆战1团团长克利夫顿·凯茨（Clifton Cates）上校担任。

8月7日早晨9:10，陆战5团的部队率先进入登陆艇向滩头驶去，发现滩头上空无一人，随后陆战1团也顺利登陆。谨慎的美军军官们还是十分担心岛上的日军在伦加角区域设伏，因此陆战队员们十分缓慢、混乱地在瓜岛的参天树林中缓慢向西推进。其实，日军第11、13建筑部队的2,571人早已作鸟兽散，撤退到岛西边的树林里等待增援。也幸好如此，缺乏经验、滩头一片混乱的美军没有遭到相应的损失。

次日，美军两个团以伦加河为目标向西推进，目的是占领机场区域，也就是瓜岛的核心。陆战1团在南方的丛林里缓慢推进，沿着海岸挺进的陆战1团进展更加迅速。尽管当天陆战队与日军残兵发生了零星交火，但是日军主力还是在树林中处于四散逃窜的状态。于是，美军在16:00占领了至关重要的机场，缴获了大量被日军抛弃的武器装备、补给、车辆和机场建筑设备。日军甚至都没来得及烧毁密码本，也没能破坏刚刚装备的新型雷达。缴获设施和物资在将来的拉锯战中对美军起到巨大作用。事实上，很长一段时间内，美军的主要食物来源就是这批缴获的大米。尽管多为建筑部队，但是日军毕竟多达2,571人。他们为何没有死守机场区域成了历史上未解之谜。最终，其大部分人员将被原始丛林吞噬，只有少数人能够活到参加之后的数次反击作战。

日本海军航空兵也在8月8日再次来袭，共有23架一式陆攻和15架零战抵达美军船队上方。虽然美军只有3架F4F在滩头上方警戒，但是舰船上的防空火炮给日军造成了毁灭性打击：只有5架一式陆攻成功返航，零战也被击落2架。美军方面驱逐舰"贾维斯"号（USS Jarvis）被击伤，"乔治·艾略特"号运输船（USS George Elliot）被一架受伤的一式陆攻撞中、起火沉没。

总之，陆战一师在短短两天内完成了"瞭望台"行动的既定目标，消灭了图拉吉、吉沃图-塔纳姆伯格岛上的日军还成功占领了瓜岛机场。同时，美国航空兵总共损失14架F4F、1架SBD、2架PBY和2架B-17，日军则在两天的攻击中一下损失了36架飞机，驻拉包尔的第25航空战队成了个空壳子，对1942年的美国航空兵来讲是笔非常不错的买卖。然而，或许双方从将领到士兵还都浑然不知的是，此时瓜岛之战才刚刚开始。在之后的七个月内，双方将围绕着瓜岛上的机场展开一场海陆空全方位的厮杀，美军也将在这里扭转太平洋战场的根本局势。

第七章 孤军奋战的陆战一师——八、九月瓜岛防御战

孤军备战

1942年8月8日晚，陆战一师还没来得及庆祝夺取机场的胜利，灾难就悄然而至。当晚，三川军一率领第八舰队在萨沃岛海战中大获全胜，一举击沉盟军4艘重巡洋舰、1艘驱逐舰，自身仅有两舰受轻伤。由于这场海战的惨败，盟军运输船和航母匆匆逃离瓜岛海域。前一天夜里在瓜岛观看混乱夜战的陆战队员们在次日早晨发现，昨日云集铁底湾（Iron Bottom Sound）的运输船早已不见踪影，天上也不再有F4F战斗机提供保护。显然，陆战一师被丢在了瓜岛上，成为了一支孤军。

眼看现有的情况，范德格里夫特坦诚地向全师通报了实际情况，随后为陆战一师制定了三大目标：首先在机场周围建立防御圈，其次将物资运进机场防御圈中，最后加紧修建机场。由此可见，范德格里夫特非常清楚地意识到了瓜岛攻防战的核心——谁掌握了机场谁就掌握了主动权。具体来讲，陆战一师围着机场所在的伦加角建立了一个方形的防御阵地：北边是大海、东边是短吻鳄溪（Alligator Creek）、南边是茂密的树林和几座山岭（其中包括之后至关重要的埃德森岭）、西边是马坦尼考河（Matanikau River）。

范德格里夫特将手中并不充裕的部队布置在了这道防御圈上。陆战5团负责防御圈的西半边、陆战1团负责东半边，但是其实两个陆战团都分别只能将两个营部署在前沿阵地，南方很多区域无法设防。此时陆战5团2营还在图拉吉岛上，陆战1团1营则被留作唯一的预备队。另外，陆战第11炮兵团装备75mm榴弹炮的第2、3营和装备105mm榴弹炮的第5营被部署在防区正中间，随时准备提供炮火支援。不久之后这道匆匆建立的防御圈就将成为双方士兵浴血厮杀的战场。

8月12日，初上战场的陆战一师也第一次以鲜血体验了太平洋战争的残酷。美军抓获的一名俘虏声称在马坦尼考河对岸有数十名日军有意向美军投降。于是陆战一师情报军官弗兰

陆战第11炮兵团的75mm榴弹炮。

克·哥特奇（Frank Goettge）中校率领25人的分队乘船前去受降。结果这支分队刚刚登陆就被日军伏击，那名俘虏也被打死。最后分队里只有三人游泳逃回，哥特奇和其余陆战队员全部阵亡、失踪。生还者报告目睹了日军砍杀负伤陆战队员的情况，据说美军尸体也遭肢解。这次事件让陆战一师清楚地认识到自己投入的是一个极度残酷的战场，面对的敌人异常凶残。六天之后，陆战5团向马坦尼考河方向进行了第一次小规模扫荡作战，拉开了马坦尼考河两岸接连不断持续数月的拉锯战。

同时，海军和陆战队工程兵利用缴获的6台压路机和其余机械在8月12日修复了瓜岛机场，最后被命名为亨德森机场（Henderson Field）。尽管此时的机场还十分简陋，但是美军已经掌握了至关重要的战略主动权。8月20日，"长岛"号航母（USS Long Island）终于向亨德森机场输送了陆战队期盼已久的第一支航空兵——陆战队航空兵第23大队的19架F4F"野猫"战斗机和12架SBD"无畏"俯冲轰炸机。不久之后，事实就会证明这支增援至关重要，因为等待已久的日军主力部队已经登陆，陆战一师即将迎来第一场考验。

血战开始：短吻鳄溪之战

早在8月16日驱逐舰追风号就向瓜岛输送了横须贺第5特别陆战队的113人，其任务主要是收拢树林里的日军残兵，兵力过少无法用于反攻。当时在太平洋战场上可供调遣的陆军单位主要包括从第18师团独立出来、川口清健少将指挥的第35旅团，以第2师团第4联队为核心的青叶支队（那须弓雄少将指挥），以及代号为一木支队，由一木清直大佐指挥的第7师团28联队。其中一木支队随时可以出发前往瓜岛。于

是，一木支队于8月16日乘坐6艘驱逐舰从特鲁克驶向瓜岛，于8月19日凌晨1:00在防御圈以东的泰武岬（Taivu Point）登陆。

一木清直生性狂妄，正是他在1937年担任大队长期间发动了七七事变，命令手下部队进攻宛平县城、正式打响了中日全面战争。第7师团第28联队也是日军当中有着光辉历史的精锐部队，尤其在日俄战争惨烈的旅顺攻击战中起到了决定性作用。此前，一木支队在中途岛战役中原计划负责攻占中途岛，但是因为海战惨败计划被取消。这次一木清直仅仅带着第一梯队（第1大队）的917人就打算进攻瓜岛上万人的美军部队。诚然，在战争初期日军不乏以少胜多的情况，尤其是夜间白刃战。但是在瓜岛上的美军是陆战一师，他们即将展现自己顽强的战斗意志，证明自己是美国军队中的精锐。

8月19日，陆战1团1营A连首先与一木支队的先头部队打了一场遭遇战，美军以3死3伤的代价消灭了33名日军。这批身着新军装的日军很明显不是之前留在岛上的建筑部队，陆战一师清楚地意识到恭候已久的日军增援部队终于来了。

由于情况不明，范德格里夫特明智地决定继续坚守防御圈，其中克利夫顿·凯茨上校的陆战1团沿着短吻鳄溪面向东方设防，1营居右、2营居左，另有4辆M3轻型坦克支援。凯茨正确地判断日军最有可能的进攻方向是海岸边的沙洲，因此将重机枪和两门可以发射霰弹的37mm反坦克炮部署于此。值得一提的是，美军根本没有弄清楚瓜岛上的各条小溪、河流，因此错误地将短吻鳄溪叫做泰纳鲁河（Tenaru River）或伊卢河（Ilu River），因此这场战斗有时也称为泰纳鲁河之战或伊卢河之战。

一木清直的计划十分简单：于8月20日发动夜袭，集中全部主力分批冲过沙洲，随后以白

刃战消灭当面美军。在他看来，美军的防御会一触即溃，一木支队将一举夺回机场。8月20日深夜，陆战一团的士兵们紧张地看着短吻鳄溪对面树枝的摆动。大概午夜时分，一名陆战队员看到了一个黑影，随即在对方没有答复口令的情况下开火。紧接着，美国人和日本人几乎同时开枪。尽管谁也看不到谁，但是双方密集的子弹开始如雨点般飞进小溪两边的树林。

凌晨2:00，随着一发绿色信号弹腾空而起，让美军士兵们备感惊讶的高潮终于来临了：以第2中队为首的日本兵们高喊着"万岁"通过小溪入海口处的沙洲，端着刺刀冲了过来！美军顿时将步枪、机枪、迫击炮、反坦克炮等所有可以开火的武器对准沙洲上毫无掩护的日军，将他们一片片打倒。

战斗马上演变成了一场一边倒的屠杀，但是日军第1、3中队也投入了疯狂的冲锋，哪怕已经横尸遍野也不撤退。其中美军阵地前约30米处的一道铁丝网成为了一波又一波日军的葬身之处。但是幸存的日军踩着战友的尸体继续疯狂冲锋，甚至很多日军士兵像拿着武士刀一样高举着刺刀冲向美军散兵坑。不过按照我本人的观察和历史记载的印证，美军所处的西岸地势略高，这样一来日军冲进美军阵地的难度就更高了。

美军面对着人海和潮水般的子弹也不轻松。最能说明问题的是位于阵地最左侧、日军冲击正面的一个三人机枪组的状况。机枪手约翰·里弗斯（John Rivers）列兵被击中脑门死后手扣在扳机上又射出了数百发子弹。下士李·戴蒙德（Lee Diamond）接过机枪继续射击，直到手臂被子弹命中。最后，副射手阿尔伯特·施密特列兵（Albert Schmidt）接过机枪，被一枚手榴弹炸飞、双眼均被破片击伤，但是他还是拔出手枪朝着日本人的方向继续射击直到子弹打完为止。另外，阵地最左侧的一门以霰弹打死了无数日军的37mm反坦克炮也被日军炸毁。

眼看冲锋失败，一木这才下令机关枪中队

日本人试图冲过的沙洲，当年许多日本兵就是站在这个位置被美军打死，另外可见对岸地势稍高。

和92式步兵炮压制美军阵地，但是马上就遭到了陆战第11炮兵团3个炮兵营的炮击。早晨天亮之后，美军方面担任预备队的陆战1团1营于7:00从右翼渡过了小溪上游，然后向北分割包围沙洲附近的日军幸存部队。幸存的日军被赶往小溪的方向，结果遭到了恭候在对面河岸的陆战1团2营的迫击炮和机枪的猛烈打击。刚刚进驻亨德森机场不久的陆战队战斗机和俯冲轰炸机也前来助战。15:00，4辆M3轻型坦克碾着满地的日军尸体渡过了沙洲，开始对日军残部进行最后的攻击。尽管其中一辆坦克的履带被炸断，缺乏反坦克武器的日军士兵还是成群地死在了坦克的枪炮之下。一木清直意识到自己的部队被全歼的命运无法避免，最终在16:30切腹自尽。

战斗结束后的景象则难以用语言形容：沙滩几乎被日本人的尸体布满。同时，陆战一师也第一次见识了日军伤员在美国医护兵前来救治时引爆手榴弹的龌龊行为，从此之后见到躺在地上的日军都是先补上一枪。包括一木在内近800名日本兵死亡，美军共有44人阵亡、71人受伤。同时美军缴获了10挺重机枪、20挺轻机枪、700条步枪、20把手枪、2门92式步兵炮和12具火焰喷射器。

自此，日军反攻瓜岛的第一次尝试以惨败告终。在战争初期日军连战连捷的背景下，没有战斗经验的陆战一师居然几乎消灭了日军精锐的一木支队第一梯队，极大地提振了盟军士气。事实上，一夜就歼灭近千名日军的战斗在整个太平洋战争中都不多见。

短吻鳄溪之战中的美军M3斯图亚特轻型坦克和日军尸体。

同一个角度，现在和过去，很难想象当年成片的日军尸体就躺在这片安静的海滩上。

危急时刻：血战埃德森岭

一木支队进攻失败后日军立即决定加大增援规模，主要部队则是川口清健少将第18师团35旅团的4,000多人。由第124联队1大队为主的第一梯队早在8月28日就从拉包尔乘坐4艘驱逐舰试图前往瓜岛，结果在当天傍晚遭到了来自亨德森机场的美军SBD轰炸，"朝雾"号被击沉、另两艘被击伤，登陆只能取消。改为在夜间使用驱逐舰或者驳船运兵的川口旅团主力直到9月5日才终于登陆，算上一木支队第二梯队在内共6,200人。

川口清健拒绝像一木清直一样沿着海岸进行自杀式攻击，他决定绕道南方丛林，打美军一个措手不及。不过，日军第17军竟然将瓜岛美军陆战队兵力低估为2,000人，使得川口将本来就不充裕的兵力进一步分散。首先第124联队2大队此前被海军送到了美军防御圈西边，因此只能在马坦尼考河方向单独行动。川口清健手下的其余5,200人则集结在防御圈东边的泰武岬，其中隶属于第35旅团的第124联队1、3大队和第4联队4大队将在川口清健的带领下从南边的丛林中迂回，直取亨德森机场，一木支队第二梯队（代号"熊"大队）则奉命单独从东南方向侧面进攻美军位于短吻鳄溪的防线，为一木清直报仇。

事实上，美军确实没有料到日军这一手，南边的防御非常空虚。此时，陆战队第1突击营和第1伞兵营从海湾对面匆匆赶来，即将在瓜岛战役最危急的时刻起到决定性作用。这两支部队归属第1突击营营长梅利特·埃德森中校

指挥。尽管这两支部队之前在攻占图拉吉的行动中遭到了重大损失，但是他们是陆战队中的精锐部队，可谓精锐中的精锐，战斗力十分强悍。

范德格里夫特并不打算坐等川口清健进攻，而是打算先下手为强。因此，当地侦察员很快送来了日军在塔辛姆博科村（Tasimboko）集结的情报后范德格里夫特马上命令埃德森率领第1突击营和第1伞兵营进行突袭。于是，就在川口旅团开始行军后不久的9月8日早晨5:30，突击营和伞兵营对泰武岬实施反登陆，与日军失之交臂。接着，突击营和伞兵营于8:00对驻守在塔辛姆博科村的第35旅团炮兵和工程兵共300多人发动了攻击。尽管日军进行了激烈抵抗，但是美军在P-400战斗机和SBD轰炸机的支援下于12:30拿下了村子，以2死6伤的代价消灭了72名日军。塔辛姆博科村是川口旅团至关重要的前进基地，结果被美军埃德森一下摧毁了包括4门75mm山炮在内的大量装备、弹药、物资。

依照突袭中获得的情报，埃德森判断日军将从南边的原始丛林里发动迂回，但是却无法说服范德格里夫特。最终，范德格里夫特勉强同意突击营和伞兵营于9月10日前往亨德森机场以南的山岭"休息"。埃德森敏锐地意识到日

陆战队员们当年挖掘的机枪阵地。

第 35 旅团的整体进攻情况，注意三支部队的分布。

80号高地的"左臂"。

军进攻迫在眉睫，因此命令手下部队加速挖掘散兵坑、布设铁丝网、为机枪扫清射界，这座山岭也被命名为埃德森岭。埃德森岭呈"王"字形。最南边的横竖交叉处是80号高地，而北边的交叉处是123号高地。以山岭的三个横为基础，埃德森构筑了他的三道防线。以山岭中线为分界，伞兵营和突击营分别负责东、西两半。日本人因为埃德森岭的地形将其称为"蜈蚣高地"。

9月12日深夜，川口旅团的3000多人经过严重混乱和延误之后终于钻出了树林，准备对埃德森岭上的840名美军展开第一波进攻。日本军舰于12:30对埃德森岭进行短促炮击后，川口旅团迅速渗透进了埃德森岭以西的树林，迂回至山岭旁边。但是由于天色过暗日军无法有效组织进攻，川口清健的攻势被迫推迟。次日白天，双方互相狙击，都动弹不得。另两个执行辅助攻势的大队也都根本未能抵达目标战场，总攻只能推迟一天。

9月13日晚，川口旅团终于集结了主力从两边同时对埃德森岭展开总攻击。18:30，日军第124联队1大队对突击营的阵地发动了第一波攻击。战斗从一开始就进入了白热化状态，由于树林过密，美军往往无法发现渗透的日军，而只能扫射全部可疑的位置。日军一度渗透进了美军稀疏的防线之内，但是其冲锋被美军从21:00开始几乎不间断的炮击击退。

22:30，日军主力终于展开了全面进攻。日军首先以掷弹筒集中火力攻击伞兵营B连和突击营B连，然后步兵们高喊着"突击"冲上了高地。尽管美军密集的炮击、轻武器火力打死了大部分缠在铁丝网中的日军，还是有不少日本兵成功冲上高地，与美军进行激烈的肉搏战。杀红了眼的美军不管三七二十一，手榴弹拉开了弦直接就往山下滚，日军也向高地上疯狂投掷手榴弹。

榴弹破片一时间在战场上四处横飞，同时双方士兵们都在黑夜中疯狂开火，时不时就

从 123 高地遥望 80 高地，80 高地在战斗中失守。

当年战斗结束后，一名陆战队员以相同角度从 123 高地俯瞰埃德森岭，注意当时埃德森岭两旁茂密的植被。

有日军士兵冲进美军散兵坑，然后双方就以刺刀、枪托、拳头甚至牙齿殊死搏斗。战场天昏地暗，仿佛两个重量级的拳手已经眼睛肿到了看不到对方的地步，只能胡乱挥拳。然而，由于日军的人数优势美军渐渐不支，80号高地和第二道防线纷纷失守，剩余的士兵们退回了123号高地的山顶，一边后退一边向四面八方嚎叫着冲锋的日本兵倾泻着弹雨。

最后，美军火炮起到了决定性作用：105mm榴弹炮对准山岭两旁的丛林如犁地般从一头炸到另外一头再炸回来。同时，他们也将日军占领的80号高地至于炮火之下。尽管什么也看不见，但是美军能够清楚听到每轮炮弹落下时日军的惨叫。日军方面作为预备队投入战斗的日军第4联队2大队5中队刚刚冲上高地就被炮火笼罩，中队长和两个小队长直接毙命。

哪怕在如此猛烈的炮火下，还是有很多日军冲过了美军防线，123高地似乎摇摇欲坠，背后就是陆战一师师部和亨德森机场。更严重的是，日军的掷弹筒在2:00炸断了美军电话线，一时间埃德森失去了对炮火支援的控制，战局顿

123高地上的三具日军尸体。

时岌岌可危。但是埃德森坚持站在一个弹药箱上，不顾枪林弹雨鼓舞士气，让美军士兵们停止后退、死死钉在123高地上。就在美军子弹即将耗尽之时，电话线在3:00重新被接通，密集准确的炮弹雨再次砸向日军，同时后方的美军竭尽全力向高地上输送弹药，陆战5团2营也从凌晨4:00开始分批投入战斗支援埃德森。

川口旅团最后投入的第4联队2大队7中队于5:30攻到了战斗机跑道边缘，但是被美军工程兵阻止，无法继续前进。同时，在高地后方的师指挥部里范德格里夫特少将甚至都掏出了手枪向日军射击！事后他回忆道，埃德森岭战役是瓜岛战役中最危险的时刻。终于，随着太阳的升起，3架P-400也加入了战斗，拼命用20mm机炮和机枪对山岭上的日军开火，迫使后者彻底放弃进攻，丢下近千具尸体撤退。

13日22:00，熊大队也对陆战1团3营位于短吻鳄溪最右侧的阵地发动了进攻，结果美军以4死3伤的代价打死了27名日军，包括熊大队大队长。不过次日美军在扫荡作战中4辆M3坦克被日军反坦克炮击毁，但是日军之后两晚的进攻也分别以失败告终。第124联队2大队于13日18:15在马坦尼考河方向的进攻同样未能奏效。

在整场攻势中美军共有111人阵亡/失踪、283人受伤，其中埃德森岭上的突击营和伞兵营以几百人伤亡的代价，在炮兵和航空兵的支援下挽救了瓜岛战局，埃德森中校因此获得了荣誉勋章。日军方面记录死亡777人，但是实际很有可能超过800人，还有506人受伤。在之后通过原始丛林的撤退中，又有不少日军死于饥饿和疾病。不争的事实是，经此一

战后川口清健的第35旅团已遭重创、无力发动新的攻势。

马坦尼考河的拉锯

在美军防御圈西边的马坦尼考河两岸，双方进行了一场从战役最开始打到战役最后的艰苦拉锯战。陆战5团1营首先在8月27日进行了试探性进攻，但是交火没多久后就撤回了东岸，以3死9伤的代价消灭了至少20名日军。不过营长威廉·麦克斯韦（William Maxwell）中校因为行动迟缓、缺乏主动性被撤换。美军陆战7团终于在9月14日被送到了瓜岛，其团长詹姆斯·韦伯（James Webb）上校却在短短6天后的9月20日就因为指挥不力被范德格里夫特撤职，由执行军官埃莫·西姆斯（Amor Sims）上校接替指挥。一天之后，陆战5团团长亨特上校也因为未能奉命发动进攻而被晋升上校的埃德森取代。这些决定的含义很清楚：陆战一师需要敢打敢拼的指挥官，尤其是在战况胶着的马坦尼考前线。

同时，日军第17军遭到了川口旅团惨败的极大震撼，因此决定将第2师团送到瓜岛。但是在这支部队集结到位之前，双方在马坦尼考河两岸进行了连续的战斗，为之后的决战夺取有利位置。随即，陆战5团、7团在9月27日对撤退至此的川口旅团第124联队发动了第一次进攻。这次美军发动了一场缺乏准备但是异常复杂的行动——同时从南边的独木桥渡河迂回、在日军后方从海上登陆、通过河口沙洲正面进攻。

首先发动进攻的陆战7团1营遭到了对面高地上日军第124联队12中队的猛烈打击，通过独木桥过河的计划无疾而终。次日接管了进攻的第1突击营同样未能成功，还遭到了日军掷弹筒精确打击。同时，陆战5团2营对沙洲的正面进攻和之前一木支队对短吻鳄溪的进攻如出一

辙：暴露的美军在日军第124联队7中队的猛烈阻击下寸步难行，只有徒增伤亡。只不过美军在受到更大伤亡前就停止了进攻。

然而，由于沟通出现了问题，陆战7团1营误以为河口的美军攻击成功，于是从海路登陆到了日军背后的克鲁斯角附近。日军第124联队2大队随即切断美军并将其围困在84号高地上。美军动弹不得，眼看就要全军覆没，陆战队员们甚至用衣服拼出了"救命"的字样。为了救援陆战7团1营，第1伞兵营从河口沙洲发动再次冲锋，却也是徒增伤亡。最后，"蒙森"号驱逐舰（USS Monssen）靠到岸边猛轰日军阵地，掩护陆战7团1营从山上冲到海边，由登陆艇撤回河东岸。

在这次撤退行动中，海岸警卫队员道格拉斯·芒罗（Douglas Munro）在登陆艇上不顾个人安危用机枪扫射日军阵地、掩护陆战队撤离，最后中弹身亡。他被追授荣誉勋章，并且时至今日都还是美国唯一一位获此殊荣的海岸警卫队员。美军总伤亡达到了60死100伤，日军伤亡不明但是应该小很多。美军的攻势几乎成了一场灾难。

日军方面经过了半个月的运输行动后，第2师团师团长丸山政男中将于10月3日登陆瓜岛，还带来了数门96式150mm榴弹炮。川口清健也在此时以第4联队渡过马坦尼考河夺取了炮兵阵地。这些重炮可以从马坦尼考河上的桥头堡直接炮击亨德森机场，从而实现压制机场的战略目标。反应迅速的美军于10月7日在马坦尼考河一线先下手为强展开了新一轮攻势。这次陆战7团和专门成立的"惠林侦察-狙击战斗群"（Whaling Scout-Sniper Group）在更靠南的位置隐蔽渡河，同时陆战5团伴攻桥头堡和河口。美军这次汲取了上次的教训，制订了周密的战斗计划，并且提前侦察了渡河点，日军却可以说

被群山环绕的马坦尼考河。

当年的独木桥所在地，今日仍然是当地人的渡河地点。

今日儿童们玩耍的马坦尼考河河口，当年是无数日美两军士兵的葬身之地。

日军留下的 96 式 150mm 榴弹炮，从河东岸的阵地它们可以直接打到亨德森机场。

是毫无反应。

10月7日早晨7:00，美军展开了攻势，陆战5团、7团分别攻抵马坦尼考河岸，丸山政男却浑然不觉，没有作出任何反应。次日陆战7团和惠林战斗群在滂沱大雨中成功渡河，但是总攻因此推迟，日军却再一次浪费此天赐良机，没有任何行动。终于，天气在10月9日放晴，美军也按照计划在飞机和火炮的支援下对日军实现了夹击。在随后的战斗中日军第4联队2大队被逼入了一处山谷，然后惨遭美军火炮和高地上美军机枪的屠杀，最后山谷中满地残尸。

这一仗下来，美军以65死125伤的代价消灭了至少690名日军，重创了日军第2师团第4联队，更迫使日军放弃了河东岸的阵地，以至于日军的150mm榴弹炮无法威胁到亨德森机场。

现在，日军在联队级别和旅团级别的反攻分别失败后，派出了素以彪悍著称的仙台第2师团登陆瓜岛，即将与陆战一师展开一场精锐之间的决战。

第八章　精锐对决——亨德森机场战役

决战在即

瓜岛战役进行至此，陆战的成败很大程度上取决于双方运送补给和增援的速度。由于美军掌控了亨德森机场，因此瓜岛海域的制海权在白天属于美军，但是由于日军在夜战方面有很大优势，所以掌握了夜间制海权，可以趁夜运输部队和补给并且炮击岛上美军。

日美双方都在9月和10月积极向瓜岛输送兵力，为即将到来的决战做准备。日本大本营在9月16日终于将瓜岛视为太平洋战争的决战场，因此决定立即调动第2师团全部和第38师团一部共17,500人和176门火炮增援瓜岛战场。为此，日军甚至暂停了南海支队在新几内亚向莫尔兹比港的进攻。值得一提的是，这次调动是自太平洋战争爆发以来日本陆军首次向太平洋战场进行大规模增援，可见瓜岛战事的重要性。

美国海军在9月中旬可谓山穷水尽，自从"黄蜂"号航母（USS Wasp）在9月15日被击沉之后，美军在诺大的太平洋只剩下"大黄蜂"号航母可用。美军

的昼间制空权危在旦夕，当晚日军更是用7艘驱逐舰向瓜岛输送了第2师团第4联队1大队的1,000多人，随后对机场和陆战一师的防御圈进行了炮击。9月18日，日军又送来了170名士兵、4门野战炮和必要物资，但是同时美军获得了一批巨大的增援。

美军两栖部队指挥官里奇蒙德·凯利·特纳少将通过冷静的分析得出9月17日晚日军不会扫荡瓜岛海域的结论，因此果断决定在无护航的情况下向瓜岛运送陆战7团。9月18日早晨7:00，陆战7团主力和陆战第11炮兵团1营的4,157人、137辆车辆、4,323桶燃料顺利登陆，美军运输船也在日军空袭中奇迹般地毫发无损。这些部队上

日军士兵登上驱逐舰准备前往瓜岛。

岸不久就参加了前文中提到的第二次马坦尼考河攻击，取得了重大成功。

至9月19日，陆战一师在岛上共有3个陆战团10个步兵营（陆战一师1、5、7团各3个营和附加的陆战2团3营）、第1突击营、陆战第11炮兵团4个营、陆战第1坦克营以及其他支援部队。获得了增援的陆战一师终于有实力建立完整的防御圈阵地。考虑到日军擅用夜袭和渗透战术，范德格里夫特一反军事教条，选择建立一道环形阵地，而不是在敌军的可能进攻途径上布设马蹄形阵地、层层设防。事实证明这一战术选择相当适合瓜岛战场的条件，效果非常好。

尽管援兵和物资抵达了瓜岛，双方士兵们的生活状态还是每况愈下。自从登陆以来，陆战一师的士兵们每天只能吃到两顿饭，因此原本健壮的陆战队员们在两个月的战斗之后都瘦得露出了肋骨。同时，陆战队员们要在散兵坑中忍受尸体的恶臭、蚊虫和雨水的侵袭、热带疾病的肆虐、每日的日军空袭和隔三差五的日军突袭。在整场战役期间仅陆战一师就有8,580人次先后因为疟疾等疾病入院治疗。巡逻、修筑工事、传播谣言、观看空战、掩埋尸体和交易战利品成了陆战队员们的日常活动。

如果说美军的状态可以用艰苦形容，那日军的状态则是活生生的地狱：最早上岛的部

瓜岛上的陆战队第1坦克营还装备了不少老旧的M2式坦克，这些坦克几乎一开战就被淘汰，只有"后娘养的"的陆战队将它们开上了战场。

队早已形同野人，日军还严重缺乏医疗设施来救治伤病员，更有不少人干脆饿死或被丢弃在原始丛林里。日军的食物补给只有正常配给的三分之一，而且士兵们几乎只能收到发霉的大米。这主要是因为运到瓜岛的食物必须经过2天的陆上运输才能到士兵手中，但是一路上美国海军陆战队航空兵的SBD和陆军的P-400战斗机会不断空袭骚扰。命运最为悲惨的是从一开始就在岛上的第11和13建筑部队，他们被命令自行寻找食物，实为自生自灭。

10月中旬，随着丸山政男和第二师团指挥部在10月9日抵达瓜岛，决战已经迫在眉睫，双方开始向瓜岛进行决战前最后的紧急增援行动。10月13日早晨，特纳的两艘运输船送来

了陆军第164团的2,850人，由布莱恩特·摩尔（Bryant Moore）上校指挥。这支部队改编自北达科他州国民警卫队的部队，战斗力不容小觑。

10月14日晚，日军的6艘运输船也在8艘驱逐舰的护航下送来了4,500人，包括第2师团16联队、第38师团230联队大部、野战重炮兵第4、7联队的4门91式105mm榴弹炮和4门96式150mm榴弹炮以及第1独立战车中队的2辆95式和10辆97式坦克（其中两辆登陆后损坏）。次日18:30，日军的150mm榴弹炮开始从马坦尼考河岸炮击亨德森机场，但是其射程勉强能达到机场西端，无法彻底瘫痪机场，可见此前美军消除日军马坦尼考河桥头堡的重大意义。10月17

瓜岛上的美军P-400战斗机，尽管空战性能不佳，其20mm机炮于对地攻击非常成功，尤其是有效打击了日军补给线。

今日留在瓜岛上的日军 96 式 150mm 榴弹炮和 92 式 105mm 加农炮。

日晚，日军的3艘轻巡洋舰和15艘驱逐舰送来了第38师团228联队的2,159名士兵、6门野战炮、12门高射炮以及大量物资。加上这段时间内其他规模更小的增援行动送来的兵员和装备，等到10月20日，日军在岛上的总兵力达到了14,000人，其中9,372人为作战部队，还装备有80门火炮和10辆坦克。

主攻方向

10月10日，日军第17军司令官百武晴吉中将亲临瓜岛。他惊讶地发现一木支队和川口旅团5个大队的兵力已经只够编成一个大队，第2师团第4联队经过连日激战也缩水到最初兵力的三分之一。岛上的中大口径火炮当中更是只有2门41式75mm山炮、2门38式75mm野炮和4门96式150mm榴弹炮可用。尽管如前所述日军又送来了包括坦克在内更多援兵和装备，但是百武晴吉清楚地意识到美军占据了装备和兵力优势。

按照第2师团原本的计划，日军将沿着海岸线从马坦尼考河通过岛上唯一的公路对美军防御圈发动总攻击。但是由于桥头堡被美军占领和日军的装备劣势，正面进攻成功的几率十分渺茫。因此第2师团的参谋们在10月11日登上了防御圈西南方向的奥斯丁山（Mt. Austen），然后得出了南边的丛林比想象中更好通行的结论。因此，日军将主攻方向改为南线迂回，从10月12日开始以工兵和第124联队的一个中队在丛林中清出一条道路，这条小路依照丸山师团长被命名为"丸山道"。

日军再次制订了一个非常复杂的多线进攻计划。由于火炮和坦克无法进入丸山道，第17军炮兵指挥官住吉正少将被命令以全部火炮、坦克和步兵第4、第124联队的5个步兵大队对美军防御圈西部发动佯攻。其中住吉正由专门分

出了冈明之助大佐的第124联队负责从美军防御圈西南角发起攻击，意图包抄驻守马坦尼考河的美军部队，迫使美军进一步分兵。

担任主攻的第2师团主力3个步兵联队共9个大队将通过丸山道迂回至亨德森机场南边，随后从埃德森岭以东的区域向亨德森机场发动奇袭。主攻部队被进一步分成两部分，那须弓雄少将负责指挥左翼的第2师团29联队，川口清健少将则负责右翼的第38师团230联队（归第2师团指挥）。广安寿郎大佐的第2师团16联队则跟在后方担任预备队。10月18日，日军第2师团以及附属的全部部队都开始向攻击位置行军，攻击时间暂定为10月22日，后来推迟到23日。百武晴吉信心满满地宣布：日美决战的时刻已经来临。

就在日军决定主攻方向的同时，范德格里夫特也在揣摩日军的意图。美军确实未能预料到日军主力将穿过荒无人烟的原始丛林从南边发起攻击，而是认为日军将沿着海岸线发起进攻。因此，美军防线从防御圈东边开始按顺时针方向依次部署了陆军第164团、陆战7团（日军主攻方向）、陆战1团和陆战5团（马坦尼考河方向），陆战第1坦克营和陆战2团3营被留作总预备队。其中美军在马坦尼考河的方向兵力最强，在马蹄形阵地中集中了两个营，但是同时美军在日军主攻方向的漫长防线上则仅有陆战7团的两个营。雪上加霜的是，由于美军发现了冈明之助第124联队的迂回企图，赫尔曼·汉纳根（Herman Hanneken）中校的陆战7团2营在战役前夜被抽走填补防御圈西南的缺口，这样一来主攻方向上就只剩下了陆战7团1营来面对日军9个大队（营）的兵力。不过，陆战7团1营营长是以骁勇善战著称的路易斯·普勒（Lewis Puller）中校，他将在之后的战斗中起到了决定性作用。

日军复杂的进攻计划，可见进攻部队被分成了四部分，分别由住吉正、冈明之助、那须弓雄和川口清健负责。

瓜岛战役中的普勒中校，陆战一师的一员猛将。

海岸佯攻

就在主攻部队深入丛林的同时，住吉正首先在海岸方向活跃了起来。他将手中的15门96式150mm榴弹炮用于炮击亨德森机场，余下的7门38式75mm野炮、3门41式75mm山炮、4门91式105mm榴弹炮和3门92式105mm加农炮直接炮击马坦尼考河沿岸的美军阵地，支援步兵进攻。第一组从10月18日开始展开炮击，但是美

军陆战第11炮兵团以更强大的火力组织了反炮击。第4联队长中熊直正大佐记述道："我军每发一炮美军都还以百炮。"

10月23日，总攻击日期终于到来。令人瞠目结舌的是，当天日军主攻部队右翼指挥官川口清健居然抗命擅自更改攻击路线，命令手下部队继续向东行军进行迂回，造成了巨大混乱。愤怒的丸山政男将其撤职，但是这并不能改变当天已经不可能发动总攻的事实，总攻只能推迟一天。然而，负责发动佯攻的住吉正等到17:20才收到推迟的命令，但为时已晚，各部队已经展开了进攻。

傍晚时刻，日军火炮突然开始猛烈炮击马坦尼考河对岸的美军陆战1团3营阵地，随后美军听到了日军坦克行进的声音。独立第1战车中队的10辆坦克作为先头部队在17:20左右对沙洲进行了第一波冲锋。带头的97式坦克还没开到沙洲上就被美军的37mm反坦克炮击毁，第二辆冲过了沙洲并碾碎了一挺美军机枪，但是被步兵用手榴弹炸断了履带，然后一辆75mm半履带

河口处战果颇丰的美军37mm反坦克炮。

自行火炮将其摧毁。随着美军的照明弹腾空而起，随后出现的2辆95式坦克和第二波的97式坦克在狭窄的沙洲上被美军37mm反坦克炮一一摧毁。至此，日军独立第1战车中队投入战斗的10辆坦克全军覆没，参战的44人当中只有17人生还，其中7人受伤；美军在反坦克作战中的损失仅为2死11伤。

同时，陆战队炮兵集中40门榴弹炮向马坦尼考河西岸日军第4联队2大队步兵集结区域发射了6,000发炮弹，SBD俯冲轰炸机也飞来助阵投下500磅炸弹，以至于河东岸的美军都能清楚听到日军的惨叫声，强行发动进攻的日军也纷纷被美军的猛烈轻重火力打倒在河岸上。就这样，日军第4联队的进攻未能组织起来就宣告结束，马坦尼考河在凌晨1:15恢复了平静。美军陆战3团1营的总损失仅为25死14伤，海岸上却堆满了日军尸体和坦克残骸，以至于美军将尸横遍地的河口称为"地狱角"。美军在战斗结束后发现的日军尸体超过600具，第4联队2大队几乎覆没。

一夜激战过后，美军意识到期待已久的日军总攻终于来临。日军方面原本要与住吉正的海岸攻势协同进攻的冈明之助第124联队未能如期发动攻击，结果美军陆战7团2营抢先占据了日军攻击路线上无人防御的山岭。不过，这也就意味着日军主攻方向9个大队的正面只剩下了普勒的陆战7团1营。尽管陆战一师指挥部不认为日军的主攻将来自南方，但是普勒并未掉以轻心，而是在24日亲自视察了防线上的每个射击阵地。另外，普勒明智地从每个连抽掉一个排来填补第2营离开的空缺，这样其余部队就避免了移防的混乱。就这样，尽管陆战一师对于即将到来的总攻击还未察觉，普勒的陆战7团1营却做好了准备。

照片中央的高地是布里格前哨所在位置（拍摄自埃德森岭）。

南线决战

10月24日下午，普勒突然收到了惊人的情报：哨兵发现南边的树林里有日军在行动。21:30，位于防御圈外的布里格前哨（Brigg's Outpost）打来电话：刚刚有众多日军从他们身边经过。普勒终于确定他面前正是日军主力部队。发回消息后，布里格斯前哨的十几名士兵化整为零回到美军防线，其中一名日军甚至踩在了一名趴在地上的陆战队员的钢盔上。最终，大部分人在几天之内回到了美军防线，但是仍有3人失踪、3人阵亡。

不过，日军方面也在傍晚的倾盆大雨中陷入了混乱，其中右翼部队干脆失联，压根未能参与进攻，却发回了"突破美军防线、占领机场"的错误消息。然而，左翼部队，也就是第29联队在午夜时分分批撞在了严阵以待的美军防线上。其中第29联队3大队11中队于10月25日00:30率先与普勒左翼的A连交上了火。尽管中队长命令部队匍匐前进，但是早已在丛林行军中失去了理智的士兵们猛然站了起来，高喊着"万岁"冲进了美军铁丝网！瞬间，美军机枪

美军防御日本人冲锋的利器——带刺铁丝网（拍摄于埃德森岭脚下）。

子弹和迫击炮弹劈头盖脸地砸了过来，半小时后大半个中队已经死在了铁丝网上。

15分钟后的1:15，日军第9中队撞在了普勒右翼C连的枪口上。这里的日军直接展开了万岁冲锋，结果在短短五分钟内几乎全军覆没。在日军进攻过程中，尸体一度堆到了美军阵地前面阻碍了美军的视线。就在此时，美国著名战斗英雄、《血战太平洋》的主角约翰·巴斯隆（John Basilone）中士冲出阵地将尸体堆推倒，然后继续用机枪射击。子弹近乎耗尽后，他又只身一人前往后方

获得荣誉勋章的巴斯隆中士。

拿更多子弹继续抵抗。事实上，巴斯隆几乎以一己之力消灭了日军第9中队大半，因此获得荣誉勋章。

日军这两次失败的进攻彻底暴露了他们的主攻方向，陆战一师开始全力支援普勒。首先陆战第11炮兵团从1:25开始全力炮轰日军集结的林中小路，以至于日军回忆任何人一站起来就会立即被横飞的弹片击中。同时，美军陆军第164团3营被派往普勒的方向，然后于3:45在陆战队员们手把手的带领下分散填进了陆战队阵地各处。

在美军猛烈的炮轰中，只有日军第29联队7中队（军旗中队）在联队长古宫正次郎大佐的亲自率领下摸到了陆战7团1营A连的阵地前方。随后数个中队也慢慢涌向这里，然后于3:30跟随联队长疯狂地发动了冲锋。尽管大部

瓜岛战役中一名日军正投掷91式手雷。

分人被打死在了铁丝网上,还是有上百人冲进了美军阵地并且在白刃战中夺取了一个150米宽、100米深的突出部。不过随后跟进的第29联队2大队于4:00发动的攻击在日出的照耀下遭到了毁灭性打击,那须弓雄少将只好在7:30叫停了攻势。

随着10月25日的黎明到来,普勒首先组织反击消除了突出部并扫清了美军防线后方渗透进来的日军,共击毙至少104名日军、缴获5挺机枪(包括2挺重新夺回的美国机枪)。总之,日军在第一夜的进攻中至少300人死在了铁丝网上或美军防御圈里,还有更多人在树林中被美军炮火炸死。当天日军指挥部错误认为右翼部

队已经控制了机场大部,因此海军也全力以赴地对美军展开空袭,甚至还派出水面舰艇进行炮击。结果,美军的轰炸机突然出击,不仅迫使日军舰队撤退,还击沉了"由良"号轻巡洋舰。同时,普勒重新布防,将东半段交给第164团3营,陆战7团1营集中防御埃德森岭所在的西半段。陆战一师唯一的预备队陆战2团3营也被调到普勒后方建立第二道防线,一线部队竭力加强防御。

同时,丸山政男对于前一夜的惨状毫不知情,而是对于第29联队"将军旗插进了美军防御圈里"兴奋不已,决定派出担任预备队的第16联队投入进攻。20:00,第2师团的火炮将硕果仅存的炮弹集中射向了美军阵地,然后第16和29联队开始以30~200人为单位反复发动冲锋,结果被美军炮火打得人仰马翻。10月26日凌晨,第16联队终于集中兵力对第164团3营的左翼展开集团冲锋。不曾想,陆战7团重武器连

第16和29联队在26日进攻结束后留下的遍地尸体,中间残破的日本国旗象征着第2师团进攻的失败。

的两门37mm反坦克炮正好恭候于此，杀红了眼的美军炮手用霰弹将日军打得血肉模糊，以至于炮口前方一共散落了250具日军尸体。当晚，进攻的日军遭到毁灭性打击，第16联队联队长广安寿郎大佐战死，第29联队联队长古宫正次郎大佐重伤，之后自杀，两个联队的绝大部分军官非死即伤，就连那须弓雄都被美军步枪击中，几小时后伤重不治身亡。不可思议的是右翼第230联队再次未能参战，并且错误地报告右翼有美军包抄，于是丸山政男只好在26日昼间彻底叫停攻势。

决战终结

日军主攻部队进攻失败的几乎同时，本应在两天前发起进攻、担任佯攻任务的冈明之助大佐终于带领第124联队对美军防线西南角汉纳根中校陆战7团2营驻守的山岭发动了进攻。从10月25日19:35开始，日军火炮对美军阵地进行

了40分钟炮击，然后日军于26日凌晨3:00对美军防线中段的F连发动了进攻。不少日军爬上了大树与山岭上的美军展开对射，造成了不小伤亡。

米歇尔·佩奇（Mitchell Paige）中士的机枪班成员非死即伤，但是他挺身而出使用各挺机枪交替开火，一挺机枪损坏后他就冒着枪林弹雨换上一挺，后来因此获得荣誉勋章。佩奇的机枪和准确的60mm迫击炮打死了大量日军，但是日军第4联队3大队（暂时配属给第124联队）还是于早晨5:00爬上了陡峭的山岭，夺取了山顶。就在阵地危急之际，陆战7团2营执行军官奥德尔·康诺利（Odell Conoley）少校组织营部的炊事兵、书记员、通讯兵等17人集体投掷手榴弹然后坚决发动反击，竟然打了日军一个措手不及，重新夺回山顶，缴获8挺机枪（包括夺回3挺）。等到早晨战斗结束时，日军已经在山岭上遗尸96具、山岭下方还有200多具，美军共14死32伤。

照片右上角是日军第124联队进攻的山岭（拍摄于埃德森）。

10月26日早晨8:00，由于派去前线的参谋军官一去不返，丸山政男终于意识到攻势已经完全失败，因此下令彻底停止攻击。在之前五昼夜的战斗中，美军以86人阵亡、192人受伤的代价打死了至少2,200名日军，其中普勒的陆战7团1营阵亡失踪26人、受伤33人，却很可能打死了500~1,000名日军。

日军的惨败除了装备和火力上的劣势之外，很大程度上来自灾难性的指挥。丸山政男的第2师团指挥部从一开始就低估了穿越丛林的难度和美军的人数；各部进攻缺乏协调、那须弓雄只会胡乱冲锋；冈明之助的无视命令和川口清健的公然抗命更是匪夷所思。在这场史称亨德森机场战役的决战中，陆战一师完胜第2师团，证明自己不弱于任何日军精锐，无愧于王牌之名。日军在瓜岛上再也没能组织起来任何成规模的攻势。

亨德森机场战役后续

进攻失败后，日军第17军还妄想着运来第51师团、第38师团全部和第21独立混成旅团再次进攻，但是摆在百武晴吉面前的残酷现实是如何拯救七零八落的第2师团。最终第17军决定将主攻部队右翼送到美军防线东边的科利角，其余部队向西边的马坦尼考河一线撤退。被迫重新穿越丸山道的日军左翼部队士气跌至谷底，许多士兵三天未能得到一粒粮食，而且由于伤病员过多，各部必须自行负责撤离伤病员。于是丸山道两旁满是被丢弃的武器、尸体和奄奄一息的伤兵。不过，右翼部队的遭遇远远更加悲惨。

不久之前接替戈姆利成为南太平洋战区司令的哈尔西中将在10月29日向范德格里夫特承诺将在11月初送在陆战8团和陆军的一个团，同时陆战2团剩下两个营也从图拉吉运到了瓜岛。这样一来，陆战一师就有底气对撤退中的日军第2师团展开反击了。美军首先采取行动的方向是马坦尼考河。此前在亨德森机场战役中没有怎么投入作战的陆战5团（现在由此前的第1突击营营长埃德森上校指挥）担任主攻，之前大放异彩的惠林侦察-狙击战斗群再次负责带领陆战7团3营执行迂回任务，陆战2团1、2营则充当预备队。

日军方面住吉正少将手中只剩下第4联队和第124联队5个残破大队，其中从河口到独木桥渡口只有第4联队2、3大队，炮兵则几乎打光了炮弹。11月1日凌晨1:00，陆战队第1工兵营在五个小时内建立了3座横跨马坦尼考河的简易桥和大量竹筏，然后陆战5团1、2营于6:30开始在炮火掩护下仅用了30分钟就全部渡河，随后1营沿着海岸推进，2营直接向内陆推进，陆战5团3营

美军涉水渡过马坦尼考河。

也随后于8:00渡河。同时惠林战斗群在更南边的独木桥渡口渡河向前推进，陆战5团2营沿着山岭未受阻击向前推进。

不过，沿着海岸推进的陆战5团1营于8:30遭到日军第4联队在克鲁斯角区域的伏击，包括三名军官在内的许多陆战队员瞬间伤亡。团长埃德森上校当机立断决定围歼这股日军，于是命令第3营占领克鲁斯角南边的山岭，同时第2营绕到日军后方。眼看情况危急，住吉正命令第2速射炮大队和第39筑路部队前往阻击美军迂回部队，但是这两支部队也被装进了美军的口袋里。

11月2日，美军对被包围的日军第4联队展开攻击。然而后者在克鲁斯角依托珊瑚石构筑了坚固阵地，还挖掘了不少坑道。于是陆战5团只能一个接一个地摧毁日军火力点，当天下午，陆战5团I连甚至进行了美军在瓜岛战役中唯一一次刺刀冲锋，击溃了当面的日军。即便如此，美军一直到11月3日才最终消灭克鲁斯角的日军。美军在包围圈中共发现239具日军尸体，但是后者的总死亡人数应该超过300人。

就在陆战5团围攻克鲁斯角的同时，陆战2团和惠林战斗群继续向西推进，直逼第17军指挥部所在的科库姆博纳村。此时在科库姆博纳村东边只剩下第4联队逃出包围圈的500人以及170名海军建筑部队和一木支队生还者。如果美军一路进攻下去，可以很轻易地夺取日军的出发阵地，那么还在密林中行军的第2师团将遭到全歼。就在此时，由于防御圈东边出现了新的威胁，美军暂停进攻撤回河东岸，也放弃了一举取得决定性胜利的机会。即便如此，美军的战果还是十分丰硕，击毙了超过400名日军，但是自身损失也不小，仅阵亡人数就达到了71人。手下部队数次遭到致命打击的第4联队联队长中熊直正大佐最终在11月7日遭美军炮击身

美军将日军尸体从克鲁斯角的洞穴中拖出。

亡。

就在美军向西进攻的同时，日军右翼部队（东海林俊成大佐第230联队）正在穿越原始丛林向美军防御圈东边的科利角行军。为了接应他们，日军决定在11月2日晚向科利角率先运送300名援兵、2门41式75mm山炮和足够2,000人支撑十天的补给。这一情报被美军截获，但是无兵可用的陆战一师只能派出之前在战斗中疲惫不堪的陆战7团2营向科利角方向扫荡。尽管汉纳根发现了登陆的日军，但是除了以81mm迫击炮炮击之外无法有效阻止日军登陆。反应过来的日军立即以75mm山炮炮击美军F连，造成后者不少伤亡。被日军打懵的汉纳根命令陆战7团2营暂时后撤，浪费了一举消灭日军登陆部队的机会。

由于汉纳根受阻且美军缴获了日军此前将第38师团送到科利角的计划，因此范德格里夫特对科利角的形势重视了起来，立即将陆战7团1营，陆军第164团2、3营，陆战队第1坦克营大部和陆战第10炮兵团3营的75mm榴弹炮送到了科利角方向，同时31架飞机狂轰滥炸科利角区域，炸死炸伤第230联队100多人。令人惊讶的是，抵达科利角的两股日军居然还找到了131名奄奄一息的一木支队和川口旅团生还者，他们已经在这里苟延残喘了两三个月！

11月5日，第164团和陆战7团终于经过热带

丛林中的艰难行军协同占领了科利角，但是日军已经向东逃跑。之后两天里美军继续痛苦地穿过丛林继续试图围歼日军，但是恶劣的自然环境严重阻碍了美军进展。甚至指挥这次行动的陆战一师副师长鲁佩图斯准将都因为登革热被撤离，之前立下大功的普勒中校也因伤送院治疗。终于，美军在11月9日网住了一批日军，却是由于第164团2营未能及时到位，大部分日军通过沼泽地侥幸逃走。最终美军在11月12日消灭了包围圈中残余的日军，共发现450具日军尸体、自身损失40死120伤。

尽管美军未能围歼东海林俊成大佐的第230联队，但是他们在逃跑过程中已经丢掉了绝大部分装备和补给，从科利角通过海路撤退的计

美军75mm榴弹炮向科利角方向猛烈开火。

卡尔森的第2突击营深入内陆追击日军第230联队。

划更是完全落空。现在幸存的3,000多人只能重新返回树林里从美军防御圈的东边绕回西边。从11月4日开始，钻研游击战术的卡尔森中校率领陆战队第2突击营对第230联队的残兵败将展开了长达1个月的围追堵截，以16死18伤的代价消灭了488名日军。最终，由于卡尔森的行动和饥饿、伤病的侵袭，东海林俊成只把不到800人带出了丛林，其中只有20多人还具备战斗力。

后记：陆战一师与转折点

至此，瓜岛战役的第二阶段终于结束。尽管美军错失了一举消灭岛上日军的良机，但是不争的事实是，日军寄予厚望的第2师团已经被基本打残，陆战一师获得了压倒性的胜利。12月初，已经在瓜岛坚持了4个月的陆战一师终于开始撤离这座绿色地狱。陆战一师在瓜岛共阵亡650人、受伤1,278人（不包括第1突击营、第1伞兵营、陆战2团、第1坦克营等附加部队），此外还有8,580人严重患病。

太平洋战争中，瓜岛战役是绝对的战略转折点。尽管这是一场陆海空的全面大战，但是至少从1942年8月到11月，几乎孤立无援的美国海军陆战队第一师和附属部队以强大的战斗力、冷静的指挥和旺盛的意志战胜了狂热的敌人。尽管高级将领的指挥、装备的优势起到了重大作用，但是终究是在散兵坑里等待着随时会出现的敌人，沉着应对恶劣的生活环境、酷热的天气、短缺的食品和严重的热带疾病，还毅然坚守在战线上的陆战队员们守住了瓜岛防御圈，拯救自己的同时也书写了历史。4个月

陆战一师师徽。

的战斗过后，陆战一师从一支并不特殊的新编部队变成了美国闻名的英雄之师。就在离开瓜岛的飞机上，陆战一师行动军官梅里尔·特文宁（Merrill Twining）中校动笔设计了陆战一师沿用至今的师徽：南太平洋夜空中照耀瓜岛的南十字星环绕着红色的"1"字，上面赫然写着"GUADALCANAL"（瓜达尔卡纳尔）。尽管陆战一师在之后还会屡立战功，但是瓜岛之战将永远融进这支部队最深处的精神内核。

终究，陆战一师还是幸运的，因为并不是每支部队都有机会书写神话。就在陆战一师痛击第2师团的同时，双方海军和航空兵也在碧海蓝天之中进行了同样伟大甚至更加壮烈的决战。这场飞行员和水兵的较量将决定瓜岛战役乃至太平洋战争的最终走向。

瓜岛的陆战固然血腥且艰苦，但是在瓜岛目力所及的海湾和天空中同时进行着一场毫不逊色的拉锯大战。从1942年8月美军登陆到1943年2月日军撤退，67艘双方军舰和上千架飞机永远地消失在了瓜岛周围的深海中，美国海空力量最终占据了上风。从这个意义上讲，瓜岛海空战才是太平洋战争的真正转折点。

萨沃岛海战：灾难性的开场

尽管美军取得了瓜岛战役最后的决定性胜利，拉开瓜岛海战帷幕的却是美国海军历史上最耻辱的惨败之一——萨沃岛海战。随着美军于1942年8月7日在瓜岛成功登陆，日本海军当天立即展开反击。第8舰队司令三川军一中将临时集结了重巡洋舰"鸟海""青叶""古鹰""加古"和"衣笠"，轻巡洋舰"天龙""夕张"，以及驱逐舰"夕风"号趁着8月8日的夜色直逼瓜岛以北的希拉克海峡（Sealark Channel）。

日军在战前着重强调夜战训练、技战术水平高超，且装备有当时世界上技术最为先进的93式氧气鱼雷。93式鱼雷在49节航速的状态下射程高达11海里，同期美国的Mark XV型鱼雷在45节航速的状态下射程只有3海里，而且当时美军也未能解决鱼雷技术问题，故障率极高。因

此，日本海军的夜战战术以更加致命的鱼雷攻击为核心，美军则更加依赖舰炮。巨大的技术优势、夜战训练的优势和高效的战术意味着日本海军在夜战方面握有决定性优势。

同时，尽管盟军制定了复杂的空中搜索计划，但是三川军一成功利用盟军疏忽躲过了空中侦察。同时，美军第61特混舰队司令弗兰克·弗莱彻中将因为害怕日军鱼雷机的攻击在8月8日下午向东撤退以保护宝贵的航母。这样一来，就只剩下里奇蒙德·特纳中将第62特混舰队的水面舰艇防御希拉克海峡。尽管特纳6艘重巡洋舰、2艘轻巡洋舰、8艘驱逐舰的总兵力远胜三川军一，但是特纳将舰队分成北方、南方、东方三个支队，分别负责把守希拉克海峡西边萨沃岛以北、以南和海峡东边入口这三个方向。

相反的是三川军一决定集中兵力从萨沃岛南边突入希拉克海峡。23:12，日军侦察机首先报告发现3艘盟军重巡洋舰（实为2重巡、2驱）。8月9日凌晨00:50，日军先于美军雷达以肉眼发现了对手，然后悄无声息地从两艘美军哨戒驱逐舰中间穿了过去。凌晨1:43，鸟海号率先对浑然不知的澳军"堪培拉"号重巡洋舰（HMAS Canberra）发射了4枚93式鱼雷，拉开了萨沃岛海战的帷幕。

1:43，就在"堪培拉"号终于发现日舰的同

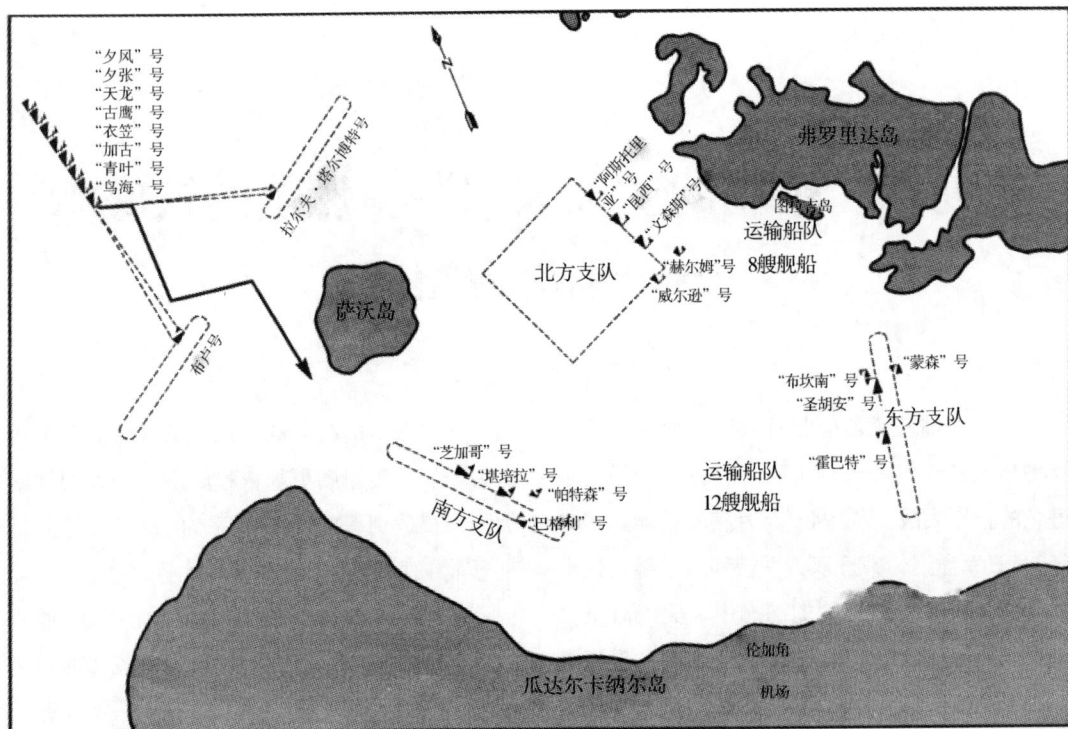

萨沃岛海战双方部署。

时密集的炮弹就砸了过来，在短短4分钟内"堪培拉"号未及还击就已身中24弹。随后"芝加哥"号重巡洋舰（USS Chicago）和"帕特森"号驱逐舰（USS Patterson）先后中弹，南方支队在7分钟内即告崩溃。更让人不解的是，这些军舰居然都没能明确通告其余舰只与日军交战的情况。

于是，三川军一转头向北攻击毫无准备的北方支队。1:50，"古鹰"号重巡洋舰突然打开探照灯照亮了"昆西"号重巡洋舰（USS Quincy），随后日军对正在转向的盟军北方支队展开毁灭性打击。"阿斯托里亚"号重巡洋舰遭到了集火攻击，迅速被大火吞噬；同时"昆西"号和"文森斯"号也接连遭到鱼雷和炮弹命中，分别在2:38和2:50沉没。

"阿斯托里亚"号和"堪培拉"号分别坚持到了8月9日和10日，却都最终沉没。至此，即将沉满双方舰船的希拉克海峡有了一个更为形象的名字：铁底湾。

三川军一在处于兵力劣势的情况下取得了一场巨大的胜利，以58人阵亡、3舰受损的轻微代价击沉4艘盟军重巡洋舰、重创"芝加哥"号和2艘驱逐舰，盟军共阵亡1,077人。8月9日清晨太阳升起时，瓜岛上的陆战队员们被眼前的一幕震惊：昨天遍布铁底湾的运输船正在匆匆卸下物资

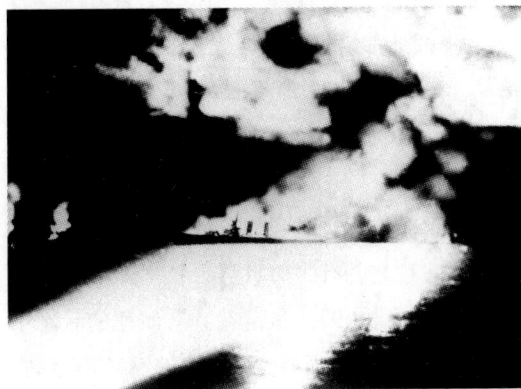

萨沃岛海战中日本军舰探照灯照射"昆西"号重巡洋舰。

撤退，燃烧的军舰正慢慢下沉，水中漂浮着残骸和浮尸，陆战一师被孤立在了瓜岛上。

然而仅遭轻微创伤的日军舰队却没有在8月9日凌晨驶入海峡消灭盟军登陆船队，而是在2:20掉头返航。这是因为三川军一十分担心附近海面上的美国航母，殊不知美军航母编队早已向东撤退。因此美军的登陆船队得以全身而退，否则瞭望台行动将演变成一场盟军的战略性灾难。志得意满的三川军一在不经意间放弃一举决定瓜岛战役结果的机遇。8月10日，美军S-44号潜艇又在卡维恩（Kavieng）伏击了凯旋而归的三川舰队、击沉了"加古"号重巡洋舰。这仿佛是在向日本海军宣布：瓜岛海战才刚刚开始，日本海军也将在铁底湾付出钢铁和鲜血的代价。

亨德森机场：破土而出的"仙人掌"

美军成功从日军手中夺取瓜岛机场后立即开始修建机场。仅仅在登陆九天之后的8月18日美军就修成了日军花三个月都没完成的机场跑道。这主要得益于被称为"海峰"（Seabee）的美国海军工程兵们极高的效率。这座机场被命名为亨德森机场，以纪念中途岛战役中牺牲的陆战队航空兵洛夫顿·亨德森少校。8月20日，陆战队第23大队（MAG-23）的19架F4F和12架SBD进驻亨德森机场，两天之后陆航第67中队的P-400战斗机（P-39"飞蛇"出口版）也抵达了机场。

今日的亨德森机场尽管比不上大型国际机场，但是至少拥有了坚固的水泥跑道和机库。当飞机降落在亨德森机场的一瞬间，我的激动之情简直溢于言表。此时此刻，仿佛有一架F4F刚刚降落在我身旁，某位王牌飞行员正在炫耀今天的战果。

现在终于可以从亨德森机场起飞的美国海军、陆军和陆战队航空兵们将在之后的数月乃至数年里用机枪、机炮、炸弹和鱼雷为亨德森中校报仇：他们将从这里消灭掉日本胜利的可能。这支三军混合的航空力量被命名为"仙人掌航空队"（Cactus Air Force）。

当时的亨德森机场与大家印象中整洁、宽阔的机场大相径庭。1942年8月的机场跑道不过是碎石和泥土铺上一层"马斯顿"带孔钢板（Marston Mat）。每次下雨机场就会变成一片泽国，而且亨德森机场上的飞机从来都是处于缺乏零部件且严重缺乏燃料的状况。在整场瓜岛战役中，仙人掌航空队由于故障和事故损失的飞机与战损的数量几乎一样多。

仙人掌航空队的飞行员们面临着极为艰苦的生活环境。这里的飞行员只能住在泥地里的帐篷中。困扰着陆战队员的一切问题——渗透的日本兵、空袭的日本飞机、炮击的日本军舰，以及疟疾、痢疾、登革热等各种热带疾病，无穷无尽的蚊虫、食品不够造成的饥饿，都同时困扰着这些飞行员们。

即使面对着这样恶劣的环境，仙人掌的飞行员们也不打算将瓜岛的天空和大海拱手让出，他们要像仙人掌一样将日本海军和航空队扎得浑身是刺。瓜岛陆海空博弈中最重要的棋子——美军驻亨德森机场的航空部队正式就位。不过，日军在8月20日的第一场空战中就给美军来了个下马威：日军13架零战在无一损失的情况下击伤F4F战斗机4架、其中2架报废，好在美军机组成员全部幸存。在瓜岛上空与日本飞机交战绝不是一个轻松的任务。

丢掉的鱼饵：东所罗门海战

美军航空兵进驻瓜岛出乎日军所料，一木

支队在8月21日的惨败更是造成了日军高层的巨大震动，日本陆海军终于决定发动大规模行动夺回瓜岛。8月23日晚，日本海军机动部队司令南云忠一中将带领以"翔鹤""瑞鹤"号主力航母和"龙骧"号轻型航母为首的机动部队到达瓜岛以东的海域，近藤信竹中将麾下强大的水面舰队也随后赶到。日军一方面要为运输船队护航，另一方面伺机与弗莱彻中将麾下的TF61决战，一举夺取瓜岛周围的制海、制空权。TF61包括分别由"萨拉托加"号、"企业"号和"黄蜂"号航母为核心的TF11、TF16和TF18，但是就在战斗前夜，弗莱彻决定让"黄蜂"号航母回到后方加油，因此整个TF18都错过了即将开始的航母对决。当天下午，"萨拉托加"号派出了机群前去攻击日军运输船队，但是没能找到目标，只好降落在亨德森机场。

8月24日清晨，担任诱饵的"龙骧"号轻型航母首先派出了6架九七舰攻和15架零战攻击亨德森机场，于14:23抵达目标上空。不过，日军机群起飞后不久就被"萨拉托加"号航母的雷达发现，有备而来的仙人掌航空队以3架F4F为代价击落了日军3架零战和3架九七舰攻，日军的轰炸效果也相当有限。幸存的日本飞机返回母舰时却发现"龙骧"号已经不知所踪。原来，早在日军出击之前，美军侦察机就先后于9:46和11:28两度报告了"龙骧"号的位置，只是弗莱彻不愿重蹈珊瑚海海战的覆辙，决定留下主要兵力攻击日军主力航母。

匪夷所思的是，"龙骧"号在放飞攻击波后并没有撤退，而是留在原处等待收回攻击波，又先后与4架"企业"号的TBF接触，日军零战击落其中1架。于是，当"萨拉托加"号前一天派出的机群终于返回母舰补充油弹之后，舰载机大队长哈里·费尔特（Harry Felt）中校立即率领30架SBD俯冲轰炸机和8架TBF鱼雷机重新起飞前去攻击"龙骧"号。15:50，"萨拉托加"号的机群迅速突破了"龙骧"号上空7架零战的薄弱防御，分兵攻击"龙骧"号航母和"利根"号重巡洋舰。不过"龙骧"号舰长加藤唯雄大佐以娴熟的规避机动躲过了前10架SBD的攻击，因此费尔特中校当机立断命令全部飞机集中攻击"龙骧"号。最终，美军俯冲轰炸机和鱼雷机以3颗炸弹和1枚鱼雷命中"龙骧"号，使其不久后沉没。由于从"龙骧"号起飞的飞机全部在水面迫降，"龙骧"号损失了全部舰载机，同时航母上121人死亡。

但是就在美军吃掉诱饵的同时，双方都派出了众多飞机搜索对方主力航母的位置。中午12:13和12:28，"萨拉托加"号和"企业"号

的F4F战斗机分别击落了日军九七飞艇和一式陆攻各1架，暂时隐蔽了己方航母的方位。但是随着"筑摩"号重巡洋舰派出的1架水上侦察机于14:00在美军航母上方被击落，日军计算出了美军航母的大概方位，然后在14:55和16:00派出了总共73架舰载机组成的两个攻击波前去攻击TF61。15:00，两架执行侦察任务的"企业"号SBD也发现了"翔鹤""瑞鹤"号航母并立即发动攻击，不过未能取得命中。此时，"萨拉托加"的舰载机还未返航，美军又在16:02通过雷达发现日军攻击波，因此弗莱彻选择优先起飞了53架F4F战斗机保卫航母。16:29，美军F4F遭遇了日军27架九九舰爆和10架零战组成的第一攻击波，但是由于美军战斗机高度过低未能形成有效拦截，日军舰爆扑向了美军航母。

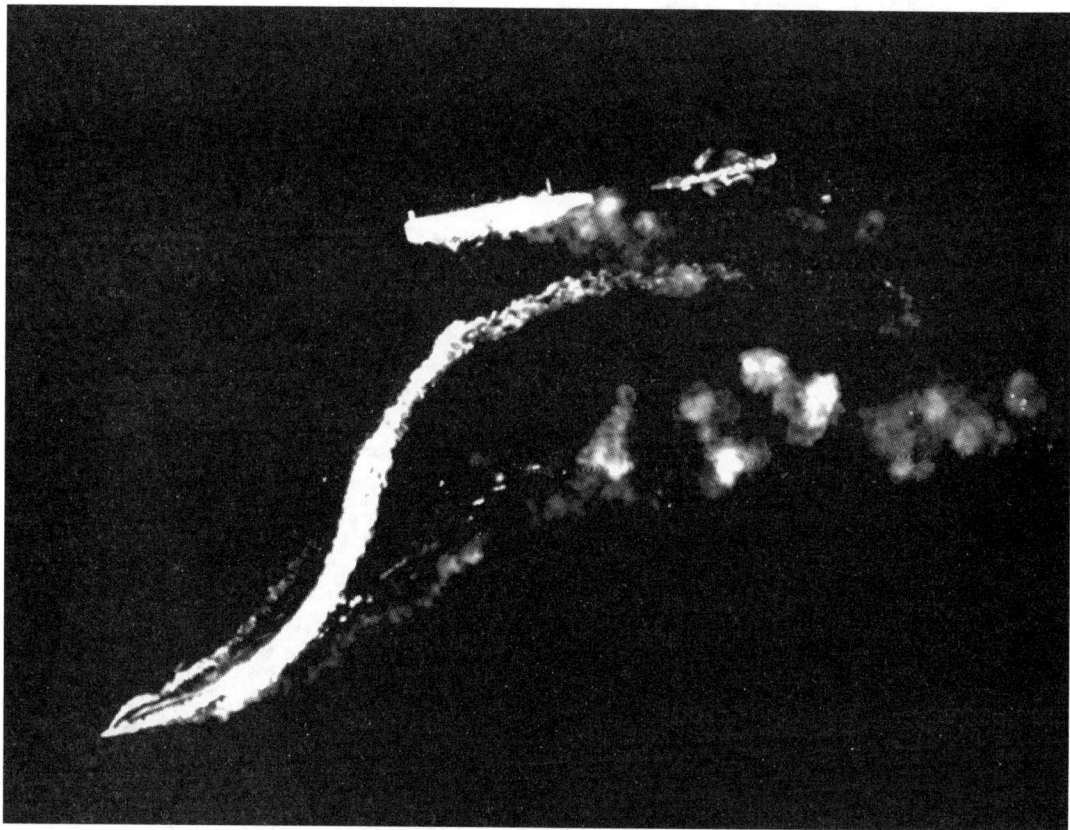

美军 B-17 轰炸机镜头下命不久矣的"龙骧"号轻型航母。

16:42，日军攻击波飞抵美军舰队上空，天空中瞬间充满了高射炮火，其中"北卡罗来纳"号战列舰（USS North Carolina）的防空火力尤其猛烈，以至于旁观者将此起彼伏的炮口焰误认成了舰体燃起的大火。"企业"号航母在16:44—16:46的两分钟内先后被3枚炸弹命中，舰上共70人阵亡，好在损管队员们迅速控制住了火势并修复了甲板，随后从17:46开始正常回收舰载机。战斗结束后"企业"号又一度失去了控制，经过一个小时的紧张抢修才重新恢复控制。战斗中，日军共损失了18架九九舰爆和6架零战，其中大部分是在攻击"企业"号的过程中被击落，美军则损失了8架F4F。值得一提的是，日军第2攻击波在18:27错误决定返航时离原地打转的"企业"号只剩下10分钟飞行时间，"企业"号因此逃过一劫。不过，美军此前急忙派出的攻击波也未能有效攻击日军舰队，大部分无功而返，只有2架来自"萨拉托加"号的SBD以近失弹重创了"千岁"号水上飞机母舰。

由于日本飞行员错误地报告两艘美国航母都已经被击伤，日军运输船队在8月24日按照原计划驶向瓜岛。尽管3艘日本驱逐舰于24日晚对亨德森机场进行了炮击，但是效果十分有限，因此18架来自亨德森机场的美国飞机于次日8:08对日军运输船队发动了攻击，重创"神通"号轻巡洋舰、击沉运输船金龙丸，随后在10:27跟进攻击的3架B-17轰炸机又炸沉了试图挽救金

"企业"号被第3枚炸弹命中的瞬间。

龙丸的"睦月"号驱逐舰,迫使日军返航。总之,美军共损失25架飞机、日军损失75架,而且大部分美军机组成员幸存,但是日军机组大部分或死或俘。美日之间的第三次航母对战以美军小胜告终:弗莱彻吃掉了鱼饵,南云忠一却放跑了大鱼,还搭进去了不少宝贵的舰载机机组。不过,"萨拉托加"号在8月31日被伊-26号潜艇击伤,被迫退出战斗。

海空马拉松

由于东所罗门海战失利,日本海军转为依靠部署在拉包尔的第11航空舰队发动高强度空袭压制亨德森机场。日本飞机几乎每天都会光顾瓜岛上空,但是这趟1000公里的"旅程"并不轻松,从拉包尔的机场到瓜岛的来回航程需要八个小时才能完成。这也意味着,为了避免在夜间飞行,日本航空兵只有可能在上午到下午四个小时的窗口期内空袭瓜岛,还必须马上在燃料耗尽前返回。

从8月26日开始,日军以零战和一式陆攻开始对瓜岛进行持续的空袭,R方面航空部队的水上飞机也加入袭扰,就连"翔鹤""瑞鹤"两舰的舰载航空兵都在8月28日被送到布卡机场(Buka Airfield)投入空中拉锯战。久经战阵的日本航空兵让瓜岛上空的战役变成了一场苦战。在8月21日到9月11日的20天里,仅仙人掌航空队的陆战队战斗机就损失了27架"野猫"和9名飞行员。同时,日军也损失了31架飞机和众多的飞行员,还有很多飞机被麦克阿瑟麾下、来自新几内亚方向的B-17炸毁在拉包尔机场。

其中8月30日的战斗非常具有代表性。当天进行战斗机扫荡的18架零战突袭了中低空巡航的11架陆航P-400,击落其中4架(2名飞行员幸存),但是守株待兔的8架陆战队F4F突然从高空俯冲下来击落了8架零战。这样的战果自然令陆战队飞行员们十分兴奋,但是陆航飞行员的士气跌至谷底。至此P-400战斗机几乎被完全用于对地支援任务,瓜岛空战成了零战和F4F"野

9月初的一次空袭中冒出浓烟的亨德森机场。

今日保存在瓜岛 Vilu War Museum 中的一架 F4F 野猫战斗机。这是一架机翼可以折叠的海军舰载型。

猫"的对手戏。"野猫"跟零战比起来机动性能很差，所以缠斗起来总是以失败告终。然而"野猫"却有更快的俯冲速度和更厚的装甲，因此陆战队飞行员们马上就学会不与零战缠斗，而是奉行从高空俯冲下来"打了就跑"的一击脱离战术。

仙人掌航空队在9月3日得到了或许是战役中最为宝贵的增援——新任指挥官罗伊·盖格（Roy Geiger）准将。他瞬间就以人格魅力、能力和精力征服了全体飞行员和地勤人员。在他的带领下，无论遇到什么困难，仙人掌航空队总是可以找到办法第二天继续升空作战。盖格甚至在9月22日亲自驾驶SBD轰炸日军阵地，提振了俯冲轰炸机飞行员低落的士气。

9月12—14日，就在川口旅团进攻埃德森岭的同时，瓜岛空战也进入了一个高潮。"萨拉托加"号航母的舰载机刚刚被增援到瓜岛就投入了战斗，以1架F4F为代价击落5架一式陆攻和1架零战，但是机场上的6架美国飞机被炸毁。

之后两天内，双方又进行了数次大规模空战，9月1—14日，日军共损失34架飞机，美军损失41架，其中大部分损失于这三天之内，日军最终因为损失过重在9月15日暂停攻势。就在瓜岛上空这些马拉松式的"日常"拉锯战中，日本航空兵的精锐被消耗殆尽。

仙人掌航空队能够坚持下来得益于一支英雄队伍的帮助。在所罗门群岛的各个岛屿上，澳大利亚居民和岛民组成的海岸侦察队（Coastwatcher）冒着生命危险将天空中的日本机群报告给美军，使得仙人掌航空队得以提前起飞抢占优势高度。难怪哈尔西事后评论道："海岸侦察队拯救了瓜岛战役，而瓜岛战役拯救了整个太平洋战场。"

瓜岛的陆海空三个战场形成了一张剪不断的网：海军可以运送部队、炮击机场，陆军可以占领机场，空军可以击沉敌运输船和军舰。于是，瓜岛战役马上成了一场360度环环相绕的大决战。正当美军占据优势之时，战役再次

下沉中的"黄蜂"号航母。

出现转机：日军伊-19号潜艇传奇性地在9月15日成功伏击美军航母编队，以6枚鱼雷击沉"黄蜂"号航母、"奥布莱恩"号驱逐舰（USS O'Brien，一个月后才因伤沉没），击伤"北卡罗来纳"号战列舰。美军在诺大的太平洋上此时只剩下"大黄蜂"号航母可用。于是，日本海军利用暂时的实力倾斜加速在夜间用驱逐舰快速向瓜岛运送陆军第2师团和物资。这种夜间运输方式被美国人称为"东京特快"（Tokyo Express），日军则称之为"鼠运输"。日军还经常用这条线路送一些不同的"货物"——飞向亨德森机场的炮弹。

　　同时，双方航空兵再次向瓜岛方向集结。9月20日日军在拉包尔共有第25、26航空战队的117架飞机，仙人掌航空队有71架飞机，双方航空兵于9月27日重启拉锯战。在28日的空战中，日军派出42架零战护卫27架一式陆攻轰炸瓜岛，却早早被海岸侦察队发现。于是，美军派出34架F4F展开截击，而且专门避开护航零战，着重打击日军轰炸机，最后除1架刚好在空中的倒霉SBD被日军击落外，美军战斗机在没有损

失的情况下击落了7架一式陆攻。遭到痛击的第11航空舰队立即在29日调整战术，以9架一式陆攻引诱仙人掌航空队出战，同时派出27架零战伏击，但是日军以损失2架零战为代价仅击落1架F4F。不甘失败的日军于10月2日再次以9架一式陆攻诱敌、36架零战伏击，这次成功占据高度优势打了仙人掌航空队一个措手不及，以1架零战为代价击落6架F4F和2架SBD，其中4名F4F飞行员阵亡。次日，日军以15架一式陆攻和27架零战重施故技，但是美军提前以29架F4F占据高度优势，当场击落9架零战，另外击伤4架，美军仅损失2架F4F。10月11日，日军再次变招，企图首先派出17架零战诱使美军升空，随后派出45架一式陆攻和30架零战攻击在地面上补充油料的美军飞机。然而，实际情况是当日军第二波抵达时美军已经起飞，最后日军以1架一式陆攻为代价击落F4F、P-39各1架，没能给仙人掌航空队造成有效打击。

　　尽管仙人掌航空队沉重打击了日本航空兵，他们于10月3日、5日、8日、9日从傍晚到次日清晨空袭"东京特快"的战果却十分有限，未能击沉任何敌舰，也没能从根本上阻止日本驱逐舰向瓜岛运兵。1942年10月11日，日军执行了至此规模最大的"鼠运输"行动，由水上飞机母舰"日进""千岁"和6艘驱逐舰组成输送部队运送大量人员和物资上岛，另外由五藤存知少将指挥由重巡洋舰"青叶""衣笠""古鹰"和2艘驱逐舰组成的支援部队先行炮击亨德森机场。这次，美军海军终于派出舰队截击东京特快。借助着雷达和好运，诺曼·斯科特（Norman Scott）少将率第64特混舰队的重巡

洋舰"旧金山""盐湖城",轻巡洋舰"博伊西"（USS Boise）、"海伦娜"与5艘驱逐舰在埃斯佩兰斯海角（Cape Esperance）成功抢占了日军支援部队的"T字头"（Crossing the T）。23:46，"海伦娜"号轻巡洋舰率先开火重创日军旗舰"青叶"号重巡洋舰，炸死了五藤存知少将，迫使"青叶"号撤退。紧随其后的"古鹰"号重巡洋舰和"吹雪"号驱逐舰先后遭到集中攻击，双双沉没。

但是日军在00:03发射鱼雷和炮弹还击，美军"博伊西"号轻巡洋舰被"衣笠"号重巡洋舰的8英寸炮弹命中引发弹药库殉爆，几乎被炸成两截，险些沉没，舰上多达106人阵亡。脱离编队的"邓肯"号驱逐舰（USS Duncan）则是遭到双方攻击沉没。次日清晨，日军4艘前来支援的驱逐舰当中"丛云""夏云"号又被仙人掌航空队的SBD和TBF击沉。经此，埃斯佩兰斯角海战美军士气大振，打破了日本海军夜间作战无不胜的神话。不过一次胜利并不足以改变瓜岛之战的基本情况，日军输送部队也成功将部队和物资送抵瓜岛，战役的下一个高潮即将来临。

燃烧的亨德森、顽强的仙人掌

为了支援即将进行的亨德森机场战役，日本海军在10月13—14日夜间大胆派遣"金刚"和"榛名"号战列舰以973发炮弹炮击亨德森机场，其中大部分都是对飞机毁伤能力极强的三式弹。这一晚亨德森机场火光冲天、爆炸声隆隆。次日第一缕阳光照亮一片狼藉的亨德森机场之时，仙人掌航空队90架飞机中的48架已经变成了废铜烂铁。幸存的美军战斗机还在起飞迎击当天下午的日军空袭，以1架F4F和1架P-39为代价击落4架一式陆攻，但是遭受惨重损失的

SBD俯冲轰炸机无力阻止日军大型运输船队抵达瓜岛。

10月15日清晨，山穷水尽的仙人掌航空队几乎拼出全力攻击正在卸货的日军船队，就连盖格准将自己的PBY都挂上了两颗鱼雷出击。在之后一整天的混战中，日军R方面航空部队的水上飞机和"隼鹰""飞鹰"两艘轻型航母的舰载机一共拼出了112个架次护航，美国飞行员却抓住日本战斗机换岗的时机以9架飞机为代价炸沉了6艘运输船中的3艘，另外击落5架零战和1架零式水观。同日，日军舰载机也对美军运输船队展开了攻击，以3架飞机为代价击沉了"梅瑞狄斯"号驱逐舰（USS Meredith），另外"绿鹃"号拖船也下令弃船，只有88名幸存者在三天后获救，余下237人死于战斗、溺水、脱水或葬身鲨口。颇具讽刺意义的是"绿鹃"号拖船反而未遭攻击，随后被美国海军重新投入使用。当晚，日军派出重巡洋舰"妙高""摩耶"再次炮击亨德森机场。日军两场以军舰炮击机场的行动总计彻底摧毁了30架美国飞机、重创16架、轻创13架。陆战队第23大队和"萨拉托加"号的舰载机大队由于巨大的损失于16日撤离瓜岛，主要由陆战队第14大队接替。

日军判定美军航空兵力锐减，于是在17日

炮击中被炸毁的SBD俯冲轰炸机。

派出"飞鹰""隼鹰"号航母的18架零战和18架九七舰攻再度攻击铁底湾内的美军船只,结果遭受了"艾伦·沃德"号驱逐舰(USS Aaron Ward)和"拉德纳"号驱逐舰(USS Lardner)的高射炮火以及8架仙人掌航空队F4F的猛烈打击,竟有多达11架舰攻和1架零战被击落或迫降,美军仅损失1架F4F,舰船毫发无损。入夜后,两艘驱逐舰又对瓜岛日军滩头卸货场展开炮击,摧毁了大量第2师团急需的物资。

尽管仙人掌航空队坚持奋战,美军的情况还是十分危急,日本陆海军都在摩拳擦掌准备展开决定性攻势。盟军南太平洋战区司令戈姆利中将已然对瓜岛战局失去了信心。在此至暗时刻,"蛮牛"威廉·哈尔西中将在10月18日正式接替聪明但是缺乏斗志的戈姆利担任南太平洋战区司令,给消沉的盟军将士们带来了信心和意志。哈尔西更是在图拉吉港立了一块大牌子,上面写着"杀日本鬼子、杀日本鬼子、奋勇多杀日本鬼子!(Kill Japs, Kill Japs, Kill More Japs!)"后来他更是在11月初亲自前往瓜岛视察了解战况、鼓励官兵。在哈尔西的鼎力支持下,陆战一师取

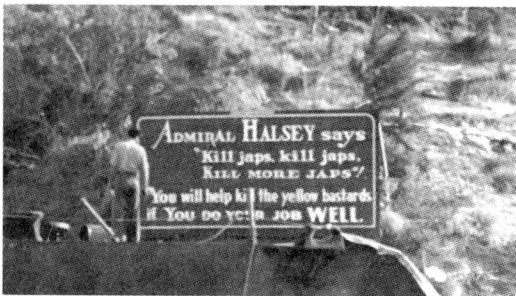

瓜岛战役中的哈尔西中将和图拉吉岛上的牌子。

得了亨德森机场战役的决定性胜利,同时仙人掌航空队也获得了一场大胜:在10月25日几乎不停歇的战斗中,美军以2架F4F为代价击落10架零战和2架一式陆攻、击沉"由良"号轻巡洋舰。从9月27日到10月26日,美军在瓜岛空战中共损失103架飞机,日军损失131架,空中拉锯战的天平开始向美军倾斜。随着南云机动部队主力的再次出现,美日之间的第四次航母大战也一触即发。

"进攻–重复–进攻!":圣克鲁斯海战

10月中旬,日本海军主力杀气腾腾地回归瓜岛海域,再次与美国海军寻求决战。南云忠一统领第1航空战队"翔鹤""瑞鹤"号主力航母和"瑞凤"号轻型航母为核心的机动部队,由1艘重巡洋舰和8艘驱逐舰护航。近藤信竹中将统领以"隼鹰"号轻型航母和战列舰"金刚""榛名"为核心的前进部队,还编有4艘重巡洋舰、1艘轻巡洋舰和10艘驱逐舰。阿部弘毅中将统领以战列舰"比睿""雾岛"为核心的前卫部队,还包括3艘重巡洋舰、1艘轻巡洋舰和7艘驱逐舰。日军准备以此庞大舰队彻底打败美国海军。美军猛将托马斯·金凯德(Thomas Kinkaid)少将麾下第61特混舰队(TF61)以"企业""大黄蜂"两艘航母为核心组成第16、17特混舰队(TF16、TF17),其护航舰只包括"南达科他"号战列舰(USS South Dakota)、3艘重巡洋舰、3艘轻巡洋舰和12艘驱逐舰。除此之外,哈尔西手中还有一支水面作战力量,即威利斯·李(Willis Lee)少将麾下的第64特混舰队(TF64),包括"华盛顿"号战列舰(USS Washington)、1艘重巡洋舰、2艘轻巡洋舰、10艘驱逐舰。

10月26日，双方航母终于在瓜岛东北方向的圣克鲁斯群岛海域交战。日军以4艘航母和202架舰载机对阵美军2艘航母和163架舰载机，而且水面舰艇也占尽优势。尽管在实力上处于下风，哈尔西却向第16特混舰队发出了简洁明确的命令："进攻——重复——进攻！（Attack-Repeat-Attack!）"早晨6:50，来自"企业"号VB-10中队的詹姆斯·李（James Lee）少校率先驾驶SBD发现了日军航母。几乎同时，"翔鹤"号舰攻队的浮田忠明飞曹长也驾驶九七舰攻发现了美军航母。金凯德和南云均在不久后放飞了攻击波。日军第一攻击波包括20架九七舰攻、21架九九舰爆、21架零战和2架用于跟踪敌舰的九七舰攻。美军舰载机则再次分头出击，两舰在7:30—8:00之间分三批放飞了27架SBD、24架TBF、24架F4F。"翔鹤""瑞鹤"号的第二攻击波也分别从8:10和8:45开始陆续起飞，共包括9架零战、20架九九舰爆和17架九七舰攻（包括1架用于侦察）。

7:40，早就在日军舰队区域执行侦察任务的两架美军SBD首开纪录，以1枚500磅炸弹命中了"瑞凤"号航母的甲板，破坏了其起降能力，并且在撤退途中击落了一架前来追击的零战，为美军取得了开门红。8:30，双方攻击波在空中擦肩而过，于是双方战斗机都面临着一个艰难的抉择：是继续护航己方攻击队，还是转头截击敌人。起初，双方的战斗机都保持了克制，仅仅将发现敌机的情况报告给了母舰，直到"瑞凤"号的9架零战于8:40突然扑向"企业"号机群，空中混战正式开始。十分钟的激战过后，美军损失了3架F4F和2架TBF，另外3机遭重创，但是日军也有4架零战被击落，另5架也被击伤或耗尽弹药而无法继续护航攻击队。

8:50，由威廉·威德海尔姆（William Wildhelm）少校指挥的"大黄蜂"号VS-8侦察轰炸机中队率先看到了南云机动部队，担任护航任务的VF-72战斗机中队则与"瑞凤"号的3架零战展开了空战，最后以F4F损失、受伤各2架为代价击落2架零战、击伤1架。失去了战斗机保护的VS-8先后遭到了12架日机拦截，但是威德海尔姆少校仍然率领麾下的15架SBD于9:27对"翔鹤"号航母展开了超低空小角度滑翔轰炸，除了包括威德海尔姆座机在内的2架SBD被击落、3架攻击其他目标或者未能投弹之外，其余10架SBD共取得了4枚命中和4枚近失，准头极佳。尽管"翔鹤"号航母在损管人员的努力下没有沉没，如此严重的打击彻底瘫痪了"翔鹤"号航母的起降能力，还造成了舰上147人阵亡、152人受伤，而且"翔鹤"号的2架零战也在截击VS-8的过程中被击落。战役结束后，威德海尔姆少校被美军救起，并且继中途岛海战后再一次荣获了海军十字勋章。此后，"企业"号攻击波和"大黄蜂"号第二攻击波先后在搜寻日军航母未果后从9:30开始陆续攻击了日军的前卫部队，"筑摩"号重巡洋舰被来自SBD的3枚命中弹、2枚近失弹重创，舰上190人阵亡、154人受伤，其中包括绝大部分高级军官。日军高射炮和附近的零战非但没有击落任何美机，反而被美军F4F击落了1架零战。

TF61方面，"企业"号和"大黄蜂"号航母在日机来袭前相继起飞了37架F4F以拦截敌机，却由于通讯问题未能在日军开始攻击之前以主力展开拦截。从9:05开始，"瑞鹤"号舰爆队率先对"大黄蜂"号航母展开了攻击，3枚炸弹先后命中，佐藤茂行飞曹长座机还在失控的情况下直接撞进了"大黄蜂"的飞行甲板。"翔鹤"号舰攻队在队长村田重治少佐的率领下从9:13开始展开攻击，先后命中2雷。村田重治可谓是当时全世界无出其右的王牌鱼雷机飞

"大黄蜂"号航母在9:14遭到打击的瞬间：一架投完雷的九七舰爆正掠过甲板上空，同时佐藤茂行的九九舰爆即将从上方撞击"大黄蜂"号。

行员，曾经在珍珠港率队突袭"战列舰大道"给美军造成了巨大损失，此次又不顾美军炙热的防空火力亲自投下鱼雷命中了"大黄蜂"号的轮机舱区域，导致其失去了动力。鸠见五郎大尉则在被击伤后一头撞上了"大黄蜂"号航母左舷。惨遭3枚炸弹和2枚鱼雷命中以及2架飞机撞击后，"大黄蜂"号彻底失去了动力和起降能力，损管队员们经过一番奋战才扑灭了大火，由于进水造成的倾斜却愈发严重。然而，日军攻击波同时遭到了来自美军战斗机和高射炮的毁灭性打击，21架舰爆中的17架和20架舰攻中的16架损失，其中包括刚刚飞越"大黄蜂"号不久就被击落阵亡的村田重治本人。"翔鹤"和"瑞鹤"号制空队损失了4架零战，"瑞凤"号另有1架九七舰攻在返航途中被击落。美军在拦截过程中损失了6架F4F。

在诸多飞机紧急降落的混乱之中，VT-10的1架TBF于10:04在水上迫降时意外发射鱼雷击沉了己方的"波特"号驱逐舰（USS Porter），造成15人死亡、9人受伤。现在，硕果仅存的"企业"号航母成为战役的焦点。引领日军第二攻击波的"翔鹤"号舰爆队在关卫少佐的率领下于10:15对"企业"号展开攻击，而美军战斗机再一次因为高度过低未能有效拦截，因此"企业"号被2枚250kg炸弹命中、1枚近失。然而，"企业"号航母和"南达科他"号战列舰以新装备的40mm博福斯和20mm厄利孔高射炮为核心与另外2艘巡洋舰和6艘驱逐舰一同编织了恐怖的防空火力网，与战斗机协同击落"翔鹤"号舰爆队19架九九舰爆中的10架，机组无一幸免，包括关卫本人，另有2架九九舰爆返回途中迫降。"企业"号甲板上的10架SBD被日军炸毁，舰上44人阵亡、57人受伤，不幸中的万幸是1号升降机被卡在了飞行甲板高度，因此仍然可以起降飞机。

10:45，"瑞鹤"号舰攻队又在队长今宿滋

日军对"企业"号的近失弹。日军距离消灭美军在太平洋的全部航母只差了一点。

一郎大尉的带领下展开了攻击，美军F4F却终于提前抢占了有利位置展开拦截，击落了包括今宿座机在内的3架九七舰攻。在美国战斗机和高射炮的双重打击下，日军对"企业"号航母、"南达科他"号战列舰和"波特兰"号重巡洋舰发射的鱼雷全部射失或未能爆炸。然而，被F4F击伤的木口资雄一飞曹在行将坠海之际直接带着鱼雷撞向了"史密斯"号驱逐舰（USS Smith），机体和鱼雷弹头分别造成了两次大爆炸，舰上阵亡57人、受伤13人，但是军舰本身却奇迹般地在扑灭了大火后重新投入了战斗。最终，9架九七舰攻与其27名机组成员在第61特混舰队上方完全损失、1架在返航时迫降。

日军前进部队方面，负责"隼鹰"号航母的第2航空战队司令角田觉治少将于9:05放飞了17架九九舰爆和12架零战。11:21，隼鹰舰爆队长山口正夫大尉率队从云层中突然展开俯冲轰炸，但是仅对"企业"号取得了1枚近失、命中"南达科他"号战列舰和"圣胡安"号轻巡洋舰（USS San Juan）各1弹，共造成1人阵亡、

71人受伤。日军舰爆队11架九九舰爆被击落或迫降，山口正夫被击落阵亡，美军则损失了2架F4F和1架TBF。击退此次攻击后，金凯德作出了一个十分清晰的判断：继续作战已无意义，应该由"企业"号回收舰载机后立即撤退。"企业"号上空的73架飞机当中，除13架迫降海上、由驱逐舰救援机组之外，其余全部降落在了"企业"号和附近的美军机场上。15:48，回收完舰载机的"企业"号和第16特混舰队其余舰船全速撤往努美亚（Noumea）。

相比之下，第17特混舰队本来就更靠近日军，而且"大黄蜂"号失去了动力，因此无法轻易脱离战场。13:06，"隼鹰"号开始起飞由7架九七舰攻和8架零战组成的第2攻击波，随后在15:15对"大黄蜂"号展开了攻击。率领攻击波出发之前，"隼鹰"舰攻队长入来院良秋大尉命令各机绝对优先攻击美军航母，因此他的座机一马当先直扑"大黄蜂"号，投下了此次攻击中唯一命中的鱼雷，但是自身也率先被击落。在此次攻击中，日军2架九七舰攻被直接

击落、2架零战失踪、3架零战返航后因为燃料耗尽只好迫降。13:15，南云机动部队派出了可怜的第三攻击波，仅有区区6架九七舰攻、2架九九舰爆、5架零战，而且九七舰攻因为鱼雷耗尽只能挂载800kg炸弹进行水平轰炸。第三攻击波于15:25展开的攻击取得了5枚近失，还有1枚800kg炸弹擦过舰体在水中爆炸，日军自身无损失。"隼鹰"号在15:35放飞了4架九九舰爆和5架零战组成的第三攻击波，他们于17:00攻击正在弃舰的"大黄蜂"号航母，取得了1枚命中，自身无损失。自从15:23被第3枚鱼雷命中，"大黄蜂"号的命运就已然注定。颇具讽刺意义的是，当"大黄蜂"号舰员已经撤离、美军决定将其击沉、2艘美国驱逐舰发射了多达16条鱼雷和369枚炮弹后，"大黄蜂"号却仍然拒绝沉没，直至日军在夜间21:26发现该舰，并最终于23:00左右将其击沉。最终，"大黄蜂"号航母的伤亡人数为143人阵亡、296人受伤。

尽管日本海军击沉了"大黄蜂"号、自身航母没有被击沉，但是实际上日本海军惨胜如败：150名无法替代的机组成员（包括2名舰爆队长和3名舰攻队长）和95架舰载机葬身于美军舰队的防空火网和"野猫"的利爪之下，舰载机队被彻底打残的日军航母无力再战，只好返航补充。美军虽然也损失了80架舰载机，但是机组人员损失仅有26人而已。在返港的途中，孤立无援的"企业"号官兵们自信地打出了"企业vs日本"（Enterprise vs. Japan）的标语，可见美军士兵对这场海战的最终看法。

决定命运的"海上烟火秀"：瓜岛海战

日本陆海军10月末的总攻在亨德森机场战役和圣克鲁斯海战中分别落空，同时恶劣的天气笼罩瓜岛上空。借助这段喘息之机，仙人掌航空队的陆战队第14大队被第11大队替换，数次力挽狂澜但是精疲力竭的盖格准将也终于被路易斯·伍兹（Louis Woods）准将接替。盖格将最终成为第3两栖军军长，并在冲绳战役中临时担任第10集团军司令，这是陆战队将领在"二战"中的最高职务。1942年10月末，日军也将第252、956等航空队填进了损失巨大的第11航空舰队，然后在11月10日天空放晴之际恢复航

日军九七舰攻钻入"南达科他"号战列舰密集的防空火网中。

空攻势。在11日的血腥战斗中，美军损失了9架F4F和6名飞行员，日军损失了2架零战、5架九九舰爆和4架一式陆攻。次日14:12—14:20，16架一式陆攻又在30架零战的掩护下对美军补给舰队展开了极为危险的低空鱼雷攻击，但除了1架一式陆攻被击中后撞中了"旧金山"号重巡洋舰之外，未能取得任何命中，还损失了11架一式陆攻和1架零战，美军则在空战中损失3架F4F和1架P-39。在此关键时刻，仙人掌航空队又被补充了包括8架新型P-38"闪电"战斗机在内的30架飞机，总实力提升至77架飞机。

此时，决定命运的日军最后一轮总攻已经开始。为了将满载着第38师团的11艘运输船安全送到瓜岛发动决战，日本海军祭出了阿部弘毅中将麾下由战列舰"比睿""雾岛"，轻巡洋舰"长良"和11艘驱逐舰组成的挺身部队于11月12—13日夜间炮轰亨德森机场。通过密码破译知晓了这次行动的美军派出丹尼尔·卡拉汉（Daniel Callaghan）少将指挥的TG67.4特遣编队前去拦截，包括重巡洋舰"旧金山""波特兰"，轻巡洋舰"亚特兰大"、"海伦娜"、"朱诺"（USS Juneau）和8艘驱逐舰。卡拉汉对雷达性能缺乏了解，因此没有将装备SG对海雷达的"波特兰"号重巡洋舰或"海伦娜"号轻巡洋舰选为旗舰、置于编队前方。过去的研究认为卡拉汉因此误判形势，而且没有在"海伦娜"号报告发现日军舰队时及时调整航向，因此错失了占据T字头的良机。不过，近年来的研究认为卡拉汉深知己方实力不如日军，己方重巡洋舰的8英寸舰炮在正常情况下根本无法击穿日军战列舰的主装甲带，使用常规战术必然无法实现阻止日军炮击亨德森机场的任务。因此，他决定采用近乎自杀式的战术，通过靠近日军展开混战来打乱日军计划。

阿部弘毅没有料到美军会派出舰队截击，卡拉汉则不为发现敌舰的报告所动、继续驶向日军，于是担任美军先导的"库欣"号驱逐舰（USS Cushing）在漆黑一片的铁底湾里与担任日军先导的"夕立"和"春雨"号驱逐舰相撞，只好立即左转，经过了一系列混乱的机动之后，美军舰队以一路纵队切入了日军松散的队形。1:48，卡拉汉下达了"偶数舰向右侧开火、奇数舰向左侧开火"的命令，以避免美军舰只全部攻击同一目标，但是此时美军队形已经混乱，各舰并不清楚自己在队列中的位置是奇数还是偶数，而且许多军舰已经瞄准了"错误方向"的敌舰。于是，许多舰长因此重新瞄准浪费了开火机会，有些舰长则干脆忽视了这一命令直接开火。日军方面同样陷入了混乱，不仅对于突然出现的美舰毫无心理准备，此时战列舰主炮中装填的也还是用于轰击机场的三式弹，而不是用于反舰的穿甲弹。终于，"比睿"号战列舰和"晓"号驱逐舰也在1:48打开探照灯照亮了"亚特兰大"号轻巡洋舰，双方终于开始交战。作为防空巡洋舰的"亚特兰大"号同时攻击开灯的两艘敌舰，其被戏称为"5英寸机关枪"的16门5英寸火炮瞬间以超高的射速多次命中两舰，重创了"晓"号，其他美军舰船也集中火力打击"晓"号，立即将其击沉。然而，"亚特兰大"号也随即被至少1枚鱼雷和数枚5英寸和6英寸炮弹命中，当场燃起了大火并失去了动力。更为悲剧的是不久之后"亚特兰大"号正好漂到了"旧金山"号重巡洋舰的炮口下，结果被友舰的两轮齐射，至少19枚8英寸和5英寸炮弹直接命中，舰桥上的斯科特少将葬身友军炮火之下，总共身中49枚双方炮弹的"亚特兰大"号也在不久后沉没。

在接下来一整晚的混战中，双方海军为岸上的陆战队员们奉献了一场精彩的"海上烟火秀"。一位随军记者将其形容为"酒吧里关了灯的混乱斗殴"。误击友舰的美军旗舰"旧金山"号随后在大约2,300米的距离上与日军旗舰"比睿"号展开了炮战,但是互相也成了其余敌舰集中火力打击的目标。日军接连不断命中的炮弹炸死了卡拉汉少将和"旧金山"号的舰长——已经在日军偷袭珍珠港的战斗中获得了荣誉勋章的卡辛·杨(Cassin Young)上校。此时,千疮百孔的"旧金山"号舰桥上只剩下了年仅31岁的通讯军官布鲁斯·麦坎德利斯(Bruce McCandless)少校。他完全可以带领已遭至少45枚炮弹命中的"旧金山"号退出战斗,但是他意识到在通讯系统已经被摧毁的情况下,旗舰贸然撤出战斗很可能被友舰误认为要全体撤离战斗,因此他继续向敌舰队驶去,损管军官赫伯特·肖恩兰(Herbert Schonland)少校同时率

领全舰官兵们奇迹般地拯救了"旧金山"号。

美军"拉菲"号驱逐舰(USS Laffey)和日军"夕立"号驱逐舰的经历最能体现这场海战的混乱情况。"拉菲"号在威廉·汉克(William Hank)少校的指挥下一度贴近到"比睿"号六米之内,"专心致志"地将后者的舰桥轰了个稀巴烂。要知道,战列舰的主炮是为了攻击数十海里开外的目标设计的,以至于"比睿"的主炮根本打不到矮小的"拉菲"号。然而,"拉菲"号驶过了"比睿"之后瞬间被四面八方的日本军舰打成了海底的又一个残骸,汉克也随舰阵亡。"拉菲"号前后的"库欣"号和"斯特雷特"号驱逐舰(USS Sterett)也对"比睿"号展开了类似的突击,结局也十分类似:前者沉没,后者遭受重创。本来就在日军阵型

在瓜岛海域作战的"拉菲"号驱逐舰。

最前方的"夕立"号也单枪匹马地冲向了美军舰队中央，可能以鱼雷和炮弹命中了包括"波特兰"号、"朱诺"号在内的多艘美舰，并加剧了美军队形的混乱。无论是否来自"夕立"号，命中"朱诺"号的鱼雷摧毁了其火控系统并严重损伤了舰体、迫使其早早退出战斗，命中"波特兰"号的鱼雷则导致其钢板变形，使其原地转圈。不过，"夕立"号也被友舰或敌舰打瘫在水中。按照日方说法，疯狂的"夕立"号舰长吉川洁中佐此时竟然命令"夕立"号制作风帆，继续前进。不过，"夕立"号在遭到更多美军炮火击中攻击后舰长下令弃舰，随后"波特兰"号发现了"挂起白旗"（实为风帆）的"夕立"号，毫不犹豫地将其已被放弃的船体击沉。"天津风"号驱逐舰也进行了类似的突击，还一度打开了探照灯锁定"旧金山"号并对其猛烈开火，但是随即遭到"海伦娜"号连续命中，最终在友舰掩护下才逃过一劫，全舰共被37枚炮弹击中。

总之，战斗的大体情况就是日军"比睿"号战列舰和几艘位置突前或打开探照灯的驱逐舰先后遭到了美舰的集中攻击，但是美军当中位置突前或火力最迅猛的战舰也随后遭到日军集中打击。美军方面唯独比较幸运的3艘战舰是驱逐舰"奥班农"号（USS O'Bannon）、轻巡洋舰"海伦娜"号和队列末尾的驱逐舰"弗莱彻"号（USS Fletcher）。"奥班农"号跟随"库欣"和"拉菲"的脚步对"比睿"号发动近距离突击后遭到"比睿"号全部火炮的攻击，竟然毫发无损地全身而退。舰队中央的"海伦娜"号则凭借着高超的航行技术和SG对海雷达一边躲闪双方战舰残骸，一边精准打击"晓"和"天津风"号驱逐舰，还用40mm高射炮扫射了"长良"号轻巡洋舰，自身被命中的5枚炮弹均没有造成严重损伤。美军队列末尾的4

艘驱逐舰在极其不利的情况下投入了战斗，舰长们小心翼翼地规避着大量己方战舰和残骸，日军战舰却完全进入了战斗状态，毫无顾忌地向这些新出现的目标发射穿甲弹。于是，前3艘美军后卫驱逐舰均在勇敢开火后被日军击沉，只有末尾的"弗莱彻"号对几艘疑似日军战舰发动了零星攻击，其中很可能包括友舰"海伦娜"号，好在有惊无险，"弗莱彻"号自身也未遭损伤。

经过一夜的乱战，战场上的美军只剩下"海伦娜"号和驱逐舰"弗莱彻"号还保持着大部分战斗力，还有正原地打转的"波特兰"号，卡拉汉和斯科特两位将领都已阵亡。日军驱逐舰"夕立""晓"被击沉，4艘驱逐舰和战列舰"比睿"号到重创，其中"比睿"号先后被多达85枚炮弹命中，战列舰"雾岛"、轻巡"长良"和4艘驱逐舰仅受到轻创，并不影响战斗。如果阿部弘毅坚决进攻可以轻易摧毁美军舰队并且炮击亨德森机场，但是战斗中受伤并且被打懵的阿部弘毅选择撤退。就这样，美军的损失包括"亚特兰大"号轻巡洋舰和4艘驱逐舰沉没、"朱诺"号轻巡洋舰两天后被"伊-26"号潜艇击沉。日军的2艘驱逐舰当晚沉没，"比睿"号则在次日被仙人掌航空队反复攻击，成为了双方空战的焦点。从6:15至14:35，仙人掌航空队和"企业"号的舰载机大队先后出动了70架次攻击"比睿"号，日军派出35架零战掩护也无济于事，仅仅击落1架F4F，自身却战损3架、非战损8架。14:35，"企业"号VT-10鱼雷机中队的TBF终于以2枚鱼雷命中"比睿"号完成了致命一击，后者当晚沉没，由此成为太平洋战争中日军损失的第一艘战列舰。

随后在13日晚间炮击亨德森机场的重巡洋舰"铃谷""摩耶"，轻巡洋舰"天龙"，以

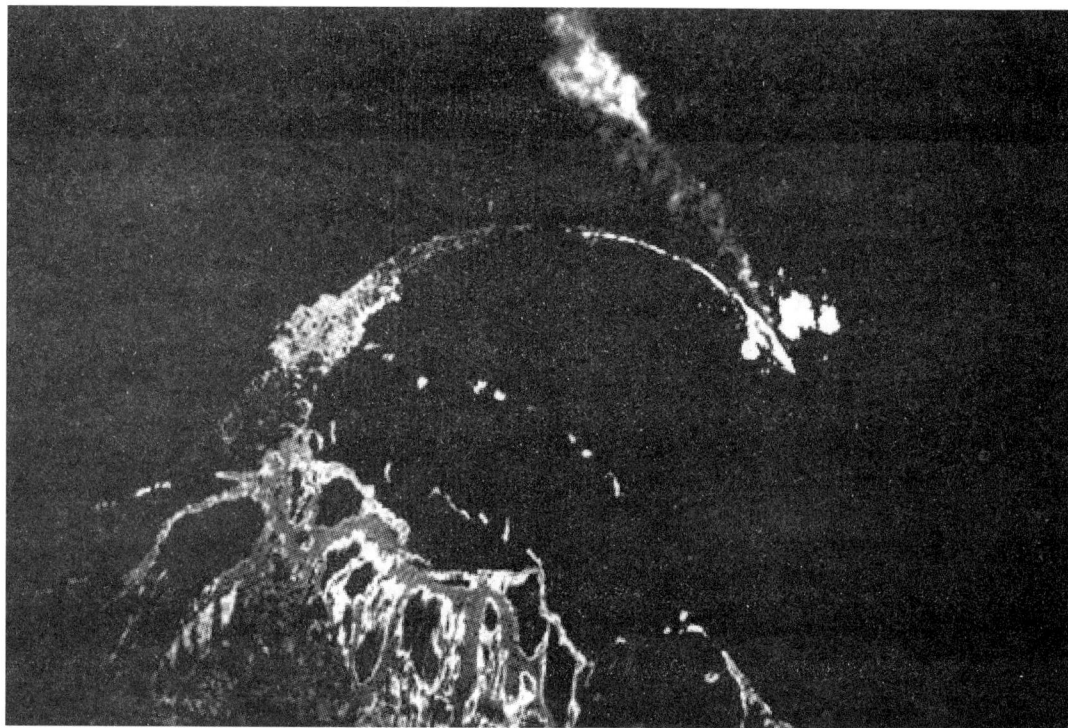

已经遭受重创，正在试图躲避B-17高空轰炸的"比睿"号，它即将成为"二战"中日本损失的第一艘战列舰。

从"企业"号前往猎杀日本运输船的SBD机群。

及4艘驱逐舰未遭抵抗，但是也未能严重破坏机场。于是，仙人掌航空队和"企业"号舰载机大队的SBD在14日早晨畅通无阻地飞向了天空，首先对昨夜的炮击舰队展开了追击。前夜担任警戒任务的"衣笠"号重巡洋舰带着舰上511人沉没，"摩耶"号重巡洋舰也遭到1架受损后失控的SBD撞击，舰上37人阵亡。下午，仙人掌航空队和"企业"号舰载机大队像秃鹫一样对日本运输船队发动了多达8波进攻，最终击沉了11艘运输船中的7艘。负责掩护船队的36架零战和14架零式水观不仅没能阻止美军对运输船队的攻击，还遭受了9架零战被击落的严重损失，美军仅仅损失5架SBD和2架F4F。

11月14日夜间进行最后尝试的日本海军命令近藤信竹中将率领战列舰"雾岛"，重巡洋舰"爱宕""高雄"，轻巡洋舰"长良""川内"和9艘驱逐舰组成的舰队驶入铁底湾炮击亨德森机场。无兵可用的哈尔西派出威利斯·李（Willis Lee）少将麾下的两艘新型战列舰："华盛顿"号和"南达科他"号，以及4艘燃料较多的驱逐舰前去拦截。23:17，装备了SG对海雷达的美军战列舰率先开火，但是日军迅速包抄了4艘担任前卫任务的美军驱逐舰，最终4艘美国驱逐舰2沉2伤，在23:48退出战斗（受伤的其中1艘次日沉没）。日军"凌波"号驱逐舰在包抄过程中起到了重要作用，但是现在在暴露的位置上被"华盛顿"号击沉。同时，日舰打开探照灯照亮了"南达科他"号，"雾岛"号和"南达科他"号战列舰几乎同时开火。

由此，太平洋战场上唯独的两次战列舰对战中的第一次正式打响。发现了"南达科他"号战

列舰的日本舰队瞬间陷入了极度兴奋当中：毕竟与美国战列舰对决是日本海军军官们几十年来的梦想！日本舰队瞬间围了上去，集中攻击此时恰好主炮失灵的"南达科他"号。然而，兴奋中的日本海军却没有发现从后方摸上来的"华盛顿"号。起初李少将害怕误击友舰没敢开火，但是当"雾岛"号与"南达科他"号开始交战之后，已经用雷达锁定将"雾岛"号多时的"华盛顿"号于午夜0:00突然开火，在短短7分钟之内发射了75发16英寸炮弹和120发5英寸炮弹，其中命中的9枚16英寸炮弹和17枚5英寸炮弹将"雾岛"号打成了一坨废钢。

突如其来的打击让日本人慌了手脚，自知孤立无援的"华盛顿"号引着近藤舰队向西撤退，奇迹般地躲过了数十条鱼雷扬长而去。此前在短短4分钟内被命中27发炮弹、舰体被炸得稀巴烂的"南达科他"号也坚强地退入港中，可见美军新锐战列舰超强的生存能力。凌晨00:32，明明已无人阻挡的日本舰队再次放弃炮击机场任务，转而向西追击早已离去的"华盛顿"号。最终"雾岛"号在凌晨3:00自沉，日本海军在短短三天内损失了两艘战列舰，炮击机场的企图彻底失败。

当晚，向"雾岛"号发出咆哮的"华盛顿"号战列舰。

今日的"鬼怒川丸"号运输船，残骸已然成为孩童们跳水嬉戏的游乐场。

瓜岛海战的结局：海滩上燃烧的日本运输船。

次日早晨5:55开始，毫发无损的仙人掌航空队和部署在亨德森机场的"企业"号舰载机大队再次出击，与"企业"号的舰载机一起击毁了全部4艘前一天侥幸抵达瓜岛的日本运输船和堆积在沙滩上的物资，其中包括今日还半沉在沙滩旁的"鬼怒川丸"号。至此，日军最后一次决战企图彻底失败，成功登上瓜岛的增援部队寥寥无几，岛上日军部队就连基本口粮配给都成了问题。美国海军和仙人掌航空队的飞行员们在这三天三夜决定命运的战斗中，以1732条生命、36架飞机、9艘军舰的代价换取了最终的胜利。日本海军则元气大伤，最后永远在铁底湾留下了包括2艘战列舰在内的18艘舰船、64架飞机和近7000具浮尸。理查德·弗兰克如此评价瓜岛海战："11月12日日落时分，太平洋战争走到了胜负的岔路口；11月15日日出时分，战争的方向已然注定。"美国海军对于表现突出的海军官兵没有吝惜荣誉：以身殉国的卡拉汉和斯科特少将被追授荣誉勋章；李中将和两场海战中的全部19位舰长都荣获了海军十字勋章，其中6位为追授；表现尤其突出的"旧金山"号官兵另外荣获了31枚海军十字勋章，在战斗中牺牲自己救援战友的莱因哈特·开普勒（Reinhardt Keppler）被追授荣誉勋章；第一场夜战中表现突出的5艘战舰荣获了总统集体嘉奖。

胜利的代价是昂贵的，对于任何一个战死者的家庭尤其如此。但是在这个悲痛的秋日里，沙利文一家却承担着超过常人的痛苦：沙利文五兄弟都在一天之内随着"朱诺"号巡洋舰上阵亡的683人沉入海底。对于他们的父母，再多的安慰和荣誉也不可能将他们从悲痛中解脱出来。从此之后，美国海军再不允许亲兄弟们在一艘军舰上服役。

结语：燃烧的天空与咆哮的大海

终于，日美海空军围绕亨德森机场和铁底湾长达四个月的海空搏杀以美国人的战略性胜利告终。尽管瓜岛之战还远未结束，但是从

今日平静的铁底湾。

战略层面上讲,日军重夺瓜岛几乎已无可能。日本海空军众多无可替代的军舰、运输船、飞行员、飞机已经被铁底湾这个"黑洞"吸了进去,美国开足了马力的庞大工业和人力储备则迅速填补了他们在瓜岛同样不轻的损伤。

从战术层面上,经历了瓜岛一役的盟军海空力量脱胎换骨,其中海军从一支惧怕与日本人进行夜战、在萨沃岛遭遇耻辱性失败的海军,以钢铁和血肉为代价,变成了一支能够凭借着雷达等先进技术以少胜多的强大力量。同样,仙人掌航空队的飞行员们也不再惧怕日军飞行王牌,而且在日复一日的拉锯战中逐渐占据了上风。

当我本人有幸乘船越过铁底湾,坐飞机从亨德森机场降落和起飞时,眼睛里浮现了一段段战士们慢放的经历。当年,就是在这碧海蓝天里,盟国水兵和飞行员们克服了心中的恐惧、义无反顾地走向自己的飞机或者军舰上的岗位,去挑战之前战无不胜的日本战争机器。而那些最后以大海为归宿的士兵们,在沉入海底前的一刻脑子里又在想着些什么呢?再也见不到的家人?不可能再实现的梦想?短暂的人生中的遗憾?抑或逃离了这个人间地狱的一丝慰藉?瓜岛战役如同所有战争一样,带来的终究还是痛苦。愿铁底湾下的长眠者安息。

第十章 "饥饿之岛"——瓜岛终局

跨越马坦尼考河

　　1942年11月18日，接管防御圈西部的陆战二师8团和亚美利加师第164、182团终于最后一次攻过马坦尼考河，重启了瓜岛海战之前陆战一师被迫暂停的攻势。马坦尼考河以西从克鲁斯角向南依次是美军随意命名的78、80、81、66号高地，这些高地连成了一条南北向的山岭，背后则是84、83、82、76号高地组成的第二道山岭。

　　11月18日，美军工程兵再次在马坦尼考河上架设了一座浮桥，随后第182团2营未遭阻击顺利渡河并且在下午行军至战线南方的66号高地，其间2人死于伏击。次日早晨第182团1营也渡过了马坦尼考河，随后沿着海岸西进，陆战8团B连则占据了78号高地保护其侧翼。就在进展看似顺利之时，初次参战的第182团1营被日军第2师团16联队先头部队的伏击击退。

　　虽然第16联队兵力严重匮乏而且刚刚从原始丛林中逃出生天，其联队长堺吉嗣大佐还是给威廉·朗（William Long）上校手下毫无战斗经验的第182团上了一课。11月20日凌晨，堺吉嗣大佐集结了整个联队仅存的700名还具备战斗力

第182团在11月12日才刚刚登陆瓜岛。

的士兵于夜间对第182团1营左翼展开了突袭，迫使美军左翼退上78号高地，右翼更被击退400米，一度陷入混乱。早晨9:00，日军又以准确的火炮和掷弹筒攻击迫使美军推迟进攻，不过占据了兵力优势的美军终于在重新组织进攻后取得了进展，包围了克鲁斯角守军。

11月21日，已经获得了丰富战斗经验的第164团从第182团两个营中间向82、83、84号高地组成的第二道山岭展开进攻。然而，当面的日军第38师团228联队躲在了第一道山岭的反斜面上，以猛烈的炮火阻止了第164团的进攻，第182团1营在海岸上也仅仅消灭了困在克鲁斯角的少量守军。11月23日，理查德·耶施克（Richard Jeschke）上校的陆战8团在3个炮兵营30分钟的火力掩护下投入进攻却仍然没能取得任何进展，攻势只能被叫停，双方随后在此方向陷入了长达六星期的僵局。至此，美军终于跨过了拉锯长达三个月的马坦尼考河，却未能突破日军的山地防线，三个团还在短暂的攻势中付出了134人阵亡的代价。相比之下，日军的损失更为轻微，日军使用了有效化解美军火力优势的战术，因此这场战斗可以看作瓜岛战役最后阶段艰苦山地攻坚战的预演。

致命的"长矛"鱼雷：塔萨法隆加海战

尽管瓜岛上的日军还在顽强抵抗，此时第17军的补给状况因为已经到了崩溃的边缘。日军向瓜岛上增援的29,117人当中至11月20日还有18,295人没有阵亡、失踪、撤离或者入院，但是其中还具备战斗能力的只剩下12,775人。第17军的口粮将在11月26日完全用尽，驻守内陆的第228联队更是只能靠梅子果腹。在此情况下，日本海军使出浑身解数向瓜岛运送补给。日军

开始使用潜艇运输补给，但是其运力过于低下，"伊-4"号也在11月20日被"海龙"号潜艇（USS Seadragon）击沉。日本海军试图建立一系列基地然后通过驳船运输的计划也因为仙人掌航空队在11月28—29日击沉两艘前往新乔治亚岛（New Georgia）设立基地的运输船而告终。

于是，日军只好继续使用驱逐舰进行"鼠运输"，而且额外在舰尾绑上装满补给的汽油桶来增加运力。11月30日夜间，田中赖三少将率领8艘驱逐舰执行补给任务，其中旗舰"长波"号和"高波"号负责护航，其余6艘各绑上200~240个油桶。美军方面则派出卡尔顿·莱特（Carleton Wright）少将麾下的4艘重巡洋舰、1艘轻巡洋舰和6艘驱逐舰前往截击。当美军雷达在23:08发现日军舰队时，"高波"号正独自在日军舰队左侧护卫侧翼，其余驱逐舰抵达已经抵达塔萨法隆加（Tassafaronga）区域。几分钟后，日军也发现了美军舰队，因此田中赖三当即下令抛弃运送物资的汽油桶。

不过，对鱼雷缺乏信心和了解的莱特少将一直拖到23:20才准许驱逐舰发射鱼雷，一分钟后各舰舰炮开火，集中攻击孤立的"高波"号驱逐舰并且迅速将其击沉。然而日军舰队一边撤退一边在23:23—23:28的五分钟内发射了多达44枚致命的93式氧气鱼雷，结果美军4艘重巡洋舰竟然全被命中，其中"北安普顿"号被击沉，另外3艘也都遭受重创。

就这样，海战在短短8分钟之内结束，占据绝对优势、提前发现敌舰展开攻击的美军遭受惨败，这一灾难性结果的始作俑者正是致命的93式鱼雷。因此，美国历史学家后来将93式鱼雷形象地称为"长矛鱼雷"（Long-lance torpedo）。无论在陆地上还是海面上，瓜岛战役的收尾阶段对美军来讲都绝不会轻松。不过，美国海军也以巨大代价完成了战略任务：

遭到重创的美军旗舰"明尼阿波利斯"号重巡洋舰。

"新奥尔良"号重巡洋舰整个舰首被炸断，险些沉没。

日军第17军未能收到任何补给。

终局部署

瓜岛战场的新局势促使双方调整了指挥系统。日本方面今村均中将在11月21日被任命为新成立的第8方面军司令，这样一来百武晴吉中将的第17军就可以全力负责所罗门方向，安达二十三中将的第18军则接管了新几内亚战事。正如美军在瓜岛的反攻迫使日军放弃了对莫尔斯比港的攻势，现在麦克阿瑟对布纳-戈纳的反攻吸引走了原定增援瓜岛的第51师团和第21独立混成旅团。

日军的当务之急仍旧是向瓜岛输送补给，但是之后两次"鼠运输"均不成功。12月3日，日军驱逐舰队遭到仙人掌航空队攻击，负责掩护的12架零式水观毫无作为，还反被击落5架。尽管美军未能击沉任何日军驱逐舰，但是仍旧以2架飞机为代价严重干扰了日军的运输行动，以至于1,500个汽油桶之中只有310个送到了瓜岛日军手中。7日，日军的12艘驱逐舰遭到美军鱼雷艇围攻，尽管未能击沉日军舰只，勇敢的美军鱼雷艇还是在没有损失的情况下迫使日军返航。12月9日，美军鱼雷艇再立战功，通过击伤日军"伊-3"号潜艇让日本海军暂停了潜艇补

第14军军长帕奇（戴墨镜者）与范德格里夫特（右）会面，交接指挥权。

给行动。12月11日，美军鱼雷艇终于取得了击沉战果，PT-37、40、48三艘鱼雷艇协力击沉了"照月"号驱逐舰，日本海军干脆暂停了"鼠运输"。结果就是瓜岛上第38师团战斗部队和非战斗部队的口粮分别被降为正常情况的六分之一和十分之一，即便如此，师团手中的粮食还是在12月17日耗尽。从此开始，平均每天都有50名日军在被他们称为"饿岛"的瓜岛上活活饿死或者病死。

12月8日，美国海军运来了亚美利加师最后一个团——第132步兵团，次日范德格里夫特少将正式向升任陆军第14军军长的亚历山大·帕奇（Alexander Patch）少将交接了瓜岛战场指挥权。此前由帕奇指挥的亚美利加师由副师长埃德蒙·锡布里（Edmund Sebree）少将接手，同时纳入第14军序列的还有约翰·马斯顿（John Marston）少将担任师长的陆战二师，以及随后在一月初抵达、劳顿·柯林斯（Lawton Collins）少将担任师长的陆军第25步兵师。

此时瓜岛上的日军已经处于崩溃边缘，百武晴吉只能寄希望于诱使美军向内陆山区进攻，为此发动了佯攻。令人意想不到的是，5名日军于12月12日夜间潜入瓜岛二号战斗机机场炸毁了几架P-39。反应过度的帕奇决定进攻奥斯丁山来控制俯瞰机场的制高点，这一决定正中百武晴吉下怀。如果美军沿着海岸一路推进，那么瓜岛内陆山区中的日军就将被彻底孤立、直接饿死，或者被迫穿越原始丛林撤退。于是，亚美利加师和第25步兵师被用于进攻奥斯丁山区，只剩下陆战二师沿着海岸继续向西进攻。日军方面则把第38师团228联队和第124联队残部部署在奥斯丁山区域，同时由第230联队负责防御66号高地以西的山岭，第2师团残部负责防御海岸方向。

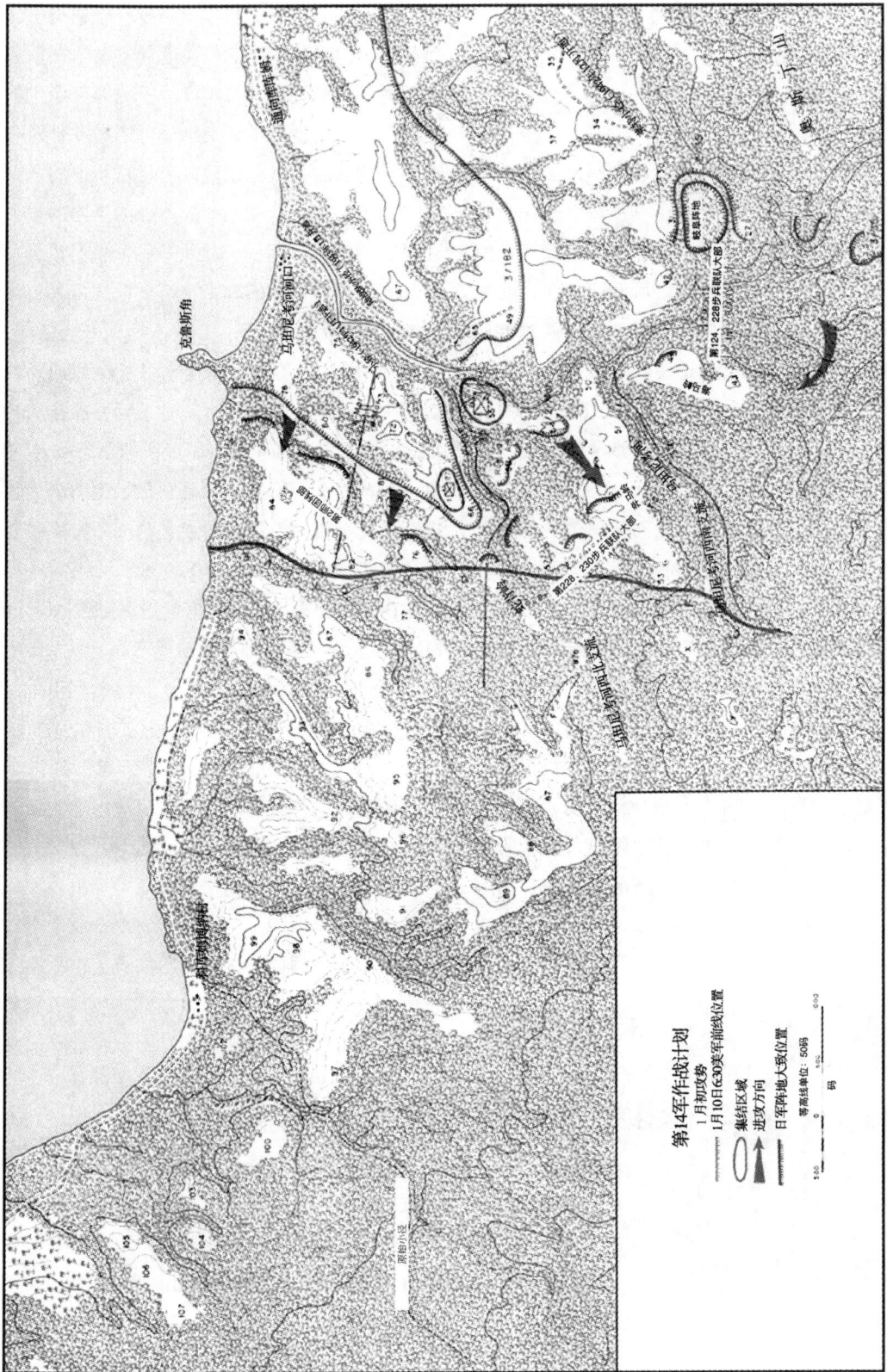

美军 1 月初的进攻计划。

突击奔马岭

日军选择在奥斯丁山西北方向的三处山脉，即岐阜阵地（Gifu，日军士兵命名自日本岐阜县）、海马岭（Sea Horse）、奔马岭（Galloping Horse，即"奔腾之马"）部署防御阵地。每片阵地都由数座高地组成。美军亚美利加师首先在12月末对岐阜阵地展开进攻，但是未能奏效，最后由第25步兵师在1月初展开总攻。将日军逐出这片山地绝非易事——这句话既是对战史的总结，也是我本人重游战场的大半天艰苦经历的真实感想。

1月10日，美军第25步兵师最终对这三处阵地展开了总攻。而我"攻击"的第一处阵地则是马坦尼考河西岸。当年的对阵双方是威廉·麦卡洛克（William McCulloch）上校指挥的美军第27团和西山辽少佐指挥的日军第228联队3大队。

按照"海马岭战斗"地图来讲，我在地

图右上角的河东岸与向导会合。然后当年的战场立马就给我来了个下马威：导游站在河的对岸，招呼我过去找他，于是我只好脱下厚重的登山靴从坚硬的河床上赤脚走过去。当时的我还满怀天真地认为这将是当天最大的障碍。但是刚刚过了河，向导不作喘息地就将我们带到了山脚下，然后指了指接近70度的山坡让我们开始向上爬向55号高地。

1943年1月10日，美军第27步兵团几乎未受阻碍地夺取了奔马岭北半边，然后将指挥部设在了55号高地上。我们背着沉重的大包，顶着将近40度的赤道阳光在爬行了将近半小时后也终于到达了55号高地。令我大惊失色的是向导竟然从土中扒出了一发未爆炮弹！我连忙表示不需要进一步挖掘，看看就好。原来，这是当年日本军舰从铁底湾射来的一发哑弹。我暗自心想：既然它在之前的76年里都没有爆炸，应该不会就正好爆炸在我脚下吧？

接着，我们跟随着1943年1月美军的进攻步伐走向了奔马岭的"心脏"和"头部"——战

从 55 号高地同时看到日军的三块阵地。

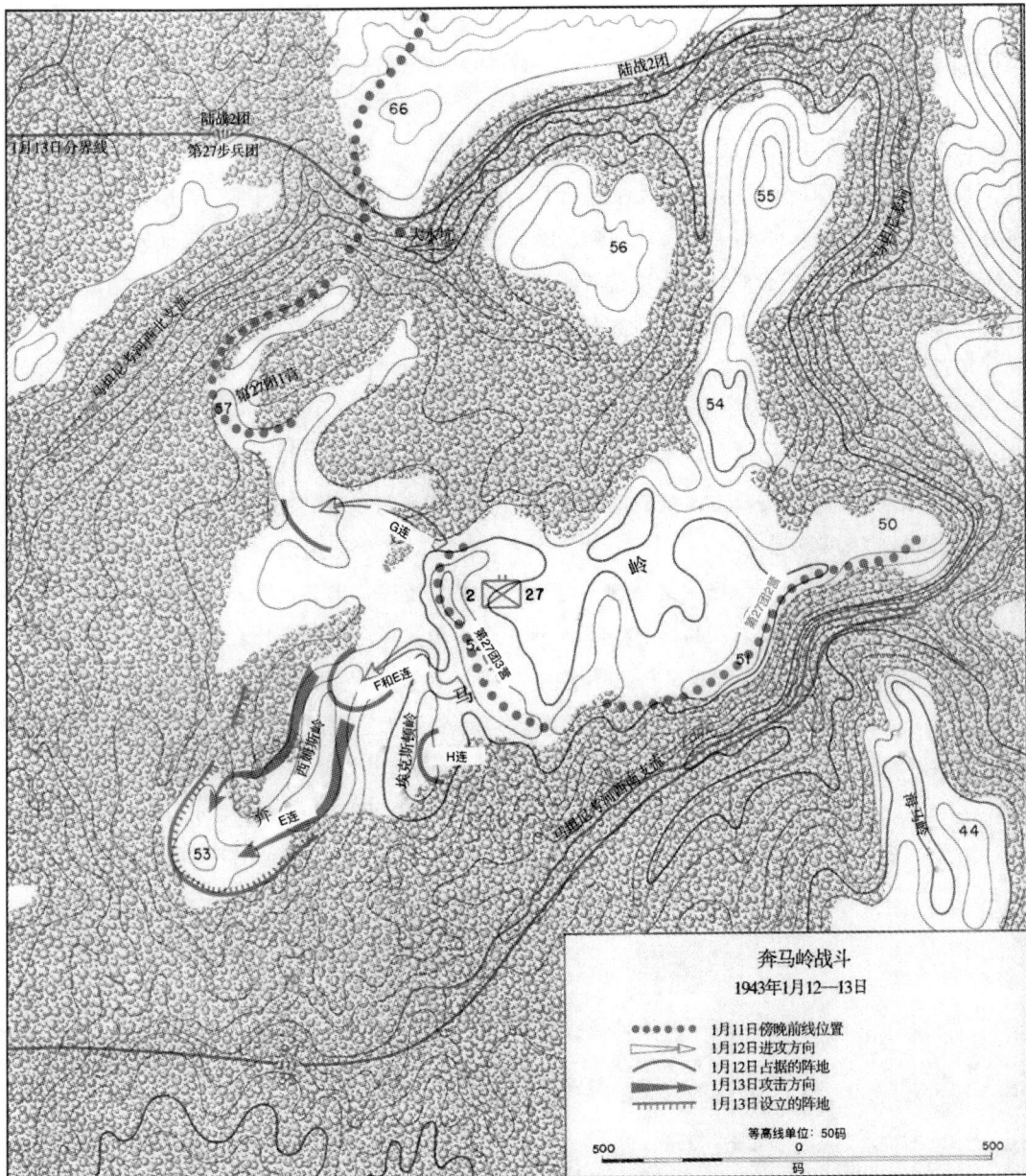

奔马岭阵地，因其形状形似一只倒过来的奔腾骏马而得名。图的右上角是马的后腿到尾巴的位置，中间的 52 号高地是马的心脏位置，而左下角的 53 号高地则是马的头部。图中是美军对奔马岭的最后攻击。

斗最为激烈的52、53号高地。首先进入我们视线的52号高地处在一片开阔山谷的正前方，颇有一夫当关万夫莫敌之势。1月10日通过山谷进攻52号高地的美军第27团3营被小山头上日军的6座机枪阵地打得根本抬不起头来。中弹的美军士兵只能躺在原地嚎叫，医护兵根本无法在枪林弹雨中靠近他们。这时，来自亨德森机场的美军飞机准确地将6颗炸弹扔在了高地上，后方射来的炮弹随后压制了日军火力点，美军这才趁机冲锋攻克高地，消灭约30名日军。

然而，不待我们在高地顶上休息好，向导就催着我们前往战斗更加血腥的"马脖子"山

爬到半山腰时拍摄的 55 号高地。55 号高地是我们停下休息的第一站，也是当年美军的前线指挥部所在地。

向导从泥土里翻出的舰炮炮弹。

头（Horse-neck Knoll）。这个现在看起来相当平静的小山岭在1943年的1月11日早晨看起来同样平静。然而当美军第27团2营推进到山头前方的开阔地时，这座小山上突然喷射出炙热的机枪子弹和迫击炮弹。进退不得的美军士兵们趴了整整两天两夜，稍微动弹就会招来一阵"钢雨"。除了日军以外，美军士兵还面对着另一个致命敌人——脱水。尽管我们早上带足了两大瓶矿泉水，但是在高温下的我们早已汗流浃

从美军的视角仰望 53 号高地，这一景象是不少美军士兵看到的最后一幕。

从"马脖子"顶处当年日本机枪的所在位置俯瞰山谷，可谓一览无余。

戴维斯迂回的丛林，这段山路异常崎岖。

背，只能胆战心惊地一小口一小口地补充水分，生怕一下喝尽。然而，当年美军士兵们连续两天只能仰赖于自己水罐里的一点水，许多人脱水昏迷，以至于脱水最严重的一个排中只

有10人还保持清醒。

正可谓时势造英雄。正当美军的进攻部队进退维谷之时，第27团2营执行军官查尔斯·戴维斯（Charles Davis）上尉于1月13日自愿率领四

名士兵从右侧树林迂回至山头背后突袭日军。戴维斯小队潜行至距离日军阵地10米时,日军突然向他们扔出手榴弹,戴维斯小队一边躲闪一边予以"回敬"。戴维斯本人则一手拿着手枪开火,一手拿着卡壳的步枪招呼战友们消灭日军火力点。戴维斯在山岭的天际线上勇敢进攻,鼓舞了趴在山岭正面看得一清二楚的美军第2营。同时,老天爷也用一场雷阵雨帮了美军一把:喝足了雨水的美军士兵们冲上了山头,一举拿下了阵地。最终,戴维斯上尉获得荣誉勋章。

说来也巧,我们正是在这段路上遇到了一阵小雨。然而,事实远非听起来那番浪漫:化为一片泥地的山路和湿滑的石头让我狼狈不堪、一跤接着一跤地与地面"亲密接触"。相信当年美军也有不少尴尬经历,但总归是乘胜攻下了日军战地医院所在的53号高地并一举肃清了奔马岭。在奔马岭战斗中美军总共击毙超过400名日军,但是第27团也阵亡近100人。

我们在两个半小时内"胜利征服"了美军苦战四天才拿下的奔马岭,然后顺着美国伤兵的路线爬下了马坦尼考河河谷。这段密林中的山坡本来就十分陡峭,下过雨之后的山体更加湿滑。笨手笨脚的我几乎是依靠"滑行"完成的这段下山之旅,以至于整个手掌全部粘上了烂泥。1943年的1月,战斗中受伤的美国士兵们也必须通过这条路线进入河谷才能被撤离,而且他们还要面对随时从树林中窜出来伏击的日本兵。在我大概第五次滑倒之后,我一路下滑到了一片草丛中,突然感到轻微刺痛。低头一看,我发现裤子竟然挂到了"二战"美军布设的一段带刺铁

丛林中下山路的今昔对比。

丝网上！幸好裤子足够结实，而且这点铁丝网已不再尖锐，我才轻易挣脱继续前行。尽管这一插曲是本人的笨拙所致，但是我却对此颇为自豪：被"二战"时期战场上的铁丝网挂到是极少数军迷的"殊荣"吧！

进入了河谷之中，本来被向导称为"抄近道"的沿河小路成了我的"蜗牛之旅"。这条小路的位置却始终在河的两岸交替，于是我们先后十次脱下厚重的登山靴、踩着尖锐的河床跨越小溪。相比之下，习惯了这样地形的当地

今日的马坦尼考河支流。

当年美军也是依靠小船从马坦尼考河支流中运送伤员和补给。这些小船纯靠士兵们人力推动，因此被戏称为"你推丸"（You-Pusha-Maru）。

向导全程赤脚，哪怕踩到最凹凸不平的石头也毫无问题，令我颇为汗颜。瓜岛战役期间，终于从山顶上撤下来的美国伤兵只能通过小船和LVT两栖装甲车撤离。然而，日军注定不会放弃美军如此脆弱的时机——河谷两边的山洞里充斥着埋伏的日本兵。

孤军玉碎：海马岭奇袭与岐阜阵地苦战

在日军的三块主要阵地中，海马岭阵地处于另外两处的中间，西靠马坦尼考河，东临岐阜阵地，可谓日军防区的阵眼。海马岭是一个由43和44号高地组成的南北走向狭长山岭。驻守于此的是日军第124联队1、3大队和联队部，但是因为此前连续的战斗总兵力非常有限，不超过一个大队规模，因此联队长冈明之助大佐将防御重点放在了北方的44号高地和周边的山谷。负责攻克这一目标的是罗伯特·麦克卢尔（Robert McClure）上校的第24步兵师35团。

麦克卢尔上校利用了日军主要面对北方的防御部署，派遣第35团3营从南方的丛林中强行军绕过尚未攻克的岐阜阵地，然后从南边的43号高地奇袭海马岭。1943年1月10日，第35团3营在丛林中艰难跋涉了6.4公里，终于出现在了海马岭南方，随即展开攻击。次日，美军一气呵成地先后拿下了43和44号高地，迅速消灭毫无防备的日军并且占领了整座海马岭。之后两营继续进攻周边山谷中的日军，却因为日军机枪和92式步兵炮的阻击以及密林的阻碍直到1月15日才彻底肃清日军。在这一系列的战斗中，美军共消灭558名日军、俘房17人，并且彻底切断了岐阜阵地日军的补给线和退路，美军损失不明但是比较轻微。海马岭之战的胜利不仅要归功于美军士兵的顽强，也来自美国强大的后勤保障能力和当地岛民的帮助。美军曾经一度依赖B-17重轰炸机为部队空投补给。但是大部分的伤员、物资还是所罗门民夫抬走的。同样，如果没有向导恐怕我也走不出这片深山老林。

岐阜阵地是三处防御重点当中最靠东、

今日的海马岭，明显可见近端的44号高地和远端更高的43号高地。

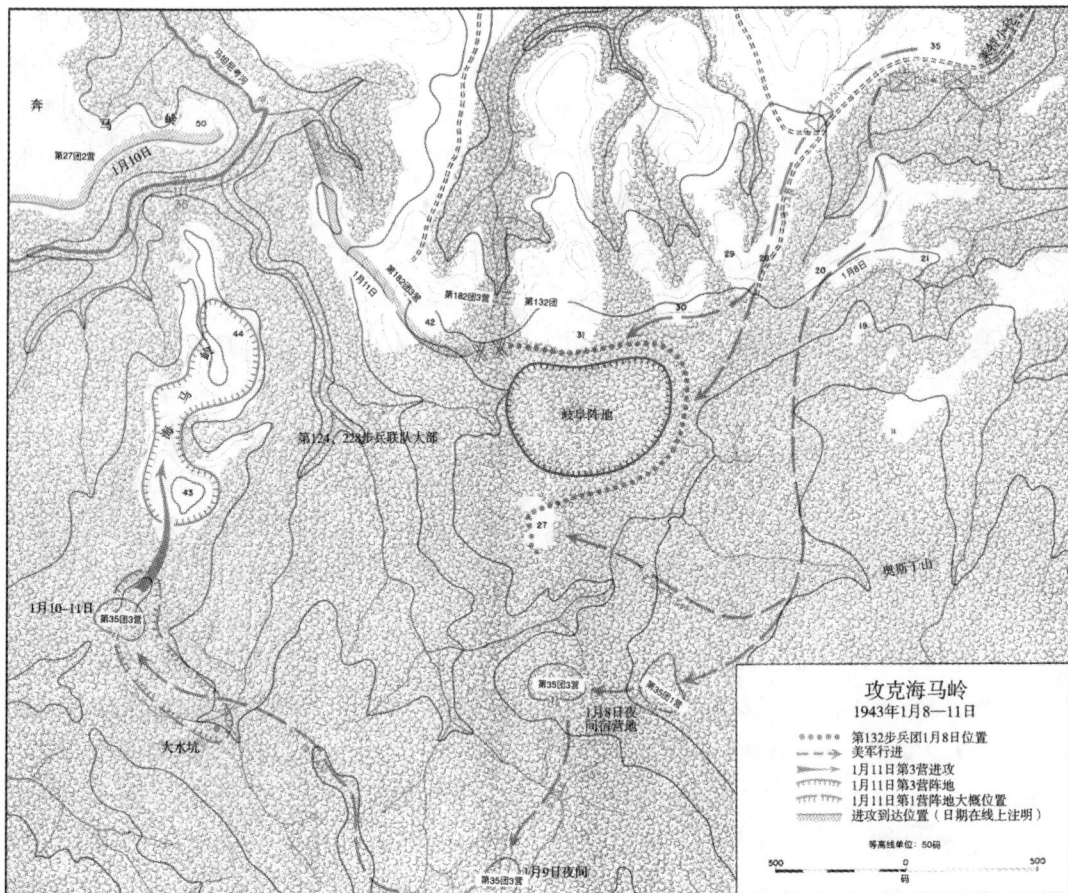

美军对海马岭的迂回。

也最为坚固的，但是海马岭被攻占后岐阜阵地就遭到了彻底孤立。从海马岭逃脱的冈明之助大佐向岐阜阵地守军下达了突围命令，但是负责指挥岐阜阵地防御的第228联队2大队大队长稻垣武义少佐认为手下形同饿鬼的士兵们根本不可能突围成功，干脆决定死守到底。值得一提的是，冈明之助最终也在2月1日渡河时溺亡。岐阜阵地呈马蹄形，位于北边31号高地和南边27号高地之间的山谷内，唯一的开口朝向西边。第124联队2大队和第228联队2大队的500~600人在此修建了近50个土木重机枪堡垒。每个堡垒都由多层椰子树干搭成，上面再铺上一层土种上草皮作为伪装，哪怕直接命中都无法以105mm口径以下的火炮将其击毁。

对日军阵地坚固程度一无所知的美军亚美利加师第132团在毫无战斗经验的团长勒罗伊·纳尔逊（LeRoy Nelson）上校指挥下，于1942年12月24日首次从31号高地向南对岐阜阵地展开进攻。对于参与进攻的美军来说，这是个异常

岐阜阵地其中一个机枪堡垒，坚不可摧又隐蔽充分。

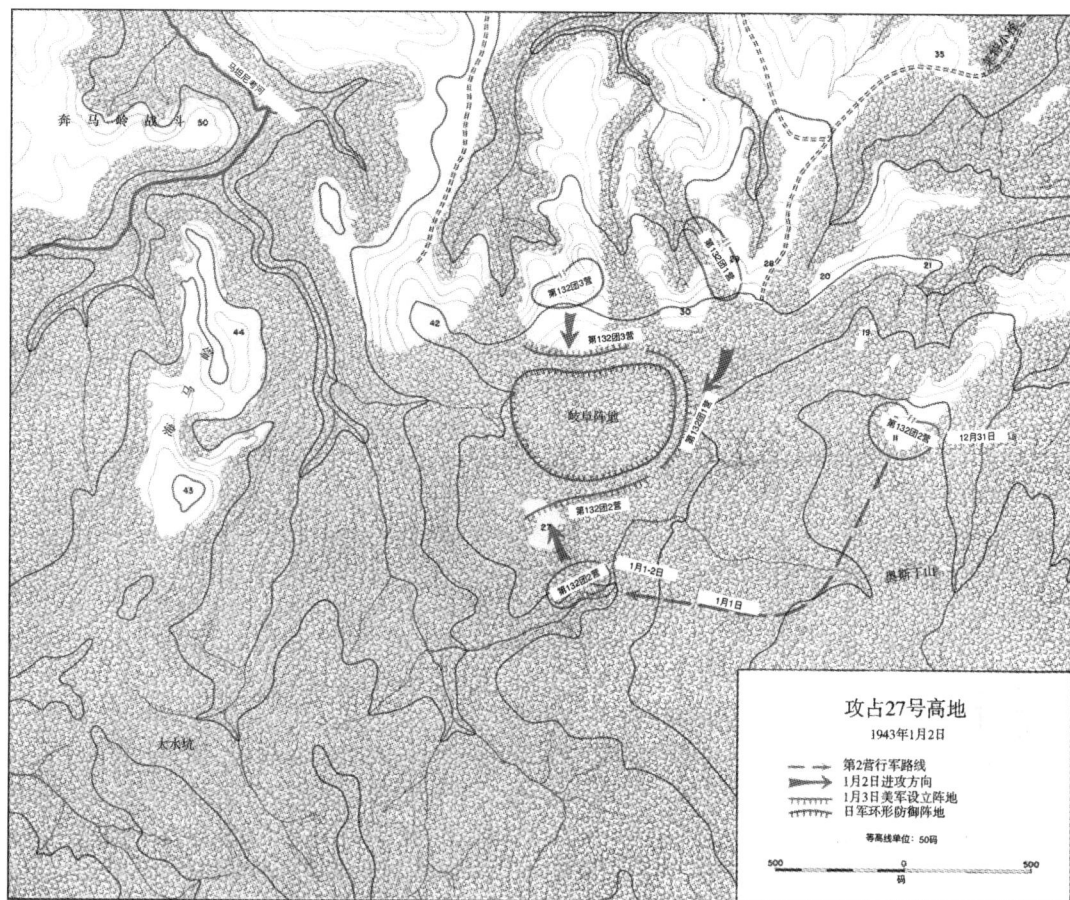

美军正面强攻未果后迂回占领 27 号高地。

从 27 号高地俯瞰密林中的岐阜阵地。

血腥的圣诞节，从24日到29日，反复进行正面进攻的美军没能前进一步，反而遭受了重大伤亡，至少53人战死、129人受伤、131人患病。进攻的美军士兵哪怕在几米之外都很难看到躲藏在茂密植被下的日军机枪阵地，很多士兵被突如其来的机枪子弹打死。崎岖的山路进一步加大了进攻难度，时至今日我去游览岐阜阵地的时候也无法进入山谷之内，因为实在是无路可走。

1月2日，第132团2营终于通过艰难的迂回从侧后方偷袭占领了岐阜阵地南边的制高点——27号高地，并且缴获了一门日军匆忙丢下的41式75mm山炮。不过，疯狂的日军在下午进行了六次反击、一度重新夺取了山顶，却在次日早晨被美军打退。第1、3营也在1月3日赶到并巩固了阵地，美军终于牢牢掌握了俯瞰岐阜阵地的27号高地。第132团在之前大半个月的战斗中երι亡112人、失踪3人、受伤272人，无力继续进攻。其实，被困在岐阜阵地上的日军在1943年新年当天吃完了最后的口粮，然后顶着尸体的恶臭开始了长达22天的断粮战斗！

1943年1月8日，获得了师属骑兵侦察排加强的第25师35团2营在营长欧内斯特·皮特斯（Ernest Peters）中校的指挥下接替亚美利加师第132团，准备对岐阜阵地展开了最后进攻。从1月9日至14日，美军一边收紧包围一边发动试探性进攻，但是仅12日一天内美军就有57人伤亡。1月15日，美军在15分钟猛烈炮击后展开总攻击，但是仅仅前进了50米就被日军机枪火力压制。1月17日，美军用扩音器广播了劝降信息，日军残部不可思议地开会讨论是否投降，但是除了5人向美军私自投降外，其余日军决定战斗到底。随后，49门美军105mm和155mm榴弹炮发射1,700发炮弹炸得地动山摇，但是次日第35团2营的进攻再次被击退。

美军用扩音器向岐阜阵地中的日军劝降。

1月22日，第35团2营获得了决定性的增援——第25师侦察连的一辆M3轻型坦克。尽管在山区使用坦克是犯了兵家之大忌的，因为坦克随时可能陷入崎岖的山路中而无意义地被损失。但也正因如此，这辆费劲千辛万苦送到岐阜前线的坦克才取得了出其不意的效果。这辆坦克在18名步兵的保护下横冲直撞进没有反坦克武器的岐阜阵地，一口气摧毁了8个火力点，为美军的主力部队打开了进攻通道。次日凌晨2:30，眼看败局已定的100名日军残余在稻垣

今日岐阜阵地旁边村落里遗留的日美两军钢盔。

武义少佐的带领下发动了自杀式冲锋，几乎全部被击毙。日军尸体均骨瘦如柴，如同骷髅一般，阵地上不剩下一粒粮食。

在岐阜阵地的战斗中美军总共阵亡175人，第35团2营清点出431具日军尸体。第35步兵团从1月9日到26日之间在奥斯丁山区域直接战斗中消灭888名日军，俘虏29人，另有188名日军死于美军炮击。奥斯丁山艰苦却无谓的战事终于结束。

海岸攻势重启

就在美军进攻奥斯丁山区域的同时，日军大本营终于因为运输船不足彻底放弃了反攻瓜岛的念头，在1943年1月4日下达从瓜岛撤兵的命令，代号"克"号行动。不过，美军情报部门严重高估了岛上日军的战斗力并且将日军的撤退准备误判成了进攻准备，因此拖到了1月13日才让陆战二师发动进攻。左翼的陆战2团经过一番苦战终于击退了已经对峙六星期的第228联队1大队，但是已经连续作战五个月的陆战2团也终于不支，被吉尔德·杰克逊（Gilder Jackson）上校的陆战6团接替。

同时，陆战8团在80、81、82、83号高地陷入苦战无法前进，直到1月16日丸山政男才因为沿着海岸推进的陆战6团威胁第2师团侧翼而下令撤退。扼守83、84号高地的第4、16联队主力没能逃脱，大部分被歼灭，两联队各仅剩80余人。陆战二师在为期五天的攻击中击毙日军643人，俘虏2人。

1月21日，已经结束了奥斯丁山战斗的第25师27团加入了海岸攻势，此前担任预备队的第161团也在团长克拉伦斯·奥恩多夫（Clarence Orndorff）上校指挥下投入了作战。其中第27团从南边发起了迅猛的迂回攻势，几乎包围抵御陆战二师正面进攻的日军第2师团余部，迫使其在23日早晨仓皇撤退。第27团乘胜占领此前日军第17军司令部所在的科库姆博纳村，并且在次日与陆战6团会合。因为大部分部队已经疲惫不堪，帕奇将亚美利加师第182团、陆战6团和此前负责警戒亨德森机场东侧、由威廉·塔特尔（William Tuttle）上校担任团长的第147步兵团暂时合编成陆军-陆战队混成师（Composite Army-Marine Division）。

向科库姆博纳区域开火的美军155mm榴弹炮，美军占据了压倒性的火力优势，因此日军在反斜面设防来躲避美军炮火。

陆战6团摧毁的一处日军75mm高射炮阵地。

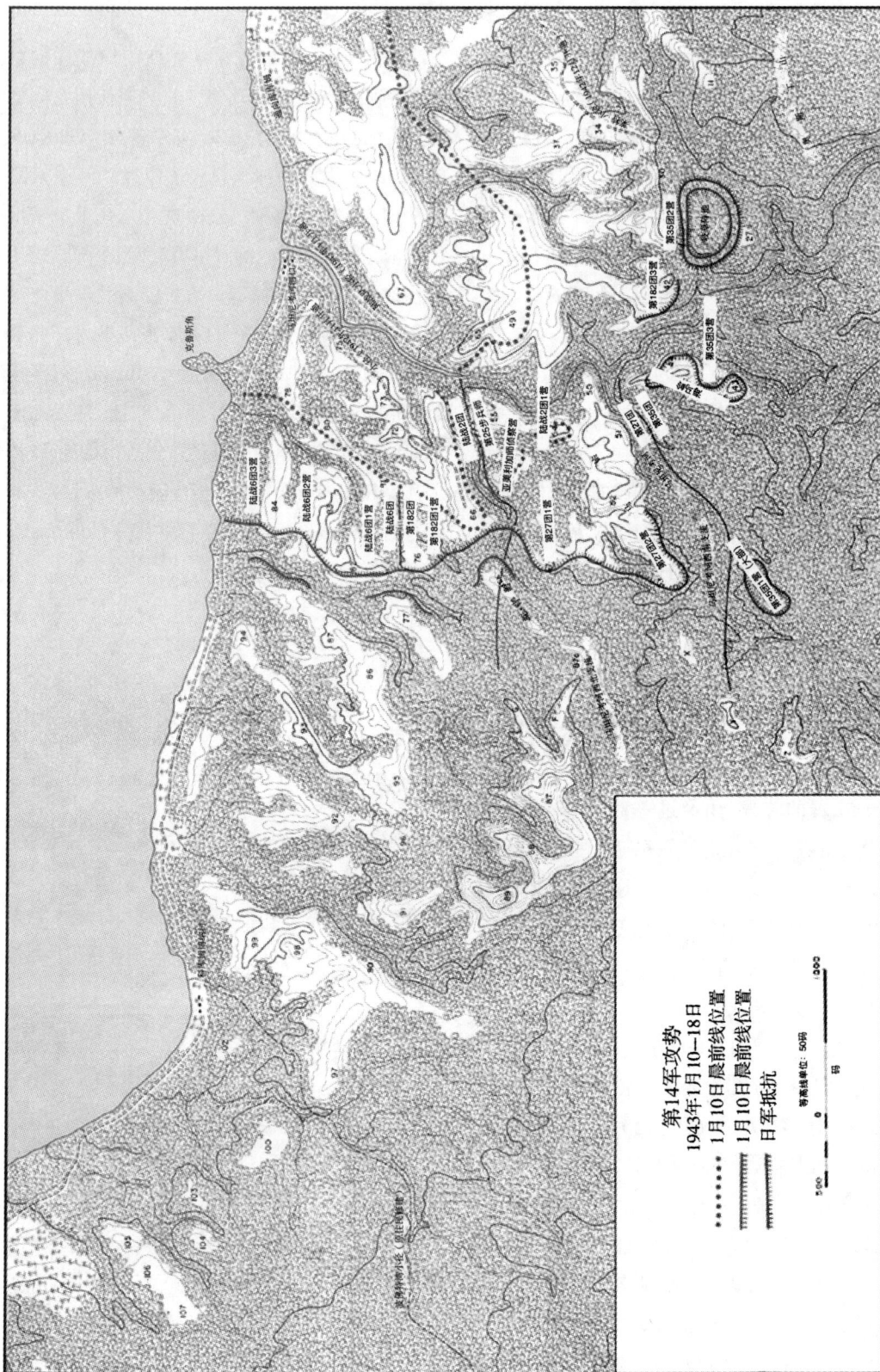

第14军于1月21日到23日的攻势，注意陆军第27团的迅猛迂回。

同时为了掩护撤退行动,日本海军第11航空舰队获得了"瑞鹤"号航母64架舰载机和陆军第6飞行师团的增援,所罗门区域日军航空兵总实力在1月28日增至436架。但是同时盟军也在南太平洋集结了539架飞机,陆航更新成立了第13航空队专职负责所罗门方向。日军决定发动三波大规模空袭来重创仙人掌航空队。

1月25日,日军以54架零战护航18架一式陆攻发动了1942年11月以来的首次大规模空袭,结果遭到8架F4F和6架新抵达瓜岛的陆航P-38拦截,最后日军损失4架零战、1架一式陆攻,美军无损失。1月27日,日本陆航第6飞行师团的74架一式"隼"战斗机护航9架九九轻爆前来攻击,与美军12架F4F、6架P-38和10架P-40展开空战,美军损失7架飞机,日军损失6架一式战。

最终第三波空袭被取消,日军前两波空袭也明显未能达成目标。

1月29日夜间,双方在海上进行了一场规模很小但是十分有趣的战斗。新西兰海军扫雷舰"恐鸟"(HMNZS Moa)、"几维鸟"(HMNZS Kiwi)于21:05首先用深水炸弹迫使向瓜岛运送补给的日军"伊-1"号潜艇上浮。这时只有923吨排水量的"几维鸟"号一边以102mm主炮和20mm防空炮开火,一边撞向了2,135吨排水量的"伊-1"号潜艇。日军航海长一度拔出了军刀准备白刃战,但是经过"几维鸟"号连续三次撞击和"恐鸟"号的炮击,"伊-1"号潜艇最终沉没。尽管参与规模不大,新西兰等同盟国的军人同样在瓜岛战役中作出了贡献。

1943年2月亨德森机场上的F4F战斗机,此时的仙人掌航空队已经兵强马壮。

"克"号行动：日军大逃亡

就在美军沿着海岸发动最后攻势的同时，日军终于开始组织撤退。为了掩护撤退的大部队，矢野桂二少佐奉命从第38师团230联队的补充兵员中组织750人的矢野大队和一个100人、3门41式山炮的山炮中队于1月14日登岛执行断后任务。1月22日晚，位于内陆的第38师团首先按照计划撤退，次日第2师团更是提前被美军打退。不过从这里向西是连续不断的南北向山岭，矢野大队充分利用地形在反斜面设防，从1月26日开始层层阻击美军以掩护第2师团残部撤退。同时，由于情报误判帕奇少将不敢贸然发动迂回，还始终将一个师的兵力保持在机场防御圈内无所事事。

1月29日，矢野大队撤过伯尼基河（Bonegi River）并且在河口处设防。次日10:00，美军第147团先遣连成功渡河，却被日军猛烈的火力击退。1月31日第147团企图从南边渡河包抄日军，却也被击退。最终，"威尔逊"号驱逐舰（USS Wilson）于2月1日抵近射击伯尼基河河口，第147团这才成功渡河。矢野大队以不小的伤亡换取了三天宝贵的时间，第2师团趁机逃出生天。

至此，日军主力已经成功逃到了瓜岛西部的埃斯佩兰斯海角，只待海军军舰到来。不过哈尔西判断日本海军即将有"大动作"，于是在1月29日派出5支特混舰队扫荡瓜岛各个方向的水域，其中一支是6艘巡洋舰、2艘护航航母、8艘驱逐舰组成的第18特混舰队，不过2艘护航航母和2艘驱逐舰因为航速问题提前脱离编队。19:19，日军第705航空队的16架一式陆攻突然对美军舰队展开了夜间鱼雷进攻，没能取得命中。然而，美军并未采取反制措施，而是保持航向和速度。结果第701航空队的15架九六路攻在19:38成功以2枚鱼雷击伤"芝加哥"号重巡洋舰，摧毁其动力系统。次日16:06，"芝加哥"号再遭751航空队的一式陆攻空袭，最终被4枚鱼雷击沉。在这场被称为伦内尔岛海战的

矢野大队坚守了三天的伯尼基河河口。

1月末支援第14军追击日军的美国驱逐舰。

1月30日被击沉之前的"芝加哥"号重巡洋舰。

战斗中，美军仅"芝加哥"号被击沉、1艘驱逐
舰被击伤，损失不算太大，还击落了12架日军
陆攻。但是被打怕了的美国海军选择撤出瓜岛
海域，给日本海军的撤离行动打开了通道。

2月1日，"克"号行动正式开始：日军在
肖特兰基地（Shortland）集结了21艘驱逐舰准
备在桥本信太郎少将的指挥下驶向瓜岛撤兵，
航空兵更是拼尽全力保护舰队，仅当天早晨就
击落了3架来袭的B-17轰炸机。下午，负责将第
132团2营送到瓜岛西部在日军背后登陆的美军
小舰队遭到13架九九舰爆和40架零战攻击，结
果"德黑文"号驱逐舰（USS DeHaven）被击
沉、3架护航的F4F被击落，日军则损失了5架
九九舰爆和3架零战。仙人掌航空队下午先后派
出的92架飞机仅仅击伤了"卷波"号驱逐舰，

自身损失4架飞机。"文月"号奉命将"卷波"
号拖回肖特兰基地，剩下的19艘驱逐舰则继续
向瓜岛进发。从22:45开始，负责警戒任务的驱
逐舰和水上飞机与美军鱼雷艇展开了长达3个
小时的战斗，日军"卷云"号驱逐舰在躲避鱼
雷时触雷沉没，美军也有3艘鱼雷艇被击沉。然
而，运输队的驱逐舰成功靠岸，接走了第38师
团的绝大部分生还者。次日早晨，日军舰队再
次击退了仙人掌航空队的空袭后成功将4,935名
士兵撤回肖特兰基地。第一次撤退行动大获成
功。

2月2日至4日，美军第147、161团对日军
展开了缓慢的追击。至3日早晨，日军的后卫
部队只剩下矢野大队的350人、第124联队的
60名生还者和一木支队的幸存者。尽管瓜岛附

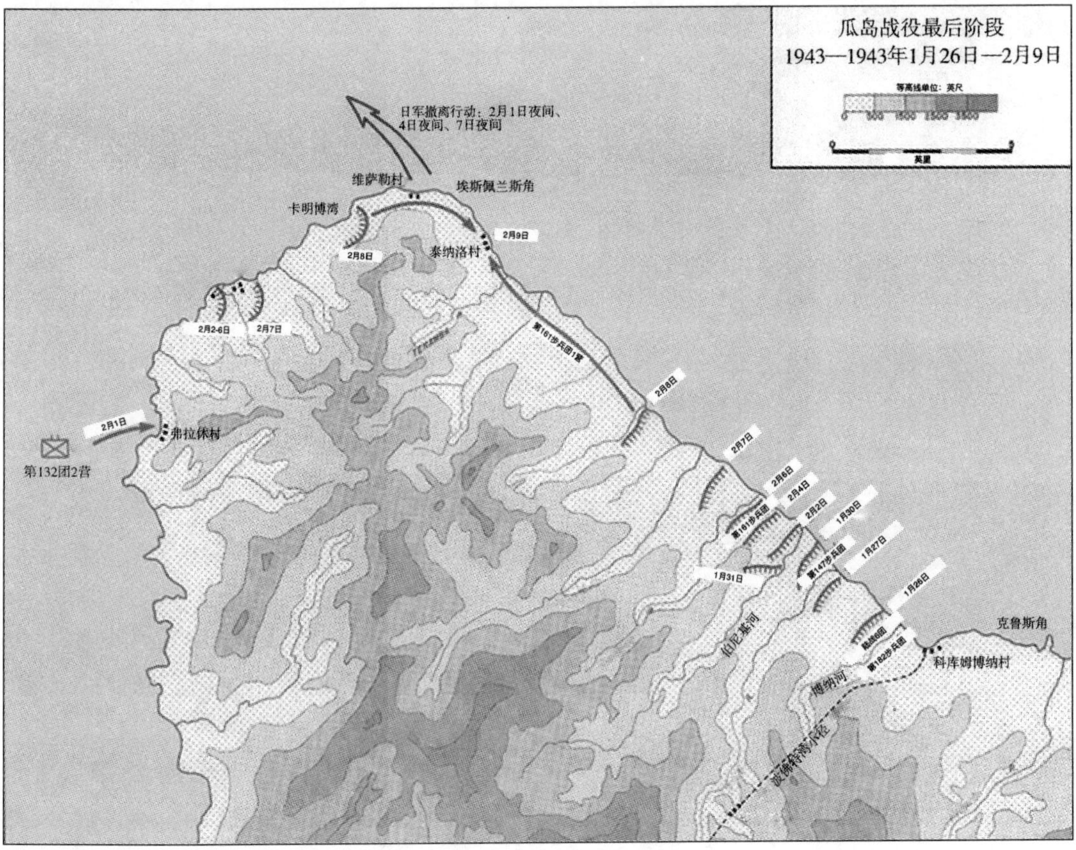

瓜岛战役最后阶段的日军撤退与美军追击形势图。

近的美国海军实力逐渐增强，桥本信太郎还是在山本五十六的命令下于2月4日集结了20艘驱逐舰执行第二波撤退行动。这次仙人掌航空队74架飞机的空袭遭到了日军强大战斗机护航队的截击，后者以1架零战为代价击落了11架美国飞机，驱逐舰队仅有"舞风"号遭到重创，被"长月"号拖回肖特兰。当晚美军鱼雷艇没有出击，因此在短短两个小时内包括本间雅晴中将本人在内的第17军司令部和第2师团残部共3,921人成功登船，顺利于2月5日中午12:50撤回肖特兰。

此时留在瓜岛的日军有组织部队只剩下大约2,000人，全部归第28联队联队长松田教宽大佐指挥。此时的松田教宽极度悲观，他尤其担心登陆在他后方的美军第132团2营，而且他也不相信海军会派出更多宝贵的驱逐舰再次撤兵。不可思议的是，美军在2月5日还是没有发动大规模进攻，桥本信太郎却在2月7日率领着18艘驱逐舰毅然前往瓜岛。发动空袭的仙人掌航空队36架飞机击伤了"矶风"号，"江风"号将其拖回肖特兰，双方各损失一架飞机。松田教宽的士兵们幸运地找到了26艘小艇，然后用小艇将余下的1,972人全部送上驱逐舰安全返航。

"克"号行动成功将10,652名日军撤离瓜岛，日本海军付出的代价仅是1艘驱逐舰沉没、3艘重创，远好于预期。然而，成功的撤退行动并不能掩盖日军惨败的事实：日军撤退部队丢在身后的是无数的武器装备和被命令自

杀的伤员，就连乘着驱逐舰撤离的士兵们大都身负伤病，消化系统因为饥饿几乎失去功能。

随着姗姗来迟的美军部队于2月9日抵达瓜岛最西端，这场进行了长达六个月的陆海空拉锯战终于以美国人的决定性胜利告终。帕奇将军激动地宣布："东京特快失去了瓜岛这个终点站。"

在这场伟大的拉锯战中，盟军共损失29艘军舰、615架飞机，7,100人阵亡（其中1,769人死于陆战、4,911人死于海战、420人死于空战）；日军共损失38艘军舰、683架飞机，30,343人死亡（其中25,600死于瓜岛陆战和饥饿

日军丢在瓜岛上的小艇。

日军丢下的92式步兵炮。

疾病、3,543人死于海战、1,200人死于空战），1,000余人被俘。然而，美国补充损失的能力远优于日军，最说明问题的对比是仅瓜岛战役期间美国海军就列装了62艘驱逐舰，日本海军仅仅列装7艘。日本人却永久丧失了大量不可替代的精锐机组、水兵、官兵和物资装备，其中日本海军航空兵的损失尤其严重：日本海军航空兵在战争开始时共有3,500名训练精良的机组成员，在瓜岛战役中一下损失了超过三分之一。日本陆军在战役中仅死亡的步兵联队长就多达5人，另有1名少将阵亡，第28联队、第35旅团和第2师团遭受了毁灭性打击，第38师团也遭到重创。不过，瓜岛战役更重要的意义在于美军成功拿下了第一场反攻的决定性胜利，迫使日军在整个太平洋上转入守势。因此，瓜岛战役是绝对的太平洋战争战略转折点。

后记：地狱中的转折点

游历奥斯丁山战场的我经过五个小时的跋涉终于走出河谷，回到起点。这段艰难的旅行让我也亲身体验了老兵们在回忆录中描述的感受。比如缺水让明明十分饥饿的我对干燥的能量饼干毫无食欲；再比如太阳下汗透衣衫，可是进入密林之中衣服就紧贴皮肤，让人十分难受。无论如何，我的体验跟当年在这里作战的士兵相比都不值一提。毕竟，我们只看到了哑弹，不必在日军炮击时躲在散兵坑里暗自祈祷。我们仅仅经历了几个小时的口干舌燥，士兵则忍受了长达数日的断水断粮。我们背着沉重的相机和背包，士兵却背着沉重数倍的步枪、子弹、给养、工兵铲、刺刀等各种装备，还头顶着沉重的钢盔。

这一切让我再一次反思"转折点"这三个字是多么的昂贵、艰苦、血腥。在长达六个月的战斗中，美国海军陆战队、陆军、海军和航空兵生生地拼出来了一个转折点，将精锐的日本部队打得七零八落，从此一蹶不振。

第十一章 迷雾中的战争——阿留申群岛突袭与封锁

美日双方在中途岛、瓜岛决死较量的同时，一场不为人知的较量正同时在天寒地冻的阿留申群岛默默进行。不同于阳光明媚的大部分太平洋岛屿，阿留申群岛每年都有小半年完全笼罩在迷雾中，对于交战双方来讲，恶劣的天气始终都是最大的敌人。看似是战略捷径的阿留申群岛也实实在在地变成了迷雾中的陷阱。战时的新闻封锁和同期其他重要战场的重大进展更是让阿留申群岛之战彻底笼罩在了历史的迷雾中。

虚幻的战略捷径：阿留申群岛

阿留申群岛位于阿拉斯加（Alaska）西南方向，形成一个指向日本北部、1,600公里长的弧线。因此，从地图上看阿留申群岛对于双方来讲似乎都是一条战略捷径：美军可以通过阿留申群岛进攻千岛群岛，继而进攻北海道；日军则可以通过阿留申群岛威胁阿拉斯加，甚至美国和加拿大的西海岸。同时，阿留申群岛对于苏联的态度异常重要，东边的阿留申群岛、西边的千岛群岛和北边苏联的堪察加半岛（Kamchatka Peninsula）形成了一个三角形，从阿拉斯加通过白令海峡到西伯利亚更是向苏联运送"租借法案"物资最重要的途径。

但是，在地图上看不到的是常年笼罩阿留申群岛的大雨、大雪、大风和迷雾。阿留申群岛的天气极度恶劣，以至于这些岛屿每年在一半的时间里都是无法从飞机上看到的。即便如此，双方都无法忽视对方沿着阿留申群岛发动战略攻势的可能，因此都向这个自然环境最为恶劣的战场投入了不少资源。

太平洋战争开始前，美国陆军成立了下属于西部防卫指挥部的阿拉斯加防卫指挥部，由西蒙·玻利瓦尔·巴克纳（Simon Bolivar Buckner）少将指挥。等到1942年6月，美国陆军已将阿拉斯加的部队人数从21,500人增强到了45,000人，其中驻阿留申群岛的包括乌姆纳克岛（Umnak Island）4,000人、荷兰港6,000人、冷湾（Cold Bay）2,500人。不过，这12,500人的绝大部分是建筑部队和陆航地勤人员，真正的战斗兵员只有2,300人。

比起陆战部队，海空军实力对于防卫阿留申群岛更为重要。负责阿拉斯加战区的是威廉·巴特勒（William Butler）少将麾下的陆航第11航空队，拥有10架B-17、B-24重型轰炸机、34架B-18、B-26中型轰炸机以及95架P-40、P-39战斗机。海军方面，尼米兹派出罗伯特·西奥博尔德（Robert Theobald）少将负责北太平洋部队（North Pacific Force），他麾下的第8特遣舰队包括5艘巡洋舰、13艘驱逐舰、3艘油轮和6艘潜艇，另外还有8架装备雷达的PBY"卡特琳娜"飞艇。尽管美军的实力并不算弱，但是西奥博尔德和巴克纳关系极为恶劣，严重影响了美军的行动。

风暴来袭：AL作战

在战争最初6个月，北太平洋可谓风平浪静。但是在1942年6月，暴风终于刮向了阿留申群岛。就在南云忠一的第一机动部队杀向中途岛的同时，细萱戊子郎中将麾下的北方面舰队也驶向了阿留申群岛。按照代号为"AL"的作战计划，角田觉治指挥的"隼鹰"、"龙骧"2艘轻型航母将在3艘重巡洋舰、3艘轻巡洋舰、11艘驱逐舰的支援下于6月3日①攻击美军位于荷兰港的基地。这一计划一方面是为了策应同时的中途岛之战、分散美军兵力，另一方面是为了占据几个前哨阵地，防止美军再次发动"杜立特空袭"式的空袭。为此，由惠积松年少佐指挥、第7师团26联队的1,150人为主的"北海支队"负责占领阿图岛，向井一二三海军少佐1,250人的"舞鹤"第3海军特别陆战队负责占领基斯卡岛。

不过颇具讽刺意义的是，美军在阿留申群岛的基地——乌姆纳克岛、荷兰港和冷湾均位于群岛的东端，美军在阿图岛和基斯卡岛上并无基地。日军对此一无所知，还做好了在岛上作战的准备，却对美军位于乌姆纳克的机场一无所知。反而美军情报部门已经掌握了关于AL作战的大致信息，因此各基地的部队早已进入高度戒备状态。

就这样，美军水上飞机母舰"吉利斯"号（USS Gillis）在6月3日早上5:40率先以雷达侦测到了来袭的日军机群。4分钟内，乌姆纳克机场上严阵以待的P-40战斗机就完全升空，但是短短1分钟过后，日军17架九七舰攻就飞抵了荷兰

1942 年 6 月 1 日在乌姆纳克机场上戒备的美军 P-39 战斗机。

美军位于荷兰港的高射机枪。

① 阿留申群岛正好位于国际日期变更线上，因此双方记录的时间经常正好相差24小时。本书将全部使用东侧美方日期。

6月3日空袭后躲在防空壕中的美军士兵，背后是中弹燃烧的营房。

港基地上空。美军的高射炮火十分猛烈，迫使日军轰炸机在高空投弹。结果，日机炸死了52名美军人员并且摧毁了几座建筑，但是未能对重要设施造成破坏。1架日军零战在荷兰港上空被击落，另有2架水上侦察机被美军P-40击落。值得一提的是，日军派出的半数飞机压根没有找到荷兰港，足见在阿留申群岛飞行的困难。

遭到了空袭的美军立即派出飞机搜寻日军航母寻求反击。其中，航程远又装备了雷达的海军PBY终于在6月4日早晨9:00发现

著名的"古贺零战"，这架飞机被美军修好测试，提供了至关重要的信息。

了日军舰队，但是付出了损失3架的代价。随后前去轰炸日军舰队的美军PBY、B-26、B-17机群像中途岛的同行们一样未能取得任何命中，同时损失数架飞机。15:00，角田觉治终于决定不等天气放晴，就放飞15架零战、11架九九舰爆和6架九七舰攻再次攻击荷兰港。这次，九九舰爆准确地命中了"西北"号仓库船（USS Northwestern）、包括医院在内的数座建筑和4座油库，烧掉了750,000加仑的燃油，还炸死了18名美军。不过，返航的4架零战和4架九九舰爆恰巧飞到了美军乌姆纳克机场的上方，结果被美军P-40逮个正着，当场各被击落两架，美军也损失两架。美机能够伏击日机得益于日军拙劣的情报工作，日军竟然对于这座机场一无所知。然而，遭到伏击的日本战斗机还能击落两架P-40也说明此时零式战斗机巨大的战场优势。

但是，荷兰港之战的一次偶然事件将从根本上改变零战这样巨大的空战优势：古贺忠一的零战被美军击中后迫降在了阿库坦岛（Akutan Island），飞行员当场毙命，但是飞机几乎完整。这架"古贺机"或许是"二战"中最重要的一架被敌军缴获的飞机。美军迅速修好了这架零战，随后按照这架飞机的试飞数据制定了有针对性的战术和新型战机的设计，最后彻底终结了"零战神话"。甚至有很多历史学家认为整个阿留申群岛战役的战略意义都抵不过这一架飞机。

阿留申群岛的第一场战争"风暴"注定不能持久，就在角田觉治放飞攻击波的同时，在中途岛遭遇惨败的山本五十六命令角田觉治立即放弃AL作战，向

中途岛靠拢。于是，在日军损失10架飞机、美军损失14架飞机（包括6架PBY）和78人阵亡之后，这场阿留申群岛的战争风暴迅速平静了下来。这场初战本身的战果对双方来讲都极为轻微，但是间接战略影响不小。在笔者看来，倘若日军没有分兵阿留申，那么至少这两艘航母上的战斗机可以为中途岛战役中的四艘主力航母提供保护，很可能避免最终的惨败。总之，同时发动MI（中途岛）和AL作战是山本五十六的一步臭棋。

僵局：海空反击开始

尽管山本五十六一度想要彻底放弃AL计划，他最终还是允许日军陆战部队按照预定方案在6月6日占领了无人防御的阿图岛和基斯卡岛。驻守基斯卡岛气象站的10名美国海军人员竭力躲藏，但是最后2人阵亡、8人被俘。由于厚厚的云层笼罩着两座岛，美军到了6月10日才终于发现日军已经占据了这两座岛屿。

尽管这两座岛屿的战略意义相当有限，而且位于远离美军基地的阿留申群岛西端，但是日军占据位于"北美"的美国领土的心理效果

"舞鹤"第3特别陆战队于6月6日登陆基斯卡岛。

是巨大的。于是，美国陆海空三军都分别主张由自己主导收复这两座岛屿。陆航主张对这两座岛屿进行持续的轰炸和空中封锁，海军主张从海上围困这两座岛，陆军则主张直接登陆收复这两座岛屿。尽管包括国会和总统在内的军政高层都要求迅速夺回阿图和基斯卡，客观事实却是美军并没有足够资源来实现这一目的。

于是，美国陆海军的航空兵首先扛起了反攻大旗。6月10—13日，美国航空兵首先对基斯卡岛发动了第一波空袭，摧毁了3架日军九七式飞艇。然而，担任领机的B-24被日军的88式75mm防空炮直接命中爆炸，被强行用作轰炸机的美军PBY飞艇更是遭到了毁灭性打击：在短短72小时内，"吉利斯"号水上飞机母舰携带的20架PBY竟然被击落了一半！

在之后的日子里，半数美军陆航轰炸机压根无法在恶劣的天气中找到基斯卡岛，还付出了惨重的代价，从日军占领开始到10月31日，第11航空队共损失72架飞机，但是其中只有9架是战斗损失，其余均为事故损失。8月28日是第11航空队黑暗的一天，不仅突然压上来的大雾

美国航空攻势的核心人物——第11航空队司令巴特勒少将（左）和轰炸机部队指挥官厄尔克森上校。

空袭基斯卡岛时被击中后迫降成功的一架美军B-24轰炸机。这架飞机已经相当幸运，更多机组直接在阿留申的大雾中彻底不见了踪影。

迫使美军放弃了出击，还有多达5架飞机在短短两小时内因为天气原因坠毁。

但是美军的空袭并非一无所获。由于基斯卡岛和阿图岛上都没有机场，日军只能依赖于97式飞艇和二式水上战斗机提供空中支援。结果，7月20日前去空袭吉利斯号水上飞机母舰的6架九七飞艇中2架被美军P-38击落，部署到基斯卡的18架二式水战也在6—8月初的战斗中6架被击落、2架于水上被炸毁、8架因事故损毁。

美军高强度的轰炸能够维持下来很大程度上要归功于第11航空队的轰炸机部队指挥官威廉·厄尔克森（William Eareckson）上校。这位上校经验丰富、意志顽强，更是经常身先士卒，深受机组成员们尊敬。之前提到的击落日军九七飞艇的战斗就是由厄尔克森指挥的，他颇具创意地派出5架装备雷达的B-17轰炸机为P-38战斗机导航，引导后者执行这次难度相当大的伏击。损失巨大的PBY也在8月7日于港内击沉了"鹿野丸"号运输船，多少算是点安慰。

同时，美国海军也没闲着。美军的舰队在6月30日、7月、8月7日分别前去炮击基斯卡岛，但是战果寥寥，其中在8月7日的炮击中仅仅炸死两名日军，7月的炮击任务更是因为未能找到基斯卡岛而干脆取消。反倒是潜艇部队率先取得了战果。7月4日，"鲈鱼"号潜艇（USS Growler）神不知鬼不觉地潜入基斯卡港，对港内的三艘日本驱逐舰发射了6发鱼雷，当场击沉了"霰号"，击伤"霞"号、"不知火"号，毙伤日军42人。为此，艇长霍华德·吉尔摩（Howard Gilmore）少校晋升为中校、荣获海军十字勋章。同日，"特里同"号潜艇（USS Triton）也在阿图岛以南击沉了日军"子日"号驱逐舰，造成188名日军阵亡。随后，"银汉鱼"号潜艇（USS Grunion）又在7月14日击沉了日军SC-25和SC-27两艘猎潜艇。然而，水下的战斗是异常残酷的，"银汉鱼"号潜艇在7月30日失踪，艇员无一生还；吉尔摩中校后来将因为情况紧急在明知自己无法返回艇内的情况下命令紧急下潜，被追授荣誉勋章；最终，功勋的"鲈鱼"号在1944年全员阵亡。

阿留申前线的功勋艇——"鲈鱼"号潜艇。

尽管美国海空军进行了相当大的努力，日军仍在7月初将1,200名士兵送上基斯卡岛，美国海空军也未能对两岛实现封锁。随着瓜岛战役在8月7日开打，兵力捉襟见肘的美国海军更是调走了更多战斗资源，只给西奥博尔德留下了2艘轻型巡洋舰和4艘老旧驱逐舰。很显然，依靠着这点海军实力和遥远的乌姆纳克机场是无法对阿图岛和基斯卡岛的日军实现有效压制的。

前进：从阿达克岛到安奇卡岛

美军的当务之急是在距离目标更近的地方建立前进基地。经过了深思熟虑后，美军指挥官们决定占据阿达克岛，将其修建为重要的前进基地。于是，美军经过8月28日的侦察后于30日将独立第4步兵团的4,500人送上了阿达克岛，并且迅速修建了机场。有趣的是，日军的吕-61号潜艇恰好在美军登陆时被堵在了阿达克的海湾中，结果经过了短暂的困兽之斗，以1枚鱼雷击伤美军"卡斯科"号驱逐舰（USS Casco）后被美军击沉。

夺取阿达克机场的意义巨大。此前，乌姆纳克岛距离基斯卡岛950公里，现在阿达克岛距离基斯卡岛只有400公里，美军航空兵的战斗效率瞬间获得了质的提升。9月14日，大胆的厄尔克森上校以12架重型轰炸机和28架战斗机组织了太平洋战争中的第一次"零高度空袭"，取得了巨大成功。毫无防备的日军根本未能组织起有效还击，美军当场击毁了5架二式水战、击沉2艘船只、击伤3艘、摧毁3艘微型潜艇，还炸毁了6门高射炮和不少建筑设施，毙伤200多

这些B-24被部署到了刚刚完工的阿达克机场，即将成为攻击基斯卡岛的主力。

名日军，而美军的全部损失来自2架P-38空中相撞。这次攻击的战果超过了之前全部空袭的总和。

此后，美国航空兵的反舰攻击效率也大幅上升：9月14日击沉运兵船野岛丸、10月4日击沉运输船婆罗洲丸、10月16日击沉"胧"号驱逐舰、11月3日击沉"吕-65"号潜艇、1943年1月5日击沉蒙特利尔丸。等到1943年3月，美军第11航空队已经击沉击伤40多艘日本船只，造成日本海军3,477人伤亡。正如同期的南太平洋战场，美国陆航的B-25成了反舰攻击的主力。

恼羞成怒的日本人在1942年9月30日对阿达克岛基地发动了持续5天的反击，但是每次只能派出1~3架水上飞机，实在如同隔靴搔痒。日军指挥官判定基斯卡岛的情况危急，于是在9月16日将阿图岛上的全部部队派往基斯卡岛，将其变成了一座总兵力高达8,000人的堡垒。颇具讽刺意义的是，美军丝毫没有察觉日军动向，更

没有趁机占领半年之后付出巨大代价才拿下的阿图岛。结果，日军渡边十九二少佐指挥的第303独立步兵大队1,100人重新在10月29日占领了阿图岛。

就在美军即将发动更猛烈的空袭时，34年来最严酷的冬天席卷了阿留申群岛。美军的飞机被完全冻住，根本无法起飞。整个11月间美军只发动了一次大规模空袭，随后就因为恶劣的天气一直拖延到了12月30日才再次发动空袭。在1942年中，美军第11航空队报告在战斗中击毁50架飞机，自身损失12架，但是另外80架因为事故损毁。这样的损失并没有随着新年到来而减轻。在1月18日噩梦般的出击中，18架美国飞机刚刚起飞不久大雾就突然降临笼罩了美军机场，结果4架B-24没有来得及降落，被困在了空中。这4架飞机中2架彻底失踪，1架迫降损毁，最后一架在乌姆纳克机场强行降落时直接撞上了2架P-38，6架飞机全部损毁。不久

基斯卡港中被美国飞机炸中燃烧的日本舰船。

1942 年冬天恶劣天气的真实写照。上图中的这架 PBY 在这张照片拍摄之后几秒钟内被狂风掀翻在地；下图的 PBY 被完全冻在了冰水中。

后，2架B-17在1月21日的浓雾中相撞坠毁，1架
P-40和2架B-25又在1月23日因为事故坠毁。

然而，在这种极端恶劣天气下坚持出击
的陆航没有白白牺牲。此时双方都将目光投
向了距离基斯卡岛只有100公里远的安奇卡岛
（Amchitka Island），但是美军连续的空袭彻底
压制了基斯卡岛的日军，使得美军从容地抢在
日军前面于1月12日占领了安奇卡岛。

无奈的日本人只好再次派出二式水战进行
骚扰性空袭，结果只炸死了两名美国工程兵，
自身却在1月29日遭到美国战斗机伏击，被击
落两架。值得一提的是，指挥这次伏击的是约
翰·陈纳德（John Chennault）少校，正是大名鼎
鼎的"飞虎队"队长克莱尔·李·陈纳德（Claire
Lee Chennault）的儿子。为了向老爸的飞虎队
致敬，小陈纳德麾下第11中队的P-40战斗机上
也画上了标志性的鲨鱼嘴。随着机场在2月16日
完工，美国飞机开始几乎不间断地炸射基斯卡
岛，日军也在2月18日彻底放弃了骚扰安奇卡岛
的企图。

封锁：科曼多尔群岛海战

1943年1月4日，托马斯·金凯德海军少将接
替了与巴克纳关系形同水火的西奥博尔德。不
同于聪明但是悲观、刻薄的西奥博尔德，当年
在安纳波利斯海军学院排名倒数第一的金凯德
乐观、豪爽而且干劲十足，是美国海军的一员
猛将。此前巴克纳对美国海军避战不出十分不
满，现在金凯德立即将手中仅有的2艘巡洋舰和
4艘驱逐舰统统派上了前线，而且将舰队指挥官
换成了同样果敢的查尔斯·霍雷肖·麦克莫里斯
（Charles Horatio McMorris）少将。

2月18日，不同于之前不疼不痒的远程炮
击，麦克莫里斯将舰队驶近阿图岛，以炮轰击
毙日军23人，还在之后以舰炮击沉"赤金丸"
号运输船，迫使其余日本运输船四散逃窜。这
样一来，美国海军终于做到了之前西奥博尔德
认为凭借现有实力不可能的事情——封锁阿图
岛和基斯卡岛。

这些画着鲨鱼嘴的 P-40 战斗机属于小陈纳德的第 11 中队。

走马上任北太平洋舰队指挥官的猛将金凯德。

因此，在大半年的胶着后，战略态势发生了天翻地覆的变化。原本占得先机、夺取前沿基地的日军现在成了送入虎口的猎物，更是因为没有机场遭到美国航空兵全面压制。美国陆航以每天六七次的频率从近在咫尺的安奇卡岛空袭基斯卡岛，日军的运输船队更是在1943年3月9日才首次在1942年12月之后突破封锁线，送来补给和增援。但是这支运输船队竟然成了最后一支突破封锁的运输船队。此后，阿图岛上1,000人和基斯卡岛上8,000人的部队只能依靠潜艇补给。

认清了形势的日本陆军北部军司令樋口季一郎中将向大本营报告：在现有情况下，要么海军立即支援基斯卡和阿图岛守军，并且采取反攻切断美军的补给线，要么他就必须将部队撤出阿留申群岛。但是同样对于政治影响和面子十分敏感的大本营拒绝了撤退的请求，反而决定以海军掩护运输船强行突破封锁线。为了实现这一目的，细萱戊子郎亲率以"那智"号为旗舰的2艘重型巡洋舰、2艘轻型巡洋舰和4艘驱逐舰前往阿留申群岛。日军这样的实力远胜只有"盐湖城"号重型巡洋舰、"里士满"号轻型巡洋舰和4艘驱逐舰的美军，似乎胜券在握。

1943年3月26日，双方在难得晴朗的天气中遭遇，互相在射程外就发现了对方。尽管实力不占优，麦克莫里斯毅然决定投入战斗来维持至关重要的封锁。8:38，日军巡洋舰首先在19公里的距离上开火，三分钟后两艘美军巡洋舰也开始还击。"盐湖城"号精妙的炮术准确地数次命中"那智"号，后者的全部8发鱼雷却全部打偏。然而，从9:10开始，"摩耶"号巡洋舰开始命中"盐湖城"号，严重破坏了后者的动力系统，将其打瘫在水中。为了掩护失去了动力的"盐湖城"号，3艘美军驱逐舰毅然发动了冲锋，结果其中两艘被命中，其中"贝利"号驱逐舰（USS Bailey）也失去了动力停在水中。此时，如果日军坚决进攻至少可以轻易击沉"盐湖城"号和"贝利"号，打破美军的封锁。但是出于油料短缺和对美军空袭的恐惧，更是出于对美国海军顽强抵抗的震惊，细萱戊子郎竟然下令撤退，丢掉了唾手可得的胜利。

这样一来，在这场三个半小时的战斗中，美军3艘军舰遭到了重创，水兵7死20伤，日军的"那智"号遭到重创、"摩耶"轻创，水兵14死26伤。在战略上美军获得了一场惊险的胜利，挫败了日军打破封锁的企图。战斗结束后，愤怒的日本海军高层立即将细萱戊子郎革职，以河濑四郎少将取而代之。美军方面，第11航空队也因为未能及时起飞助战受到了严重批判。无论如何，这场科曼多尔群岛海战完全符合美国海军在战前对于未来海战的主流预期和训练——远距离昼间舰炮对决。事实证明，美国海军在这样的对战中表现相当不错。只可惜，这将是太平洋战争中唯一一次远距离昼间舰炮对决。太平洋的海战终究属于海军航空兵、潜艇和狭小海域内水面舰艇的近身夜战。

随着美军顺利夺取前进基地、形成绝对空中优势，并且在科曼多尔群岛海战中取胜，阿留申群岛之战的最终结局已经注定。在这大半年的战斗中，双方鲜有吸引眼球的大战，也都在与天气的战斗中损失惨重。但是战争的胜利往往就是在这些零零碎碎的拉锯中赢得的。正是厄尔克森、小陈纳德麾下的飞行员们、损失巨大的PBY机组成员们、果敢突袭的潜艇兵和以弱敌强的北太平洋舰队以鲜血扭转了不起眼的阿留申群岛战局。

不过，死守阿图岛和基斯卡岛的日军却不会随着战略态势的改变而自动消失。很快，阿留申群岛战役就将在阿图岛的冰天雪地中走向一个血腥的高潮。

科曼多尔群岛海战中的"盐湖城"号重型巡洋舰，注意落在舰尾处的日军炮弹引起的波澜。"盐湖城"号在战斗中遭受重创，但是凭借着硕强的作战意志吓退了日军。

日军镜头下美军战斗机于1943年春对基斯卡岛进行"零高度攻击"。

第十二章　血染冰雪山谷——阿图岛战役与基斯卡岛大撤退

"陆地蟹"：阿图岛作战计划

随着美军海空封锁的形成，发动两栖登陆夺回阿图岛和基斯卡岛的时机已经成熟，之后的行动规模将远超此前的"小打小闹"。因此，阿留申群岛的美军陆海空指挥官纷纷官升一级，北太平洋舰队司令金凯德、阿拉斯加防卫指挥官巴克纳升至中将，第11航空队司令巴特勒升至少将。

考虑到日军在阿图岛和基斯卡岛实力强大，美军指挥官们一致认为需要超过一个步兵师的兵力，但是此时在阿拉斯加的只有独立第4步兵团。因此，阿留申群岛迎来了迄今为止规模最大的援兵——第7步兵师，日后太平洋战场的一支劲旅。颇为讽刺的是，这个机械化步兵师此前一直在加州炎热的沙漠里训练装甲战术，准备被用于北非战场。但是随着北非战事的结束，兵力并不宽裕的美国无法浪费一兵一卒，所以不顾第7师和阿拉斯加方面的抗议将完全没有寒带地区经验和两栖登陆训练的第7师从加州温暖的阳光下送到了天寒地冻的阿留申群岛。

部队的问题解决了，但是登陆作战的另一关键船只问题却没有解决。阿留申群岛攻势预计发动的时间刚好与所罗门群岛、新几内亚、西西里岛的数场登陆作战相隔不远，根本没有多余的运力送到阿留申前线。这样的窘境反而逼迫美军的参谋人员们进行了一次重要的战术尝试：绕过日军重兵把守的基斯卡岛，直取后方防御相对空虚的阿图岛。后来，这样避实击虚进行蛙跳的战术将在麦克阿瑟和尼米兹手中发扬光大。

阿图岛登陆作战的具体计划由第7师师长阿尔伯特·布朗少将（Albert Brown）制订，行动代号"陆地蟹"（Operation Landcrab），登陆日期设定为1943年5月7日。依照阿图岛的地形，布朗计划在日军驻守区域的南北两侧分别登陆，由第17团1营、32团3营自北边的霍尔茨湾（Holtz Bay）登陆，滩头代号"红滩"；由第17团2、3营自南侧的屠杀湾（Massacre Bay，命名自18世纪晚期沙俄对阿留申岛民的屠杀）登陆，滩头代号"黄滩"和"蓝滩"。最后，布朗还别出心裁地以第7师侦察连为核心组建了精锐的特编营（Provisional Battalion），准备从潜艇出其不意地在西北侧的"绯红滩"登陆，争取绕到日军主力背后发动突袭。这个营的营长是威廉·威洛比（William Willoughby）上尉，营里的每个士兵都是他亲自从全师中挑选的，全营在单兵火力方面也得到了极大加强。除此之外，第32团余部和约翰·奥莱利（John O'Reilly）少校担任营长的独立第4步兵团1营将作为预备队待命。

这个计划在战术层面堪称精妙，但是背后还是存在不少问题。就在美军准备登陆作战期间，美军情报部门判定的日军人数从500人被提升到了1,600人，但是实际情况是日军共有2,650人。这样的低估让美军指挥层弥漫着"速胜"的轻敌气氛。其次，第7师在4月24日才登船前往阿拉斯加，严重缺乏防冻装备和抗寒训练，师长布朗更是拒绝将熟悉气候的第4团指挥人员纳入他的指挥部。因此第7师在心理和装备方面严重缺乏准备。美军西海岸防卫司令约翰·德威特（John Dewitt）中将更是向陆军部夸下海口将在五天内拿下阿图岛，加深了轻敌情绪。

深知无路可退的日军决定奋战到底。驻守在阿图岛的2,650名日军属于北海守备第二地区队，指挥官是山崎保代大佐。其战斗兵员主要来自此前驻守北千岛群岛、由米川浩中佐指挥的北千岛要塞步兵队（下辖第1、3步兵中队和步兵炮中队）和渡边十九二少佐指挥的第303独立步兵大队（下辖第1、2、4步兵中队、机枪中队和步兵炮中队），装备了不少轻重机枪、掷弹筒，但是似乎只有1门92式步兵炮。炮兵方面，青户慎士少佐的北海守备第二地区队高射炮大队装备16门88式75mm高射炮和10门89式20mm高射机关炮；远藤平少尉的第6要塞山炮兵队装备4门41式75mm；另外还有数门岸防炮、94式37mm反坦克炮，很可能隶属于波波伯部利雄大尉的北海守备第二地区队炮兵大队。

阿图岛的地形易守难攻，无论是从北边的霍尔茨湾还是南边的屠杀湾通向契查哥夫港都必须经过霍尔茨谷或者屠杀谷。狭窄的山谷两侧是堪称峭壁的山岭。总体实力严重不足的山崎保代将指挥部设在阿图岛东北的契查哥夫港（Chichagof Harbor），充分利用有利地形布设防御。他将通讯、船舶部队加强给北千岛要塞

岛上日军的主力火炮，88式75mm高射炮。

步兵队，负责防御北侧的霍尔茨湾区域，同时由第303独立步兵大队负责防御屠杀湾和契查哥夫港区域。炮兵方面，除了5门88式高射炮留手在契查哥夫港之外，其余全部部署至霍尔茨湾和屠杀湾区域的战术制高点上，其中4门41式山炮部署在连接霍尔茨谷和屠杀谷的贾明山隘（Jarmin Pass）和摩尔岭（Moore Ridge），可以直射山谷中的几乎任何位置。这种放弃滩头阵地、死守内陆制高点的战术因此算是山崎保代首创，早于更著名的比亚克岛、贝里琉岛战役。于是，剑走偏锋的美军攻势即将撞进山崎保代修筑的铜墙铁壁，在冰雪覆盖的山谷中将阿留申群岛战役推向高潮。

初战山谷

1943年5月11日，美军终于决定发动由于天气原因已经推迟了四天的登陆。尽管浓雾仍然笼罩着阿图岛，"拿骚"号护航航母（USS Nassau）上的飞机还是在凌晨2:00毅然起飞轰炸契查哥夫港。早上10:00，"宾夕法尼亚"和"爱达荷"号战列舰也在雷达的指引下将14英寸炮弹射向了契查哥夫港。

登陆日猛烈开火的"宾夕法尼亚"号战列舰。

早在天亮前，担任"奇兵"的特编营就开始了登陆，但是由于天气恶劣，一直到中午才完全上岸。随后，北方登陆部队第17团1营在16:15于红滩登陆；南方登陆部队第17团2、3营也在同时于蓝、绿滩头登陆。令美军十分惊讶的是，日军竟然没有进行任何抵抗，南方部队更是成功缴获了两门被日军遗弃的20mm高射炮（这种情况确实少见）。21:30，美军已有3,500人登陆并且做好了战斗准备。

但是在此之前，阿图岛上血腥的战斗已然打响。18:00，南方部队的4门105mm榴弹炮开始向屠杀谷开炮，随后跟进的美军步兵却遭到了来自山谷东侧吉尔伯特岭（Gilbert Ridge）和西侧亨德森岭（Henderson Ridge）的弹雨。原来，日军将第303独立步兵大队2、4中队部署在两座山岭上，分别由本名仁中尉和后藤丰中尉指挥，各加强有一个重机枪小队和迫击炮小队。在日军炙热的火力下，本来就在酷寒中行动迟缓的美军根本动弹不得，发动的两次正面冲锋都不出所料地被打了回去，部队陷入极大混乱。雪上加霜的是，美军指挥官派出

包抄日军的分队几乎全部迷路，很多分队甚至连续数天与大部队失去联系，最后多人冻伤几乎弹尽粮绝被救回来。北方部队当天仅与日军4名巡逻兵相遇，虽然击毙两人但是剩下两人逃走，北方的日军也因此进入战斗状态。很快，日军火炮就开始向美军的北部滩头阵地开火。显然，一场恶战在所难免。

5月12日清晨，随着浓雾逐渐散去，阿图岛上陡峭的山岭终于露出了狰狞的面目。借助难得的良好天气，美军在强大的海空火力支援下从三个方向全面出击。南方部队的第17团2、3营再次进入屠杀谷时遭到了更为准确、炙热的火力打击，团长爱德华·厄尔（Edward Earle）上校中弹身亡，由第7师参谋长韦恩·齐默曼（Wayne Zimmerman）上校接手指挥。

第32团团长弗兰克·库林（Frank Culin）上校指挥的北方部队推进至日军的防御重点——X高地（Hill X）。第32团1营的主攻连被日军密

美军士兵被压制在屠杀谷中。

集的火力压制在了山脚下，好在"菲尔普斯"号驱逐舰（USS Phelps）、105mm榴弹炮和"拿骚"号航母上起飞的F4F"野猫"战斗机迅速前来助战，压制了日军火力。同时，另外两个连从侧面发动了迂回行动，最后在傍晚之前控制了高地的正斜面。然而，X高地的战斗还远远没有结束，当晚踞守反斜面的日军部队发动了一场坚决的反击，打死美军14人、打伤15人，好在美军依靠着火力优势稳住了阵脚并且拿下了山头。

被寄予厚望的特编营沿着峡谷向霍尔茨谷的侧后方前进，却在早上8:00陷入了日军火炮和机枪的打击。于是，美军精心计划的奇袭反遭伏击，好在威洛比立刻架起机枪和81mm迫击炮还击才避免了更大的伤亡。即便如此，特编营被阻挡在峡谷中至5月15日，双方各伤亡数十人。特编营在这里最大的贡献恐怕也仅限于牵制了日军一部兵力，防止其对北方部队发起迂回行动。等到5月12日晚，美军已经有44人在战

阿图岛上的美军81mm迫击炮，这些迫击炮拯救了威洛比的特编营。

斗中阵亡，还有更多人战伤、冻伤。很显然，拿下这个冰封小岛不像美军指挥官们所设想的那样轻而易举。

突破外围防线

5月13日，短暂的晴天再次被厚厚的云层笼罩，美军又一次失去了空中支援。眼看进攻受阻，美军立即为南方部队加强了第32团1、2营，也为北方部队送去了第32团3营，这样一来，美军在岛上的步兵营已经达到7个。然而，对于恶劣的地形缺乏准备的美军同时陷入了补给困境，以至于南方部队被迫暂停进攻。5月14日，对至关重要的贾明山隘恢复进攻的第17团3营再遭打击，四名连长两死两伤，部队也是伤亡惨重。面对这样的困境，美军上下都充满着悲观的气氛，士兵们在敌人和冻伤的双重打击下士气低落，海军更是数次遭到了日军潜艇有惊无险的攻击。美军甚至一度考虑终止进攻。由于这样缓慢的进展和一系列误会，巴克纳中将彻底对第7师师长布朗少将失去了耐心。于是，他在5月16日做出决定将布朗撤职，由尤金·兰德勒姆（Eugene Landrum）少将取而代之。

但是就在布朗少将被撤职的同一天，他的预设战术终于开始取得效果。从13日到14日，美军北方部队依靠舰炮的强大火力支援逐渐肃清了X高地的反斜面，并且在15日与被困已久的暂编营会师并且完全占领了X高地。经过三天苦战，暂编营的420人里只剩下165人还能继续作战，11人阵亡、20人受伤，其余人员皆因冻伤撤离，其中不少冻伤严重者惨遭截肢。同一天，海军终于同意将待命已久的独立第4步兵团1营送到阿图岛，配属给库林上校的第32步兵团参加战斗。

南方部队在屠杀谷中前进。

5月16日，美军北方部队从X高地通过大胆迂回占领了霍尔茨湾西岸全部高地。次日，北方部队在强大的火力支援下对贾明山隘以北的最后一道屏障——摩尔岭发起进攻，却意外地发现日军已经撤退。这样一来，在屠杀谷里阻挡美军南方部队许久的日军本名中队和后藤中队遭到了来自背后的致命威胁，因此赶忙于当晚放弃外围阵地撤退。就这样，美军的南方部队和北方部队终于在5月18日清晨成功会合，但是在一周的战斗中美军已经遭受了1,100人伤亡的损失，其中500人冻伤。日军在战斗中损失了至少650人，总兵力下降至2,000人以下，美军总兵力则增加到了16,000人，兵力超过一个师。

在整场战役期间，日军海军一直试图驰援岛上陆军。但是阻碍了美国飞机的迷雾同时阻止了集结在幌筵岛的日军飞机出击。同时，日本海军集结了4艘巡洋舰和数艘驱逐舰，但是慑于美军的3艘战列舰而没敢出击，殊不知美军战列舰已经几乎打光了弹药。就这样，战役的最终结局已经注定。

最后的防线：契查哥夫谷与鱼钩岭

从外围防线撤退的日军退向了契查哥夫港

的方向，转而踞守契查哥夫谷。从5月19日开始，美军南北部队在炮火掩护下平行推进，却再次遭到日军居高临下的顽强抵抗。南方部队推进800米后再次遭遇"老冤家"本名中队。后者占据了600米高的A高地（Point Able），从这个制高点向山谷中的美军倾斜机枪子弹、迫击炮弹。美军对这个制高点狂轰滥炸并且从各个方向连续进攻，但是日军就是死战不退。最后，绝望的美军第32团E连于21日端着上了刺刀的步枪从正面强行冲上高地，在一番激战中彻底摧毁了本名仁中尉的第303大队2中队，全中队自本名以下无一生还。

同时，双方航空兵利用短暂的天气条件发动攻击。连续憋了好几天的美国B-25、P-38飞行员们于21日炸毁了契查哥夫村的每一栋建筑物，自身2架P-38相撞坠毁。日军的19架一式陆攻也在次日发动了战役中规模最大的一次出击，结果2架被美军高射炮击坠、未能取得任何战果。

5月22日，美军自早上6:40开始遭到日军第303大队1中队（林俊夫中尉）在代号为"莎拉娜山岬"（Sarana Nose）的制高点上阻击。为了避免重蹈A高地的覆辙，齐默曼命令美军炮火覆盖日军阵地30分钟，将整个高地炸了个稀巴烂。之后，美军步兵在徐进弹幕的掩护下攻上高地，以微小的代价在傍晚前占领了高地，重创了林俊中队。

此时，契查哥夫港已经几乎暴露在了美军面前，但是港口西边的鱼钩岭（Fish Hook Ridge）和东边的水牛岭（Buffalo Ridge）还在日军手中。鱼钩岭上覆盖着冰雪，地形无比崎岖陡峭，山崎保代大佐更是将几乎全部剩余的

战役期间的契查哥夫港，注意遭到美军轰炸的港口正在冒出浓烟。

部队和武器部署在了鱼钩岭上。显然，这里将是阿图岛日军的最后一道防线。从5月23日开始，兰德勒姆的南方部队和库林的北方部队就开始分别从南侧和西侧猛攻鱼钩岭。其中颇具传奇性的是当第4团1营被日军9处机枪阵地压制时，忍无可忍的弗雷德·巴奈特（Fred Barnett）列兵在战友们目瞪口呆的注视下提着步枪和几颗手榴弹走进了迷雾里。几阵急促的枪声和手榴弹爆炸声后，巴奈特毫发无损地走了回来，背后是全部9处机枪阵地的残骸。同一天，美军5架P-38拦截了日军16架一式陆攻，以2架P-38为代价击落9架。从此之后，日本航空兵彻底终止了任何出击企图。

5月24日，美军继续以刺刀和手榴弹攻击日军阵地，但是因为补给送不上去最后功亏一篑。不过，美军也终于把37mm反坦克炮推到山脚下，105mm榴弹炮也被拉进射程之内，开始以直射和曲射火力同时攻击鱼钩岭上的日军。次日，美军在强大炮火支援下攻上半山腰，并且抓获了战役

中的头两名俘虏。另外美军陆航报告截至当日日军只剩下一门火炮能够继续使用，其余均被摧毁。

26日，天空再次放晴，美军航空兵大举出击狂轰滥炸山岭和港口。在随后的进攻中，列兵乔·马丁内斯（Joe Martinez）孤身一人以BAR自动步枪和手榴弹消灭了5名日军，为自己的连队打开了突破口。然而，他在终于登上了山顶后突然倒下身亡。原来，这名士兵早在半山腰就被日军子弹击中，但是即便如此还向上推进了50米。就这样，马丁内斯被追授了阿图岛之战中的唯一一枚荣誉勋章。在美军的攻击下，

美军炮兵将37mm反坦克炮拉到山脚下。

美军拿着手枪肃清日军残余。

日军鱼钩岭阵地于27日已经大部分落入美军之手，同时齐默曼上校的部队也登上了防御相对薄弱的水牛岭。

28日，美军发动了总攻击。暂时接受库林上校指挥的第4团在炸弹、火炮、迫击炮的掩护下以手榴弹和刺刀与鱼钩岭上的日军残部展开激战，日军最后被赶到了几个小山头上。同时，齐默曼上校完全占领了被炮火犁过一遍的水牛岭。此时，山岭上的美军已经可以看到契查哥夫港的全貌。兰德勒姆少将准备在次日集结全部火炮和全师兵力发动总攻击。在日军方面，山崎保代大佐手下只剩下800名战斗兵员和600名伤员，火炮则全部被毁，口粮只够维持两天，海军更是通知他撤退已无可能。看起来日

亲临前线的巴克纳中将（左二）和库林上校（中）。

军维持了18天的防御终将崩溃。

血腥的谢幕式："万岁"冲锋

换做任何一支军队，在防线完全粉碎、部队弹尽粮绝的情况下恐怕都会选择投降，但是山崎保代却将奉上一场血腥的"谢幕仪式"。他采取的方案是对日军还不熟悉的美军指挥官们死也想不到的——全体进攻！不过，山崎保代的进攻计划并不是一个纯粹的送死计划，而是经过了深思熟虑。他的目标是美军作为总攻基地的"工程兵高地"（Engineer Hill），上面集结了美军的绝大部分炮兵和补给。山崎计划以一次夜间突袭占领高地，摧毁美军全部火炮然后带着缴获的补给向南突围进而继续抵抗。

对日军来说，十分幸运的是美军完全没有想到日军会发动如此大胆的攻击，因此在凌晨3:00将负责封锁契查哥夫谷的第32团1营B连撤到后方提前吃早餐，准备次日的总攻击。就这样，日军于凌晨3:15在夜色和浓雾的掩护下悄悄通过契查哥夫谷，途中以刺刀解决了几个美军哨兵。3:25，山崎保代下令"刺刀冲锋"，于是800名参与进攻的士兵突然大喊着"万岁"冲向工程兵高地。正在峡谷中行进的B连瞬间被冲垮，士兵们赶快逃向两边的山岭。山崎保代知道，他没有时间追击这些逃窜的美军，因此他命令士兵们全速冲击工程兵高地。许多毫无准备的美军官兵们还没拿起步枪就被日军以刺刀刺死、手榴弹炸死。日军还冲进美军的医疗站刺死全部能移动的美军伤员，只剩下12人通过装死侥幸生还。正在帐篷里准备总攻计划的特编营营长威洛比与15名军官立刻展开抵抗，但是五分钟之内其中11人就已经阵亡，包括一名中校和一名少校。

眼看高地陷入混乱，第7师副师长阿奇博尔

彻底粉碎了日军反击的美军 105mm 榴弹炮。

山脚下集体自杀的日军尸体。

德·阿诺德（Archibald Arnold）准将挺身而出，组织慌乱的工程兵、医护兵、炮兵和伤员在山顶形成环形阵地，他本人拿着一把M1步枪爬上制高点指挥士兵们向日军投掷手榴弹，共炸死超过60名日军。后来，炮兵们又弄来一门37mm反坦克炮，以霰弹直射冲锋的日军。就这样，阿诺德带领着这群士兵在千钧一发之际击退了日军。

不过，被打退的日军在半山腰重新集结后再次向山顶发起了进攻，一度与美军陷入肉搏战，还靠近了105mm榴弹炮。此时回过神的美军炮兵以37mm反坦克炮和105mm榴弹炮对日军劈头盖脸地砸去。不甘失败的日军不断以小队为单位反复发动冲锋，但是均被美军击退，山崎保代也在一次冲锋中被美军7.62mm步枪弹击毙。最后冲锋失败的500名日军在半山腰处集体用手榴弹自爆，为这场血腥的落幕洒下了最后的鲜血。

次日早晨，美军打扫完战场后进占契查哥夫港，发现日军伤员早已集体自杀，战役终告结束。美军总损失高达549人阵亡、1,148人战伤、1,200人严重冻伤（其中数百人截肢）、614人因病撤离，还有另外318人因其他原因（包括精神问题）撤离，这就意味着美军总损失高达3,829人。日军2,650名守军除28人被俘外全部阵亡或自杀。从伤亡比例上讲，阿图岛战役在美军的太平洋反攻中仅次于硫磺岛战役。不过，美军在阿图岛以巨大代价换得的防寒方面的教训有效减少了随后意大利战役中的冻伤损失。另外，由于日军将海军舰队集结在特鲁克准备增援阿图岛方向，南太平洋的美军部队对伦多瓦岛如愿发起了登陆。美国陆军部队不知道的是，阿图岛战役也将是北太平洋战区唯一一场大型陆战。

奇迹与讽刺：基斯卡岛撤退

阿图岛上还激战正酣之时，美国工程兵已经修好了日本人花了几乎一年都没修成的机场，之后岛上起飞的陆海军飞机对基斯卡岛开始进行几乎不间断的轰炸，仅6月就出击407架次。其中，海军装备雷达的PV-1文图拉轰炸机在浓雾中负责引导陆航轰炸机，这样一来，哪怕在大雾天气下美军也能坚持轰炸。美国海军

美国海军的文图拉轰炸机。

的4艘巡洋舰和4艘驱逐舰也在7月6日炮击基斯卡岛。

同时，海军对基斯卡岛的围困迫使日军依赖潜艇进行补给并且撤离岛上人员。部署在北太平洋的13艘日军潜艇至6月9日已经损失5艘，之后美军更是加大了反潜力度。6月10日，载着150名撤离人员、5,000吨的"伊-24"号潜艇遭到仅675吨的美军"PC-487"号巡逻艇勇敢撞击，随后被20mm和3英寸炮弹击沉。6月13日，"弗雷泽"号驱逐舰（USS Flazier）击沉"伊-31"号潜艇；22日"莫纳亨"号驱逐舰（USS Monaghan）在轰炸机的配合下击沉"伊-7"号潜艇。至此，日本潜艇试图撤离的820人当中300人已经随3艘潜艇葬身鱼腹，岛上仍然滞留着5,183人，却只剩下5艘潜艇可用。同时，美军的老式S级潜艇击沉了许多试图突破封锁的日本船只。

见此情形，日军北方面舰队司令河濑四郎中将决定由木村昌福少将率领巡洋舰"多摩""阿武隈""木曾"，油轮日本丸和11艘驱逐舰在浓雾的掩护下撤离岛上全部日军。7月21日，这支日本舰队驶离幌筵岛，但是次日金凯德的3艘战列舰、5艘巡洋舰和9艘驱逐舰组成的北太平洋规模最大的舰队炮击了基斯卡岛，以至于日军相信美军的登陆迫在眉睫。

7月26日凌晨1:00，"密西西比"号战列舰上的雷达显示7艘不明舰船出现了东北方向，随后其余军舰也纷纷表示发现了一样的雷达信号，于是美军展开了长达半小时的"炮战"，对方却没有哪怕还击一枚炮弹。然而，日军的舰队并未受到任何阻击，而是成功在7月27日晚上通过了美军"炮战"的海域并且在次日抵达基斯卡岛，最后在28日19:30装上全部5,183名日军后向西全速撤离，四天之后毫发未损地抵达幌筵岛。这一在美军眼皮子底下完成的撤退被称为"基斯卡的奇迹"。

那么既然日军没有受到打击，美军炮击的对象又是谁呢？在很长时间里这成了阿留申之战的一个谜，直到近年来研究表明美军雷达发现的多半是迁徙的候鸟。就这样，大自然给美国人开了一个巨大的玩笑。但是阿留申群岛留给美国人的讽刺并不止于此。由于浓雾的笼罩，美军竟然没有发现任何日军木村舰队的迹象，更不知道基斯卡岛早已人去楼空。于是，在阿图岛上吃了亏的美军决定在既定的登陆日期——1943年8月15日之前加强轰炸基斯卡岛，其中仅8月4日美军第11航空队就出动135架次扔下304,000磅炸弹。尽管美军发现了少许日军撤

1943 年 6 月位于幌筵岛的日军"伊-171"号潜艇。

盟军规模巨大的基斯卡登陆部队。

离的迹象，例如车辆和大发艇一直停在原地、弹坑无人填补、没有任何防空炮火，美军指挥官们还是不愿意冒险，甚至不愿意派出侦察部队提前上岛。

于是，盟军动用多达25万人支援或执行代号为小屋行动（Operation Cottage）的基斯卡岛登陆作战，其地面作战部队包括第7步兵师、第4步兵团、第87山地战斗队、加拿大第13步兵旅、美加混合第1特种作战旅，共34,426人。陆军更是专门给全体登陆部队印制了52页的《士兵手册》来传授防寒技巧。

8月15日，就连副陆军部长约翰·麦克乐（John McCloy）都亲临前线，准备目睹阿留申群岛的"最后决战"。自然，在炮火准备过后，登上基斯卡岛的美加部队丝毫不见日军踪

影，盟军反而因为友军误击和日军陷阱等原因共21人阵亡、50人受伤，还有130人患战壕足撤离。海军方面"艾伯纳·里德"号驱逐舰（USS Abner Read）中水雷沉没，舰上71人死亡、34人

日军用炮弹改造的爆炸物之一，缺乏经验的美军触发了不少此类陷阱。

受伤。一直到8月22日，小心翼翼的盟军才终于宣布全岛已被肃清。美军这样耻辱性的失误让侥幸逃出生天的日军都出乎意料，一时间沦为笑柄。就在哈尔西和麦克阿瑟都紧缺援兵的同时，盟军大量的资源就这样被浪费在了空无一人的基斯卡岛上。

尾声：战略死胡同

随着美军占领基斯卡岛，长达439天的阿留申群岛战役终于结束，美军也在太平洋战场上赢得了第一场战区范围内的全面胜利。正如美国老兵所说，阿留申群岛之战一直是美、日、大自然的三方战役，而且大自然并不比交战两方更为仁慈：从1942年6月3日到1943年9月30日，美国陆航在战斗中损失40架飞机，却因为天气损失了174架！

就在战役还在进行期间，第21轰炸机中队的劳伦斯·莱纳克（Lawrence Reineke）少尉对轰炸幌筵岛起了兴趣，于是自己通过海军地图和陆军在阿图岛上缴获的日军资料定位了日军在幌筵岛上的大部分基地。于是，陆航的6架B-24在7月18日对幌筵岛展开了自杜立特空袭以来对日本国土的第一次空袭，随后又在8月11日以9架B-24发动了第二次空袭，只有一架B-24被击落。美军给日军造成的损失没有给日军带来的恐慌大，因为日军已将众多飞机部署到幌筵岛。

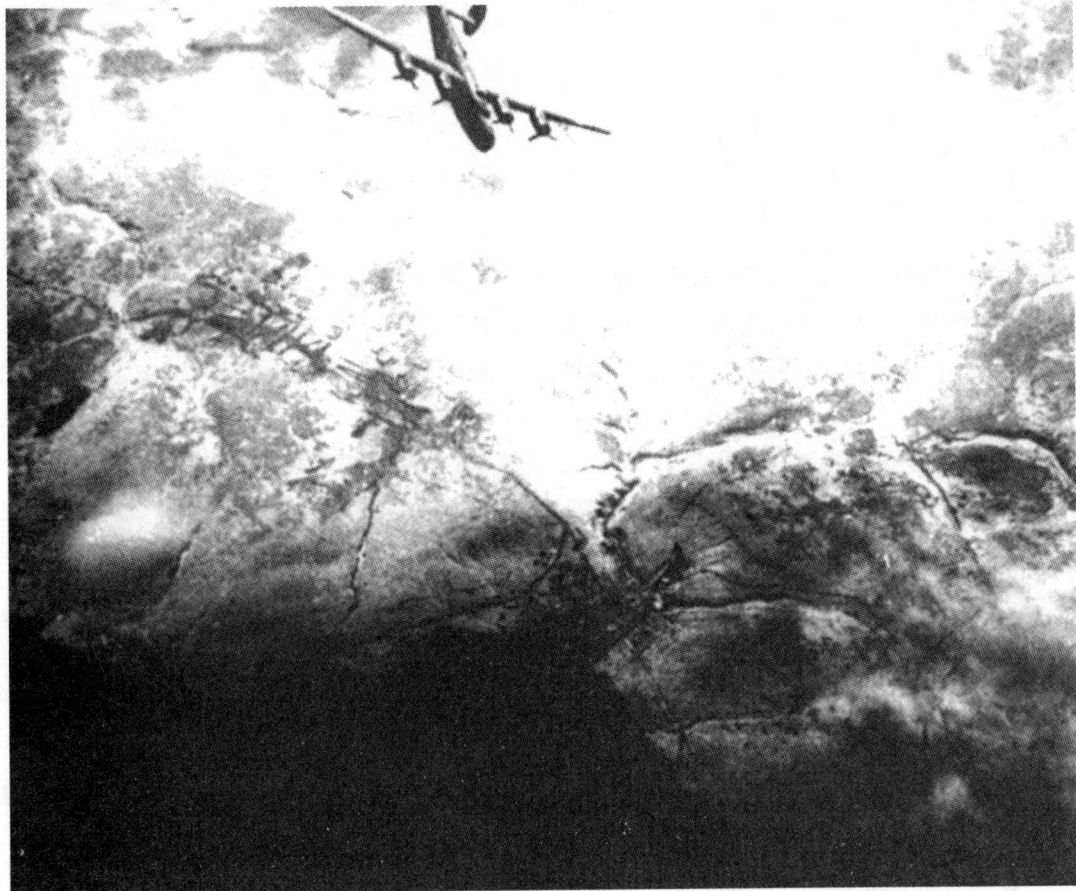

1943 年 8 月 18 日空袭幌筵岛的美军 B-24 轰炸机。

于是，1943年9月11日发动空袭的7架B-24和12架B-25遭到日军强烈反击，当场3架被击落，7架迫降在苏联的堪察加半岛后飞机被没收，机组成员被扣押。于是，美军暂时终止了空袭幌筵岛的行动。1944年美国陆海军航空兵的B-24、B-25、PBY和"文图拉"才以每次十几架的规模重启轰炸并且持续到战争结束，一共出击了1,500架次。美军北太平洋舰队的绝大部分主力舰只被调走，只剩下几艘老旧巡洋舰和驱逐舰。这支舰队在战争结束前对千岛群岛发动了一次扫荡，共击沉11艘日本船只，算是有些战果。加起来，日军在之后的对峙中一共损失30多艘船只，美军也损失15艘船只和潜艇，但是大部分是恶劣天气造成的。

基斯卡岛登陆结束后，巴克纳和德威特提议用基斯卡岛上的部队进攻幌筵岛，沿着北部的"战略捷径"继续进攻。但是参谋长联席会议意识到在苏联未参战的情况下沿着气候恶劣的北方轴线继续进攻只能是个战略死胡同，于是否决了提议。就连B-29轰炸机最后也没有部署到阿留申群岛的基地上。就这样，阿留申群岛被历史遗忘，在战役中立下大功的美军指挥官们也一个个离开了寒冷的阿留申，前往其他战场发挥自己的能力。北方舰队司令金凯德南下去了麦克阿瑟身边，成为了伟大的西南太平洋大反攻的核心人物；第11航空队司令巴特勒少将和轰炸机指挥官厄尔·德福特（Earl Deford）前往欧洲战场加入对德战略轰炸；深受飞行员爱戴而且钻研空地协同战术的专家厄尔克森上校荣获海军十字勋章后前往南太平洋；第7步兵师则前往马绍尔群岛，加入了波澜壮阔的中太平洋大反攻；阿留申战场的灵魂人物巴克纳也在1944年6月离开了阿留申，最后在冲绳

阿图岛战役结束后金凯德（右一）、巴克纳（右二）、德威特（左二）为兰德勒姆少将授予优异服务勋章。颇具讽刺意味的是，兰德勒姆在诺曼底战役中担任第90师师长时惨遭解职，也体会了一下布朗少将的境遇。

岛上指挥第10集团军时战死，成了太平洋战场上美军阵亡的最高将领。

留在阿留申群岛无所事事的士兵们面对着成天的迷雾和冰雪，士气跌入冰点。许多工程兵辛苦建成的设施刚刚建成后就被宣布取消、直接炸毁。然而，这些部队和反复袭扰幌筵岛的美国航空兵对于太平洋战争的贡献却不小：由于害怕美军在这一方向发动进攻（当然也是对于苏联战备加强），日军将千岛群岛的兵力从1943年的8,000人提高到了1944年的17,000人，北海道兵力也从17,000人增加到34,000人。甚至到了山穷水尽的1945年，日军还在千岛群岛部署了27,000人、北海道17,000人。日军更是在北太平洋方向部署了大约500架飞机，达到日军总航空兵实力的大约六分之一。就这样，当整个亚洲和太平洋炮火连天的时候，这个日本重兵集团就安静地守到了战争结束，直到战争最后时刻与苏军在占守岛短暂交火后投降。北太平洋终归平静。

第三部分　越洋反攻

第十三章 "血腥的塔拉瓦"——塔拉瓦 环礁之战

"电流"行动：越洋攻势的开始

1943年下半年，盟军通过所罗门、新几内亚、阿留申群岛方向的拉锯战实现战略转折。如果说太平洋战争的前六个月是日本人占据主导、按照其战略设想进行的，那么之后的这一系列拉锯战则完全出乎双方的意料，属于不断升级的遭遇战。最终，美军取得这些艰苦胜利的直接奖励就是得以按照自己的想法主导太平洋战争。从"一战"开始之前，美军针对日本的"橙色战争方案"就计划从夏威夷沿着中太平洋以强大的舰队为主力，以沿途岛屿环礁为跳板向西推进，并且引诱日本海军进行舰队决战。同时，方案中并没有明确如何迫使日本投降，因此可以说从1943年11月到1944年7月的中太平洋攻势才是美国几十年来战争设想的最纯正体现。

美军太平洋大跃进的核心目标是马里亚纳群岛，从那里美军可以一举切断日本帝国的补给线，并且用B-29轰炸机攻击日本本土。但是马里亚纳群岛东南方向却有一系列作为屏障的群岛，依次为加罗林群岛、马绍尔群岛、吉尔伯特群岛。因此，美军的基本战术是逐个夺取建有机场或者可以建造机场的岛屿，获得陆基航空兵支援再向下一个目标跃进，因此吉尔伯特群岛中唯一建有机场的塔拉瓦环礁必须首先被拿下。

在人类战争史上还从未有任何一国完全依靠海军实力通过浩瀚的大洋上对强大的敌人发动主要攻势。策划执行这项空前行动的重任就落在了新任中太平洋舰队司令（后来改称第五舰队）雷蒙德·斯普鲁恩斯中将肩上。斯普鲁恩斯手中的海军实力自然也是史无前例的，在吉尔伯特群岛战役中包括6艘舰队航母、5艘轻型航母、8艘护航航母、12艘战列舰、14艘巡洋舰和58艘驱逐舰，远超此前太平洋战争中的任何一支舰队。要知道仅仅一年之前，"企业"号还在所罗门海域独自抵挡日本海军。不过，重创这支舰队对于当时的日

美军越洋攻势的始作俑者，从左至右分别是中太平洋战区司令斯普鲁恩斯、海军作战部长欧内斯特·金、太平洋舰队司令尼米兹。

本海军来讲并非不可能，事后来看或许这是日本人挫败美军越洋反攻的唯一机会。日军也的确制订了出动主力舰队和航空兵反击美军的计划，不过哈尔西于11月初进攻布干维尔岛的行动引开并重创了日军主力舰队和航空兵，可见西南太平洋战区和太平洋战区的齐头并进有时能产生意外收获。

当然，两栖部队才是夺取吉尔伯特群岛的"电流"行动（Operation Galvanic）的主角，而且此前美军部队还从未试图攻占过日军重兵把守的珊瑚小岛，技战术难度非常大。海军少将里奇蒙·特纳和陆战队少将霍兰德·史密斯（Holland Smith）分别指挥两栖舰队（TF54）和第5两栖军（V Marine Amphibious Corps），

塔拉瓦环礁，左下角的小岛为贝蒂欧岛。

陆战二师师长朱利安·史密斯少将。

合作指挥登陆作战。其中在瓜岛战役中经历了战火洗礼、由朱利安·史密斯少将（Julian Smith）指挥的陆战二师负责夺取塔拉瓦环礁，拉尔夫·史密斯少将（Ralph Smith）指挥的陆军第27师则负责夺取马金环礁。不过，吉尔伯特群岛战役的主战场必将是唯一建有机场的塔拉瓦环礁，其中机场所在的贝蒂欧岛（Betio Island）又是绝对的重中之重。

为了打日军一个措手不及，陆战二师选择在贝蒂欧岛北边的泻湖侧登陆。尽管朱利安·史密斯建议在登陆贝蒂欧岛之前先行控制其他岛屿建立炮兵阵地，但是霍兰德·史密斯和特纳担心日本海军将在美军登陆三天内组织反攻，因此拒绝了这一建议。于是，美军进攻计划变得十分简单：攻击日期11月20日早晨，陆战2团3营、2营、陆战8团2营将在红一、红二、红三号滩头同时登陆，由陆战2团团长大卫·肖普（David Shoup）上校统一指挥。随后陆战2团1营和陆战8团1、3营将跟进登陆，陆战6团留作总预备队。不过，陆战二师严重缺乏LVT两栖装甲车，全师只有约135辆可用，其余部队只能乘坐登陆艇登陆。这一疏忽将使得陆战二师在岛上日军和大自然布下的双重死亡陷阱中损失惨重。

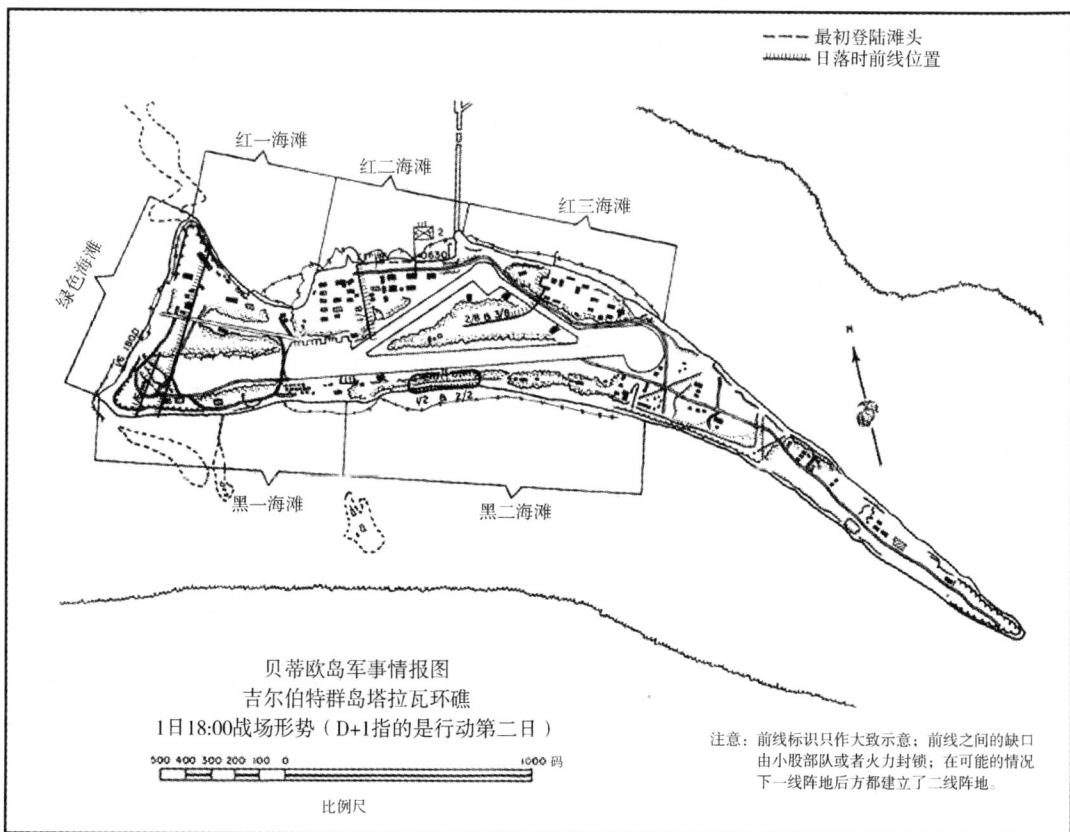

贝蒂欧岛军事情报图
吉尔伯特群岛塔拉瓦环礁
1日18:00战场形势（D+1指的是行动第二日）

注意：前线标识只作大致示意；前线之间的缺口由小股部队或者火力封锁；在可能的情况下一线阵地后方都建立了二线阵地。

美军进攻计划，北边的三个红色滩头将成为陆战二师的主攻滩头。

"一百万人一百年也打不下来":
柴崎惠次的塔拉瓦堡垒

日本海军少将柴崎惠次于1943年9月接管了塔拉瓦守备队,负责防御日本海军早在1941年12月10日就从英国人手中占领的塔拉瓦环礁。作为一名日军内部两栖作战的专家,柴崎惠次很不幸地没能在战争初期日军高歌猛进之时被派遣到前线指挥作战,49岁的他才刚刚在1943年5月被提拔为少将。塔拉瓦守备队主要由横须贺第6特别陆战队改编的第3特别根据地队本队(柴崎惠次担任队长)和佐世保第7特别陆战队(菅井武雄中佐担任队长)组成,战斗兵员共2,619人,与美军情报部门估计的2,500~2,700人完全吻合。除此之外,岛上还有第111设营队等2,200名日本和朝鲜劳工负责修建岛上的防御工事,在美军进攻时也可以投入战斗。

柴崎惠次决意让美军登陆部队在贝蒂欧岛的滩头上流尽鲜血。于是,他指挥手下部队没日没夜地用沙石、椰树干、钢筋混凝土和各型轻重武器将贝蒂欧岛构筑成了太平洋上最为坚固的堡垒。海滩上众多的障碍物、500多个相互支援的火力点、40多处炮兵阵地、处处相连的战壕和十几门重型海岸炮几乎覆盖了这个东西3,200米长、南北730米宽的小岛。日军的战术是"歼敌于水际",因此集中全部力量防御滩头,甚至位于内陆的碉堡因此都

没有设置射击孔,仅用于抵御轰炸。

重武器方面,岛上日军共有4门英制8英寸岸防炮、4门140mm岸防炮、6门80mm岸防炮、10门41式75mm山炮、6门92式70mm步兵炮、2座双联89式127mm防空/岸防炮台、8门88式75mm高射炮、9门37mm速射炮、14辆95式坦克、35挺93式13mm高射机枪、上百挺7.7mm轻重机枪、近百具掷弹筒。柴崎惠次自信地宣称:美军用"一百万人打上一百年"也休想打下塔拉瓦。

此外,日本守军还有一个重要的天然盟

岛上修筑工事和训练机枪射击的日军。

友——坚固的珊瑚礁石。两圈坚固的灰色珊瑚石围绕着塔拉瓦环礁各岛。美军气象人员错误地预测了登陆日的潮水情况，未能发现水深根本不足以让LCM、LCVP等平底登陆艇越过礁石，只有LVT能翻越礁石。这一个小小的错误意味着美军士兵将付出巨大的代价。

压制岸防炮：炮火准备

早在1943年4月，美国陆航第7航空队就开始以B-24轰炸机空袭塔拉瓦环礁，重组不久的美国海军航母编队也在9月通过空袭基本摧毁了岛上的日军航空力量。随着登陆日临近，第

岛西南角的两座8英寸岸防炮炮台，右侧的被彻底炸毁，只剩基座残骸，左侧的虽遭重创却得以保存下来。

7航空队从11月13—19日连续轰炸塔拉瓦环礁和周边目标，海军舰载机和重巡洋舰也分别在18日和19日加入轰炸。不过，由于美军投弹数量和精度都十分有限，藏身于坚固工事中的日军损失并不大，反倒是将被用作滩头防御主力的13mm高射机枪弹在防空作战中耗费不小。

11月20日清晨5:10左右，日军的四门英制8英寸岸防炮与"科罗拉多"号（USS Colorado）和"马里兰"号展开对轰，战役正式开始。其中一座炮台的弹药库被美军16英寸炮弹直接引爆，接着另外两门也马上被打哑，硕果仅存的一门由于炮击造成的损伤而几乎无法瞄准。这四门火炮中除了弹药库爆炸彻底炸毁的那门以外，另外三门还都保存在贝蒂欧岛上。其中一门很明显地炮管被炸断，一门的基座已经被炸塌，只有一门保存比较完好。但是令人烦恼的是这些大炮今日已经处于垃圾堆和排泄物之中。事实上，之后我们参观的登陆滩头也大部分变成了垃圾堆，塔拉瓦的卫生状况实在令人震惊。

从6:10开始，美军舰载机和其余军舰开始向塔拉瓦倾泻钢铁和TNT炸药，同时扫雷舰和驱逐舰扫除障碍，引导登陆舰队进入环礁泻湖。其中"林格尔德"号驱逐舰（USS Ringgold）于7:11先后遭到日军127mm防空/岸防炮命中两发，但是都奇迹般地没有爆炸。还击的"林格尔德"号则直接命中127mm炮台的弹药库将其彻底炸毁。在三个小时的炮战和轰击中，美军以微小代价摧毁或压制了几乎全部日军中大口径岸

岛东南部炮管被炸断的 8 英寸岸防炮。

保存最为完好，当年在美军登陆过程中持续射击的最后一门 8 英寸岸防炮。

被"林格尔德"号完全炸毁的双联装127mm防空／岸防炮炮台。

日军的战斗位置——坚固的金属火力点。

防/防空炮，保护了登陆船队。然而，美军炮火准备仅仅炸塌了部分滩头防御阵地，藏在混凝土掩体中的日本士兵却没有受到多大伤亡，大部分小型火炮和重机枪也都毫发未损。等到炮火声渐渐消失时，日本兵迅速冲出碉堡进入战斗位置。

血腥滩头

就在炮击停止的同时，已经进入泻湖的登陆部队乘着LVT和希金斯艇冲向红一、红二、红三滩头。陆战2团3营先头连率先于9:10乘着LVT在红一滩头抢滩登陆，但是马上遭到了来自左翼日军火力的猛烈打击。

第一波进攻部队乘坐的LVT实为两栖履带式装甲车，因此它们的履带能够在水中越过珊瑚礁将部队送到滩头上。然而，此时已经进入阵地的日军部队使用各式轻重机枪和火炮掷弹筒将一辆辆LVT打得满车是洞无法航行，或者干脆炸成一团团火球。若论整场太平洋战争中日

图中的49号LVT在战役中率先抢滩登陆，但是迅速被日军打瘫在红一滩头。

今日贝蒂欧岛上的88式75mm高射炮，幸存的日军高射炮击毁了大量美军LVT和登陆艇。

军的火力密度，没有哪处战场能超过塔拉瓦的滩头。侥幸抵达海滩的LVT只得匆匆卸下搭乘的陆战队员，回头接应第二波次的陆战队员。

在海滩上无遮无掩的陆战队员们遭受着日本人无情的屠杀，部队完全陷入了混乱。幸存的陆战队员们一股脑地涌向了一座横跨整个海滩的椰子树干搭成的海堤后方躲避日军弹雨。美军士兵

在这里获得了喘息之机，但是却陷入了柴崎的陷阱中：躲在海堤后面的美军士兵遭到日军机枪火力压制，无人愿意带头冲锋，日军则集中曲射火炮、掷弹筒射击海堤后方扎堆的美军。

然而，后续攻击波遭受的损失甚至比第一攻击波还要惨重。由于LVT的数量不够，后续攻击波只能乘坐LCVP登陆艇前往滩头。不同于LVT，登陆艇纷纷重重地撞在珊瑚石上动弹不得，士兵们唯有跳进齐胸深的海水冒着枪林弹雨向滩头涉水通过最后的400米，简直成了活靶子！不少背着沉重装备的陆战队员更是因为踩入水中的弹坑里而被活活溺死。LVT驾驶员们尽了最大努力从触礁的希金斯艇中接上陆战队员送到滩头。但是日军猛烈的火力马上就把大部分幸存的LVT打得遍布弹孔而无法继续航行，LVT上的机枪手们更是非死即伤。

红三滩头上的陆战队员们躲在海堤后方不敢抬头。

触礁后动弹不得的希金斯艇，旁边的一艘被日军直接命中沉没。

幸存的陆战队员小心翼翼地绕开燃烧中的登陆艇和LVT，推开水中一具具漂浮的尸体。他们的靴子早在珊瑚上被划得满是口子，背包被海水灌满，时刻都可能将他们拉入水底，他们也早已与长官、战友失去联系。但是大部分陆战队员选择紧握手中武器，向海滩前进。其中跟随陆战2团2营登陆的威廉·博德伦（William Bordelon）工兵上士在搭乘的LVT被击毁、车上只有四人幸存的情况下独自进攻，消灭了4座日军火力点后不幸身亡，被追授荣誉勋章。就是这样，陆战队员们在三个滩头都渐渐站稳了脚

跟。亲自登岛指挥的肖普上校于9:58命令担任预备队的陆战2团1营立即在红二滩头登陆，增援滩头阵地。

误打误撞：红一滩头的意外收获

在三个滩头当中，红一滩头的最初情况最为险恶。由于红一滩头本身处于小海湾内，任何登陆的美军都要遭受来自三个方向的日军火力打击。其中，日军在红一滩头左侧设立了一个加强火力点，迫使陆战2团3营不断向右移

被击毁在红一滩头的 LVT。

红一和绿滩相交的贝蒂欧岛西北角。

红一滩头的陆战队员们跨过海堤发动进攻。

陆的陆战2团1营也陷严重混乱，其中甚至有113人从计划中的红二滩头偏离到了红一滩头登陆。

然而，L连连长迈克尔·莱恩（Michael Ryan）少校组织起了滩头上的散兵游勇干脆向西前进，到达了岛西岸代号为"绿滩"的滩头。最开始，绿滩由于过于狭窄被美军参谋们排除出登陆计划。但是此一时彼一时，现在当三个红滩都已经被鲜血染成了名副其实的红滩之后，相比之下绿滩上的抵抗非常轻微。

同时，陆战队第2坦克营1排的6辆M4坦克向红一滩头登陆。瑞恩为每辆坦克都派出了一名引导员负责接应登陆坦克，暴露在外的引导员纷纷被日军击中。但是坦克的登陆意义重大，因此其他陆战队员前仆后继地担任引导员继续引领坦克登陆，确保坦克避开水中弹坑。即便如此，4辆坦克还是在水中熄火或者被击毁，最后两辆终于在11:30成功登陆。这两辆坦

动，甚至退到了贝蒂欧岛的西北角，与另外两个滩头的友军完全失联。同时，作为预备队登

被击毁在滩头上的日军95式坦克和3辆美军LVT。

克随后与日军95式坦克发生战斗，结果实力羸弱的日军坦克居然侥幸地一炮打坏了一辆M4坦克的炮管，另一辆M4则在摧毁了那辆95式坦克后被日军火炮击毁，因此红一滩头上只剩下一辆只剩航向机枪可用的M4坦克。不过，莱恩的混成部队趁机在绿滩站稳了脚跟，建立了临时防御阵地。

今日的红一滩头和绿滩卫生状况尤为严重，俨然成了垃圾堆。我几乎时刻注意着脚下才艰难走过了这两片海滩。不同于今天遍地的塑料瓶、袋子、粪便，当初滩头比比皆是的是残肢断臂、装备残骸和躺在地上嚎叫的伤员。

艰难推进：红二和红三滩头

红二和红三滩头的分界线是一座深入泻湖的木质码头。在战斗的一开始，威廉·霍金斯（William Hawkins）中尉指挥的陆战二师侦察-狙击排（Scout-Sniper Platoon）就消灭了码头上的全部日军。此后，这座码头就成了无数美军士兵涉水上岸时的救命稻草，众多美军顺着码头的木质底座前进，以此至少避开一侧的日军火力。但是这也招致日军集中火力射击，码头下面一时间成为一片血海。

红二滩头当面的日军炮火最为猛烈。陆战2团2营营长赫伯特·埃米（Herbert Amey）中校刚刚登陆就被日军击中阵亡，红二滩头上的美军一时间失去了指挥。好在陆战2团团长肖普上校迅速于10:30不顾搭乘的LVT被击毁，直接涉水上岸，这才使混乱的滩头恢复了指挥。在日军强大的火力面前，肖普上校不顾9处轻伤上下奔走，终于与红三滩头建立了联系，并且派人将大概战况送到了师长朱丽安·史密斯手中。最终，损失惨重的陆战2团2营和陆战8团3营控制住了红二滩头。肖普上校将会因为自己英勇且得当的指挥获得荣誉勋章。

登陆红三滩头的陆战8团2营幸运得多，因为美军驱逐舰的集中炮击压制了岛东端的日

今日的双层码头，当年只有一条延伸至珊瑚礁的木质码头。

这辆 LVT 正沿着码头冲向红三滩头。

指挥战斗的肖普上校（右）。

军，因此美军第一批登陆的522人当中只有25人伤亡。同时，炮击在这里的海堤炸出了一个缺口，因此营长亨利·克罗（Henry Crowe）少校指挥陆战8团2营在LVT的支援下向南推进了150米。不可否认的是，即便海堤上存在缺口，冒着日军火力挺身穿越海堤向内陆进攻还是需要很大的勇气。

由于陆战8团2营取得了一定进展，陆战队第2坦克营2、3排先后向红三滩头派出8辆M4坦克登陆，其中1辆陷入弹坑沉没，4辆被日军75mm高射炮、37mm反坦克炮、75mm山炮集中火力击毁，1辆登陆后被日本步兵用磁性反坦克地雷炸毁，但是幸存下来的2辆为滩头上的陆战队员们提供了宝贵的火力支援，摧毁了不少日军火力点。

最终，美军在三个滩头上都站稳了脚跟，但是师长史密斯少将也没敢在战况不明的情况下派出陆战6团贸然登陆。于是，美军损失惨重的登陆部队在仅仅0.64平方公里的滩头阵地上与日军进入了对峙。

随着夜幕的降临，美军士兵匆匆躲进了刚

陷入水中的 M4 谢尔曼坦克。上图拍摄于战斗结束后，下图是今天还能看到的炮塔。

刚挖掘的散兵坑里。在11月20日这一天的战斗中，美军登陆部队的5,000人当中1,500人已经非死即伤。用于登陆的135辆LVT当中90辆已经无法继续航行或者干脆被摧毁，可见美军损失之严重。此时，仍旧处于混乱中的美军处境十分危险，幸存部队聚集在狭窄的滩头内，设立的机枪阵地等防御措施更是谈不上完善。如果日本人此时发动一场有组织的大规模反击，很

柴崎指挥部外的一辆坦克残骸，其中一辆很可能就是掩护他转移的坦克。

可能将滩头的美军一举歼灭。为此，从普通陆战队员到肖普上校都处于极度精神紧张当中。

然而，令美军士兵们十分惊讶的是，11月20日的夜晚出奇平静。原来，当天14:00左右，柴崎惠次决定将自己的指挥碉堡改为用作野战医院，因此需要转移指挥部。为了保证安全，他还特意调来了两辆95式坦克掩护他和指挥部人员。然而，日军指挥部人员刚刚离开碉堡后，一发来自美国驱逐舰的5英寸炮弹就不偏不倚地砸了下来，瞬间炸死了全部日军指挥人员。从此之后，日军只能各自为战，失去了赢得这场战斗的唯一机会。柴崎的指挥部今天矗立于一座教堂旁边。尽管上

坚固的柴崎指挥部。

面充满了战斗的痕迹，但是厚重的混泥土墙依然挺立。由此可见当年日军防御之坚固，美军进攻之艰难。

决定胜负：11月21日的战斗

次日清晨，肖普上校终于对海滩上全部登陆部队恢复指挥后，命令莱恩少校带领陆战2团3营全面占领绿滩，同时陆战2团1、2营向南推进、陆战8团2、3营负责巩固红二、三滩头并且消灭当面日军火力点。然而，前来增援红二滩头的陆战8团1营因为沟通失误于6:15正好在红一、红二滩头交界处的日军火力点前方登陆，全营在登陆过程中伤亡300多人，其中一个排竟然多达12死12伤，甚至比前日的第一波登陆部队还要惨烈。

好在肖普及时联系了军舰和滩头上的两门75mm榴弹炮压制日军火力点，同时派出霍金斯中尉的侦察排展开攻击。在战斗中霍金斯本人数次受伤，但是继续身先士卒摧毁日军火力点，最终被日军掷弹筒弹片打中身亡，后被追授荣誉勋章。在这样的无私掩护下，陆战8团1营终于登陆。

莱恩少校指挥陆战2团3营于11:20开始进攻，在一个小时内就占领了抵抗微弱的绿滩。此时毛里斯·霍尔姆斯（Maurice Holmes）上校的陆战6团已经在登陆艇上等待了一天一夜，但是不敢贸然登陆以免重蹈陆战8团1营的覆辙。现在由于绿滩已被扫清，陆战6团1营和6辆M3轻型坦克于下午安全登陆。莱恩少校因为战斗中的得力指挥被授予海军十字勋章。

红二和红三滩头的情况则更加复杂。日军向两个滩头结合部的混凝土堡垒之间增派了不少机枪。于是，陆战8团只得成立攻击小组，以步机枪火力掩护爆破小组和火焰喷射手慢慢抵近日军堡垒将其摧毁，进展十分缓慢。不过，在红二、红三滩头交界处的日军三座大型工事击退了陆战8团进攻。日军甚至于下午以1辆95式坦克带领步兵向滩头发动反突击，但是最终因为美军37mm反坦克炮首发命中击毁95式坦克而失败。

尽管陆战2团1、2营向南的攻击逐渐失去了组织，但是其下属部队纷纷自行找到日军防线中的薄弱处，于14:00—15:00通过机场后重新集结，最终两个营于18:00控制了小岛南岸，出人意料地取得了重大突破。经过一天激战，美军增援部队成功登岛并且撕裂了日军防线。尽管日军仍然在堡垒中进行着疯狂的抵抗，但是此时塔拉瓦之战胜负已定，美军的胜利成了一个时间问题。瓜岛埃德森岭之战的美国英雄、现在的陆战二师参谋长梅里特·埃德森上校也在当天傍晚登陆，全面接管指挥。

时至今日，红二和红三滩头后方还留存有不少日军大型混凝土堡垒。由于日军没有做纵深防御的准备，这些堡垒都没有射击口，只能由士兵从出入口向外开火。但是这些堡垒也十

陆战8团小心翼翼地扫清日军的滩头防御工事。

分坚固，很难被外部火力摧毁，当地人甚至在其中一个堡垒中找到一台日本的柴油发电机。经过今日基里巴斯海员培训中心学员的简单修理，这个"二战"的日本发电机居然仍然能够工作。可见日军堡垒之坚固和准备之充足。

代价高昂的扫尾：11月22日的战斗

战斗进入到了第三天，日军仅剩下数个孤立据点和岛东端阵地还在坚持抵抗。然而，将这些据点一个个扫除却并不容易，日本海军陆战队员决心战斗到最后一刻，带着尽可能多的"米国鬼畜"共赴地府。于是，美军继续以强大火力掩护攻击小组接近目标掩体、火力点或者碉堡，然后以手榴弹、炸药包、火焰喷射器将其消灭。

位于绿滩的陆战6团1营和占领了岛南岸的陆战2团在上午东西对进，最终在消灭了超过250名日军，在自身伤亡轻微的情况下于11:00会合，陆战6团3营也在同时从绿滩登陆。不过，在战斗中提供火力支援的M3轻型坦克和敞开顶盖的半履带式75mm自行火炮均遭到偷袭，有所损伤，M3坦克小口径的37mm主炮更是几乎毫无作为，陆战队甚至命令其退出战斗。但是无论如何，美军终于拿下了贝蒂欧岛西边的三角形区域。

同时，红二、红三滩头之间的三座日军工事已经阻击了陆战8团两整天。这三座工事包括一座金属火力点、一座大型半地下掩体和一座混凝土弹药库。11月21日早晨9:30，一发美国迫击炮弹终于击穿混凝土弹药库的薄弱处

陆战队员向残存日军占据的堡垒射击。

引发了大爆炸，将其彻底摧毁。随后，代号为"科罗拉多"的M4坦克也终于用穿甲弹击毁了金属火力点，只剩下一座大型半地下掩体还在抵抗。

进攻半地下掩体，照片中左数第四个身背火焰喷射器的就是伯尼曼本人。

这时，工兵中尉亚历山大·伯尼曼（Alexander Bonnyman）身背火焰喷射器率领21人的爆破队冲上了半地下掩体。眼看情况不妙的日军冲出掩体疯狂反扑，伯尼曼却沉着地用火焰喷射器向冲出掩体的日军喷射恐怖的火舌，打退了日军反扑。但是伯尼曼本人也在战斗中身亡，后来被追授荣誉勋章。深受伯尼曼鼓舞的陆战队员们迅速协助爆破队摧毁了掩体，日军在岛上最坚固的工事群终于被攻克，不过爆破队此时只剩下了13人。

中午11:55，师长史密斯少将也从绿滩登陆，与埃德森和肖普上校共同进行战术指挥。此时，乘胜追击的陆战8团已经控制了机场全部，陆战二师在岛上的兵力达到了7,000人，陆战第10炮兵团也全部登陆。残余的约1,000名日军则被封锁在狭窄的岛东端和散落各处的据点内，其中能够继续作战的仅剩区区几百人而已。

"万岁"冲锋

按照我的观察，贝蒂欧岛东端其实布满了各式各样的日军工事和堡垒。如果日军坚守到最后一刻，还能给美军造成更大伤亡，延长战役时间。然而，自知死期已到的日本陆战队员们却不愿意在堡垒中憋屈地死去。他们决定给这部血腥的戏剧制造一个高潮式的结局。

11月22日晚上19:30，正当陆战队员们在阵地上休息时，大约50名日军渗透进了美军防线与缺乏

准备的陆战队员们展开近距离混战，两个小时后才被消灭。23:00，陆战队老兵们终于听到了熟悉的"万岁"喊声——日军展开了"万岁"冲锋。其实日军兵分两路，佯攻部队高喊"万岁"对美军陆战6团A连发起冲锋，主攻部队则安静地摸向B连，但是均被美军发现并击退。不过，突如其来的冲锋造成了一定威胁，不少日军接近美军阵地，甚至几度和美军展开了激烈的肉搏战。不得不在黑夜中猛烈开火的美军机枪也纷纷暴露了位置。

11月23日凌晨3:00，最终的夜袭终于开始。顷刻之间，日军集中全部机枪同时向暴露了位置的美军机枪阵地开火，好在训练有素的美国陆战队员们迅速以手榴弹予以摧毁。凌晨4:00，日军主力300余人发动了最后的冲锋。陆战队立即向军舰发出"请求支援"的信号，后者及时发射照明弹照亮了战场。于是，陆战6团1营全部轻重火力一同开火，陆战10团的炮兵也展开地毯式炮击，将冲锋的日军炸成了段段残肢。即便如此，还是有少数日军冲入美军阵地展开白刃战，最后悉数被歼。在夜袭中，美军共40人阵亡、100人受伤，日军仅在阵地前方遗尸就

在废墟中战斗的美军 M1919 机枪组。

在掩体内自杀的日本海军陆战队员。

超过325具，实际阵亡人数据估计超过600人。

11月23日早晨9:00，经过一个小时的毁灭性轰炸后，陆战6团2营向岛东端展开了最后的进攻，以34人伤亡的代价消灭了450名日军，其中不少日军在最后时刻选择自杀。同时，陆战8团消灭了此前在海岸上给美军造成了巨大伤亡的全部日军火力点。13:00，随着陆战6团2营攻抵岛东端，贝蒂欧之战终于结束。

从11月24日开始，陆战6团2营逐个扫荡塔拉瓦环礁其他岛屿，其中在26—27日与布阿里基岛上的175名日军进行了激烈的丛林战，最终以32人阵亡、59人受伤的代价将其全歼。次日，塔拉瓦环礁被完全肃清。塔拉瓦之战的同时，第5两栖军侦察连也乘着"鹦鹉螺"号潜艇于11月21日登陆阿帕玛玛环礁，遭到日军23名守军的顽强抵抗。不可思议的是，就在美军一筹莫展之际，仅有5人阵亡的日本守军在24日晚竟然集体自杀，于是美军顺利占领了环礁，自身1人阵亡、2人受伤。

血腥的塔拉瓦：昂贵的教训

塔拉瓦战役的枪炮声终于沉寂了下来。在76小时的贝蒂欧血战中，美军以1,115人阵亡、失踪、2,292人受伤为代价消灭4,690名日本守军、俘虏146人，其中俘虏者多为朝鲜劳工。泻湖里的一具美军尸体随着海浪上下起伏。当塔拉瓦战役的影像照片和伤亡数字传到美国后，美国国内舆论一片哗然。大小媒体和各路专家们开始非议尼米兹的决策，甚至有愤怒的阵亡士兵家属言辞激烈地指责尼米兹为"杀人犯"，就连麦克阿瑟都趁机煽动，试图让参谋长联席会议彻底放弃中太平洋攻势，转而全力支持他的西南太平洋攻势。从此之后，塔拉瓦环礁始终被美国军队称为"血腥的塔拉瓦"（Bloody Tarawa）。

然而，此时已经担任陆战队总司令的范德格里夫特将军站了出来，向民众们解释道："塔拉瓦是一场从头到尾的突击。"的确，在日军重兵把守的塔拉瓦环礁上，陆战二师生生啃下来了这座号称牢不可破的海上要塞。或许最说明问题的就是在塔拉瓦之战的四位荣誉勋章获得者当中，除肖普上校以外的三人均为追授。陆战二师用鲜血迈出了中太平洋攻势艰难的第一步。正如尼米兹所说："塔拉瓦之战敲开了日军中太平洋防御的大门。"

同时，塔拉瓦之战给美军留下了无数珍贵的教训：美军高层掌握了登陆作战的要领，同时根据战场经验决定为部队配备更多火焰喷射器、全力生产LVT、加长炮火准备的时间。在坦克方面，美军的M3轻型坦克几乎毫无作为，M4中型坦克尽管损失惨重但是效果巨大，因此陆战队装甲兵加速换装中型坦克。这一切都将直接使得随后发动的马绍尔群岛战役大获成功、堪称完美。

战斗结束后尸横遍野的滩头。

　　然而，我认为塔拉瓦之战应该给世人一个更珍贵的教训。数千名人员在渺小的贝蒂欧岛上丢掉了性命，今天贝蒂欧岛上居住的人数都没有超过当年76小时内死在这里的人数。只有战争才会让这么多的年轻人如此轻易地死亡。和平比大部分人想象的更宝贵。

第十四章　突袭与强攻——两战马金环礁

另类精锐：第2突击营

埃文斯·卡尔森（Evans Carlson）少校是美国海军陆战队璀璨的军官队伍中最另类的一个。卡尔森从16岁开始在美国陆军服役，1922年放弃了陆军少尉军衔进入海军陆战队从列兵做起，在海内外四处服役一路晋升。然而，在陆战队高层眼中他又是个十足的刺头：1933年，他在守卫罗斯福总统别墅期间与总统的大儿子詹姆斯·罗斯福（James Roosevelt）建立了深厚的友谊，这让其他军官和上司对他十分嫉妒。后来，卡尔森在1937年被派往中国担任驻八路军的军事观察员，对八路军赞叹不已，回国之后更是处处公开呼吁美国政府支持八路军并对日本实施禁运，还批评国民政府腐败，甚至为此从陆战队退伍。

战争开始后，罗斯福命令陆战队成立两个突击营来突袭日军占据的岛屿。借助着与总统一家的私交，回归陆战队的卡尔森担任第2突击营营长，总统长子詹姆斯·罗斯福则担任营行政军官。在总统的亲自关照下，卡尔森挑选精锐士兵、换装最新的装备。他依照八路军的"三三制"班组战术将手下班组编为1名班长和3个火力小组（fireteam），每个小组有1把BAR自动步枪、1把汤普森冲锋枪、1把M1加兰德步枪。这样的步兵班组后来在整个海军陆战队中推广，直至今日还大体沿用。另外，他的营共有6个连，每个连只编有2个步兵排和1个重武器排。在具体带兵方面，他对于八路军的政工工作印象深刻，因此每周五晚上组织营会，所有官兵对于战局、政治等问题畅所欲言，强力推行官兵平等。他反复向士兵们强调"Gung-Ho"精神，Gung-Ho来自中文"工合"二字，是"工业合作社"的简称，但是被卡尔森引申成了"团队合作"的意思。后来"Gung-Ho"随着马金突袭战一炮而红，成为美国俚语文化的一部分。

卡尔森的第2突击营在1942年2月4日成军，经过3个月的艰苦训练后于5月2日离开西海岸，5月17日抵达夏威夷。值得一提的是，C连和D连在5月22日被紧急送往中途岛，后来在中途岛战役中参与了防空战斗。倘若一木支队真的登陆中途岛，就将遭遇这支部队的抗击。随着中途岛战役的胜利和罗斯福本人不断的催促，尼米兹终于同意派遣第2突击营进行突袭作战。因为各种原因排除了威克岛、提尼安岛、北海道、图拉吉岛和阿图岛之后，卡尔森选定了马金环礁作为目标。马金环礁位于吉尔伯特群岛北部，其主岛是西南侧的布塔里塔里岛。1941年12月10日，日本海军攻占了无人防御的马金环礁并在岛上派驻了71名士兵和4名平民，编为

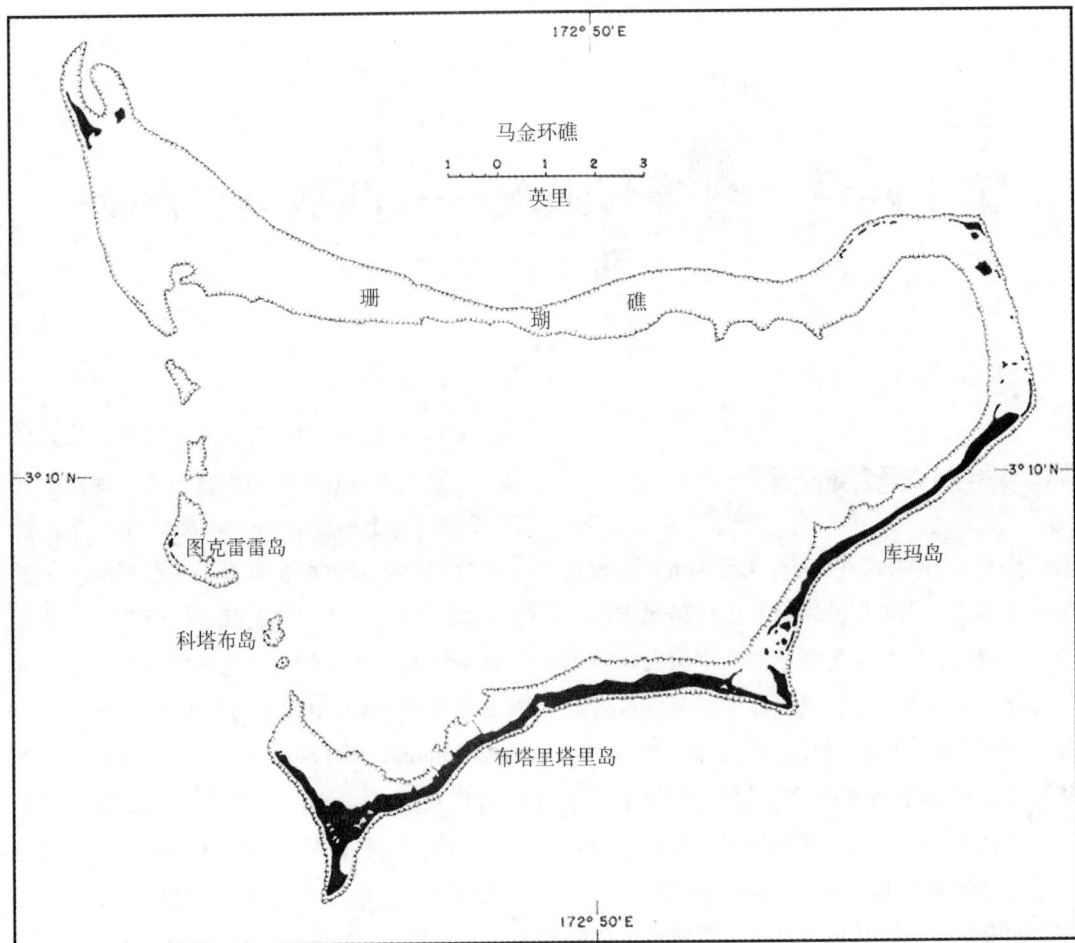

马金环礁，主岛是下方的布塔里塔里岛。

第62守备队，由金光久三郎兵曹长指挥。

布塔里塔里岛是个东西向的狭长小岛，其北边泻湖侧从东向西伸出四座码头，分别是政府码头（Government Wharf）、石码头（Stone Pier）、国王码头（King's Wharf）、昂冲码头（On Chong's Wharf）。卡尔森的计划是在岛南侧从潜艇上通过橡皮艇登陆，然后消灭岛上日军，摧毁设施，再通过橡皮艇返回潜艇撤退。不过，卡尔森面临着两个严重的问题：第一个是资源紧缺的太平洋舰队只能拨出"舡鱼"号（USS Argunaut）和"鹦鹉螺"号两艘潜艇用来突袭，因此卡尔森只能动用A连和B连的211名突击队员。另外，美军缺乏对岛上日军

兵力的准确估计，预判数字从50~350不等。过分谨慎的卡尔森选择相信后者，严重高估了日军兵力。但是无论如何，马金突袭战可谓万众瞩目，尼米兹也希望这场突袭能够让日军从瓜岛战役中分兵。在万众期待下，卡尔森和突击队员们乘坐着两艘潜艇从珍珠港驶向了马金环礁。

惊险突袭

1942年8月17日凌晨3:30，两艘潜艇在马金环礁的南侧浮出水面，突击队员们迅速为橡皮艇充气，准备借助夜色登陆。然而，由于巨大

的海浪和橡皮艇上马达的故障，突击队员们在5:00才终于在政府码头对面登陆。后来1把BAR自动步枪又在5:43走火，让行动丧失了突然性。即便如此，卡尔森还是在6:00命令突击队员们前进。岛上的原住民宣称日军主要集结在西边的昂冲码头附近，兵力80~150人。不久之后，威尔弗雷德·勒弗朗索瓦（Wilfred LeFrancois）少尉手下担任先头部队的A连1排就在岛中央的公路上突然遭遇了一辆飞驰而来的日军卡车，15~20名日军从卡车上鱼贯而出，但是迅速被美军密集的弹雨消灭。

双方越来越多的部队投入了作战，美军遭遇了日军轻机枪和狙击手的顽强抵抗。其中，日军接连不断地替换被击毙的机枪手使用一挺英制"刘易斯"轻机枪抵抗美军，以至于最后这挺机枪后面留下了10具日军尸体。就这样，美军先后依靠猛烈的火力消灭了日军4处机枪阵

地，但是仅A连2排就阵亡9人，其中大部分被躲藏在树上的日军狙击手打死。其中，克莱德·汤玛森（Clyde Thomason）中士起身指引美军火力时被日军命中身亡，后来被追授荣誉勋章。快到7:00的时候，突袭战进入了一个高潮，随着一声号响，日军高喊着"万岁"端着刺刀冲向了美军，结果几乎全部被美军击毙，美军3人阵亡。不久之后，日军故技重施，结果大部被歼灭。等到7:00，日军的有组织抵抗已经崩溃。

与此同时，奥斯卡·皮特罗斯（Oscar Peatross）中尉与12名突击队员的经历则更加非凡。由于没有收到改变登陆地点的命令，这支小分队乘着一艘橡皮艇独自在岛的西南部上岸，身处日军后方。但是皮特罗斯立即下令向前进发，先后消灭了1名兵营外的日军、3名骑着自行车的日军通讯兵，以及指挥部外毫无防备的日军指挥官金光久三郎。后来，这支分队

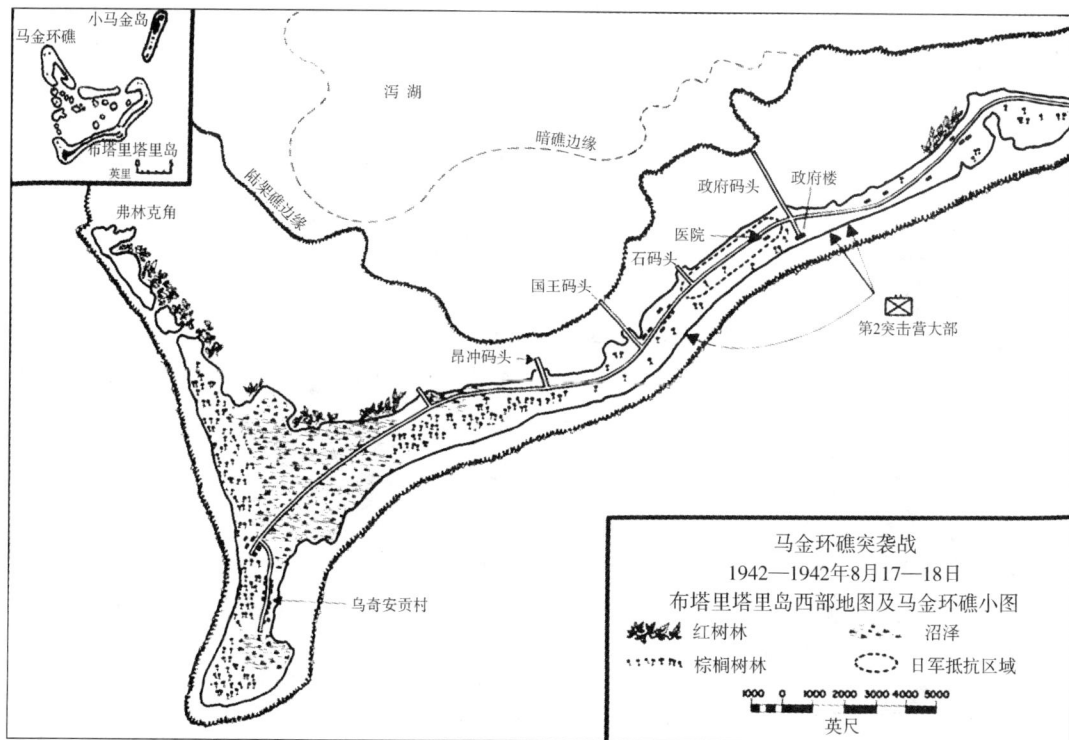

马金环礁突袭战的大体情况。

遭到日军一挺轻机枪阻击，结果弗农·卡斯尔（Vernon Castle）下士在身中数弹的情况下继续挺进，以一枚手雷炸死了机枪手和两名副射手，自己却因伤牺牲。其余突击队员以2人阵亡的代价打死了2名日军步枪兵。因为大部队迟迟不来，皮特罗斯命令手下摧毁了面前的全部日军装备，最后在19:45返回"鹦鹉螺"号潜艇。令他惊讶的是，卡尔森和其他突击队员还一个也没有回来。

原来，卡尔森认为日军在岛上还有上百人因此不敢冒进，与树上的几个狙击手陷入了僵持。7:15，突击队员们发现泻湖中有两艘日本船正在靠近，幸好"鹦鹉螺"号潜艇及时支援，以46发炮弹击沉了两艘船，突击队员们声称大概60名日军溺亡。中午，日本飞机数次展开空袭，但是没有取得命中，随后一架97式水上飞艇和一架零式水观在14:30降落。美军以轻机枪和2把博伊斯反坦克枪展开了猛烈攻击，将两架飞机击落。至此，美军以18人阵亡、20人受伤的代价消灭了岛上的大部分日军，还粉碎了日军的增援企图。

19:00，卡尔森带着疲惫不堪的突击队员们到达了还算风平浪静的海滩，准备返回潜艇。然而，海浪突然开始猛烈地拍打海滩，突击队员反复推着橡皮艇冲入海浪中，却一次次被大浪拍回到海滩上。等到半夜，仅有半

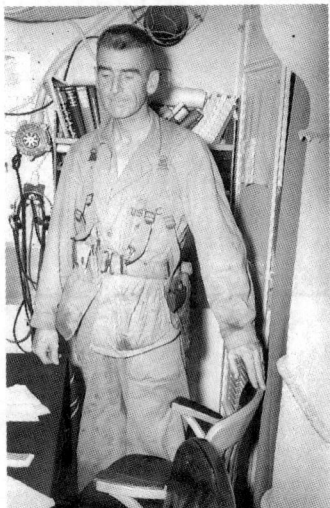

马金环礁突袭战结束后的卡尔森。

数突击队员返回潜艇，剩余人员均被困滩头，而且基本在海水中丢光了武器，士气跌入谷底，甚至许多突击队员开始埋头大哭。

雪上加霜的是，后卫部队在23:00打死了3名日军残兵，一直高估日军人数的卡尔森因此以为自己陷入了绝境。此时，他做出了不可思议的决定：他命令传令兵找到日军指挥官商议投降！不过，接到了投降信、一脸迷茫的日军士兵被不明真相的其他突击队员打死，这个投降企图无疾而终。次日早晨，重拾信心的卡尔森继续组织撤退。9:00，靠近海岸的潜艇遭到日军空袭被迫下潜，为了提高士气，卡尔森带着突击队员们向日军方向巡逻，结果击毙日军一人并且摧毁了日军的无线电基站。最终，突击队员们在18:00重新联系到了潜艇，剩余72人在23:08全部登上潜水艇踏上归程。

8月25日，当两艘潜艇驶入珍珠港时卡尔森和他的突击队员们已经成为国家英雄，港中的每一艘军舰都向突击队员们致敬，就连尼米

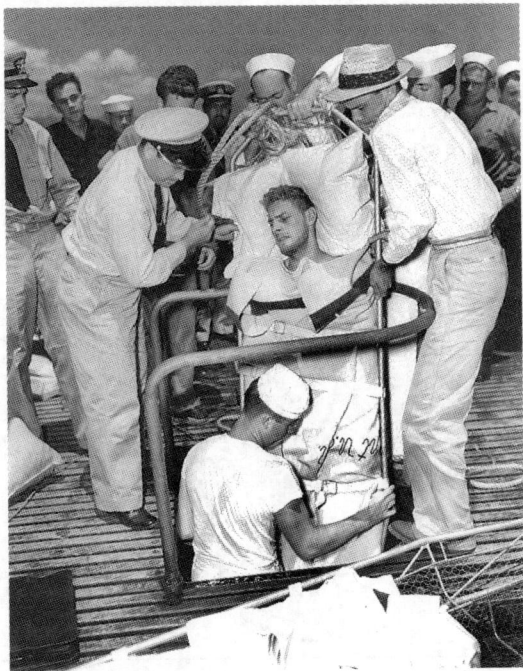

一名受伤的突击队员从"舡鱼"号潜艇中被抬出来。

兹本人都前来接风。自然，卡尔森的"投降事件"被压了下去，参与行动者一共被授予了23枚海军十字勋章和一枚荣誉勋章，其中尼米兹对于皮特罗斯中尉的表现尤其折服，亲自为其授勋。

但是卡尔森不知道的是，他们在混乱中留下了9名突击队员被日军俘虏，后来被日军斩首杀害。这样一来，美军的总损失为18人阵亡、3人失踪、9人被杀害、17人受伤，日军守备队的死亡人数则是46人，另外两艘船和两艘水上飞机被摧毁，伤亡人数不详。

尽管在事实上马金环礁突袭战差点演变成一场灾难，也没能实现牵制日军兵力的目的，但是在急需胜利的战争初期，第2突击营成了美国新闻界和民众的宠儿。这场突袭战甚至在1944年被拍成了名为《Gung-Ho》的电影，卡尔森本人担任指导。后来，第2突击营在瓜岛战役中表现出色，尤其是在11月对撤退中的日军第2师团围追堵截，展开了一场卡尔森梦寐以求的丛林游击战，最后以16死19伤的代价消灭了488名日军。不过，卡尔森在1943年3月成为第1突击团执行军官，失去了带兵实权，第2突击营也被整编成了一支循规蹈矩的部队。突击营再也没有发动任何突袭战，以至于最后在1944年，4个突击营全部被改编为普通步兵营，成为陆战6师的基石。

重返马金

等到美军高层再次将目光投向马金环礁时已经是一年后的1943年9月。此时的太平洋战争局势已经发生了质的逆转，美军不再需要突袭这种小打小闹来骚扰日军，而是准备展开气势如虹的中太平洋越洋攻势。这场巨大攻势的第一步是代号为"电流"行动的吉尔伯特群岛战役。行动的两个组成部分分别是陆战二师对塔拉瓦环礁著名的血腥攻坚和陆军第27师对马金环礁的攻坚战。

此时，由于吉尔伯特群岛已经成为了美军随时进攻的目标，日军在岛上的兵力加强到了806人，其中284名步兵属于日本海军陆战队第三特别根据地队马金环礁分遣队，藤野齐助中尉担任队长。日军集结在昂冲码头和石码头中间的狭窄区域内，分别在东西两边各挖了一道反坦克壕沟。西反坦克壕沟宽3.5米、深1.5米，后方是一道1.5米高的叶子树干障碍墙。日军在这里设置了1处反坦克炮阵地、1座混凝土碉堡、6座机枪阵地、50个步枪阵地。东侧反坦克壕沟与西侧的几乎相同，背后是4处反坦克炮阵地、3座碉堡、6座机枪阵地和43个步枪阵地。防区中部北侧泻湖方向共有3门三式80mm高射炮和几挺机枪，南侧海岸方向的防御则更加密集，包括3门三式80mm高射炮、3门反坦克炮、10挺机枪和85个步枪阵地。最后，日军在岛中央设置了不少机枪、步枪阵地，还在这里部署了1门92式步兵炮和2辆95式轻型坦克。

吸取了马金环礁突袭战教训的美军这次决定避开风浪严重的布塔里塔里岛南岸，以第165团1、3营分别在岛西岸的红一、红二滩头登陆。随后，第2营将乘坐登陆艇进入泻湖，于北侧昂冲码头和国王码头之间的黄色滩头登陆，与另外两营合围岛西侧的日军。每个营都获得了16辆LVT两栖登陆车，而且第105团3营也被拆分加强给第165团的3个营。按照计划，红色滩头的登陆将在11月20日早晨8:30展开，黄色滩头的登陆则将在两个小时后进行。这次，美军的登陆部队总人数高达6,470人，由第27师师长拉尔夫·史密斯少将指挥，与卡尔森一年前的小打小闹不可同日而语。

有惊无险的登陆

随着登陆日临近，美国陆军航空兵第7航空队从11月13日开始对吉尔伯特群岛的日军目标展开接连不断的轰炸。11月20日早晨6:17，"利斯康姆"湾号（USS Liscome Bay）、"珊瑚海"号（USS Coral Sea）、"科雷吉多"号护航航母上的舰载机开始轰炸布塔里塔里岛，尤其集中火力攻击三处登陆滩头和西反坦克壕。

6:40，"宾夕法尼亚"号、"新墨西哥"号（USS New Mexico）、"密西西比"号（USS Mississippi）、"爱达荷"号（USS Idaho）战列舰和几艘巡洋舰也对马金环礁发出了怒吼。这样猛烈的炮火十分有效，黄滩区域的3门80mm高射炮和2辆95式坦克都受到了重创，后来美军

在黄滩区域找到的41具日军尸体中有25具死于爆炸冲击波，在西反坦克壕区域也发现了62具日军尸体。

从8:29到8:40，美军第1营、3营的第一波登陆部队在红滩登陆。尽管日军在这里几乎没有进行任何抵抗，美军的登陆还是因为恶劣的地形陷入了麻烦。其中红一滩头不仅十分狭窄还遍布尖锐的礁石，因此后续登陆艇涌向红二滩头造成了堵塞。因为恶劣的地形、被美军轰炸得一片狼藉的树林、缺乏经验造成的混乱和陆军一贯小心翼翼的战术，美军在10:55才抵达事先制定的滩头目标线，控制岛的西端。第193坦克营的8辆M3斯图亚特轻型坦克随后顺利登陆。

按照计划，"菲尔普斯"号和"迈克唐纳"号（USS MacDonough）驱逐舰在10:15驶入

美军 F6F 战斗机空袭布塔里塔里岛。

泻湖，向黄滩倾泻了720枚5英寸炮弹，几乎荡平了日军的防御工事。随后，第2营在16辆LVT的带领下于10:41驶向滩头，仅仅受到了昂冲码头和国王码头两个方向有限的机枪火力攻击。2辆LVT被日军零星的炮火摧毁，造成美军5死12伤，另有1辆LVT居然在登陆后失去了控制一路向南驶去，就在抵达海岸之前陷入坑里，车上2人阵亡。

　　另外，黄滩水中的暗礁也十分密集，第2营的大部分士兵们只能跳入水中涉水通过最后200米上岸。但是不同于此时此刻在贝蒂欧的暗礁上陆战二师遭到的屠杀，第2营仅有3人阵亡。相比之下，马金环礁的登陆可谓有惊无险。第193坦克营主力17辆M3李式中型坦克和5辆M3斯图亚特轻型坦克也随即顺利登陆。

夹击西反坦克壕

　　成功登陆的第2营从12:10开始向西从背后攻击西反坦克壕，与正面的第1、第3营前后夹击。很快日军右翼被美军5辆中型坦克压制，其守军于13:30被包围歼灭。然而，日军在中央区域的抵抗十分坚决，美军第一次攻击就遭到了8死6伤的惨重伤亡。这里日军抵抗的核心是一座地下堡垒，后来被美军工程兵以TNT爆破、里面12名守军被炸死。

　　继续推进的美军又遭到了碉堡和4挺机枪的顽强抵抗而无法继续前进。不过，美军步兵和坦克同时对日军左翼展开了攻击，挨

马金环礁之战最著名的照片：士兵们涉水登上黄色滩头。

个消灭日军的火力点。美军坦克更是一举突破了西反坦克壕，在16:00与来自西方滩头的轻型坦克会合。最后，美军4辆M3中型坦克以37mm和75mm炮同时开火，摧垮了日军防线中央的抵抗，最终在16:50肃清了整个西反坦克壕。

　　同时，第1营从12:30也开始从西边向西反坦克壕推进，但是在弹坑和树林中日军狙击手的阻挠下进展缓慢。美军士兵陷入混乱，无法区分日军零星的冷枪和坚决的抵抗。14:55，美军遭受了当天最严重的损失——岛上美军最高指挥官、第165团团长加德纳·康罗伊（Gardiner Conroy）上校看到部队受阻，于是不顾劝阻前

航拍镜头下的西反坦克壕。

日军的狙击手迫使美军频频暂停进攻、寻找掩护。

往前线指挥，结果被一挺隐藏在树林中的刘易斯轻机枪正中眉心当场阵亡。最终，第1营用手榴弹清除了日军火力点，在西反坦克壕与第2营会合。

美军夹击西反坦克壕的同时，第2营E连和第105团Z支队从黄滩向南扫荡，以3死1伤的代价消灭了日军1处机枪阵地和10名日军后抵达南侧海岸。E连2排却在东边碰上了钉子，日军在这里建立了一处机枪阵地，还挖了一条地道。正午12:00，日军突然冲出地道，以刺刀刺死美军2人、刺伤1人，同时机枪阵地压制了美军的强攻。终于，美军工兵于16:00在M3轻型坦克的支援下爆破了日军阵地和坑道。在D日的战斗中，第105炮兵营（装备105mm榴弹炮）迅速登陆，随后在黄滩东边建立了一道炮火之墙，使岛东部的日军部队无法投入战斗。

16:30，第27师师长史密斯少将登陆并接手指挥。第一天的战况总体比较顺利，除了少数狙击手以外，美军已经肃清了岛西端到中央的区域。美军对西反坦克壕的突破也敲碎了日军的主要防御圈，大部分日军炮手更是丢下重型武器逃向岛东边。美军共25人阵亡、62人受伤。不过，随着夜幕降临，善于夜战的日军给第27师的新兵们带来了不小压力，使后者胡乱射击，造成不少误伤事故。同时，日军在美军后方设立了7处机枪阵地，还伏击杀死了3名美国坦克手。

东进与胜利

11月21日清晨7:00，美军第105炮兵营的9门105mm榴弹炮对日军阵地猛烈开火，一直到8:20才暂停射击，之后又从9:45炮击到10:10，一共

美军M3中型坦克在海滩上炮击废船壳。

发射了783枚炮弹。不过，美军左翼出乎意料地遭到了攻击。日军趁夜将数挺机枪送上了昂冲码头附近的2艘废船船壳和水上飞机残骸中猛烈扫射美军侧翼。于是，美军调集4辆M3中型坦克、火炮和舰载机反复轰炸废船壳才最终压制了日军，消灭了18名日军。

11:10，美军在10辆M3中型坦克的带领下展开了进攻。日军的主要防御阵地位于国王码头下方，包括一系列步枪、机枪阵地和一座地下指挥部。另外，日军在南侧海岸边还有3门80mm高射炮和一挺双联13mm高射机枪。此时的美军已经完善了一套消灭日军火力点的战术——由坦克、机枪和BAR从正面压制敌军，然后步兵从两侧包抄，掩护工兵靠近火力点，用TNT实施爆破。就这样，美军在当天12:00—14:00持续推进，占领了大部分日军建筑物和设施，并且摧毁了日军在岛中部的防御。

不过，谨慎的美军并未继续推进，而是在石码头下方挖掘散兵坑转入防御。当晚，日军的偷袭效果远不如昨天，未能在美军的阵线上

黄色海滩上的日军80mm高射炮和水上飞机残骸，日军一度从水上飞机残骸中向美军侧翼开火，因此这个残骸被炸得满目疮痍。

取得突破。11月22日早晨7:00，美军炮兵再次以长达80分钟的炮击拉开了进攻的序幕。前一天，美军缴获了日军机枪阵地部署的地图，因此得以准确压制并摧毁这些火力点。

9:45，美军步兵在坦克的支援下对东反坦克壕展开了进攻。尽管东反坦克壕是日军最主要的防御地带之一，但是美军强大的炮火早在步兵靠近前就已经摧毁了东反坦克壕阵地。美军坦克轻松于10:42跨越了反坦克壕，跟进的第3营更是在13:14之前就消灭、俘虏了45名日军，自身没有损失，还在掩体中发现了日军的2辆95式坦克（根本未能开出掩体参加战斗），并且缴获了2门37mm反坦克炮和1门92式步兵炮。总之，当天美军以6死17伤的代价前进了4.8公里，消灭100名日军、俘虏99人（绝大部分是朝鲜劳工）。另外，第105团M连在14:00在布塔里塔里岛东边的库玛岛（Kuma Island）登陆，切断了日军的退路。

从战术上讲，马金环礁之战已经结束：日军的主要防御地带已经完全被美军占领，守军的大部分也被消灭。事实上，里奇蒙·特纳海军少将已经在当天下午宣布占领马金环礁。当晚，第3营负责守卫前线，但是因为连日作战的疲惫和对战局的过分乐观，士兵们只挖掘了很浅的散兵坑，而且机枪部署也非常草率。

随着夜幕降临，日军幸存的部队开始对美军前线展开渗透，而且还十分无耻地强迫岛民走在前面试图蒙混过关。好在美军哨兵发现了后面的日军，立即以子弹劈头盖脸地向日军砸去。偷袭不成的日军展开强攻，一度与美军展开了手榴弹对战甚至肉搏

第 27 师师长拉尔夫·史密斯少将。陆战队和海军对他的表现十分不满，为后来塞班岛战役中争议巨大的战场解职留下了伏笔。

战，后方残存的机枪也与美军机枪展开对射。据美军战史记载，日军在战斗前喝了大量清酒，在醉酒的情况下疯狂发动冲锋，因此美军士兵们将这晚的战斗称为"清酒之夜"（Night of Saki）。在一夜的战斗中，美军共有3人阵亡、25人受伤，日军仅仅在美军阵地前就留下了51具尸体，后方更不计其数。

11月23日，美军在坦克的支援下扫清了最后躲在树林里放冷枪的日军狙击手，于10:30抵达了布塔里塔里岛最东端。尽管之后数日内美军巡逻队还是屡屡与日军残兵进行交火，马金环礁之战终告结束。在战斗中，美国陆军共有58人阵亡、150人战伤，还有35人因为非战斗原因受伤，日军的损失则是395具尸体被发现，17名士兵和129名朝鲜劳工被俘，剩余人员失踪。

美国陆军相对较低的战斗伤亡来自于美军小心翼翼的缓慢进攻，但是这并不意味着总损失就能减少：因为陆军的缓慢进展，海军付出了高昂的代价。

在战斗的第一天，"密西西比"号战列舰炮塔意外爆炸，40人阵亡、9人受伤，"利斯康姆湾"号护航航母则在11月24日凌晨5:10被日军"伊-175"号潜艇击沉，舰上702人阵亡、257人获救。此外，美国海军航空兵一共损失了63架飞机，代价可谓巨大。对于这样的结果美国海军自然是大为不满，第5两栖军军长霍兰德·史密斯少将更是认为第27师师长拉尔夫·史密斯少将的表现非常糟糕，这为后来塞班岛战役中争议巨大的战场撤职埋下了伏笔。美国陆军出于减少伤亡的考虑稳扎稳打却因此拖长战役时间，造成海军伤亡的情况也屡屡出现，成了两个军种在太平洋战争中矛盾的主要原因之一。

无论如何，马金环礁终于落入了美军手中，吉尔伯特群岛战役以美军的胜利告终，美军迈出了中太平洋攻势艰难的第一步。不久之后，美军的中太平洋利剑就将指向马绍尔群岛，获得一场中太平洋攻势中最接近完美的胜利。

第十五章　出敌不意的"燧发枪"——夸贾林环礁之战

"遂发枪"上膛

随着吉尔伯特群岛失守，日军意识到美军的下一个目标必然是马绍尔群岛。然而，兵力短缺的日军必须在马绍尔群岛多达32个环礁之间分配兵力。其中，有军事价值的包括南边的贾卢伊特环礁、东南的米莱环礁、东边的马洛依拉普环礁和沃特杰环礁、西南侧的库萨耶岛

（Kusaie）、中心的夸贾林环礁以及西北方向的埃尼威托克环礁（Eniwetok Atoll）。马绍尔群岛自从战前就由日本托管，因此马绍尔之战将是战争进行了两年之后盟军第一次对战前的日本领土展开进攻。

从地理上讲，夸贾林环礁无疑是整个马绍尔群岛的核心，其北边的罗伊岛更是日军主要机场的所在。因此，秋山门造少将的海军陆战队第6根据地队司令部就位于夸贾林环礁。然

马绍尔群岛诸环礁，夸贾林位于正中间，插着小旗的是有日军防御的环礁。

而，秋山认为美军会按部就班地首先攻击外侧环礁，因此仅将手下28,000人当中的8,000人留在夸贾林环礁，其中大部分还是非战斗部队，工事建筑材料也优先分配给其他环礁。1944年1月10日抵达的陆军海上机动第1旅团也没有被用来增援夸贾林环礁，而是部分拆分增援至外围环礁，主力留守埃尼威托克环礁。

秋山门造的防御部署不无道理，美军本来也的确计划首先攻取沃特杰环礁和马洛依拉普环礁。不过，经历了"血腥塔拉瓦"的尼米兹决定竭力避免这样的强攻，因此他提议直取夸贾林环礁。这一提议建立在美军情报部门对日军兵力部署准确估计之上，直取夸贾林能够实现避实击虚的效果。然而，这一计划遭到了斯普鲁恩斯、特纳等将领的反对，他们认为在吉

尔伯特群岛战役中美国海军遭受日军航空兵偷袭、死亡人数近千，现在夸贾林环礁离日本联合舰队的基地特鲁克仅有1,700公里，尼米兹的计划等同于一头扎进防卫森严的马绍尔环礁正中央，非常冒险。然而太平洋战区指挥官尼米兹决心已定，正式在1943年12月7日将新计划命名为"遂发枪2号"（Flintlock II），并且将行动日期定为1944年1月31日。

按照计划，第5两栖舰队司令里奇蒙·凯利·特纳少将和第5两栖军军长霍兰德·史密斯少将在第5舰队司令斯普鲁恩斯的总体指挥下负责登陆行动。成军不久的陆战4师负责攻占夸贾林环礁北部的罗伊-纳摩岛（Roi-Namur），阿图岛战役的老熟人陆军第7步兵师负责攻占夸贾林环礁南部的夸贾林岛，第27师106团和陆战队独立

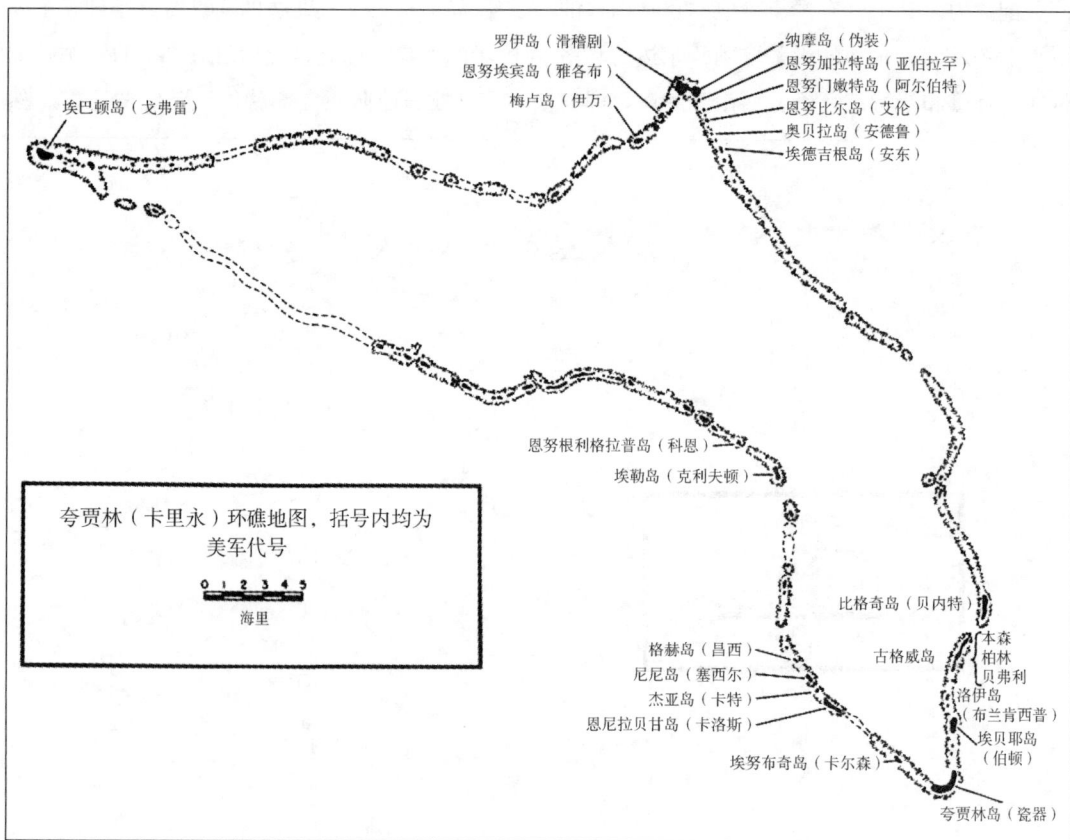

主要目标夸贾林环礁。注意上面的罗伊-纳摩岛和右下角的夸贾林岛。

第22团担任预备队并且负责占领无人防御的马朱罗环礁（Majuro Atoll）。由此，尼米兹将上膛的"燧发枪"大胆伸出，抵住了秋山门造的心脏。

序战：夺取垫脚石

为了实现这样冒险的计划，美国海空实力从12月4日开始对马绍尔群岛展开了高强度攻击。部署在吉尔伯特群岛的第7航空队负责轰炸贾卢伊特、米莱，中途岛的美国航空兵全力攻击威克岛，美国航母和水面舰艇则先后攻击了剩余的主要环礁，包括夸贾林。12月4日当天，日军轻巡洋舰"长良""五十铃"均被重创，4艘运输船被击沉，10架飞机被摧毁在夸贾林机场上，另有19架飞机在罗伊岛被击毁。

之后的两个月内，美军几乎不停歇地攻击这些岛屿，直到1月29日美军航母编队再次重返马绍尔对各环礁挨个点名。部署在罗伊岛的20架日军零战有11架升空后几分钟内就被摧毁，剩下的9架逃之夭夭。至此，马绍尔群岛的日军海空实力已经被消灭殆尽，根本无法威胁驶入马绍尔群岛的美军舰队。

此外，美军在这次行动中别出心裁地进行了至关重要的战术创新：进行主要登陆之前优先夺取罗伊-纳摩岛旁边的5座微型岛屿和夸贾林旁边的4座微型岛屿，从而在上面部署炮兵支援次日的主要登陆作战。因此，美军在1944年1月31日，也就是"D日"首先进行了这一系列的小规模夺岛战斗。

代号"伊万"（Ivan）和"雅各布"（Jacob）的两座小岛位于罗伊-纳摩西南侧，上面并无日军防御，因此被美军陆战4师25团1营轻松夺取。这支部队有幸成为美国海军陆战队第一支攻占日本战前领土的部队。另外，在夺岛期间，位于罗伊岛上的日军5英寸海岸炮开火骚扰，结果被"菲尔普斯"号驱逐舰彻底摧毁。同时，2营、3营夺取了罗伊-纳摩东南侧的"亚伯拉罕"（Abraham）、"阿尔伯特"（Albert）和"艾伦"（Allen）三座岛屿。其中，艾伦岛上的日军无线电基站被美军炮火直接炸塌，三座岛上约40名日军负隅顽抗，但是在美军强大火力的打击下被悉数歼灭，美军共

这架日本九七舰攻在12月4日发动反击时被美军防空炮火打爆。

被击中的日本商船。舰载机来自"列克星敦"号航母。

1月末遭到美国舰载机轰炸的罗伊岛，可见弹着点十分密集。

伤亡16人。攻击得手之后，陆战队第14炮兵团的4个营（3个装备75mm榴弹炮、1个装备105mm榴弹炮）先后上岛，开始炮击罗伊-纳摩岛。

同时，第7步兵师111团也对夸贾林岛西北侧的"塞西尔"（Cecil）、"卡特"（Carter）、"卡洛斯"（Carlos）和"卡尔森"（Carlson）四岛展开了进攻。这些行动基本都很顺利，只有负责进攻塞西尔的第7侦察排错误地于6:00登上了另一座135名日军把守的小岛，直到11:45才重新组织登陆占领了无人防御的塞西尔。总之，美军共击毙34名日军、俘

虏25人（大部分为朝鲜劳工），随后迅速将第31、第48、第49、第57炮兵营的105mm榴弹炮和第145炮兵营的155mm榴弹炮送到了四座岛上。

当天第27师106团2营也占领了几乎无人防御的马朱罗环礁，其泻湖给美国海军提供了一处安全的避风港。总之，美军在D日当天成功占领了全部9座目标岛屿，炮兵迅速就位并且开始向主要目标倾泻炮弹。尽管在这些登陆作战中出现了严重的混乱，例如LVT就位不及时，但这一系列登陆战也让美军提前意识到了这些问题从而迅速整改。

从周边小岛为夸贾林岛之战提供炮火支援的105mm榴弹炮。这一战术也获得了巨大成功，以至于美军后来在有条件的情况下一定优先夺取小岛建立炮兵阵地，毕竟，榴弹炮的火力持续性和准确性是舰炮不能比拟的。

同日，美国海军也亮出巨炮对两个主要目标展开了长达一整天的轰击："田纳西""科罗拉多""马里兰"号战列舰、5艘巡洋舰、4艘驱逐舰负责罗伊-纳摩岛，"爱达荷""宾夕法尼亚""新墨西哥""密西西比"号战列舰、3艘重巡洋舰和7艘驱逐舰负责夸贾林。在这一天的炮轰中，三座目标岛屿被炸得一片狼藉，纳摩岛上更是燃起了大火。负责北部炮火支援的理查德·康诺利（Richard Conolly）少将因为数次命令手

"抵近"康诺利（左）与陆战4师师长施密特少将。

下的巨舰"再抵近一些！"（Move really close-in）而被陆战队员们尊称为"抵近"康诺利（Close-in Conolly）。

轻取罗伊岛

北侧的主要攻击目标是连在一起的罗伊-纳摩两座方形岛屿，日军共有海军第24航空战队的1,500名航空人员、第61警备队下属圆山部队500名步兵、1,000名后勤、建设部队。这3,000人由第24航空战队司令山田道行少将统一指挥。他手中的重武器和工事仅有2座双联127mm海岸炮炮台、2门94式37mm反坦克炮、28门20mm或13mm高射炮、19挺重机枪、4座大型混凝土堡垒和不少战壕、散兵坑、机枪掷弹筒阵地。然而，这些防御工事大部分都面对北侧（大海一侧）而且施工质量非常低劣，无法与

塔拉瓦环礁上坚固的工事相提并论。

陆战4师师长哈里·施密特（Harry Schmidt）派出路易斯·琼斯（Louis Jones）上校的陆战23团进攻西边的罗伊岛，富兰克林·哈特（Franklin Hart）上校的陆战24团进攻东边的纳摩岛。美军的登陆滩头均被选在风平浪静而且日军防御薄弱的泻湖侧（南侧），滩头代号分别为"红-2""红-3""绿-1""绿-2"。另外，陆战2师获得了240辆LVT-2两栖登陆车和75辆安装了37mm炮塔的LVT(A)-1两栖坦克。由此可见美军充分汲取了塔拉瓦之战的教训，配备了充足的LVT以避免陆战队员们涉水上岸的情况。

1月31日晚，美军由于组织不善有6辆LVT因为燃料耗尽沉没，但是次日登陆作战还是如期展开。美军舰载机、火炮、军舰在7:10开始全速射击，而且不同于之前在塔拉瓦混乱的炮击，这次每艘军舰都被分配了一个具体区域进行精准打击。11:12，经过了数次推迟后陆战

23团率先发起了攻击。在向滩头进发的过程中，美军用登陆艇改装的LCI(G)火力支援艇和LVT(A)-1两栖坦克先后接force压制的任务，使得美军登陆过程中各种支援炮火几乎一刻不停且层次分明。

11:52，第2营和第1营分别在东西两个滩头平行登陆罗伊岛，惊喜地发现日军阵地早已被炮火摧毁殆尽，守岛日军根本无法在滩头组织任何有效抵抗，只有少数被炸懵的日军恍惚地走出工事然后死在美军的枪林弹雨中。最夸张的是美军F连区域里的每一座日军工事居然都遭到了美军舰炮的直接命中，可见美军火力准备之强度。M4坦克顺利在12:02登陆，随即向前进发。罗伊岛是日军机场的所在，因此整个岛上一马平川无遮无掩。于是，6辆美军坦克于13:38在没有命令的情况下一路推进到了岛东北角的"奈特环"（NAT Circle）阵地。在这里美军遭遇了日军的抵抗，但是缺乏反坦克武器的

罗伊岛上的陆战队员们小心翼翼地对一座混凝土堡垒发动突击。

日军拿M4坦克毫无办法，缺乏步兵支援的美国坦克一时间也消灭不掉躲在建筑物残骸中的日军。于是，琼斯上校命令所有部队在14:45撤回"0-1"目标线，然后以猛烈的炮火轰击日军暴露的抵抗阵地。

15:30，再次出发的美军坦克迅速抵达"奈特环"，同时左翼的第1营也在16:00顺利推进，等到16:42，岛上的全部日军已经被封锁在了岛西北角的"诺伯特环"（Norbert Circle）和东北角的"奈特环"。等到18:00，诺伯特环已被肃清，日军困守"奈特环"附近的3座土木碉堡、1座混凝土碉堡和空管大楼。美军的75mm半履带车连续开火击穿了混凝土碉堡的金属大门，工兵同时将炸药包扔进碉堡中引爆；37mm反坦克炮直射摧毁了3座土木碉堡，最终在18:02消灭

了有组织抵抗。不过，缺乏经验的美军在遭到机库顶上日军冷枪攻击后居然从各个方向疯狂射出3,000发子弹，误伤了3名陆战队员，好在军官们及时制止才没有酿成灾难。

纳摩岛血战

同时，陆战24团3营、2营于11:55分别在绿-1（西）、绿-2滩头（东）平行登陆纳摩岛。美军的登陆没有遭到像样的抵抗，因为日军滩头阵地早已被炮火荡平，而且前一天躲在指挥大楼里的山田道行和手下军官们被美军炮弹来了个一锅端，幸存的7名军官又在2月1日躲在同一座工事时被一起炸死。就像塔拉瓦之战一样，疏于防护指挥系统的日军从刚开始就陷入

美军LVT扑向纳摩岛的瞬间，注意岛上植被的密度。

了各自为战的境地。但是相比起一马平川的罗伊岛，纳摩岛是日军机场地勤人员的基地，建筑物众多，植被茂密。

战斗开始不久后，约翰·鲍威尔（John Power）中尉在受伤的情况下先用炸药包炸开了日军的堡垒然后毅然冲入其中消灭守敌，最后因伤身亡，被追授荣誉勋章。另外，美军一辆M5轻型坦克于13:00陷入弹坑，随后遭到蜂拥而上的日军连续两波冲锋，美军1名正在维修坦克的坦克手当场阵亡。然而，余下车组成员猛烈还击，附近美军也前来支援，最后30名日军被打死、2人被俘。无论如何，美军两个营均在下午抵达0-1目标线。

然而，纳摩岛的战斗注定没有那么轻松。

13:05，美军攻至一座日军堡垒时发现日本守军逃之夭夭。不明就里的美国工兵按照惯例将炸药包扔进了堡垒，孰不知里面塞满了鱼雷弹头。随着一声巨响，混凝土块腾空而起然后重重砸下，当场造成美军第2营20人阵亡、100人受伤。随后日军又主动引爆了两座堡垒，黑烟从纳摩岛上冲天而起。这三声巨响好像也唤醒了日军，抵抗从此刻开始愈发顽强，岛中央的三座碉堡更是疯狂向美军开火。

17:30，美军在M5轻型坦克和LVT(A)-1的带领下开始前进，坦克向躲藏在树林中的日军频频发射霰弹，打得一片片血肉模糊。不过，日军也以步枪、机枪、迫击炮、掷弹筒疯狂抵抗，更有一群日军冲上了一辆美军坦克然后在

纳摩岛鱼雷弹头的巨大爆炸（拍摄自罗伊岛），可见浓烟滚滚几乎笼罩全岛。

观察口处引爆手榴弹，造成车组2死2伤。美军M4中型坦克强行突至北岸，但是迫于没有步兵支援选择后撤。值得一提的是，当天理查德·索伦森（Richard Sorenson）中尉勇敢地扑向了一颗手雷，但是居然在爆炸中大难不死，活着荣获了荣誉勋章。

18:30，眼看天黑在即，哈特上校命令陆战24团转入防御，严防日军夜袭。缺乏经验的陆战队员们击退了日军的渗透企图，但是却造成了大量友军误伤事件，可见日军的夜间渗透可以给缺乏经验的部队巨大心理压力。次日清晨，日军以中队兵力对美军最左侧的I连发动了突袭，双方一度进入了肉搏战。美军陆战队员们在坦克的支援下立即反击，甚至推进了50米。

2月2日早晨9:00，哈特上校命令全团进攻。面对日军混凝土堡垒，美军M4坦克首先发射几发穿甲弹，然后再向打出来的凹槽连续发射高爆弹，直到炸出缺口。就这样，美军一个个扫清了日军堡垒，第3营在12:15抵达了纳摩岛最北端。右侧的第2营因为与坦克沟通失误直到10:05才发起进攻，但是迅速将剩余日军压制在了一道反坦克壕内。很快，美军坦克向两侧迂回、骑在壕沟上方向壕沟里倾泻机枪弹和霰弹，最后沟内的日军尸体堆了足足三层高。不过，阿奎拉·埃斯（Aquilla Dyess）中校也在当天身先士卒带领进攻时阵亡，被追授荣誉勋章，可见战况十分激烈。最终，陆战24团在14:18肃清

纳摩岛上的BAR自动步枪手，前面倒着一具日军尸体。

全岛的有组织抵抗，宣告战斗结束。

在罗伊-纳摩岛的战斗中，陆战4师共313人阵亡、502人受伤，日军3,472人阵亡、51名日军和40名朝鲜劳工被俘。对美军来说，这样漂亮的交换比主要来自猛烈且准确的火力准备。罗伊岛上陆战23团2营区域内的400具日军尸体当中250具明显死于炮击，可见美军炮火准备的巨大威力。不过，罗伊-纳摩岛之战有个血腥的尾声：2月12日凌晨2:49，14架日本水上飞机利用锡箔片干扰美军雷达发动突袭，摧毁了包括弹

不寻常的一幕——纳摩岛的一名日军决定投降。

药堆在内的众多目标，造成美军30死400伤。据说这是自从1941年12月以来美军地面目标遭到损失最为惨重的空袭。

强攻夸贾林岛

负责防御夸贾林岛和周边小岛的包括海军第6根据地队61警备队主力、海军特别陆战队1个暂编大队、陆军海上机动第1旅团2大队（指挥官阿苏太郎吉大佐）和其余非战斗部队共4,850人。夸贾林岛上备有2座双联127mm海岸炮台、2座三联80mm炮台、2座单座80mm炮台、5

门41式75mm山炮、2门94式37mm反坦克炮、15座混凝土碉堡、1座堡垒和数个射击阵地，共有11挺13mm重机枪、18挺92式7.7mm重机枪和许多轻机枪。另外，战壕几乎环绕整座小岛，后方还有3道反坦克壕沟和不少其他设施。咫尺之遥外的埃贝耶岛（Ebeye）上还有2门80mm火炮和数个混凝土堡垒、战壕等。夸贾林岛上的日军由马绍尔群岛总指挥官秋山门造少将亲自指挥。

查尔斯·柯莱特少将（Charles Corlett）的第7步兵师负责攻克夸贾林岛。整个岛呈新月形，从西南向东北弯曲，正中央是岛上的机场。稳

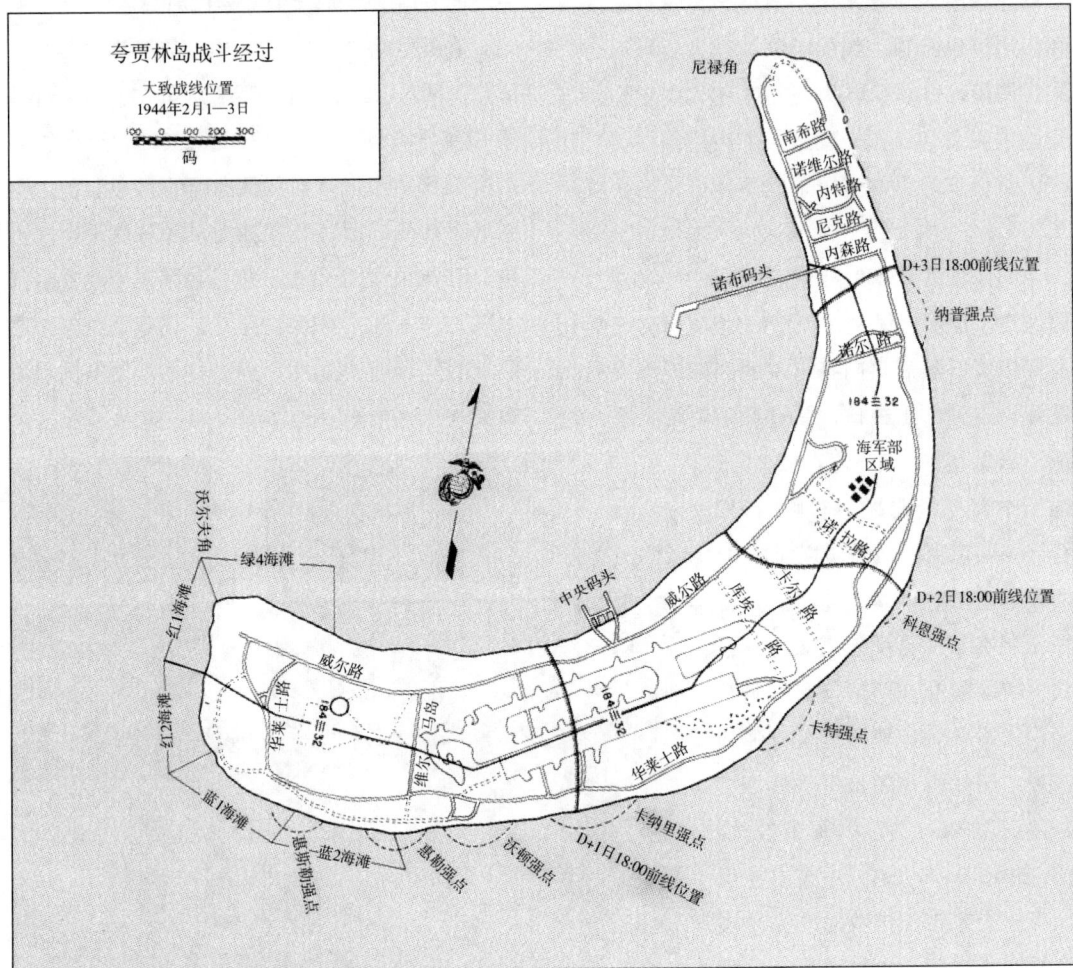

夸贾林岛，美军选择的登陆滩头是蓝-1和蓝-2，位于左下角。

妥的柯莱特选择在西南角的蓝-1（左）、蓝-2滩头（右）分别登陆第184和32团，然后沿着岛主轴慢慢向岛顶端推进。这个登陆计划巧妙地避开了日军冲着大海方向的坚固防御。第7师得到了95辆LVT-2两栖履带登陆车、79辆LVT(A)-1两栖坦克和100辆DUKW两栖轮式登陆车的支援。值得一提的是，第7师的作战参谋有幸在塔拉瓦之战后亲自前往贝蒂欧岛研究日军防御，整师更在夏威夷进行数次演练，可谓准备充分。

2月1日早晨9:30，LVT将登陆部队送上了早已被B-24轰炸机、临近小岛上的火炮、各种军舰炸得底朝天的滩头，未遭到任何抵抗。随后，第184团立即向岛西北角扫荡，从背后消灭了大约250名日军。其中，在进攻一座碉堡时，美军手榴弹、火焰喷射器、白磷手榴弹、步枪、LVT(A)的37mm炮先后上阵才消灭了日军十几名守军。

向东北方向平行推进的第184团3营和第32团1营抵达了机场，却遭到日军顽强抵抗。左侧的第184团3营被日军坚固的火力点压制，着火爆炸的航空燃油也阻挡了美军的前进；右

翼的第32团1营被日军挡在了代号为"卡纳里岬"（Canary Point）的火力点面前，最终被2营替换。等到17:00，美军终于在机场中央拉起了一道防线。此时美军已有6个步兵营、44辆M4中型坦克、18辆M5轻型坦克、5辆75mm半履带车成功登陆。尽管推进受阻，美军在当天以17死36伤的代价消灭了约500名日军、俘虏11人，交换比着实不错。不过，日军在夜间连续展开夜袭，最终在凌晨1:30精准地用掷弹筒炸毁了第184团3营的1挺重机枪，然后顺着这个缺口鱼贯而入，一度击退了美军第3营。不过，回过神来的美军迅速以左翼的重机枪火力将其阻止。第3营在遭受了14死54伤的代价后被第2营替换。

2月2日早晨7:00，美军榴弹炮和舰炮进行了15分钟的极速射击，然后美军第32团和184团的2营分别攻克了前一天挡在面前的日军阵地，之后在9:30左右攻占了整座机场。14:00，发现到日军顽强抵抗的美军对右侧的"科恩强点"（Corn Strongpoint）展开了一场教科书般的进攻。美军步兵首先在2个M4坦克排、2辆M5坦克和3辆M10坦克歼击车的支援下跨越反坦克壕，靠近了日军加强火力点。随后，步兵以精准的BAR、M1步枪火力压制日军射击孔，同时工兵靠近日军堡垒实施爆破，最后步兵向爆破取得的缺口内投掷手榴弹，使用火焰喷射器烧死残敌。就这样，美军竟然在没有伤亡的情况下消灭了100名日军。尽管推进距离不远，但是当天美军以11死、241伤的代价消灭了1,000~1,200名日军。不过，在卡尔森岛上执行支援任务的一门155mm榴弹炮

美军轻松的状态说明登陆并未遭到抵抗。

步兵掩护火焰喷射器以烈焰吞噬日军阵地。

因为发射过快炸膛，造成炮兵4死13伤。

2月3日，受到陆战队攻克罗伊-纳摩岛刺激的柯莱特少将命令部队加快进攻速度。于是新锐的第184团1营和32团3营在10分钟炮火准备后于7:15发起进攻。右边第32团的进攻十分顺利，左侧第184团却遭到了日军一系列半地下堡垒和混凝土碉堡的阻击。37mm反坦克炮对于这些坚固堡垒无法射穿毫无办法，坦克却迟迟不到，1个排在试图迂回时更是惨遭美军炮火误击，只得撤退。9:45，美军坦克终于抵达战场发动进攻，但是遍地瓦砾阻碍了美军进攻，步坦协调更是完全陷入混乱，最后这场进攻在12:30无疾而终。

眼看部队陷入了麻烦，柯莱特少将重新进行了部署。第184团1营负责继续正面进攻的同时，第2营将通过第32团的阵地发动侧翼进攻。13:30，这场进攻缓缓展开，一直到16:05第1营A连才在2辆M4和2辆M10的支援下向前进发，但是美军这次成功实现了榴弹炮、迫击炮、步兵、坦克、工兵的完美协同，最终在18:00攻克了日军阵地。在这天的战斗中，美军仅仅推进了1,000米，却以45死255伤的代价消灭了1,000名日军，其中200人死于一个巨型堡垒中，大部

分自杀。尽管美军未能完成在这天结束战斗的任务，但是日军的士气已然崩溃，当晚的反击更是在美军强大的炮火打击下化为灰烬。2月4日，美军发动总攻，此时日军的抵抗已经崩溃，于是第184团在14:35轻松攻抵夸贾林岛顶端。第32团2营从13:45开始负责对日军残余堡垒展开复杂的攻坚作战，直到19:20才最终肃清全岛。

"遂发枪"的胜利

同时，美军分别在2月2日和3日突击了之前错误登陆的小岛和埃贝耶岛。在前者的战斗中，美军用一发巴祖卡火箭弹摧毁了日军聚集的帐篷从而终结了日军的抵抗，以14伤的代价消灭65名日军。第17团对埃贝耶岛的进攻则更加复杂，日军在岛中央顽强抵抗，以至于2月3日当天美军被迫停止前进。2月4日早晨，5架海军SBD俯冲轰炸机准确地命中了日军的弹药库和机枪阵地，从而摧垮了日军的抵抗。最后，美军以7死82伤的代价消灭日军450人、俘虏7人。之后的几天内美军攻占了附近的全部小岛，以微小的代价消灭了超过400名日军。

总之，陆军第7师以173死793伤的代价消灭了4,938名日军、俘虏206人（其中79人是日军，其余是朝鲜劳工）。类似于罗伊-纳摩岛，夸贾林岛上50%~75%的日军也死于炮击和轰炸。至此，夸贾林环礁之战宣告结束。尼米兹的"遂发枪"行动大获成功，以极低的代价粉碎了日军的抵抗，控制了马绍尔群岛的核心。有趣的是，暴脾气的陆战队少将霍兰德·史密斯一向对陆军非常不满，最后在塞班岛解职拉尔夫·史密

炮击过后的夸贾林岛。可以说,美军毁灭性的炮火几乎击垮了日军的抵抗能力,是美军完胜的最重要原因,图中的混凝土工事被直接轰坍。

斯造成兵种矛盾大爆发。但是柯莱特同样是个狠角色,放言只要史密斯敢登上夸贾林干预他指挥,那就一定要把史密斯送上军事法庭。结果,柯莱特反而成了史密斯唯一一个在回忆录里没有骂过的手下陆军将领,当然这主要还是因为第7师老兵们的卓越表现。

这次行动堪称完美,尼米兹的计划实现了突然性;提前控制周边岛屿保障了火力支援持续性;连续且准确的海军火力给日军造成了毁灭性打击以至于日军完全未能组织起来滩头防御;各类特殊火力支援装备层层掩护登陆部队;充足的LVT避免了环礁的阻碍;登陆后的

陆战队和陆军部队都表现出色,以各兵种紧密配合消灭了残存的日军。由此可见,"燧发枪"行动汲取了吉尔伯特群岛之战,尤其是塔拉瓦攻坚战的几乎全部经验,美军能在短短两个月内总结经验、修改计划、付诸实行,效率确实很高。

另外,海军陆战队和陆军的表现对比也十分有趣。尽管是初上战场,陆战4师在战斗中发挥了陆战队一贯的主动性和进取性,但是也因此遭受了相对更大的伤亡。稳扎稳打的陆军交换比自然更加漂亮,但是也因此花费了更长时间(这一点在埃贝耶岛的战斗中尤其明显)。但是无论如何,夸贾林之战证明美国海军陆战队和陆军已经可以娴熟地在海空力量的支援下进行两栖登陆作战并且从容地获得胜利。

不过马绍尔群岛之战还未结束。不久之后,在夸贾林之战中没有获得表现机会的陆战22团和陆军第27师106团就将对埃尼威托克环礁发起进攻,给日军海上机动第1旅团带来了末日。

第十六章 即兴的胜利——突击埃尼威托克环礁

日本陆军的战略实验：海上机动旅团

众所周知，美军从1943年开始在太平洋战场上发动摧枯拉朽般的越洋反攻。尽管日军进行了一定的战术革新，例如从"歼敌于水际"转为"后退决战"，却从未能扭转任何一场战役的局势。往往美军发动攻击的时刻日军全灭的结局就已经注定，最好的情况下日军也仅能将残部撤离，从图拉吉到冲绳无一例外。在日军看来，这种情况的重要原因是作为防守方的日军无法集中兵力，因此每座岛上的守军都不可避免地遭到美军碾压。因此，日军需要具备高度海上机动性的部队来随时增援受到威胁的守备部队，甚至发动反登陆作战。然而，战争初期的日本陆军极度缺乏两栖作战的专门训练和装备，海军特别陆战队又实力相当有限，而且在陆军看来，这些半路出家的水兵战斗力远不如陆军部队。

于是，日本陆军在1943年11月16日，美国发动吉尔伯特群岛之战的四天前下令编成4个海上机动旅团，分别配属给西南太平洋、中太平洋、日本本土、北

太平洋四个方向担任战略预备队。海上机动旅团和后来的"海洋师团"是日本陆军在二战中针对太平洋战场做出的两个主要编制实验，其中海洋师团只不过是缩编了的守岛部队，创新性远不比海上机动旅团。按照编制，一个海上机动旅团直辖3个"机动大队"、总兵力3,942人，每个大队装备3门41式75mm山炮、2门94式37mm反坦克炮和多达21门97式81mm迫击炮（日本人称为曲射步兵炮）。另外，每个海上机动旅团直属9辆95式坦克、10艘特大发动艇、150艘大型发动艇、10艘驱逐艇（火力支援舰艇）和3艘特大汽艇，可见是为两栖作战"量身定制"的。

1944年1月4日，日本大本营认定美军即将

今日陈列在夏威夷陆军博物馆的日军95式坦克，由第27步兵师缴获自马金环礁。

进攻马绍尔群岛，因此由满洲第3独立守备队改编的海上机动第1旅团被紧急运送到马绍尔群岛。尽管不少部队被送到其余岛屿，旅团3,942人中的主力2,586人仍然留在了埃尼威托克环礁。此时，旅团长西田祥实少将还不知道的是美国人只会留给他6个星期的时间来准备埃尼威托克环礁的防御。

美军的即兴计划

按照美军原定计划，参加了夸贾林环礁之战的部队将在获得充分休整后于5月份进攻西北方向600公里外的埃尼威托克环礁。然而，从1月14日开始，斯普鲁恩斯发觉日军防御空虚，因而建议将此计划提前。夸贾林战役顺利结束后，尼米兹于2月5日亲临夸贾林批准了这个建议。按照新计划，在夸贾林战役中没有派上用场的陆战22团和陆军第27师106团将在托马斯·沃特森（Thomas Watson）准将的指挥下于2月17日展开攻势，海军方面则由沃特森的搭档哈里·希尔（Harry Hill）少将负责。同一天，美国海军航母编队将空袭日军的特鲁克基地，两个行动相互呼应。沃特森的第1战术集群（First Tactical Group）共有5,820名陆战队员和4,556名陆军士兵可供调遣。

在海上机动第1旅团到来之前，日军在整个埃尼威托克环礁只部署了海军特别陆战队第61警备队埃尼

埃尼威托克战役美军两位指挥官：希尔少将（左）与沃特森准将（右）。

威托克分队，一共只有61人。埃尼威托克环礁周长112公里，由30个大小岛屿组成，其中具有军事价值的包括环礁北部的恩格比岛（Engebi Island）、东南角的帕里岛（Parry Island）和南部的埃尼威托克岛（Eniwetok Island）。日军唯一的机场位于恩格比岛，日军61人当中45人也部署在恩格比岛上，装备2门120mm海岸炮、2挺93式13mm高射机枪、2挺96式轻机枪和其他武器。不过岛上还有800名建筑部队和150名海军航空兵人员。随着日本陆军海上机动第1旅团的抵达，日军总数达到了3,560人。

由于日军的增援，这次美军情报部门无法准确估计日军人数。尽管这是美军少有的"即兴"作战行动，刚刚荣升海军上将的斯普鲁恩斯和手下将领们还是制订了详尽的计划。首先，美军将在D日夺取周围小岛为炮兵夺取发射阵地，随后陆战22团将在次日负责攻占恩格比岛，第106团负责先后攻占埃尼威托克和帕里岛。后者将得到陆战22团3营的额外增援。美军计划的核心在于正确认识到日军上岛时间不长立足不稳，留给日本人的准备时间越长防御就会越坚固。但是这个计划也十分冒险，毕竟美军两支部队已经在船上漂流已久，体力状态不甚理想，总兵力优势也只有3:1而已。

2月17日美军正式展开了行动。海军"科罗拉多""田纳西""宾夕法尼亚"号战列舰、3艘重型巡洋舰、7艘驱逐舰和6艘轻型或护航航母对整个环礁展开了猛烈打击，日军在恩格比岛的14架飞机被全部摧毁。当然，当天海上行动的主角是突袭特鲁克环礁的美军主力航母编队，它们使日军在太平洋上最重要的基地两天之内成了运输船、飞机、小型军舰的坟场，几乎失去了军事价值。最后，美军占领了恩格比岛周围5座无人防御的微型岛屿，随后陆战队第2独立榴弹炮营（75mm榴弹炮）和陆军第104炮

波贡岛（百日草）

埃鲁格拉布岛（鼠尾草）

恩格比岛（脆弱）

茶花岛

鲁吉约鲁岛（美人蕉）

利吉利岛（花束）

贾普坦岛（杓兰）

杰罗鲁岛（丁香）

深水道

帕里岛（心弦）

宽水道

埃尼威托克岛（特权）

埃尼威托克环礁（负面）地图，括号内均为
美军代号

5000   0   5000

码

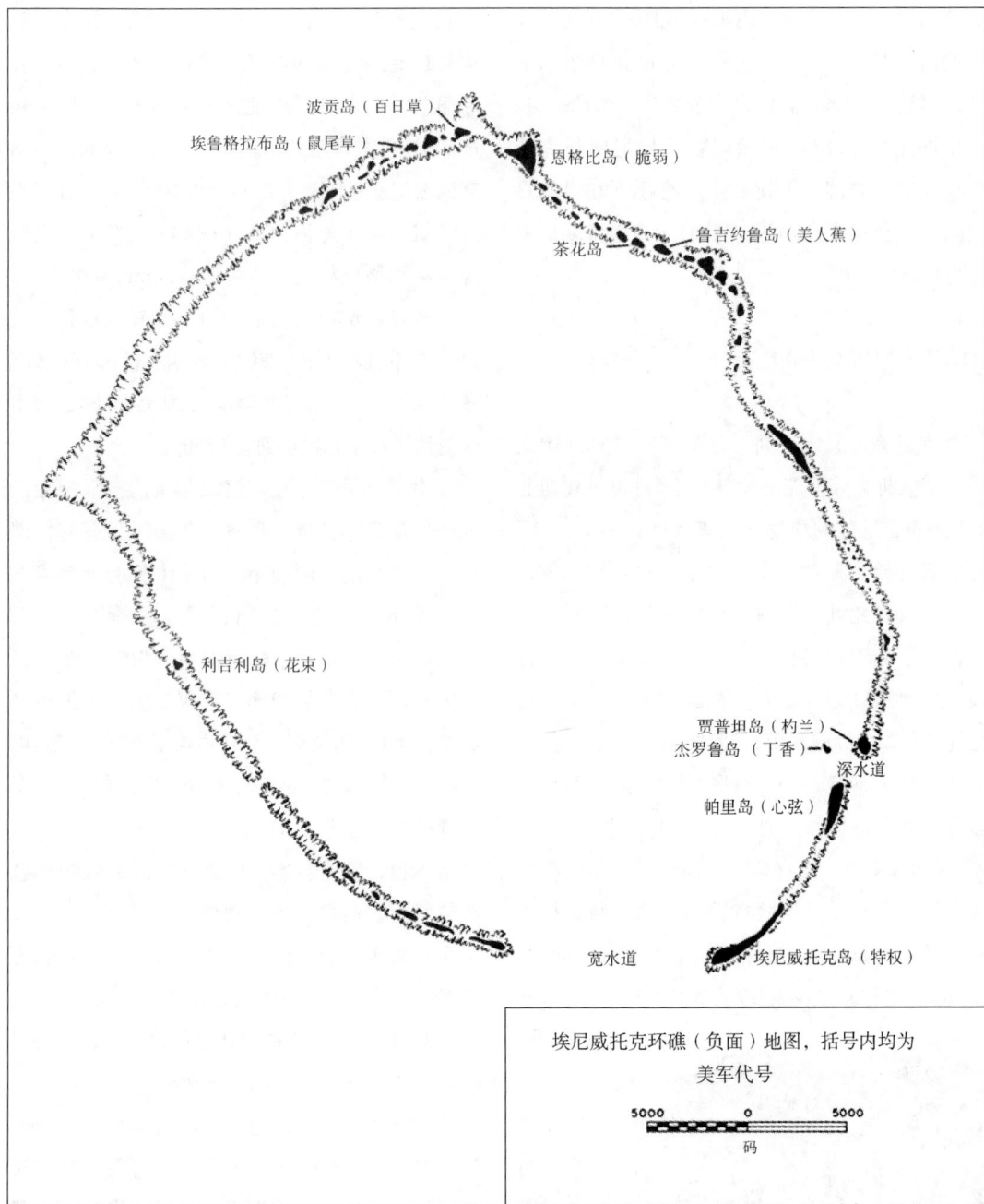

埃尼威托克环礁，注意上方的恩格比岛，东南角的帕里岛和下方的埃尼威托克岛。

兵营（105mm榴弹炮）开始炮击恩格比岛。

恩格比之战

　　恩格比岛呈三角形，西南方向的底边冲着泻湖内侧，顶点则冲着大海一侧。负责防御恩格比岛的是海上机动第1旅团第3大队和前述其他部队，由大队长矢野年雄大佐统一指挥，共1,276人，装备2具火焰喷射器、2门41年式75mm山炮、2门120mm海岸炮、3门20mm高射炮、

2座双联装13mm高射机枪、4辆95式坦克和配属的迫击炮、掷弹筒、轻重机枪。日军在吉尔伯特群岛和夸贾林两次吃到了不注重泻湖方向防御的苦头之后，矢野年雄终于将主要防御工事布设在了南边的泻湖侧，修筑了不少战壕、散兵坑、混凝土堡垒，甚至还模仿塔拉瓦建了一道椰树干海堤作为屏障。然而，因为时间和资源有限，矢野年雄没能来得及加固混凝土，椰

树干屏障也未完工。

陆战22团团长约翰·沃克（John Walker）上校的确将登陆滩头选在了泻湖侧海岸的正中央：第1营、第2营将分别在右边的白-1和左边的蓝-3滩头登陆。2月18日早晨6:55，美军"科罗拉多""宾夕法尼亚""田纳西"号战列舰、1艘重巡洋舰和4艘驱逐舰以及周边小岛上的75mm和105mm榴弹炮同时开火，之后舰载机又

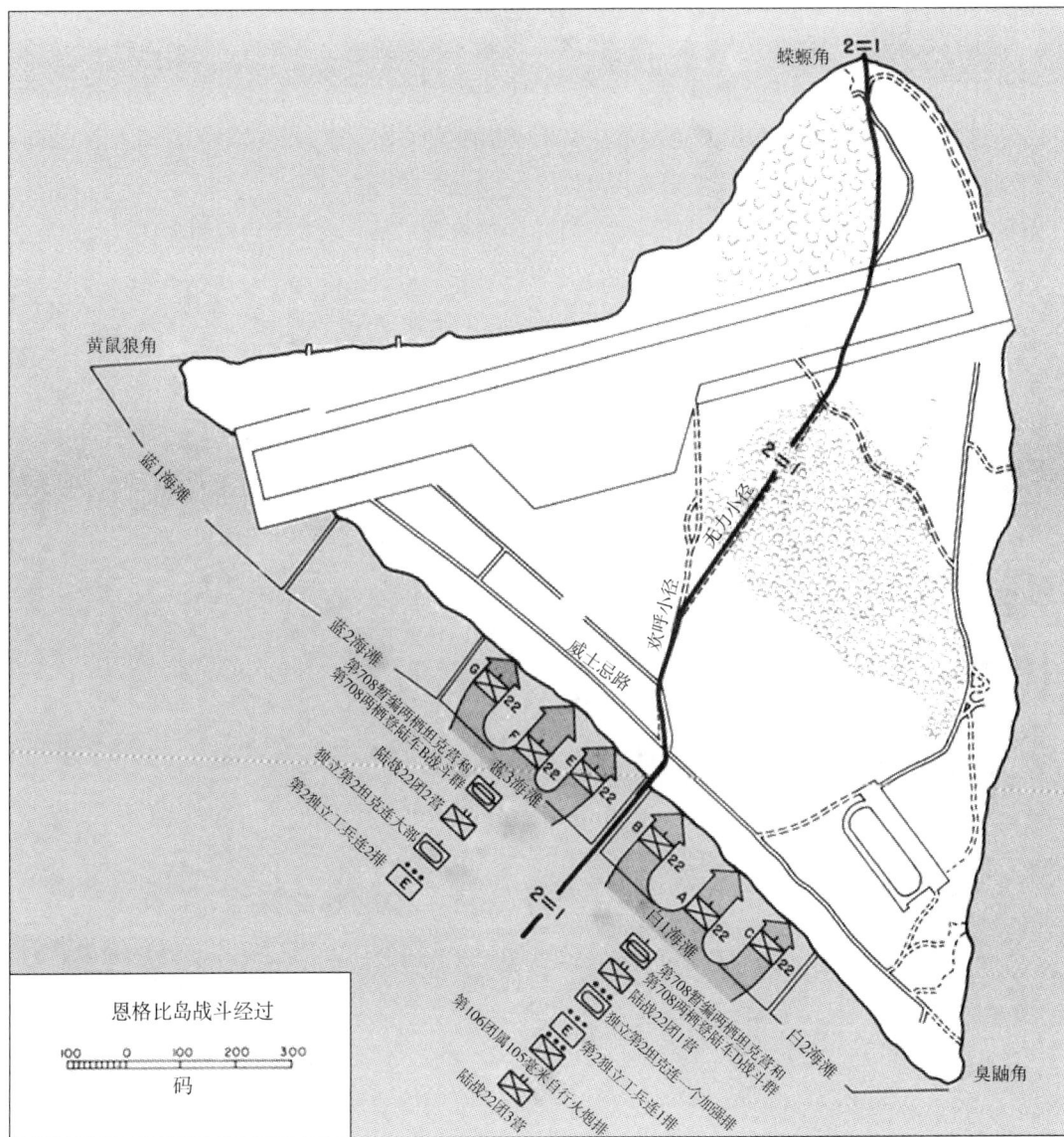

美军进攻恩格比岛的计划路线图。

在8:00准确地投下炸弹。最后，美军LCI(G)火力支援艇将火箭弹射向滩头，然后和LVT(A)两栖坦克一起用轻型火炮掩护满载着陆战队员的LVT驶向滩头，后者在8:43顶着步枪、机枪、迫击炮火力抢滩登陆。尽管日军大部分滩头防御工事已经被摧毁而且其抵抗杂乱无章，但是因为矢野年雄正确判断了美军的登陆滩头，还是有不少火力点幸存下来疯狂抵抗。不过，美军还是继续依照计划在9:00将坦克送上了滩头。悲剧的是，1辆LCM过早让M4坦克下水，结果除了1名车组成员得以逃生外其余4人全部溺亡。

不过，这些小问题并不能阻止陆战队员们向前推进。两个营分别向左、右进攻代号为"黄鼠狼"（Weasel）和"臭鼬"（Skunk）的两处海角。左侧的第1营轻松摧毁了4辆日军95式坦克，然后其右翼顺着机场一路向北推进，在11:15开始进攻位于北方海岸上代号为"蝾螈"（Newt）的日军据点。等到13:10，左侧的"黄鼠狼"和中央的"蝾螈"据点均被美军占领。然而，右侧的第2营遭到了躲藏在树林、掩体、残骸、坑道中的日军顽强抵抗，陆战队员们只能用炸药包和火焰喷射器将其一一消灭。有时候美军士兵必须将烟雾弹扔进日军坑道中才能发现坑道的全部开口，从而同时攻击、防止日军逃跑。最终，第2营按部就班地消灭了负隅顽抗的日军，于14:56占领了日军手中仅剩的"臭鼬"据点。

在此之后，美军于当晚和次日扫清了不少

恩格比岛战斗过程中的航拍照片。右下角就是"蝾螈"据点所在，远端是第1营的进攻方向，左侧的树林则是第2营的进攻方向。

躲在岛上各处骚扰美军的日军残余，最终在2月19日宣布战斗结束。在战斗中美军共85人阵亡、521人受伤，消灭日军1,276人、俘虏16人。这个接近1:2的伤亡比例在整个马绍尔群岛战役中是日军的最优表现。这样的结果主要来自日军修建的"蜘蛛网式"防御阵地，给推进的美军造成了很大麻烦。矢野年雄对登陆滩头的正确判断和相应的防御部署也起到了一定作用。但是无论如何，陆战22团在一天之内就轻松攻占了埃尼威托克环礁当中最重要的目标，哪怕日军的"最优表现"也实在是一场惨败。

埃尼威托克岛之战

埃尼威托克岛是一座长条形的岛屿，其西边比较宽，然后逐渐向东收窄。海上机动第1旅团第1大队负责防御埃尼威托克岛，包括桥田正弘大佐以下808人，装备3门41式75mm山炮、2门94式37mm反坦克炮、3辆95式坦克和迫击炮、掷弹筒、轻重机枪等标配重武器。如同

矢野年雄一样，桥田正弘也将防御重心放在了美军即将登陆的泻湖侧（北侧）。负责进攻埃尼威托克岛的是美国陆军第106团，按计划第1营和第3营将分别在黄-2（西）和黄-1（东）两片位于岛中西侧、朝向泻湖（北边）的滩头登陆。

从2月18日早晨7:10开始，"田纳西"号战列舰、2艘重巡洋舰、5艘驱逐舰对埃尼威托克岛进行了炮击。然而，美军情报部门严重低估了岛上日军实力，因此美军的炮火准备相当不足，仅仅发射了204.6吨弹药，与恩格比岛的1,179.7吨或帕里岛的944.4吨相形见绌。此外，埃尼威托克岛也是唯一一个在马绍尔群岛之战中，美军没有提前夺取临近岛屿建立炮兵阵地的进攻目标。

第一批登陆部队在9:17顺利登陆，仅遭轻微抵抗。但是第1营马上陷入了隐藏在茂密植物下面、躲在蜘蛛网式阵地里的日军抵抗。东边的第3营进展更为顺利，于11:45顺利推进到岛南岸将小岛一分为二，随后在LVT(A)的支援下向西

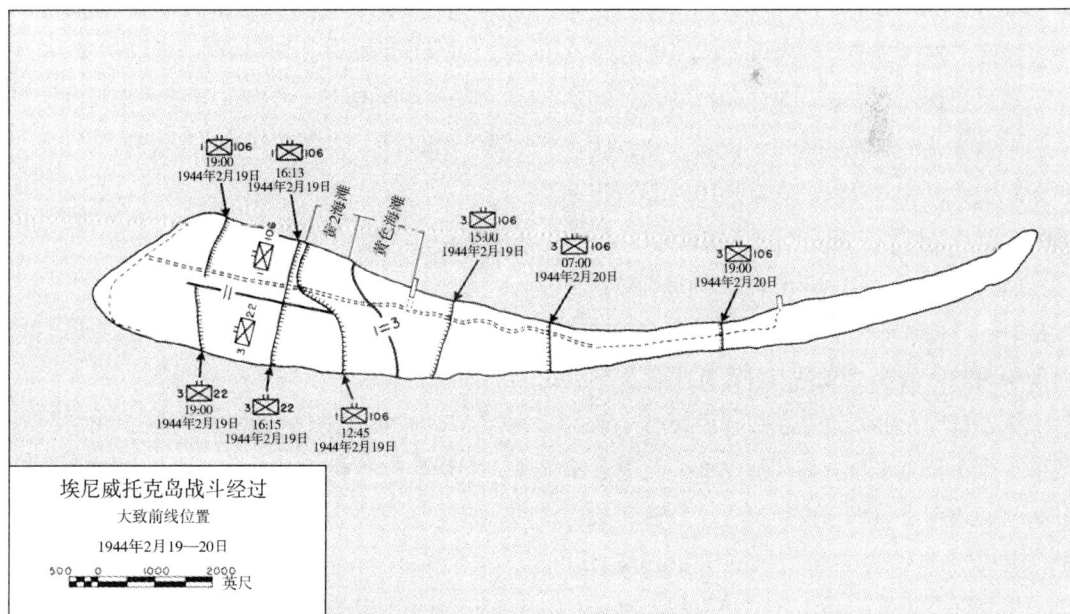

美军进攻埃尼威托克岛的路线图。

进发。然而，这就意味着美军面对西边的前线形成了"S"形，第3营非常突出。就在此时，防御岛西段的日军突然集中机枪、迫击炮、掷弹筒猛击美军第1营B连位于岛中央的阵地，然后400名日军对其发动了疯狂的冲锋。尽管日军火力非常猛烈，双方士兵们也陷入了残酷的肉搏战中，但是美军至关重要的机枪手们坚守阵地竭力开火，从而遏制了日军的进攻势头。12:45，美军组织反击彻底击退了日军，继续向西推进，却发现日军的抵抗有增无减。

眼看战况不顺，担任预备队的陆战22团3营于16:45从第2营手中接管战场继续向西推进，迅速占领了岛西南角。为了尽快结束战斗，陆战队指挥官决定在夜间继续向西北角推进，但是友邻的陆军第1营居然在没有通知陆战队的情况下后撤建立防御阵地，造成了一个巨大的缺口。幸好日军没有在夜间再次发动进攻，这才没有酿成大祸。2月19日早晨9:10，日军残余部队姗姗来迟地发动反击，虽然一度冲到了陆战队营部前方，却迅速被击退。最后，陆战队员和陆军士兵们在2辆M7"牧师"105mm自行火炮的近距离支援下于14:45消灭了抵抗的日军。

回到2月18日，第106团3营从15:15被陆战队接替后迅速在M5轻型坦克的支援下向东进发。在岛中央的区域美军遭遇了日军几乎接连不断的抵抗。其中1辆M5坦克在战斗中履带受损，结果正当车长下车检查损伤的时候，数名日军突然从旁边蹿出，将手榴弹扔进了开着的舱门里，造成2名车组成员阵亡。反应迅速的车长躲到了坦克底下得以生还，回过神来的美军步兵则开火消灭了这股疯狂的日军。

埃尼威托克岛上的美国陆军重机枪、BAR和步兵。M1917水冷式重机枪在遏制日军反扑的战斗中起到了决定性作用。

其实，美军打垮了日军在岛中央的抵抗后就已经消灭了大部分日军，但是第3营向东的推进还是非常小心翼翼，最后在2月21日16:30才终于抵达了岛东端。在战斗中美军共37人阵亡、94人受伤，消灭近800名日军、俘虏23人。然而，这场本该在几个小时内结束的战斗拖了足足三天，给美军的整体作战计划带来了很大的麻烦。诚然，这一方面由于缺乏足够的海空火力准备，但是主要原因还是陆军第106团过于谨慎，以及夜间私自后撤等行为。这些表现和之前在马金环礁相对缓慢的进展进一步加深了霍兰德·史密斯对陆军第27师的恶劣印象。

帕里岛之战

西田祥实少将率领旅团部以及直属部队亲自坐镇帕里岛，手下共有1,365人，装备36具掷弹筒、36挺轻机枪、6挺重机枪、10门97式81mm曲射步兵炮（迫击炮）、4门20mm高射炮、2门41式75mm山炮和3辆95式坦克。相比起另外两岛，这里的日军防御工事没有那么坚固，但是伪装更加出色。

按照原计划，陆军第106团应该在攻克埃尼

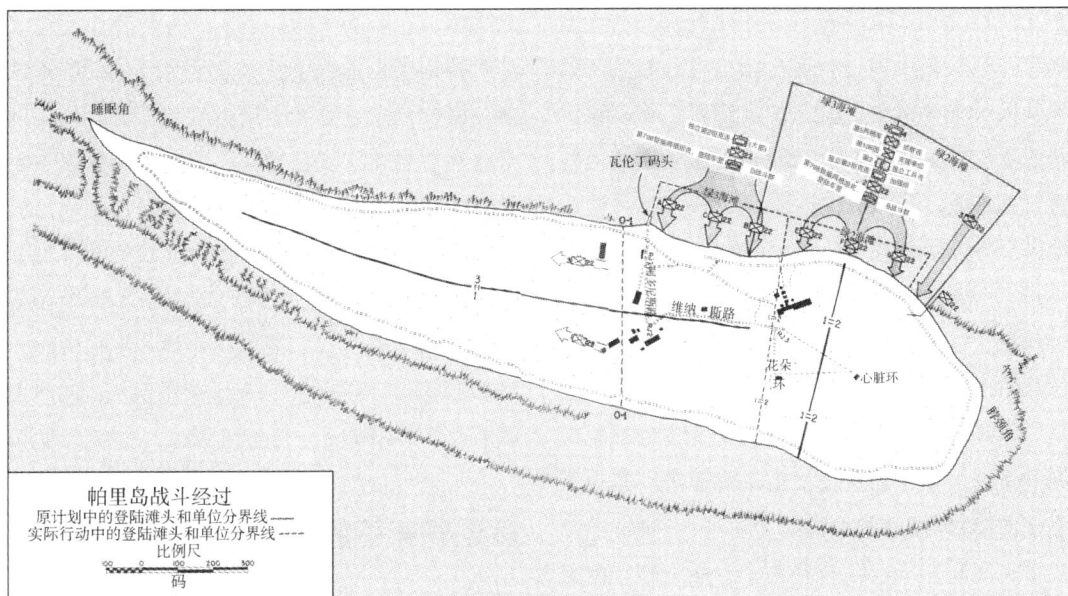

睡眠角

瓦伦丁码头

绿3滩头

维纳-斯路

花朵

心脏环

帕里岛战斗经过
原计划中的登陆滩头和单位分界线 ——
实际行动中的登陆滩头和单位分界线 ----
比例尺
码

帕里岛进攻计划。

威托克岛之后立即攻击帕里岛。但是由于第106团进展缓慢，沃特森准将只好临时修改计划将行动时间推迟到2月22日，同时改用陆战22团攻击帕里岛。刚刚打完恩格比之战的陆战22团对此完全没有准备，但是沃克上校迅速组织军官们制订作战计划，同时陆战队员们搜刮散落在恩格比岛和运输船上的武器弹药。陆战22团的计划是在这个南北向小岛的西北角登陆，其中左侧的第2营和右侧的第1营分别在绿-2和绿-3滩头登陆。另外，埃尼威托克岛上缴获的情报和遭到的抵抗证明日军在帕里岛的兵力也超出预期，于是美军临时加强了炮火准备。

帕里岛之战中两次造成误击，但是也立下大功的"海利"号驱逐舰。

从2月20日开始，位于埃尼威托克岛的美国陆军和陆战队火炮开始炮击帕里岛，随后海军也加入了炮火准备，其中"田纳西"和"宾夕法尼亚"号战列舰竟然在800米的极近距离上炮轰日军阵地。2月22日早晨6:00，美军榴弹炮开始进行高强度的炮火准备，军舰也在7:00加入。不过，3艘掩护LVT的LCI（G）火力支援艇惨遭"海利"号驱逐舰（USS Hailey）误击，造成13死46伤。

早晨9:00，陆战队的LVT准时抢滩登陆，却遭到了较为猛烈的机枪、迫击炮还击。其中更靠南的第1营遭到的抵抗尤为猛烈，3辆日军95式坦克和2门75mm山炮在这个方向上频频向美军开火，造成了不小伤亡。但是令人匪夷所思的是，当美军M4坦克登陆后，日军的3辆95式坦克居然开出了掩体向滩头进攻，结果毫不意外地被美军M4坦克轻松摧毁。

当面日军抵抗相对轻微的第2营立即前进，在13:30抵达了帕里岛的最北端，然后转向南方与第1营齐头并进。此时陆战22团向几艘驱逐舰发出了火力支援的要求，结果后者不分青红皂白地一顿炮击，其中几发炮弹落入了南进的陆战队坦克、步兵中间，造成10人伤亡。不过，这一番炮击也摧毁了日军几乎全部残存的重武器，因此残余日军无力进行有效抵抗。倒霉的"海利"号驱逐舰已经在一天之内两次误击友军，于是只敢将火力集中在小岛的最南端。同时陆战队的步兵和坦克在更为准确的榴弹炮支援下稳步推进，最后在19:30占领了整个帕里岛。在整场战斗中，美军共有73人阵亡失踪、261人受伤，其中不少来自于友军误伤；同时美军消灭日军1,260人、俘虏105人。

接近完美的胜利

陆战22团整体表现堪称完美，在没有准备、缺乏弹药，又遭到日军顽强抵抗的情况下果断进攻，如期在一天内结束战斗。而且不同于"燧发枪"行动中负责占领马朱罗环礁、多少有些行动的陆军第106团，毫无战斗经验的陆战22团已经连续数星期在狭窄的运输船中担任预备队，维持体能和训练都相当困难。没想到，这支新编成的部队初战就打出了陆战队老兵的威风，因此荣获海军集体嘉奖（Navy Unit

帕里岛上一辆搭载 75mm 火炮的 M3 半履带车在为陆战队员们提供支援。

Citation）。之后，这支部队将和陆战队突击营和伞兵营的精锐们一起成为陆战第1旅、陆战6师的核心，在关岛和冲绳岛继续谱写他们光荣的历史。

总之，美军迅速攻占了整个埃尼威托克环礁，以陆战队254人阵亡、555人受伤，陆军94人阵亡、311人受伤的代价消灭3,380名日军，俘虏144人。这场战役也是日军海上机动旅团唯一一次按照计划几乎整建制投入作战，结果全军覆没。海上机动第2旅团在西南太平洋惨遭美军潜艇伏击，损失惨重，生还部队又迫于美军海空封锁被零敲碎打地投入新几内亚和菲律宾战役中的几场战斗，完全没有发挥出其战术设想。只有埃尼威托克之战中的海上机动第1旅团做到了及时增援美军即将进攻的目标岛礁，但是照样在美军强大的陆海空实力面前被轻易碾碎。日本陆军针对美军的太平洋攻势做出的最重要尝试就此破产。从此之后，日军部队只能尽量做到增加美军伤亡，同时接受被全灭这一不可避免的残酷事实。

最后，陆战22团在3月7日到4月6日之间占领了马绍尔群岛中日军防御微弱或者干脆没有驻守的12座环礁和3座岛屿，消灭或俘虏114名日本士兵和平民。陆军第111团也占领了乌杰朗环礁（Ujelang Atoll），消灭18名日军。在这些行动中，美军共伤亡十几人。当然，美军也没兴趣在这些岛上驻扎部队，因此仅仅在搜捕日军、向当地原住民宣示占领权、进行升旗仪式后就迅速撤回。

同时，美军工程兵在马绍尔群岛迅速修建

埃尼威托克环礁战役中陆战队机枪组在舰载机的掩护下作战，面对这样的立体打击，日军的海上机动旅团并没有发挥出设想中的作用。

第 7 航空队的 B-24 大摇大摆地飞越还在日军手中的沃特杰环礁。

机场。早在2月，马朱罗环礁的机场和海军基地就已经投入使用，用来攻击马绍尔群岛的孤立日军。最新占领的恩格比、埃尼威托克机场分别在3月5日、20日修成。最后，罗伊岛和夸贾林岛上的大型机场分别在5月15日左右修成，成了美军在马绍尔群岛的主要航空基地。这些基地被陆军第7航空队用来轰炸即将进攻的马里亚纳群岛并且长期压制被美军绕过的加罗林群岛，这就包括我有幸去过的特鲁克环礁和波纳佩岛。

贾卢伊特环礁的3,500名日军、米莱环礁的5,500名日军、马洛依拉普环礁的3,300名日军、沃特杰环礁的3,500名日军和库萨耶岛的4,000名日军从此被悲惨地封

夸贾林环礁之战最著名的照片：美军将日军94式超轻型坦克干脆绑在了M4"谢尔曼"上面。这是两个国家工业实力差距的最直观体现。

锁在孤岛上直到战争结束。而且，海军陆战队第4基地防御航空联队（4th Marine Base Defense Air Wing）连续不断地向这些被孤立的日军投下炸弹，以至于战争结束后美军研究认为轰炸这些岛屿的成本早已高于成效。

马绍尔群岛之战可以说是美军在太平洋战争中最完美的一场胜利，美军针对环礁的两栖进攻体系已经完全克制了日军的防御体系。然而，这场战役也成为了太平洋战争中最后一场环礁争夺战，此后双方将在塞班、冲绳甚至菲律宾诸岛这样的中大型岛屿或者贝里琉、比亚克这样被日军掏空了山体的火山岛屿上作战。无论如何，美军登陆战的整个流程已经成熟，在之后的战役中将被沿用下去。

从地理上讲，占领了马绍尔和吉尔伯特群岛的美军得以从容地向西北方向继续中太平洋攻势，而且夏威夷与麦克阿瑟西南太平洋战区

之间的交通线也得到了保障。在之后的一年内，陆战队和陆军将无情地在两个轴线上继续推进，如同一把巨型铁钳一样夹碎太平洋上的日军。就在美国陆军和海军陆战队进攻埃尼威托克环礁的同时，美国航母编队以一场

哪怕最完美的行动对于士兵来讲也是噩梦。这张照片拍下了这名刚刚经历了埃尼威托克岛苦战的陆战队员眼中的空洞和疲惫。不久之后的3月24日，这名陆战队员在埃邦环礁的扫尾战中阵亡，年仅19岁。

"热带冰雹"砸烂了日军在中太平洋最重要的基地——特鲁克环礁，证明了这支美国"新海军"恐怖的战斗力。

第十七章 太平洋上的"冰雹"——特鲁克大空袭

"东方的直布罗陀"

位于加罗林群岛正中央的特鲁克环礁仿佛一颗巨大的蓝宝石，一圈周长达到225公里的珊瑚礁环绕着宽阔的潟湖。特鲁克潟湖长约79公里，宽约50公里，总面积2130平方公里，潟湖中水深合适、风平浪静，堪称中太平洋最为优良的深水港。248座大小岛屿散布在宽阔的潟湖当中，陆地面积大约93平方公里，为修建各种海港设施提供了完美的条件。

"一战"中，协约国一方的日本从德国手中夺取了包括特鲁克在内的整个密克罗尼西亚（Micronesia）。之后的20多年内，日本人将特鲁克发展成了日本帝国海军在中太平洋最重要的前进基地。环礁内的众多岛屿被冠以日文名称，包括四季诸岛、七曜诸岛等。同时，日本人也在环礁内大兴土木，建设了包括五条机场跑道、五座无线电通讯站、数座水上飞机基地在内的众多军事设施。甚至连横须贺军港著名的海军料亭"小松"都在特鲁克开设了分店。

战争爆发后，特鲁克基地的重要性进一步

从空中拍摄的今日的特鲁克珊瑚环礁。

上升。自从1942年7月起，日本联合舰队的主力就停泊于特鲁克基地中，瓜岛战役的几乎每场海战里，日本舰队都是从特鲁克驶出的。作为航空基地，特鲁克环礁更是从日本本土向拉包尔方向运输飞机的重要经停点。因此，美国人将特鲁克视作"太平洋上的直布罗陀"或者"日本人的珍珠港"。事实上，美国人在研发原子弹初期就考虑过将其用于特鲁克，一举消

达博隆岛，特鲁克海军基地的四大主要岛屿之一，被日军称为夏岛。

全盛时期的特鲁克基地，日本海军的骄傲"大和"和"武藏"号战列舰停靠其中。

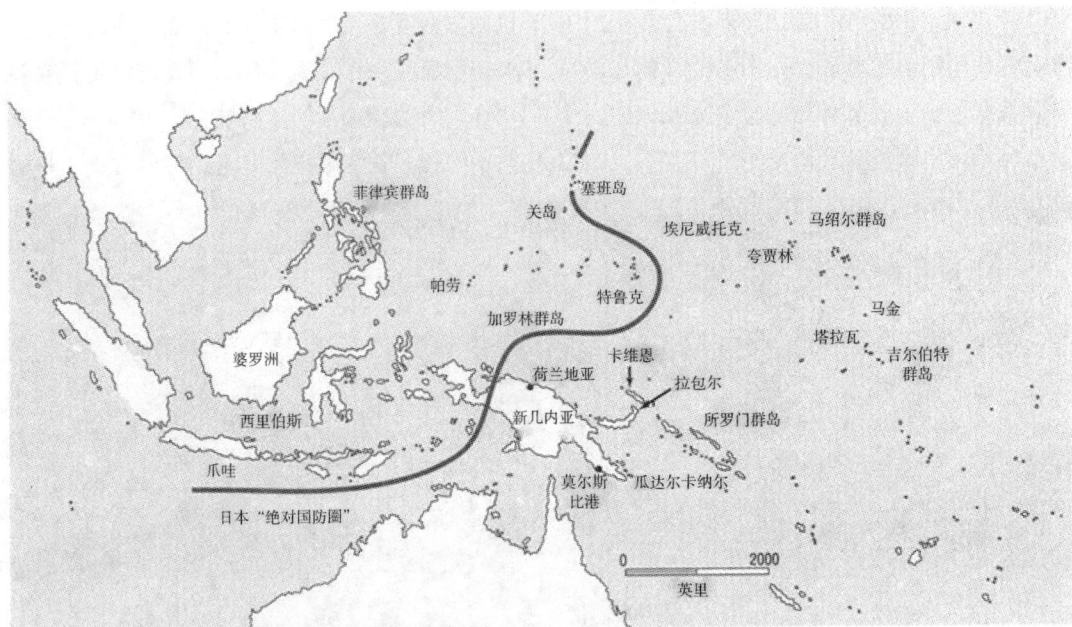

日本"绝对国防圈"的太平洋部分，可见特鲁克位于国防圈的最前沿，形成了一个突出部。

灭日本联合舰队主力。

随着美国陆海军在所罗门、新几内亚、中太平洋三个方向的坚决推进，特鲁克也从日军进攻的主要基地变成了防线的关键一环。事实上，密克罗尼西亚群岛正好处在日本大本营于1943年9月拟定的"绝对国防圈"中央，成为必须防御的关键阵地。因此，日本陆军将第52师团的7,500人被调到了特鲁克防备美军随时都可能发动的登陆，环礁内另外有3,000~4,000名海军人员。不过，日军将特鲁克建设成防御要塞的进度相当缓慢，等到1944年2月，整座环礁内只有40门中、大口径高射炮，其火控雷达还随着运输船一起被美军潜艇击沉。就在这种情况下，一支人类海战史上前所未有的强大舰队虎视眈眈地悄然而至。

"无畏"号航母与美国的"新海军"

1943年8月16日入役的"无畏"号航母（USS Intrepid，也译作"勇猛"号）是从1943年到1945年之间服役的17艘埃塞克斯级航母之一。凭借着惊人的工业潜力，1944年初的美国海军早已和1942年那支在瓜岛与日军几乎势均力敌的舰队不可同日而语。正是依靠着可怕的工业潜力，美国几乎是在战争中打造了一支完完全全的"新海军"。

在战争开始时，太平洋舰队共有9艘战列舰、3艘航空母舰、12艘重巡洋舰、8艘轻巡洋舰和50艘驱逐舰，与日本联合舰队不相上下。相比之下，如果我们在每类军舰中只考虑一个具有代表性的新型号就足以看出美国恐怖的生产力：美军在战争中入役了17艘埃塞克斯级舰队航母、9艘独立级轻型航母、4艘衣阿华级战列舰、12艘巴尔的摩级重巡洋舰、25艘克利夫兰级轻巡洋舰、175艘弗莱彻级驱逐舰。这就意味着等到1944年，美国太平洋舰队的大部分军舰都是战争开始后建造的新型号，而且规模远超战前，是一支实实在在的"新海军"。

战争中新设计的军舰在性能方面也都有显著提升。以"无畏"号为例,这艘33节航速、36,960吨满载排水量的航母共搭载36架战斗机、37架俯冲轰炸机和18架鱼雷机,足以匹敌日本海军中的任何航母。为了将数量如此众多的飞机迅速从机库升上甲板,"无畏"号配备了三座升降机,效率远高于此前的大部分美日航母。同时,先进雷达火控系统指挥下的12门5英寸/38倍径舰炮、32门40mm博福斯和46门20mm厄利孔高射炮足以将任何来袭的日本飞机置于一场钢雨之中。这艘由2600名船员驾驶的海上巨兽和她的埃塞克斯级姐妹舰即将成为太平洋的主宰者。

同时,美军舰载机也完成了更新换代。SB2C"地狱俯冲者"逐步代替了SBD"无畏"式俯冲轰炸机、TBF"复仇者"鱼雷机早早就代替了性能低劣的TBD"蹂躏者",F6F"地狱猫"则代替了F4F"野猫"战斗机,彻底终结了日军零战的性能优势。相比之下,日军新一代的"天山"舰攻、"彗星"舰爆的研发、生产速度相当缓慢,实力提升不足,新型舰载战斗机"烈风"的研制工作更是彻底失败,老旧的零战被迫打到战争

1944年美军航母舰载机队的"新三叉戟":由上到下分别为F6F"地狱猫"战斗机、TBF"复仇者"鱼雷机和SB2C"地狱俯冲者"俯冲轰炸机。

结束。可以说，等到1944年，日本海军无论是在数量还是质量上都完全败于美国海军下风。

相比于越发重要的海军航空兵，作为"最强战列舰"的衣阿华级新型快速战列舰刚刚服役就成了配角。它们的主要作用不再是与日本海军主力舰交战，而是放下身段装满防空炮来保护航母以及炮击日占岛屿。这场新型战争的主角已经毫无疑问地变成了"无畏"号等航空母舰。

结实的冰雹与空虚的特鲁克

1944年2月，美军组建了由马克·米切尔海军少将指挥的第58特混舰队（TF58），其核心是4艘埃塞克斯级主力航母："无畏"、"约克城"、"埃塞克斯"（USS Essex）、"邦克山"（USS Bunker Hill），4艘独立级轻型航母（Independence Class Light Carrier），以及战功彪炳的"企业"号航母，共搭载近600架飞机，还有6艘新型战列舰、10艘巡洋舰和28艘驱逐舰保驾护航。

这支无敌舰队的目标正是特鲁克环礁，行动代号为"冰雹"（Operation Hailstone），寓意要砸烂特鲁克基地。按照计划，美军将在1944年2月17日以航母舰载机突袭特鲁克环礁，一方面掩护仅1,200公里外、位于特鲁克日军飞机攻击半径内的埃尼威托克环礁登陆战，另一方面争取将日本海军主力一网打尽。两架海军陆战队PB4Y侦察机于2月4日发来的报告相当

米切尔，其曾经担任"大黄蜂"号航母的舰长并参加了中途岛战役，后来升任第58特混舰队司令。

1944年1月末准备进行特鲁克空袭的"无畏"号航空母舰。

令人振奋：尽管云层遮住了特鲁克基地的大部分，侦察机还是发现了日军1艘战列舰、2艘航空母舰和5~6艘重巡洋舰。或许是期待着能跟日本海军主力来一次水面对决，第5舰队司令斯普鲁恩斯中将亲率6艘新型战列舰组成第50特遣舰队（TF50），将将旗升在了衣阿华级"新泽西"号战列舰（USS New Jersey）上。

不过，联合舰队司令长官古贺丰一大将意识到美军攻击在即，因此在自知实力悬殊、尤其是海军航空兵尚未恢复元气的情况下带领日本联合舰队主力赶忙溜之大吉，从2月10日开始分期分批将包括"大和""武藏"号战列舰在内的主力舰艇撤至帕劳群岛和日本本土。此时的联合舰队尽管纸面实力仍旧不容小觑，但是已经远不是那支在1942年四处横行霸道，颇有将太平洋当作内湖之势的彪悍舰队了。到了2月17日，特鲁克港内仅剩下轻巡洋舰"香取""那珂"号、8艘驱逐舰、5艘小型军舰以及50艘货轮、油轮等辅助舰艇。

同时，特鲁克基地的防空状况十分堪忧。除了岸上仅有寥寥40门大口径防空炮以外，看似强大的航空力量也十分脆弱。尽管岛上五座机场和水上飞机基地上共有365架飞机，但是已经连续戒备了两周的日本守军居然在美军来袭前夜放松警惕，第22、26航空战队的飞行员们纷纷离开机场寻欢作乐。而且从根本上讲，日本陆海军航空兵早已在所罗门和新几内亚上空损失殆尽，战前训练精良的飞行员所剩无几，缺乏技术革新的零式战斗机也不再是令美国人闻之生畏的空中杀手，反而成了美国飞行员口中容易被打中起火的"零式打火机"。总之，特鲁克基地指挥官、第4舰队司令小林仁中将对于即将到来的空袭相当缺乏准备，后来被认定为渎职，降入预备役。

保存在博物馆中的零式战斗机，随着美军的全面进步和日军飞行员水平的倒退，零战从"杀手"变成了"打火机"。

有趣的是，特鲁克之战在美军大举来袭的前一天就在水下提前打响了。此前两次被美军鱼雷命中的"阿贺野"号轻巡洋舰于2月16日逃离特鲁克，但是离开不久就被美军"鳐鱼"号潜艇（USS Skate）击中，顿时瘫在海上。次日早晨，"阿贺野"号最终沉没，救起其幸存者的"追风"号驱逐舰后来又被美军空袭击沉，以至于"阿贺野"号船员无一生还。其实，"鳐鱼"号潜艇长期在特鲁克海域游弋，甚至曾经于1943年12月25日击伤"大和"号战列舰，迫使其返回日本大修。

"地狱猫"的致命嚎叫：战斗机扫荡

1944年2月17日清晨6:10，正当特鲁克基地内的日本兵们如往常一样迎着太阳吃早餐时，刺耳的防空警报突然响起。瞬间，整个基地守备队变成了热锅上的蚂蚁，飞行员们冲向战斗机准备升空，高射炮手奔向炮位匆忙迎战。但是在他们大部分人就位之前，天空中传来了一种更令人恐惧的声音：72架"地狱猫"战斗机俯冲时发出的呼啸声。

不同于往常轰炸机、鱼雷机与战斗机同时进攻的战术，米切尔少将决定以战斗机单独砸下第一批"冰雹"。它们的任务是扫荡基地内的日军全部航空兵力，为后续攻击扫清障碍。于是，来自5艘主力航母的72架F6F"地狱猫"第一时间扑向了岛上的全部五条机场跑道和水上飞机基地，开始了为期两天的猎杀行动。

缺乏准备的日本战斗机完全没有还手之

被削成"不沉的航母"的埃腾岛，"不沉的航母"同时也是"不动的航母"，当美军来袭时跑道上密密麻麻停放的日本战机成了活靶子。

力，只有区区45架在美军开始攻击前升空，另有约45架在战斗中强行起飞。战斗的局面完全是一边倒，占据了高度优势的美军面对慌忙起飞的日本飞机充分发挥了俯冲性能的优势，以6挺12.7mm机枪的强大火力痛击防御薄弱的日本飞机。于是，在混乱的缠斗中一架接一架日本战斗机被打中起火，像彗星一般坠向地面。在上午的空战中，美军的F6F击落了不下30架日本飞机、还在机场上摧毁了大约40架，美军的损失只有区区4架F6F而已。

在战斗机扫荡中，最为戏剧性的一幕莫过于埃腾岛（Eten Island）上的景象。这座岛被日本人彻底削平成一座"不沉的航空母舰"，但是等到美军来袭时，跑道上并排停放着近100架准备运输到拉包尔的日本飞机，而日军飞行员根本来不及起飞。瞬间，偷袭珍珠港时美军机场上发生的一幕重演了——进攻者俯冲下来将整齐排列的战斗机群打成一堆废铁。只不过，这次美日海军航空兵已经交换了位置。

紧随美军战斗机的是18架挂载了集束破片炸弹和燃烧弹的TBF"复仇者"鱼雷机。这些飞机的目标是特鲁克基地另外两个大岛——摩恩岛（Moen Island）和达博隆岛（Dublon

今日埃腾岛上的日军空管大楼和混凝土弹药库。

如今陈列在酒店庭院内的13mm高射机枪。

Island）上的水上飞机基地以及其他机场跑道。有趣的是，我下榻的酒店位置正是当年的摩恩岛水上飞机基地，今日还残存着不少战争遗迹，而当年轰炸这座水上飞机基地的TBF鱼雷机正好来自"无畏"号航母。

战至中午，特鲁克基地的365架日本飞机当中只剩下不到100架可用，美军的F6F掌控了特鲁克的天空，米切尔的新战术大获成功。可以说，这场空战是自开战以来双方表现最为悬殊的战斗机对战，日本海航战斗机完完全全地遭到了美国同行的碾压。已经在数量上居于绝对劣势的日本人痛苦地发现其质量上的劣势也被

美军炸弹落向日军水上飞机基地。

越拉越大。

舰船大屠杀

随着地狱猫战斗机对特鲁克的天空达成了

绝对统治，9艘美国航母上的SBD、SB2C俯冲轰炸机和TBF鱼雷机群扑向了港内的日军舰船。原本，美国飞行员们打算将联合舰队主力一网打尽，但是由于联合舰队主力提前撤退，如今他们只能将失望发泄在日军未能来得及撤离的

美军攻击下四散逃窜的日本舰船，其中几艘已经开始燃烧。

布里奇斯直接命中爆炸的"爱国丸"，倒霉的飞机也被大爆炸吞噬。

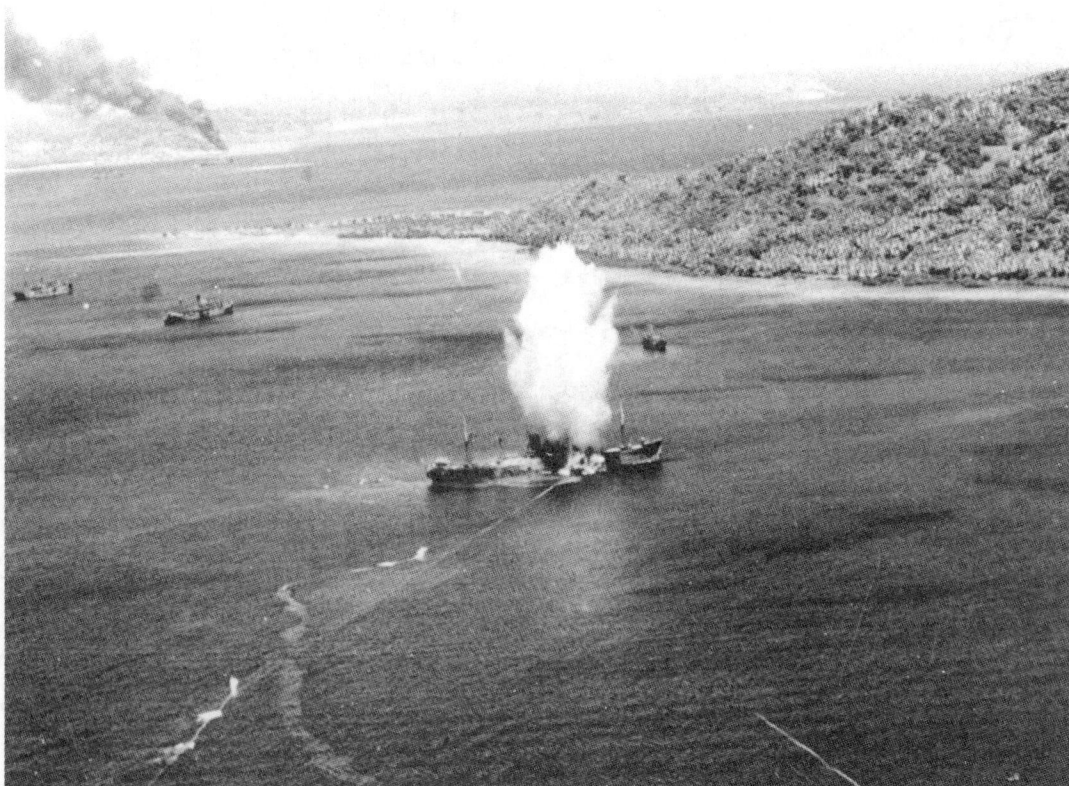

美军鱼雷命中日本货轮的瞬间，清晰可见水中的数条雷迹。

被"邦克山"号舰载机击沉的"追风"号驱逐舰，通过航迹可以判断"追风"号竭力通过转向躲避，但是最终无济于事。

几艘小型军舰和50艘货轮等辅助船只上。在对舰攻击方面，米切尔也进行了战术革新。由于美军占有绝对数量优势且港内抵抗微弱，美军并未一次派出全部轰炸机、鱼雷机，而是分期分批连续派出攻击波，这样飞行员们就得以从容"狩猎"，而不会在一个目标上浪费过多弹药。就这样，在2月17日当天美军共进行了30波空袭，日军则完全无法借助空袭间隙做出反应。

由于美军的袭击十分突然，大部分日本货轮都还未能起锚，而是聚集在特鲁克基地中心的狭小区域内，它们成为美国轰炸机和鱼雷机的活靶子。其中最令人震惊的一幕发生在"爱国丸"号货轮上。来自"无畏"号航母的TBF鱼雷机飞行员詹姆斯·布里奇斯（James Bridges）上尉直接命中了"爱国丸"号货轮，却殊不知船上满载着弹药。瞬间爆炸的货轮不仅吞噬了船上的全部船员，也将布里奇斯的座机一同拉入了火海中，机上三人全部身亡。然而，布里奇斯机组的遭遇纯属偶然，大部分美国机组都幸运得多而且收获满满。他们在一整天的攻击中连续不断地蹂躏着港内缺乏保护的货轮和岛上的设施。在当天的空袭中，美军共投下了369枚1,000磅炸弹、498枚500磅炸弹和70条鱼雷，从各个方向对四散逃窜的日军舰船展开了一场屠杀。摩恩岛和达博隆岛附近

的海域瞬间成了日本舰船的屠宰场，浓烟很快就布满了特鲁克的天空，水中则漂浮着残骸、浮尸和落水挣扎的船员。

相比于笨拙的运输船和货轮，日军轻型军舰竭力进行机动试图躲避美军攻击，但是仍然损失巨大。"文月"号驱逐舰被一发近失弹炸坏了船体，次日因为进水过多沉没。"太刀风"号驱逐舰早在2月4日就搁浅在岸边，结果

沉在水中的第29号猎潜艇。

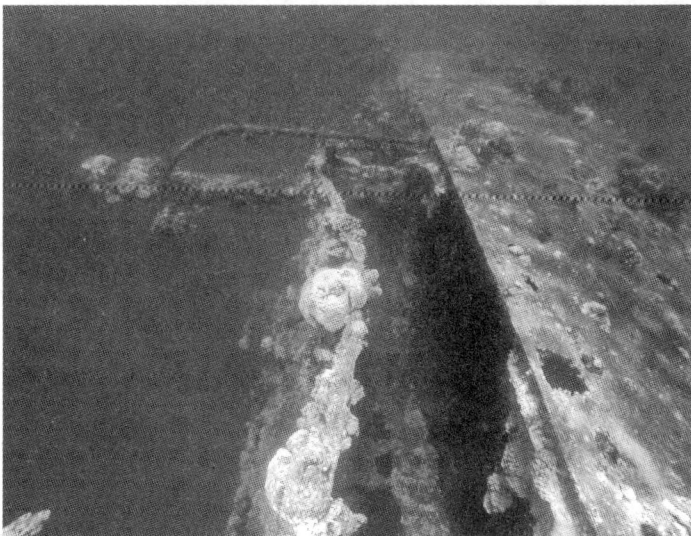

油轮"宝洋丸"，"企业"号俯冲轰炸机（VB-10）队长詹姆斯·拉梅奇（James Ramage）将其击沉。

还是被美机以一发鱼雷击沉。"追风"号驱逐舰如前所述，在救援了"阿贺野"号幸存者后返航途中被"邦克山"号航母舰载机以鱼雷击沉，只有22人生还。就连著名祥瑞舰"时雨"号驱逐舰都被一颗炸弹命中2号炮塔，21人阵亡、45人受伤。侥幸逃出特鲁克环礁35海里的"那珂"号轻巡洋舰也被"邦克山"号航母和"考彭斯"号轻型航母（USS Cowpens）的舰载机发现，最后被一枚炸弹和一条鱼雷击沉。

我有幸在特鲁克的海港中浮潜，目睹了沉在浅海中的日本油轮"第1宝洋丸"号、插在海床上的第29号猎潜艇和一架"倒栽葱"在埃腾岛旁边的零式战斗机。这三位"冰雹"行动的受害者是特鲁克基地遇袭惨状的缩影：被屠杀的大型运输船、未及撤离的小型军舰和毫无还手之力的战斗机。不过，特鲁克之战还未结束，环礁外的美军水面舰艇和潜水艇正在磨刀霍霍等待着逃出环礁的日本舰船。

斯普鲁恩斯的水面对战

回到2月17日当天，由于预计将与联合舰队主力相遇，斯普鲁恩斯带齐了6艘现代化快速战列舰，准备亲率第50特遣舰队与日本联合舰队主力决一死战。其中包括了美国海军最新锐，装备了最先进火控系统的衣阿华级"衣阿华"号（USS Iowa）和"新泽西"号战列舰。同时，日本海军的"大和"与"武藏"两艘战列舰在火力与防护方面无人能敌，如果衣阿华级与大和级狭路相逢，它们的对决毫无疑问将是大炮巨舰之间最伟大的史诗决战。

然而，提前撤退的联合舰队司令长官古贺峰一没有给斯普鲁恩斯，也没有给海战迷们这个机会。憋了一肚子气的斯普鲁恩斯急需

"衣阿华"号战列舰，与"大和"号同为大炮巨舰登峰造极之产物，9门50倍径16英寸巨炮十分恐怖。

发泄，带着"新泽西"号和"衣阿华"号战列舰、"明尼阿波利斯"号和"新奥尔良"号重巡洋舰以及4艘驱逐舰围着环礁绕圈。正在此时，代号为"4215船团"的轻巡洋舰"香取"、辅助巡洋舰赤城丸、驱逐舰"舞风""野分"和第15号昭南丸扫雷艇从北部出口逃出了环礁。很快，船团就遭到了美国舰载机的打击，赤城丸迅速沉没。

为了发泄心中的怒火，斯普鲁恩斯竟然命令舰载机停止攻击，亲率舰队赶去截击。双方的鱼雷攻击均未能取得命中，随后"衣阿华"号向"香取"号发射了46枚主炮炮弹和124枚5英寸副炮炮弹，取得多次命中。在这场毫无悬念的战斗中，"香取"持续还击直到被击沉。同时，"舞风"号发射的鱼雷几乎命中了"新泽西"号战列舰，最终被美军两艘重巡洋舰集中火力击沉，第15昭南丸也被美军驱逐舰"伯恩斯"号（USS Burns）击沉。这3艘军舰的生还者均未能得到搭救，最后全部死亡，只有

"野分"号成功脱险。日军第24号猎潜艇也很不幸地误打误撞至此，尽管其船员以3英寸主炮顽强抵抗，但是最终也被"伯恩斯"号击沉，只有6人被俘幸存。

此时的斯普鲁恩斯和"衣阿华"号舰员们可能没有想到，这将是"史上最强战列舰"衣阿华级第一次，也是最后一次向敌军战舰开火。为战舰对战而生的最新型战列舰在航母主宰的太平洋战场上注定只能跑个龙套。不过，衣阿华级四艘战列舰一直被美国海军用于轰击岸上目标，直到90年代的海湾战争结束后才最终退役，成为博物馆中的展品。

黑夜出击与"冰雹"行动的终结

随着2月17日的夜幕降临，从一整天屠杀中幸存日本的舰船自以为得到了喘息之机。然而，"企业"号的鱼雷机队（VT-10）派出12架加装了雷达的TBF-1C"复仇者"鱼雷机各挂载4

即将沉没的"香取"号轻巡洋舰。

枚500磅炸弹在黑夜中飞向了特鲁克。这是美国海军历史上第一次使用舰载机执行夜间反舰轰炸行动。在这场历史性的行动中，12架复仇者在短短半小时内先后进行了25架次攻击，共取得13发命中、7发近失，击沉8艘日本舰船。没有可靠雷达的日军防空炮火只能漫无目的地扫射，结果曳光弹进一步暴露了舰船位置。这次实验性的攻击极其成功，12架TBF取得了美军整个行动中近三分之一的战果，现在就连特鲁克的夜空也高挂了星条旗。

同时，日军也进行了战役中唯一一次像样的还击。从2月17日21:00开始，日军多股九七舰攻反复试探美军防御，但是炙热的美军防空火力将其一一击退。直到22:11，一架九七舰攻绕过了美军防空火力网和夜间战斗机的拦截，在茫茫黑暗中发现了一艘美国航母。这架九七舰攻向美国航母的右舷发射了1枚鱼雷，不偏不倚地命中了航母的右舷舰尾处，卡死了船舵，炸死11名船员、炸伤17人。这艘倒霉的航母只能在水面上打转，直到其他军舰前来救援，将其拖回珍珠港。这艘倒霉的军舰正是"无畏"号航空母舰。这一伤让"无畏"号六个月无缘战场，错过了之后惊心动魄的马里亚纳海战，还留下"干船坞I"（The Dry I）的耻辱性外号。

然而，损伤了一艘航母的美国舰队并没有收手的打算。2月18日早晨美国舰载机们再次肆虐特鲁克上空，击沉了残存的日军舰船并且着重攻击各种岸上设施。这一天，根本就没有日军战斗机敢于升空拦截，美军则从容地轰炸了机场跑道、机库、燃料库、无线电基站等目

美军攻击结束后一片狼藉的特鲁克日军油库。

标，焚毁了超过17,000吨燃油。战至中午，由于已经没有任何残存的有价值目标，美军选择提前停止攻击，结束"冰雹"行动。

当天，一名来自"埃塞克斯"号航母的战斗机飞行员被击落在环礁内部。见此情况，9架F6F提供不间断地空中掩护，使日军驱逐舰无法靠近，同时"巴尔的摩"号重巡洋舰派出1架OS2U水上飞机勇敢地在环礁内降落，在日军眼前大摇大摆地救走落水的战斗机飞行员。这样的救援能力是日本海军无法想象的，也正

正是这架 OS2U 飞入环礁救走了被击落的飞行员。

是对飞行员生命的如此重视使美国海军保持了一支具有充分战斗经验和高超能力的舰载机飞行员队伍，日军的老手们则逐渐消耗殆尽。

在整场行动中，美军共出击1,250架次、对敌舰船投下400吨炸弹和鱼雷，另外对岸上目标投下92吨炸弹，算上潜艇的战果，共击沉11艘大小军舰、32艘货轮等辅助舰船，击毁270余架日本飞机，造成日军4,500人阵亡、3,100人受伤。其中5艘油轮的损失对严重缺乏油轮的日本海军来说是相当严重的打击，极大地限制了其舰队航行能力。美军方面只有"无畏"号航母遭重创、25架飞机被击落，40人阵亡。"冰雹"行动以美国海军全胜告终，新型航母特混舰队的效果远超双方预期。从此，日本海军主力再无重返特鲁克之可能，日军也被迫放弃拉包尔航空战，尼米兹无意间帮麦克阿瑟取得了南太平洋方向的最终胜利。

被抛弃的加罗林群岛

由于"冰雹"行动的巨大成功，尼米兹终

于决定绕过加罗林群岛。不过，日军再次向特鲁克派遣了不少飞机，所以为了彻底消除特鲁克基地对美军进一步西进的威胁，米切尔的舰载机于4月29日再次来袭。84架F6F首先进行了战斗机扫荡，尽管62架零战在雷达的预警下升空迎战，但是仍旧被美军打得落花流水。同时，前去反击美国航母的日军鱼雷机这次压根未能突破美军的外围防空网，反而损失惨重。

随后，美军鱼雷机、轰炸机对特鲁克基地再次进行了毁灭性打击，不仅彻底摧毁了机场和各种岸上设施，就连渔船都没有放过。等到美军于5月1日扬长而去时，日军部署在特鲁克的105架飞机当中59架已经在空战中被击落、34架在地面上被炸毁，地面设施几乎被摧毁殆尽。美军的损失为26架飞机，大部分是被日军的防空炮击落。

经此打击后，日军将仅存的12架飞机撤离特鲁克，被一举消灭了战斗力的特鲁克基地和整个加罗林群岛自此沦为太平洋战争的一个脚注。除了日常"来访"的美国陆海军轰炸机和7艘侥幸溜进来运输补给的日本潜艇，整个加

1944 年 9 月空袭特鲁克基地的 B-24，隶属于陆航第 7 航空队。

罗林群岛从此被双方抛弃。更有甚者，美国人自从1944年春天以来就将加罗林群岛当作训练靶标，每当新组建的轰炸机中队、新服役的舰船抵达太平洋前线，就会对加罗林群岛攻击一番，获取经验。其中既包括刚刚部署到中太平洋的B-29轰炸机，又包括英国海军太平洋舰队（British Pacific Fleet）的舰载机。

除了特鲁克以外，我还有幸游览了特鲁克以东、加罗林群岛的另一大岛——波纳佩岛（Pohnpei Island），当年日军也曾派重兵驻

波纳佩岛上曾被美军炮击的机场至今仍在使用。

波纳佩岛上的日军高射炮。

守于此。1944年的5月1日，就在舰载机第二次空袭特鲁克的同时，"马萨诸塞"号（USS Massachusetts）和"衣阿华"号战列舰领衔的美军舰队也炮轰了波纳佩岛北部的日军机场和设施，根本没有受到像样的还击。

除此之外，从1944年2月开始，美国陆军航空兵的B-24、B-25轰炸机就以平均每周三次的频率"光临"波纳佩岛，完全压制了这座日军基地。我有幸在一场滂沱大雨之后，踩着湿滑的泥地登上了波纳佩岛北边的高山，参观了残存的日军89式双联装127mm高射炮。尽管看起来非常唬人，但是这些高炮战果寥寥，充其量是给美国飞机的瞄准造成点不便罢了。

遭到孤立的加罗林群岛在日军控制下苟延残喘到战争结束，岛上民众饱受饥饿、疾病折磨。等到战争结束时，仅在特鲁克就已经有2400名日军士兵和更多平民死于饥饿或者各种疾病。

后记：今日的特鲁克与"无畏"号

战后，加罗林群岛成为独立的密克罗尼西亚联邦一部分，遍布特鲁克海底的沉船和武器残骸则成了全世界潜水爱好者沉船潜的圣地，堪称一座水下的"二战"博物馆。日军遗留设施则被岛上的居民们物尽其用，摩恩岛上最大的日军无线电通讯站今天成为岛上最好的学校哈维尔高中的校舍所在，也有很多位置偏僻的设施被荒废在野外，比如埃腾岛上的日军仓库已被密林笼罩。

只有摩恩岛山洞中仍旧指向海面的日军150mm岸防炮仍提醒着人们，在太平洋战争最后的一年半时间里，日军第52师团曾经紧张地准备着一场永远不会发生的登陆战。最终，日军本第31军司令麦仓俊三郎中将和第4舰队司令原忠一中将于1945年9月2日在"波特兰"号巡洋舰上分别代表驻守加罗林群岛、马里亚纳群岛的第52师团、第50、第51、第52独立步兵旅团和海军部队向美军投降。

相比起返回大自然的"特鲁克"，"无畏"号航母则风光无限地作为纪念舰停靠在纽约曼哈顿，欢迎着来自世界各地的游客。从"冰雹"行动中伤愈归队的"无畏"号在"二战"中继续参加了莱特湾海战、冲绳海战，经过改装后更是在冷战中先后执行对苏反潜任务，搭载攻击机参加越南战争，最后于1974年退役，改为纪念舰。值得一提的是，在9·11事件发生后，FBI还临时征用了"无畏"号作为调查指挥中心，这艘功勋舰又一次发挥了余热。

完成了对特鲁克的毁灭性打击之后，美国太平洋舰队司令尼米兹将注意力越过了已经失去威胁的加罗林群岛，落在了中太平洋战场的心脏——马里亚纳群岛。不久后，碌碌无为的

山洞中的150mm海岸炮，它们从未有机会向美军登陆舰队开火。

古贺峰一因为飞机失事殉命。接替了他的新任日本联合舰队司令长官丰田副武也将马里亚纳视为决战场。他准备利用重整的航母机动部队与来袭的美国海军进行决战,一举扭转颓势。在马里亚纳群岛,日美两军的终极对抗将把太平洋战争推向决战的高潮。

今天的"无畏"号,停泊在繁华的曼哈顿哈德逊河上接受游人拜访。

第十八章 太平洋决战场——塞班岛登陆与马里亚纳海战

1944年6月5日晚，两支人类历史上规模空前的舰队同时在东西半球驶出港口，开赴战场，即将分别决定东西两个半球的命运。其中更为著名的一支从英国南部沿海驶向法国诺曼底；另外一支则从夏威夷驶向了太平洋战场上的决战场——塞班岛。

中太平洋之心

马里亚纳群岛位于菲律宾、中国台湾、琉球群岛和日本本岛形成的半圆圆心位置，堪称太平洋战场的"心脏"。同时，马里亚纳群岛的塞班岛（Saipan）、提尼安岛（Tinian）、关岛（Guam）更是中太平洋少有的大型岛屿，如果建成作战基地将允许美军控制中太平洋水域。从马里亚纳群岛出发的两栖舰队能够从容攻击菲律宾、帕劳、中国台湾、琉球群岛。因此，一直以来美国海军都将马里亚纳群岛视为中太平洋攻势的最关键目标。

除此之外，刚刚研制成功的B-29轰炸机将能够从马里亚纳出发对日本本土进行高强度战略轰炸。在很多目光长远的航空兵将领看来，B-29是彻底打败日本的关键，因此夺取马里亚纳群岛事关战争胜利。至此，还没有任何一种武器能够赋予一处要地如此关键的战略意义。为此，即使麦克阿瑟仍旧反对攻击马里亚纳群

岛，海军作战部长欧内斯特·金上将仍然在陆军航空兵司令亨利·阿诺德上将的全力支持下说服了参谋长联席会议批准进攻马里亚纳群岛的"征粮者"行动（Operation Forager）。

马里亚纳群岛当中最重要的岛屿是塞班岛，位于东京东南2,350公里外，长约23公里、宽约10公里，东岸和北岸以悬崖为主、西岸和南岸比较平坦，正中央是南北向的塔波查山区（Mt. Tapochau），主峰海拔474米。日军在岛上共修筑了三座机场，其中山区以南的阿斯利托机场（Aslito Airfield）是主要机场，另外在北部和西部分别是未完工的马皮机场（Marpi Airfield）和恰兰卡诺阿小型机场（Charan Kanoa Airfield）。岛上的两座小镇均位于西岸，分别为南部的恰兰卡诺阿镇和中部的加拉潘镇（Garapan），临近主要港口塔纳帕格港（Tanapag）。

马里亚纳攻势总指挥由第5舰队司令雷蒙德·斯普鲁恩斯上将担任。攻势本身分为南、北两部分，其中具体负责塞班岛和提尼安岛的是北方登陆部队（NTLF），由TF51登陆舰队司令里奇蒙·特纳中将和第5两栖军军长霍兰德·史密斯陆战队中将协同指挥，下辖托马斯·沃特森少将的陆战二师和哈里·施密特少将的陆战四师。担任预备队的则是拉尔夫·史密斯少将的陆军第27师。这三支部队此前分别参加了吉尔伯特和

前往塞班岛途中的霍兰德·史密斯中将。

马绍尔群岛的战斗，其中两个陆战师均表现出色，但是第27师却没有给霍兰德·史密斯留下好印象。塞班岛登陆日期被定为1944年6月15日，关岛和提尼安岛登陆战则将在随后展开。

具体来讲，陆战二师6团、8团和陆战四师23、25团将分别在红、绿、蓝、黄四座滩头登陆，陆战二师2团和四师24团负责在西北海岸佯装登陆牵制日军。在登陆计划方面美军可谓准备充分，两支登陆部队配足了LVT两栖装甲车，装备37mm坦克炮的LVT(A)-1和装备75mm榴弹炮的LVT(A)-4两栖坦克直接跨越环礁运送陆战队员们登陆，炮兵部队也配属了大量DUKW两栖卡车运载火炮，更有多达11艘战列舰领衔为期三天半的炮击行动。然而，史密斯却完全将塞班之战看作一场登陆战，对于如何占领崎岖的内陆山地毫无考虑。

日军方面加强马里亚纳群岛防务的进展十分缓慢，其中美国潜艇影响巨大。日军在5月10日报告称驶向马里亚纳群岛的船只当中几乎三分之一被击沉、三分之一被击伤，因此急切需要的钢铁、混凝土严重不足，部队也损失惨重。其中运载第43师团118联队和第29师团18联队的3530船团在6月4—6日之间遭到美军潜艇痛击，8艘运输船当中5艘被击沉，第118联队共有2,240人溺亡，只有1,033人抵达塞班岛。除此

这些日军8英寸岸防炮直到最终被缴获都没来得及从火车上卸载。

马皮角

北部防区
⊠ 135

塔纳帕格港

海军防区
第5特别根据地队
⊠
（4,672人）

加拉潘镇

东奈 ●
塔波查山区

中部防区
⊠
第136联队（欠2个中队）

红滩

绿滩

⊠ 4个步兵中队
2个船舶中队
● 查查

总预备队

⊠ 9

● 劳劳

阿费特纳角

菲纳苏苏山

卡格曼半岛

蓝滩

● 苏苏兰

第3独立山炮兵联队

恰兰卡诺阿

第10独立重兵联队3大队

黄滩

⊠ 25

魔术师湾

南部防区

阿劲岗角

⊠ 第47旅团

阿斯利托机场

（3个独立步兵大队、1个独立炮兵联队、1个工兵中队）

纳富坦角

1000 0 1000   3000 码

日军在塞班岛的防御部署图。

之外，日军也严重低估了美军的进攻速度，因此等到美军登陆时大量重型武器还没有安装完成。

驻守马里亚纳群岛的日军陆海军部队分别由第31军军长小畑英良中将和中部太平洋方面舰队司令南云忠一中将负责，其中具体防御塞班岛的包括斋藤义次中将的第43师团、冈芳郎大佐的第47独立混成旅团、有马纯彦大佐的第9派遣队（旅团规模），以及海军高岛三治大佐的第5根据地队第55守备队和唐岛辰男中佐的横须贺第1特别陆战队，还有不少航空兵、运输、后勤部队和滞留在塞班岛上的零散战斗部队。来自第1战车师团的战车第9联队联队部，第3、第4、第5中队也被部署到塞班岛，共有35辆97式坦克和12辆95式坦克，由联队长五岛正大佐指挥。这是太平洋战争至此日军部署的最大规模装甲部队。

岛上日本陆军指挥官斋藤义次中将的计划是"歼敌于水际"，这也是到现在为止日军防御海岛的主要战术。因此，他并未在极为适合防御的中部山区建立阵地，而是将主力部队和

大部分火炮集中在岛西岸，准备直接迎击美军登陆，然后趁美军立足未稳以第9战车联队为核心发动反击，消灭美军登陆部队。具体部署方面，铃木英助大佐的第135联队负责防御美军难以登陆的塞班岛北半部分，以南云忠一为首的海军部队在陆军第136联队1大队的配合下负责防御加拉潘镇和塔纳帕格港区域。直接负责美军陆战二师登陆滩头的是小川雪松大佐的第136联队，但是在滩头区域的实际兵力只有加强了1个中队的第2大队，因为除了前述的第1大队要配合海军之外，第3大队也被留作了预备队。直接负责美军陆战四师登陆滩头和整个岛南部、东部的是第47独立混成旅团，其主要作战单位第316、317、318独立步兵大队均部署于此。

日军的部署充分贯彻了滩头决战的思想，负责一线防御的部队则是将大部分兵力和火力压在了滩头上，比如小川雪松大佐将自己手中的4个步兵中队和1个机枪中队几乎全部部署在了滩头防御阵地，只留下不到1个中队的兵力担任预备队。而且，日军在美军即将登陆的滩头后方集中了主要的炮兵、装甲兵部队和第9派遣

1944 年 2 月 23 日，一架日本飞机坠落在美军轻型航母"贝劳森林"号不远处。

队主力，随时可以支援滩头防御战并且发动反击。总之，等到美军登陆时，岛上日本陆军战斗部队共24,875人，航空、运输部队2,660人，海军6,160人，还装备有大量坦克和火炮，无论如何都是一支不容小觑的力量，而且"绝对国防圈"内的马里亚纳群岛是必须扼守的关键阵地。

早在2月22日，刚刚摧毁了特鲁克基地的美国海军第58特混舰队就对马里亚纳群岛展开了为期两天的空袭，以区区6架飞机为代价击沉13艘舰船、摧毁123架飞机。奉行"见敌必战"原则的日本海军第1航空舰队司令角田觉治中将反复进行的无谓攻击更是加重了日军损失。不过，随着时间推移，日本海军航空兵慢慢在数量上恢复了元气，终于可堪一战。日本海军更将马里亚纳群岛视为战前几十年内日本海军对美国的"渐减作战"设想中的决战场。因此，自从瓜岛战役之后就避战长达一年半的联合舰队主力将倾巢而出，与进攻马里亚纳群岛的美国海军决一死战。因此，无论是在陆地、海洋还是天空，以塞班岛之战开局的马里亚纳群岛战役都将是太平洋战争毫无争议的高潮。

滩头钢雨

6月11日13:00，远在塞班岛360公里外的美军TF58放飞225架战斗机横扫马里亚纳群岛，以12架飞机为代价摧毁了至少147架日本飞机。在

美军 TBF 鱼雷机起飞轰炸马里亚纳群岛的日军目标。

这些飞机后方是TF58的7艘主力航母、8艘轻型航母、7艘快速战列舰、8艘重巡洋舰、10艘轻巡洋舰、70艘驱逐舰。登陆和支援舰队还有7艘护航航母、7艘老式战列舰、6艘重巡洋舰、5艘轻巡洋舰、69艘驱逐舰、28艘护航驱逐舰，超过150艘登陆、支援舰船和超过85艘辅助舰船，舰载机总数超过1,100架。这使美国海军在中太平洋攻势中又一次刷新了"史上最强舰队"的纪录。

此时日本第4611船团正从马里亚纳群岛向本土撤退，结果遭到TF58舰载机的毁灭性打击，13艘运输船中的11艘和10艘护航舰艇中的2艘在12—15日之间被击沉，其余也大部被击伤。同时，美国舰载机和水面舰艇对塞班岛展开了为期三天的轰炸和炮击，不过TF58的快速战列舰因为缺乏对岸上目标的炮击训练表现一般，反倒是专门用来炮击岸上目标的老式战列舰战果更好。新成立的水下爆破队（Underwater Demolition Teams，海豹突击队前身）也在6月14日潜入水中对水下障碍物、礁石进行侦察和爆破，为次日的登陆扫清障碍。

6月15日，登陆日到来。美军军舰从5:30开始展开炮击，舰载机也在7:00加入轰炸。随着指挥船在8:00一声令下，整装待发的数百辆LVT载着陆战二师和四师的登陆部队冲向了红、绿、蓝、黄四座滩头。在整场行动中，美军共使用了719辆LVT和LVT(A)，足够运载几乎全部登陆部队，运载火炮的DUKW两栖卡车和运输坦克的LCM登陆艇也紧随其后扑向海滩。

起初，美军登陆部队并未遭到攻击，但是珊瑚礁以内水面上一排排奇怪的小旗子引起了美军的疑问。很快，从山中呼啸而来的日本炮

LVT在"印第安纳波利斯"号重巡洋舰的掩护下冲向塞班岛滩头。

今日塞班岛上的日军12式200mm短管岸防炮，登陆战中日军炮兵火力非常猛烈。

弹就回答了美军的疑问：原来小旗子是日军提前插好，用来给炮兵标定距离的！瞬间，水中溅起冲天水柱，偶尔伴随着被炸上天的钢铁碎片以及残肢。山顶上的日军炮兵观测员准确地指引着山岭之上的日军火炮、迫击炮、机枪火力点，将"钢雨"泼洒在美军头上。

美军第一波登陆部队于8:43抢滩，之后的20分钟内多达700辆LVT和8,000名陆战队员涌上了狭窄的滩头，在日军的炮火打击下损失惨重。不同于塔拉瓦之战中让人抬不起头的直射机枪火力，来自塞班岛高山中的炮火让陆战队员们完全无处躲藏，尤其是幸存的96式150mm榴弹炮和大口径岸防炮威力巨大。这样的覆盖性炮火将生死简化成了一个概率问题：越快冲上海滩，被炸死的可能性就越小。即便如此，刚刚登上滩头的美军还是陷入了较大混乱，一时间无法推进，第一波登陆部队的68辆LVT当中多达50辆被击毁，短短一个小时内美军伤亡就超过了1,000人，包括4名营长。

詹姆斯·莱斯利（James Riseley）上校的陆战6团在最左侧的红滩登陆，没想到一辆看似已经被摧毁的日军95式坦克突然开火击毁了数辆LVT，随后被陆战6团以巴祖卡火箭筒摧毁。在之后的战斗中，一个日军战车中队数次以单车或双车向陆战6团发动零星反击，但是大部分被美军火箭筒或反坦克枪榴弹摧毁。陆战二师右翼负责在绿滩登陆，由克拉伦斯·华莱士（Clarence Wallace）上校指挥的陆战8团也陷入了麻烦。由于陆战8团2营错误地偏向了北方，第2、第3营一起挤上了绿滩北部，不仅指挥陷入了混乱，日军炮弹更是纷纷落在密集的美军之间造成重大伤亡，只有约半数部队成功按照计划向内陆推进。

担任陆战四师右翼于黄滩登陆，由默顿·巴切尔德（Merton J Batchelder）上校指挥的陆战25团处境同样凶险，因为日军重兵把守的阿劲岗海角（Agingan Point）正好位于登陆滩头右侧后方。日军在这个突出的海角上部署了大量武

日军炮火下一片狼藉的红滩。

器从侧面以火力覆盖登陆滩头，因此美军最右侧的陆战25团1营损失巨大。雪上加霜的是，陆战25团1营正面的山岭上还有至少4门日军75mm火炮不断射来极为精准的炮弹。好在左侧的2营凭借着LVT(A)两栖坦克的掩护缓步推进才巩固了滩头阵地，及时提供火力掩护的飞机和军舰也算压制了正面山岭上的日军火炮。13:00，陆战25团3营终于协助第1营向南推进，肃清了阿劲岗海角大半，仅I连就击毙了至少150名日军。不过，肃清海角日军的战斗绝不轻松，大量日军士兵躲藏在复杂的地下掩体工事中从背后偷袭经过的美军，迫使美军小心翼翼，即便如此，还是有不少日军坚守海角，之后两天内才被肃清。无论如何，陆战25团于18:00全体登陆，建立了相对牢固的滩头阵地。

在全部4个抢滩登陆的陆战团当中，从蓝滩登陆、由路易斯·琼斯上校指挥的陆战23团最为幸运。这支部队仅仅遭遇零星抵抗就夺取了已

经化作瓦砾的恰兰卡诺阿镇，一路上LVT上的机枪手更是打死了不少埋伏在两旁的日军步兵。然而，美军靠近菲纳苏苏山（Mt. Fina Susu）之后，来自日军第3山炮兵联队的炮火和机枪、迫击炮、掷弹筒火力压制了进攻的美军，负责增援的M4坦克当中更是只有两辆抵达。由于坦克只能通过LCM登陆艇运输，因此必须在环礁上就离开登陆艇，驶入水中涉水上岸。然而，这一行动遭到了日军火力和潮汐的双重阻挠，陆战队第4坦克营B连的14辆坦克当中只有4辆成功上岸，其余均被摧毁或者沉入水中。

当登陆日夜幕降临时，超过2,000名美军士兵已经伤亡在登陆场上，其中约1,500名伤亡人员属于陆战二师（包括阵亡失踪553人），已经与塔拉瓦之战中1,500人的登陆日伤亡人数持平。下午，陆战二师和四师的预备队和炮兵团也陆续登陆，包括沃尔特·斯图亚特（Walter Stuart）上校的陆战2团、富兰克林·哈特上校陆

今日从塞班岛西南角的阿劲岗海角看当年的美军登陆滩头。

今昔对比：塞班岛西南部阿劲岗角的日军 6 英寸岸防炮碉堡。

登陆不久后就与日军展开对射的美军 75mm 榴弹炮。

战24团、拉斐尔·格里芬（Raphael Griffin）上校的第10炮兵团以及路易斯·德黑文（Louis G. DeHaven）上校的第14炮兵团。其中陆战队总司令范德斯里夫特的儿子小亚历山大·范德格里夫特（Alexander Vandegrift）中校指挥的陆战24团3营在登陆过程中损失尤为严重，先是两辆LVT在水中倾覆，登陆后又遭到日军火炮的致命打击，在投入战斗前就已经阵亡25人、受伤72人、失踪39人。

尽管伤亡重大而且登陆部队没能攻抵预定的O-1目标线，不争的事实是美军已经在塞班岛西南岸牢牢控制了一座滩头阵地。经验丰富的

塞班岛南岸海滩的大型日军堡垒内部，为了与美军在海岸决战，日军做了不少准备。

陆战队员们借助战斗间歇挖掘散兵坑、布设机枪阵地，准备抵挡即将到来的日军夜袭。总之，塞班岛首日的登陆战可谓非常血腥，但是陆战队员们都心知肚明，这仅仅是恶战的开始。今日，塞班岛美军当年登陆的海滩上已经鲜有战斗的痕迹。一座座海边度假酒店和繁忙的海滨公路代替了旧时战场。然而，少数几个残存的碉堡和至今仍然陷在海上的美军M4坦克残骸仍旧讲述着1944年6月15日登陆战况之惨烈。

钢铁燃烧：日军的装甲反击

随着夜幕降临，塞班岛上的日军指挥官第43师团长斋藤义次中将感觉自己期待已久的机会到了。美军登陆部队已经在日军火网中损失惨重，滩头仍然相当混乱。鉴于美军巨大的兵力和装备优势，趁着美军刚刚登陆立足未稳将他们"赶下海"是日军获胜的唯一可能。同时，斋藤对于反击成功颇有几分自信，毕竟他手下指挥的是训练精良的第43师团，以精锐的第3师团留守部队为基干组建，现在还获得了战车第9联队加强。在太平洋战争此前的日军岛屿守备队之中，还没有哪个日军指挥官手握这样的实力。

6月15日20:00，第43师团的2,000余人在少量坦克的支援下沿着海岸线从北边摸向了登陆过程中损失最大的陆战6团所在的红滩，企图趁夜突破美军防线，使美军陷入混乱。但是斋藤的如意算盘在实

力远超他想象的美军面前被打得粉碎。就在日军挥舞着刺刀伴着号声冲向美军阵地的同时，美国驱逐舰立即发射照明弹将战场照得好似白昼。完全暴露在白光下的日军士兵和坦克陷入了美军轻重火力的火网中，其中驱逐舰5英寸舰炮的精准打击更是极为致命，填补了陆战队重武器未能完全登陆的空缺。凌晨3:00，日军在相同方向上发动了更大规模的进攻，但是这次严阵以待的美军再次予以痛击，"加利福尼亚"号战列舰更是对日军集结区域火力全开，最后5辆M4坦克也在5:45加入战斗，彻底击溃了日军的进攻。等到6月16日早晨太阳升起时，日军已经在陆战6团当面丢下了多达700具尸体。

在陆战四师当面，日军也从正东方分别于3:30和4:30对陆战25团发动反击，其中第二次反击的战术尤其阴险：日军躲在当地居民的身后，打算悄悄混进美军阵地。好在美国哨兵及时发现日军毒计，以猛烈的炮火几乎将其全歼。尽管美军为了减少平民伤亡等到最后一刻才对日军开火，还是有不少查莫罗岛民死于

乱枪之中。在这一系列战斗中，陆战四师的75mm、105mm榴弹炮、37mm反坦克炮和75mm半履带自行火炮炙热的火力起到了决定性作用。早晨5:30，从苏苏佩湖（Lake Susupe）方向进攻陆战23团的约200名日军也被全歼，日军第一夜的进攻以完全失败告终，死亡人数超过1,000人。

6月16日昼间，尽管日军炮火仍然十分猛烈，美军各部还是抓紧时间巩固滩头阵地，消灭渗透到防线后方的小股日军。陆战二师和四师首先于早晨9:50之前消灭了两师中间的顽抗日军，终于将滩头阵地连成一片。同时，陆战队第10、第14炮兵团的剩余火炮刚刚登陆就立即加入到激烈的炮战之中。其中陆战第14炮兵团5营的12门火炮一度被日军炸得只剩2门还堪使用，可见塞班之战中日军炮火十分凶悍。同时，陆战四师从12:30开始向位于山岭上的O-1目标线继续推进。陆战25团3营首先在6辆M4坦克的支援下消灭了一处日军火力点，击毙60人、缴获5挺机枪、2门山炮。然而，正面山岭上的

这辆日军坦克残骸现在被放置在一座红滩北边的碉堡上，不知是否为6月15日当晚被击毁约。

日军凭借着隐蔽良好的重机枪火力点和4门高射炮顽强抵抗，最后美军在坦克的支援下挨个摧毁日军火力点才最终在傍晚前基本控制了山岭上的O-1目标线。

不甘失败的斋藤在6月16日晚祭出了"杀手锏"：将战车第9联队全部剩余坦克集中起来发动了太平洋战争中日军规模最大的坦克突击！日军44辆坦克和第136步兵联队以美军陆战6团后方400米的塞班广播电台为目标，于6月17日凌晨3:30从东边展开突击。然而，挡在日军前方的陆战6团1营早已察觉日军装甲部队的动向，正严阵以待。日军坦克则在茫茫黑夜中早早就陷入了混乱，不少坦克在战场上来回游荡，还有些陷入泥地当中。另外由于日军发动夜袭，美军士兵看不到为数众多的日军坦克，因此日军使用庞大坦克集群的心理震慑效果大打折扣。

很快，日军装甲薄弱的坦克就陷入了美军火箭筒、反坦克炮、榴弹炮、舰炮、坦克，甚至重机枪倾泻的火海之中。被日军寄予厚望

的装甲部队在短短几十分钟内变成了一团团烈火中扭曲的废钢铁。美军亲历者将战斗形容为"充满了噪音、闪光、曳光弹的疯人院"。冲在前面的日本坦克迅速被击中起火，火光又照

严阵以待的美军 37mm 反坦克炮。

6 月 17 日凌晨被摧毁的一辆 97 式坦克。

图中的上等兵劳伦·卡恩（Lauren Kahn）和路易斯·纳尔德（Lewis Nalder）于 6 月 17 日凌晨使用这具巴祖卡先后击毁 4 辆日军坦克，之后又用手榴弹摧毁 1 辆。

亮了后续的日军士兵和坦克，于是后续日本坦克也纷纷被美军打爆。直接负责支援陆战6团的陆战第10炮兵团1营在3:00到4:15之间发射了超过800发75mm炮弹，第4营M连的105mm榴弹炮更是打光了全部炮弹。然而，日军的反炮击也十分精准，在24小时内先后打坏了第4营的5门105mm榴弹炮，也摧毁了不少75mm榴弹炮。

据说在战斗中美军M4坦克手一度因为穿甲弹对日军坦克毫无效果而陷入了恐慌，但是立刻意识到穿甲弹没有效果的原因是日军坦克装

今日塞班岛上的日军 95 式轻型坦克残骸。

甲太过薄弱，因此穿甲弹轻易穿入坦克后又从另外一边穿了出去。美军坦克立即改用高爆弹将日军坦克炸得粉碎，同时重机枪也集中射击日军坦克的舱口等薄弱位置。少数突入美军阵地的日军坦克遭到巴祖卡火箭筒打击，车组成员血肉横飞。等到炮火终于在早上7:00平息时，30辆日本坦克残骸和几百具日军尸体铺满了战场，美军共伤亡97人。在整体火力水平和装备水平的巨大差异面前，斋藤获得胜利的可能被打得粉碎。

战至6月17日早晨，美军已经伤亡了3,500人，尽管这仅将是美军在塞班岛总伤亡的20%，但是日军的滩头决战企图已经完全以失败告终，塞班岛上的日军守备队已无凭借自身能力摧毁美军登陆场、打退美军进攻的可能。今天，在塞班岛上还保存有不少日军坦克残骸，诉说着日军羸弱装甲部队的惨败。

夺取机场

就在日军反攻失败的当晚，美国陆军第27师165团趁夜涉水登陆。次日早晨7:30，美军陆战二师、四师和陆军第165团消灭了残余日军进攻部队后全面出击。经过一系列规模不大但是十分激烈的战斗，美军慢慢肃清了当面的日军防御阵地并且大体占领了O-2目标线所在山岭，陆战二师也控制了恰兰卡诺阿小型机场，用于起降轻型炮兵观测机。杰拉德·凯利（Gerard Kelley）上校的第165团奉命从陆战四师中央向东攻击阿斯利托机场，于17:00控制了机场西南角的山岭。然而，日军的反冲锋竟然将第165团1营击退到山

美军在机场上缴获的 10 式 120mm 高射炮。

脚下，进展缓慢的第2营也被进展迅猛的陆战25团拉开了空当。当天陆战25团发现阿斯利托机场上已经没有日军，因此建议陆军第165团立即夺取机场，却被后者拒绝。当晚，日军派出小股部队袭扰美军，甚至还派出了大约35艘驳船试图对美军滩头阵地进行反登陆，但是均被击退。

6月18日，美军继续全线推进。陆战25团一举攻抵塞班岛西岸，孤立了岛南部日军。然而，16:15突然出现的两辆日军坦克在被击毁前给缺乏准备的美军造成了15人伤亡，陆战队发现消灭躲藏在南岸悬崖、岩洞中的日军绝不轻松。陆军第165团终于在早晨10:00夺取了几乎完好的阿斯利托机场，后者在4天后就作为战斗机机场投入使用。至此，夺取机场这一塞班岛陆战的最关键战略目标已经实现，决定太平洋战争结局的海上大决战也终于来临。

"阿"号作战："Z"旗高升

战前的几十年内，日本海军对于太平洋战争的主要战略构想是"渐减邀击作战"，即诱使美国海军通过太平洋西进，然后在握有主动权的情况下以逸待劳，以联合舰队主力发动舰队决战，一举摧毁美军太平洋舰队。自从日本海军在瓜岛拉锯战中元气大伤、由攻转守后就重新以这一战略作为指导思想，准备以恢复元气的机动部队为主力在基地航空兵的配合下择机决战，行动代号为"阿"号作战。此时指挥第1机动舰队的是小泽治三郎中将，是日本海军中首屈一指的航空战术专家。他麾下的9艘航母被分别编入第1、第2、第3航空战队，其中小泽治三郎亲率的一航战包括"大凤"号装甲航母、"翔鹤"和"瑞鹤"号主力航母；二航战包括"隼鹰""飞鹰""龙凤"号轻型航母；三航战包括"瑞凤""千岁""千代田"号轻型航母。一、二、三航战分别搭载第601、652、653海军航空队，在6月19日战役当天共有233架零战（包括部分可以执行轰炸任务的爆装零战）、88架"彗星"舰爆、35架九九舰爆、66架"天山"舰攻、17架九七舰攻，共计439架舰载机，至少在纸面上达到了日本海军机动部队的巅峰。日军水面部队也主力云集，分别编入各航空战队担任护卫任务或者编入前卫部队，共包括战列舰"大和""武藏""长门""金刚""榛名"，11艘重巡洋舰、3艘轻巡洋舰、27艘驱逐舰和6艘给油舰和油船。

同时，优秀的战术家小泽也制定了相当具有针对性的"超航程战术"。鉴于日本飞机航程更远而且掌握着马里亚纳群岛的机场，小泽计划让日军舰载机在双方航母作战半径外就直接起飞，攻击美国航母后直接降落在马里亚纳群岛的日军机场上，补充油弹后实施二次攻击。这样，在关岛等基地的航空兵配合下，小泽就有机会毫发无损地消灭美国航母编队。

然而，日本海军机动部队其实面临着两个难以克服的难题。首先，此时的日本飞行员大部分是训练严重不足的新手，老手们早在之前一年的拉锯战中消耗殆尽。其次，美国海军建立起了全方位的舰队防空体系，借助先进的雷达和通讯技术，美国航母上的专职引导员能够将战斗机提前调到有利位置拦截来袭敌机。剩下的军舰也能够利用数量众多、层次分明且性能优秀的5英寸/38倍径高射炮（配备VT引信）、40mm博福斯高射炮和20mm厄利孔高射炮在SK对空雷达以及Mark 37等先进火控计算机的指导下在舰队上方构筑起立体的火网。因此，双方技术实力的差距足以抹杀小泽的任何战术优势。

除此之外，双方潜艇部队也早在战役开始之前就积极出动，但是此时双方反潜能力已经差距巨大。日军方面，第6舰队先后派出了25艘潜艇投入马里亚纳海战，最终多达17艘被美军击沉，更未能起到任何战术作用。美军潜艇则早在5月就对第1机动舰队的塔威-塔威（Tawi-Tawi）锚地展开了有效的侦察和袭扰，其中

今日关岛的九九舰爆残骸。

"北梭鱼"号潜艇（USS Bonefish）于5月14日击沉了"电"号驱逐舰，"河豚"号潜艇（USS Puffer）又在5月22日险些击中进行舰载机起降训练的"千岁"号航空母舰，随后于6月5日击沉了给油舰"高崎"号和"足折"号。这些攻击行动迫使日本海军航母躲在锚地内，使其舰载机飞行员无法进行必要的训练，严重削弱了小泽手下舰载机部队的战斗力。

从6月11日开始，由马克·米切尔中将指挥的美军第58特混舰队开始对马里亚纳群岛的日军航空基地展开攻击，以11架F6F战斗机为代价击毁36架日军飞机，日军仅确认在当天死亡的战斗机飞行员就多达42名（包括死于轰炸者）。随后两天内，第58特混舰队基本压制了马里亚纳群岛的日军陆基航空兵部队，日军第22航空战队的第261、第263、第265、第343空遭受了重创，其中第261空在两天内损失了多达29名飞行员，第265空则在空战第一天就阵亡了13名飞行员。15日，第58特混大队第1分队和第58特混大队第4分队对小笠原群岛的日军机场发动了攻击，以区区2架飞机为代价击落了主要由301空和341空紧急起飞的37架零战当中的28架，另外在地面上摧毁7架，但是另外12架美军飞机在对地攻击和返航途中损失。次日，美军又以1架飞机的微小代价攻击了机场。

同期，日军陆基航空兵反复派出侦察机和轰炸机搜索、攻击美军舰队，损失不小却战果寥寥。6月17日，日军503、523空从雅浦岛（Yap Island）出动了31架零战、17架"彗星"舰爆和2架"银河"陆爆，击伤了1艘坦克登陆舰（LST）和"范肖湾"号护航航母（USS Fanshaw Bay），

自身损失了16架零战、11架"彗星"和1架"银河"。当晚，5架从特鲁克出击的"天山"舰攻又在1架月光夜战的引导下对美军登陆舰队发动了鱼雷攻击，击沉LCI-468号登陆艇，美军声称击落3架日机。18日傍晚，日军1架陆侦、8架"银河"、2架"彗星"、20架爆装零战和28架护航零战再度出击，击伤了舰队油船"内沙尼奇"号（USS Neshanic）和"萨拉纳克"号（USS Saranac），但是在高射炮和美军F4F战斗机的打击下自损1架陆侦、7架"银河"、14架零战。

第1航空舰队在角田觉治"见敌必战"的战术下损失殆尽却战果寥寥，仅剩不到100架飞机可以投入马里亚纳海战。美军第58特混舰队15艘大小航母上的891架舰载机则对日军第1机动舰队的439架形成了两倍的舰载机数量优势。更严重的是，角田觉治隐瞒了他的损失情况，却转达了来自飞行员们天花乱坠的号称战果，严重影响了小泽治三郎对于形势的判断。此外，"阿"号作战的核心宗旨在于以逸待劳，占据交战主动权，但是整个6月初日本海军都在向新几内亚西部调集重兵，准备对麦克阿瑟的比亚克岛登陆舰队发动"浑"作战。直到美军发起马里亚纳攻势之后，日军才在6月13日紧急取消"浑"作战，转而向马里亚纳方向集结。无论如何，联合舰队司令长官丰田副武大将于6月15日早晨7:17下达了"阿号作战决战发动"命令，甚至效仿东乡平八郎发出了"皇国兴废，在此一战。各员一层，奋励努力"的激励电，还命令第1机动舰队旗舰"大凤"号航母升起了东乡平八郎和山本五十六分别在对马海战和偷袭珍珠港时使用的"Z"字旗。

发现日军第1机动舰队出动后，第58特混舰队于6月17日重新集结，准备决战。此时第58特混舰队的15艘航空母舰分属第58特混大队第1、2、3、4分队，共包括埃塞克斯级主力航母"大

黄蜂""约克城""邦克山""黄蜂""列克星敦""埃塞克斯"；独立级轻型航"母贝劳森林"（USS Belleau Wood）、"巴丹"（USS Bataan）、"蒙特利"（USS Monterey）、"卡伯特"（USS Cabot）、"圣哈辛托"（USS San Jacinto）和"普利斯顿"号（USS Princeton），以及久经沙场的"企业"号航母。这些航母上搭载了475架以F6F为主的战斗机、232架俯冲轰炸机（以SB2C为主，还有少量SBD）和184架TBF鱼雷机，共计891架舰载机。第58特混舰队的水面舰艇实力同样雄厚，包括7艘战列舰、8艘重巡洋舰、13艘轻巡洋舰和56艘驱逐舰，分别编入各航母特混大队以及由战列舰为核心组成的第58特混大队第7分队。

谨慎的第5舰队司令斯普鲁恩斯上将担心日本人绕过美国海军主力直接攻击登陆舰队，因此决定在战术上采取守势，依靠强大的舰队防空火力、战斗机性能、调度指挥能力和飞行员技术的优势以逸待劳，摧毁来袭的日军机群。因此，他在18日获悉了美军潜艇发现日军航母的方位后，拒绝了米切尔中将主动向西航行与敌交战的提议。由此，两位优秀战术家的设想"不谋而合"，小泽力求先发制人，斯普鲁恩斯选择后发制人，战术方面都不无道理，因此战役的结果将由双方的执行能力决定。

"马里亚纳射火鸡大赛"

6月19日早晨5:30，美日海军航空兵的大决战首先以美军战斗机与从关岛起飞的小股日军飞机的交战开场。6:30，美军雷达发现关岛上空活动频繁，于是派出4架F6F前去搜索，结果发现大量日军飞机正在起飞，于是至少33架F6F投入了关岛上空的激战。按照日军记录，当天共45架飞机从关岛出击，其中10架损失，但是实

际损失肯定更为严重，而且关岛的日军飞机最终根本未能对美军航母展开有效攻击。随后，美军战斗机和轰炸机连续袭扰关岛，摧毁了大量地面上或者正在起降的日机而且破坏了机场跑道，当天共计摧毁、击落了约50架部署于关岛的日本飞机，美军在关岛上空损失6架F6F和1架SB2C。

第1机动舰队早早放飞了两波共30架侦察机搜索美军航母，焦急的小泽治三郎终于在7:00过后等来了"发现美军航母编队"的消息，随即从8:30到11:30之间放飞了326架飞机组成的4个攻击波。三航战的8架"天山"舰攻、45架爆装零战和16架护航零战首先于8:30起飞。第一攻击波早在280公里外就被美军巡逻机发现，于是第58特混舰队立即于10:23开始起飞全部450架F6F"地狱猫"战斗机升空警戒，遵从调度依次拦截日机。就在日军第一攻击波整队时，恐怖的"地狱猫"机群扑了上来，像狼入羊群一般

开启了这场史诗级的空中猎杀，其中来自"埃塞克斯"号VF-15战斗机中队在最初的拦截中就声称击落了20架日机，幸存的日机则在其他美军战斗机中队和防空火力的打击下仅对"南达科他"号战列舰取得了1次命中，造成舰上27人阵亡、23人受伤，日军第一攻击波则损失了42架飞机。

9:00前后，一航战放飞了48架零战、53架"彗星"舰爆和27架"天山"舰攻组成的第二攻击波，这是小泽治三郎寄予厚望的主要打击力量。然而，第二攻击波在接敌之前遭遇了美军潜艇攻击、机械故障和日军前卫部队高射炮火的误击，最终剩下109架发起攻击。从11:39开始，数个美军战斗机中队依次展开扑入日军机群大肆猎杀，幸存的20~30架日机又撞上了防空火网，仅对"黄蜂""邦克山"号航母取得了近失，造成微小损伤，日军第二攻击波则损失了97架飞机。二航战也从10:00开始放飞第三

一架"彗星"舰爆对"邦克山"号航母投下近失弹。

攻击波，由15架护航零战、25架爆装零战和7架"天山"舰攻组成。然而，这个攻击波起初飞向了此前日军侦察机误报的美军方位，半数飞机直接返航，只有20架飞机对美军舰队展开了攻击。在此后的战斗中，日军再次一无所获，好在自身只损失了7架飞机。

由一、二航战剩余飞机组成的第四攻击波从11:00开始起飞，共包括30架护航零战、10架爆装零战、27架九九舰爆、9架"彗星"舰爆和6架"天山"舰攻。这个日军机群再次飞往了误报的美军方位，索敌未果后兵分三路。其中第一路49架飞机直接飞往关岛，却在关岛上空被恭候多时的27架F6F守株待兔，击落了其中30架，另外19架也在降落过程中因为跑道早已被

美军破坏而严重受损、无法再次起飞。第二路15架飞机在飞往罗塔岛途中攻击了第58特混大队第2分队，但是未能取得命中，而且只有1架飞机逃走。最后一路18架飞机直接返回航母，却遭到美军拦截，被击落6架，剩余飞机则在返航途中击落2架美军侦察机。

就这样，在美国舰队上空和四周到处都是如同雪片般坠落的日本飞机，纷纷拖着长长的火焰坠入海中。等到当天的战斗结束时，日军第1机动舰队起飞的舰载机和侦察机总损失高达243架，还有22架随航母沉没，基地航空兵另外损失约50架飞机，日军当天的总损失达到了315架，而美军仅仅损失了29架飞机。

同时，想尽一切办法避免美国航母还

在美国航母编队上方上演的"马里亚纳射火鸡大赛"。

日本飞机拖着长长的火焰坠入海中。

击的日本海军机动部队遭到了来自水下的致命打击：幸运的"大青花鱼"号潜艇（USS Albacore）于6月19日早上8:00正好发现了日军机动部队，10分钟后对日军旗舰"大凤"号发射6枚鱼雷，命中1枚，"大凤"号当时并无大碍。随后，"棘鳍"号潜艇（USS Cavalla）于11:20悄悄接近"翔鹤"号航母，发射6枚鱼雷，命中4枚。其中1枚鱼雷引爆了"翔鹤"号上的航空燃油，这艘从偷袭珍珠港一路打来的"老兵"最后在14:01发生大爆炸，带着舰上1,263人沉入海底。就在日军舰队以为这灾难性的一天即将结束之际，"大凤"号突然在14:32发生大爆炸。原来，早上的那枚鱼雷震裂了油库，而

"大凤"号作为一艘新服役的装甲航母采用的是封闭式机库，因此弥漫在船体内的原油气体根本无从释放，结果一个小火星引燃油气造成了连续的大爆炸，将战机碎片、人体残肢和装甲甲板残片如火山爆发般抛上天空。一门心思准备舰队决战的日本海军在梦寐以求的决战当中十分讽刺性地吞下了一贯轻视反潜和损管能力的恶果。

损失了八成舰载机、只剩下100架飞机可用的小泽治三郎在次日继续放飞侦察机寻求决战。15:39，1架来自"企业"号的TBF侦察机终于发现了日军航母，日军侦察机也在17:15再次发现美军航母，但是此时太阳已经西沉，如果

强行出击很可能要在黑暗中返航。经过一番思考后，小泽派出7架"天山"舰攻前去攻击，不仅未能找到美军航母还全部损失。米切尔中将则不顾风险从16:24开始放飞了由95架F6F、51架SB2C、26架SBD和54架TBF组成的攻击波，其中只有21架TBF挂载了鱼雷。经过了漫长的飞行，几乎到达了航程极限的美军机群于18:40发现日军舰队，不待重新组织就直接投入攻击。小泽舰队残存的68架零战和少数其他飞机提前起飞迎战，但是并无法阻止美军展开攻击，因此各舰只能拼命躲闪。结果，"飞鹰"号轻型航母被"列克星敦"号航母的SBD投下的1枚炸弹和"贝劳森林"号轻型航母的TBF投下的1枚鱼雷命中，立即开始倾斜，后于19:17突然爆炸，最终在20:32带着247名官兵沉没；油船

玄洋丸、清洋丸先后被来自"大黄蜂"号航母的俯冲轰炸机炸中，最终由日军自沉。除此之外，"瑞鹤"号被命中1弹、"隼鹰"号被命中2弹、"千代田"号被命中1弹、"榛名"号战列舰也被命中1弹。"龙凤"号轻型航母、"摩耶"号重巡洋舰和"速吸"号给油舰则先后被近失弹轻创。对于日本海军来讲，相当值得庆幸的是美国飞机主要挂载炸弹而不是鱼雷，因为大部分被炸弹命中的航母都没有受到致命伤，依然得以逃出生天。不同于中途岛海战，此时日军航母的机库内已经几乎没有什么飞机、油料和炸弹，因此美军炸弹造成的损伤相当有限。在此次攻击中，日军战斗机和高射炮击落了20架美军飞机，日军则在当天下午至傍晚损失了65架飞机，其中大部分被美军击落，

马里亚纳海战中，在美军飞机攻击下拼命躲闪的日军航母"瑞鹤"号。此战过后，"瑞鹤"就成了日本海军中唯一一艘参与过偷袭珍珠港还幸存的航母。

另外还损失了15架巡洋舰搭载的水上飞机。

20:45，美军攻击队终于在黑夜中返回母舰上空。为了指引飞行员们在黑夜中降落，米切尔不顾被日本潜艇发现的风险命令舰队打开探照灯，发射信号弹指引飞行员返航。许多美国飞行员老兵几十年后谈起这一命令还都热泪盈眶。即便如此，约80架美国飞机还是因为燃料耗尽或者着舰失败而坠海，好在大部分飞行员都在当晚和之后几天内被驱逐舰救起。

终于，太平洋战争的海上大决战成了美军对日军一边倒的"猎杀"，返航的小泽舰队只剩下区区35架飞机，舰队搭载的43架水上飞机也只剩12架。包括295架舰载机、31架水上飞机和约50架陆基飞机在内的至少476架日本飞机，连同至少445名飞行员、机组成员在马里亚纳海战中彻底损失，日本海军舰载航空兵瞬间化为乌有。日军舰队方面，3艘航母和2艘油船沉没；4艘航母、1艘战列舰、1艘重巡洋舰和1艘给油舰不同程度受损，舰上阵亡人数估计超过3,000人。仅仅损失了130架飞机、76名飞行员和机组成员（其中大部分在夜间降落过程中损失），6艘军舰轻创，舰上33人阵亡的美国海军简直不敢相信胜利如此轻松，以至于一名兴奋的飞行员将战斗比作家乡的"射火鸡大赛"。从此之后，这场美方称为菲律宾海海战的海空大决战就以"马里亚纳射火鸡大赛"（The Great Marianas Turkey Shoot）闻名于世。不过，以米切尔为代表的大部分航母指挥官都对这场海战的结局颇为惋惜，认为斯普鲁恩斯对于日军迂回的无端担心使他们丧失了消灭日军航母主力的机会，这也间接影响了哈尔西在莱特湾海战中丢下登陆滩头攻击小泽舰队的著名决定。

马里亚纳海战结束之后，第58特混舰队和日军基地航空部队的战斗也进入了尾声。6月22

日本人的惨败造就了众多美国战斗机王牌。亚历山大·弗拉丘（Alexander Vraciu）少尉一天之内击落了6架日本飞机。弗拉丘最终战绩19架，在美国海军航空兵排名第四。

日傍晚，2架从特鲁克起飞的一式陆攻相当罕见地取得了战果，以1枚鱼雷击伤了"马里兰"号战列舰并全身而退。然而，在整个6月间，部署在马里亚纳群岛和加罗林群岛的第22航空战队已经损失了整整28个陆攻机组，基本无力再战。6月24日，第58特混大队第1分队再次北上扫荡小笠原群岛以阻止日军航空兵增援马里亚纳群岛，于6:00派出了VF-1、VF-2和VF-50中队51架挂载炸弹的F6F展开攻击。不过，负责小笠原群岛的第27航空战队司令官松永贞市中将已经发现了美军来袭，于是提前起飞了手中横须贺空、252空、301空的全部57架零战和数架轰炸机迎战。于是，双方在云层下方展开了一场激烈的空战。尽管日军在数量上不处于劣势，而且参战的还包括坂井三郎这种王牌飞行员，大部分驾驶着零战的菜鸟飞行员已经完全不是"地狱猫"的对手。从10:00开始，美军舰队上空的F6F对20余架没有护航的舰攻展开了屠杀，将其全部击落。傍晚时分，美军F6F拦截了当天日军派出的23架零战、9架"天山"舰攻和9架"彗星"舰爆，经过一番激战击落了其中10架零战和7架"天山"并且成功保卫了舰队。最后，松永贞市又派出了16架"银河"陆爆展开夜袭，但是只有1架对美军发动了攻击、未能取得命中，另外7架则在行动中失踪。总之，日军在当天的战斗中总共损失了23架零战、21架九七舰攻、7架"天山"舰攻和7架"银河"陆爆，美军仅损失了6架F6F。

随着"马里亚纳射火鸡大赛"的终结，马里亚纳决战的胜负已然分明，战争的最终结局业已明了。日本陆军和海军寄予厚望的反击均以惨败告终，美军攻占马里亚纳群岛并进而取得战争的最后胜利已成时间问题。然而，马里亚纳群岛的陆上苦战才刚刚开始，增援无望的日本守军将把塞班岛变成一座彻彻底底的人间炼狱，留下太平洋战争最为血腥残酷的篇章。

第十九章 "万岁"地狱——攻克塞班岛

转战塔波查山区

对于斋藤义次中将麾下的塞班岛守军来说,滩头反击的失败和机场的失守不仅意味着装甲部队遭到毁灭性打击,第43师团和第47独立混成旅团无力将美军赶下大海,更意味着滩头防御体系的崩溃。由于日军此前采取"歼敌于水际"的战略,第31军几乎全部军属火炮都部署在滩头附近的山岭上,结果纷纷在美军6月17—19日的推进中被缴获或者摧毁,其中包括此前给美军造成重大伤亡的全部96式150mm榴弹炮和各型岸防炮。

其间,日本陆军参谋本部制订了向塞班岛增派精锐的第9师团、独立第68旅团和空挺部队

第27步兵师师长拉尔夫·史密斯(左)前往刚刚占领的阿斯利托机场,此时已经被美军改名为康罗伊机场(Conroy Airfield)。

(空降部队)的"Y号作战"计划,但是随着马里亚纳海战的惨败而化为泡影。至此,塞班岛守军已经彻底陷入了战略绝境,增援已无可能。按照日军报告,至6月19日,塞班岛守军各单位剩余实力和损失情况如下:第43师团仅剩步兵4个半大队(已损失3个半大队)、炮兵1个大队(损失2个大队);第47独立混成旅团步兵兵力不明(损失2个大队);另剩余步兵1个中队(损失2个半大队)、战车1个中队(损失3个中队)、高射炮1个中队(损失4个中队);军属炮兵2个大队、工兵3个中队全灭。重武器总计仅剩野炮12门、高射炮6门、机关炮5门、坦克十余辆。

与之相反,美军不仅陆战二师、陆战四师和陆军第27师悉数登陆,隶属于陆军第24军军属炮兵的24门M1式155mm榴弹炮和24门M1"长脚汤姆"加农炮(Long Tom)也已登陆并投入使用。因此处于绝对劣势的日本守军已经毫无胜算。然而,日本天皇裕仁却发来电报鼓励塞班岛守军,并且表示"塞班岛一旦失守美军就将得以空袭东京",以此命令守军继续战斗、流尽鲜血。于是,日军主力于6月20日退向岛中部的塔波查山区展开战役第二阶段的山区防御战。

6月19—20日日军撤退期间的战斗十分混乱,据日军生还者声称,当晚日军第9战车联队

第 27 步兵师涉水登陆。

残部以9辆95式坦克再次对美军发动进攻，结果全部坦克被摧毁。美军战史中并未记载坦克攻击，但是却记载了6月20日凌晨3:50，陆战24团2营遭到日军75人反击，最终被美军以11人受伤为代价击退，另外美军还在白天缴获了1辆完好的95式坦克。

攻克500号高地与纳富坦角苦战

总之，由于日军的撤退，美军也在6月20日重整战线，主力转向北方。于是，美军各部像一道旋转门一样，以左翼的陆战二师为轴，第27步兵师和陆战四师依次沿着逆时针方向转动，前线从南北向改为东西向，从左向右依次部署了陆战二师、第27步兵师和陆战四师。因此，陆战二师行动规模有限，右侧的陆战四师则以陆战25团向500号高地发起了攻击。此前，500号高地正是日军第47独立混成旅团的司令部所在，视野非常开阔。美军集中了师属榴弹炮、火箭弹、团属37mm反坦克炮和营属81mm迫击炮提供火力支援，另外利用烟雾弹幕掩护陆战25团3营前进，在短短一上午之内就以一

场教科书式的完美行动占领了高地，随后肃清了躲藏在山洞中的日军。在500号高地的战斗中，美军阵亡9人、受伤40人，日军遗尸44具，可见守军人数并不多，美军又在夜间打死了至少31名夜袭的日军。几乎同时，陆战四师和第27师其余部队也肃清了岛东南岸和南岸的大部分地区，北边各部则抵达了以500号高地为核心的O-4目标线。

至此，塞班南部仅剩日军第47旅团的1个大队固守岛东南角的纳富坦海角（Nafutan Point）。纳富坦山矗立于海角之上，今天已经变成了一座采石场，但是山上密布的树林和陡峭的悬崖从空中仍然清晰可见。陆战25团于6月19日对这一区域的进攻就十分艰难，屡屡遭到悬崖中日军的伏击，其中从悬崖下方进攻的A连在6月20日更是因为日军迫击炮击中其故意留下的弹药库被一下炸得全连只剩45人。最终陆战25团依靠坦克、火焰喷射器和炸药包才完成任务，当晚向北集结。

6月20日，负责肃清纳富坦角的第27师首先以第165团2、3营沿着岛东岸、第105团1营沿着岛南岸同时向纳富坦角进攻。美军在强大的火力支援下前进约1,000米，占领了海角西北方向的制高点。此后几天内，美军却完全陷入僵局，裹足不前。雪上加霜的是美军错误估计纳富坦角区域只有300~500名日军，因此第5两栖军军长霍兰德·史密斯中将在6月22日命令第105团留下第3营继续进攻海角，其余部队改任军属预备队，立即向北行军。第27师师长拉尔夫·史密斯少将却命令第105团团长伦纳德·毕晓普（Leonard A Bishop）上校将部队留在原地，又在次日向已经不归属他指挥的第105团2营直

6月21日进攻纳富坦角的美军散兵线，注意最右侧的士兵身背巴祖卡火箭筒。

接下令。霍兰德·史密斯对此十分愤怒，将其视作抗命行为。

就在两位史密斯扯皮的同时，进攻纳富坦角的美军在日军顽强抵抗和崎岖地形的双重阻碍下毫无进展，其中美军于6月22日重整防线时遭到日军机枪火力突然袭击，当场7死21伤，部队竟然向后退却。6月25日，第105团2营才终于突破了日军主防线所在的300号山岭，并且在26日继续向日军施压。当晚午夜时分，终于不支的日军残部500余人向北突围，竟然渗透过了美军第105团2营的防线，还以27人阵亡为代价袭击了美军营部，造成4死20伤。随后，日军继续向北进发，袭扰了机场后试图前往500号高地与第47旅团主力会合，结果于5:30被守株待兔的陆战25团和陆战第14炮兵团全数歼灭。

即便如此，第105团2营一直到28日才最终占领已经无人防御的纳富坦角。在纳富坦角之战中，日军死亡人数约1,050人，其中几乎一半在突围中被美国海军陆战队打死。诚然，美军严重低估了日军兵力，且纳富坦角的地形确实崎岖，但是陆军进展缓慢，最终又未能阻止日军突围的拙劣表现确实让霍兰德·史密斯有理由

美军士兵在纳富坦角悬崖下方搜索日军。

不满，拉尔夫·史密斯的越级指挥行为也让前者无可忍受。就在同时，塔波查山区的战斗成为了压垮两位史密斯关系的最后一根稻草。

两翼突击

6月22日，休整一天之后的陆战二师和陆战四师分别在左右两翼开始向北进攻，第27师也将在次日从中央对塔波查山投入进攻。沿着西部山区推进的陆战二师趁着日军未能及时在崎岖山地建立完备的防御体系，通过猛插猛打率先取得进展。顶着随时落下的日军迫击炮、掷弹筒炮弹，陆战6团和8团一左一右同时突入山区。陆战6团以侦察排为先导登上了能俯瞰滩头区域、日军重兵把守的蒂波帕勒山（Mt. Tipo Pale）山顶，却因为悬崖的阻碍无法继续进攻。陆战8团则占领了塔波查山半山腰的重要山岭，牢牢建立了阵地。当晚，日军统计第43师团剩余9,000人、13门火炮，第47独立混成旅团和其

他部队剩余6,000人，高射炮和机关炮各一个中队，坦克2个中队，实力仍然可观。

6月23日，陆航第7航空队的111架P-47战斗机被部署至塞班岛机场，开始提供不间断的近距离对地支援。陆战8团的一架小型炮兵观测机发现了唯一一条通往塔波查山顶的小路，但是美军必须首先攻占一座近乎垂直的峭壁。起初，陆战8团还在等待理应协同攻击的陆军第27师106团，但是后者迟迟不到，因此陆战8团果断先行进攻。在陆战29团1营的支援下，陆战8团首先突击占领了那座垂直峭壁，左翼却被一座日军30人和6挺重机枪组成的火力点阻挡。次日，陆战8团1营消灭了这处火力点，随后团主力进一步向塔波查山顶推进。

同一天，沉寂已久的陆战2团终于沿着西岸对加拉潘镇方向展开了试探性进攻，于当天15:00之前借助火力优势夺取了镇东南的一座山岭，并且击退了随后而来的日军反冲锋。16:25，7辆日军坦克突然在没有步兵掩护的情况

远眺塔波查山顶，可见山形复杂，陆战二师突袭得手十分不易。

下从加拉潘镇开出展开反击，结果被美军坦克和75mm自行火炮当场击毁6辆。占据有利地形的陆战2团再次转入防御，等待时机成熟时再夺取加拉潘镇。

6月25日，塔波查之战的高光时刻来临。经过艰苦的山地行军和接连激战后，配属给陆战8团的陆战二师师属侦察连仅剩22人的先遣排攀上了陡峭的塔波查山主峰，一举占领了无人防御的塞班岛制高点。不过，陆战8团和陆战29团1营正在主峰四周与日军激战，一时间无法增援侦察排。发现制高点失守的日军拼命组织反击，但是美军侦察排死战不退，以3人阵亡的代价击毙40名日军并且守住了山顶。傍晚时分，陆战29团1营在强大炮火和烟

终于登上塔波查山山顶的陆战队员们。

雾弹的掩护下以一列纵队爬上塔波查山成功与侦察排会合。当晚，山顶上的陆战队员们经过近身肉搏战击退了从四面八方冒出来的日军，守住了至关重要的制高点。

6月29日，美军车载火箭炮覆盖射击陆战8团当面的日占高地。

不过，攻占塔波查山主峰远不意味着战斗结束，陆战8团和6团与日军的山地拉锯战愈发白热化，其中陆战8团当面的日军在四座小山（Four Pimples）上的抵抗尤其激烈，陆战6团也被阻挡在蒂波帕勒山上长达一星期。不过，在战线对峙的情况下美军彻底发挥了火力优势，几乎不间断地炮击日占高地。海岸上的陆战2团也以计谋重创了火焰树高地（Flame Tree Hill）之敌：美军在首轮炮击过后释放烟雾，佯装冲锋，引诱日军离开掩体进入阵地，随后立即以更为猛烈的炮击覆盖整个高地，一举重创其守军。

从6月22日开始，陆战四师也从500号高地沿着岛东岸向卡格曼半岛（Kagman Pennisula）推进。23日，陆战23团首先在长达30分钟的近

两名陆战队员同时投出手榴弹，近距离手榴弹对战在塞班山地战中频频上演。

距离手榴弹对战中攻克了极为陡峭的600号高地，夺取重要制高点的同时也突破了东岸平原中间的瓶颈地带。次日，陆战四师转向东方扫荡卡格曼半岛，于是踏进了等身高的玉米地，埋伏的日军往往在最后时刻才能被发现。在这场反应速度与意志的博弈中，陆战四师赢得了胜利，于25—26日占领卡格曼半岛，还从背后轻松摧毁了东岸的日军滩头防御阵地。

山中苦战：第27步兵师的困境

就在陆战二师和陆战四师勇猛前进的同时，奉命在两个陆战师之间协同进攻的陆军第27步兵师却陷入了麻烦。首先，第165团调动时磨磨蹭蹭，不仅未能按照命令在6月22日展开攻击，甚至都未能进入攻击位置，当晚日军残存火炮又炮击了第106团集结区域，造成了不小混乱。躲藏在山谷中的日军火炮非常难以被发现，因此占尽火力优势的美军对其无甚办法，由此可见，如果日军在战役初期保存下来更多火炮，那么必然能更有力地打击美军。

次日早晨，第27师106团和165团终于一左一右发起了正面攻击，结果踏进了塞班岛上最致命的死亡陷阱。第27师当面是一个"n"形山谷：左右两边分别是塔波查山和一座南北向小山岭，日军将主力部署于此，居高临下从两翼夹攻进入山谷的美军。很快，左边的塔波查山南侧峭壁就成了美军口中的"地狱口袋"（Hell's Pocket），山谷本身成

今日位于山谷中的日军炮兵纪念碑，这是一门十分少见的四年式150mm 榴弹炮。

了"死亡谷"（Death Valley），而右侧山岭也成了"紫心岭"（Purple Heart Ridge，取自美军授予伤员的"紫心勋章"）。从这些地名不难看出这三处阵地给美军造成的心理阴影。进入死亡谷的第106团和165团2营被地狱口袋峭壁上方日军的精准步机枪火力压制，下午的坦克支援也毫无效果，当天的进攻毫无收获。

18:30，日军最后一次发动了大规模步坦协同反攻，却再遭惨败。首先进攻第106、165团结合部的6辆坦克当中5辆被轻易摧毁。一小时后又有5辆坦克进攻第106团防线中段，其中4辆迅速被摧毁，但是剩下的1辆冲入美军后方到处开火，通过打爆临时弹药库迫使第106团3营后撤100米，放弃了当年艰难推进的战果。不久后，600号高地上的陆战四师也遭到5辆日军坦克攻击，但是迅速摧毁其中3辆，最终粉碎了日军的反击。

6月24日，从日军反击中回过神的第106、165团继续进攻死亡谷，却再次陷入日军居高临下的打击，第165团1、2营营部纷纷被日军迫击炮击中。纵使获得了坦克支援，正面进攻地狱口袋的第106团面对悬崖毫无办法，只有徒增伤亡，仅第3营当天就阵亡14人、受伤109人。担

任支援任务的第762坦克营摧毁了4辆日军坦克，但是自身也有2辆毁于反坦克地雷。

第27师在中路的困境严重影响了全军的进展，整条战线形成了"U"形，两翼进展迅速的陆战二师和四师彼此间无法建立联系。第27师这两天的失败进攻终于引爆了美军指挥高层内部积累已久的矛盾，暴脾气的第5两栖军军长陆战队中将霍兰德·史密斯在当天15:30用桑德浮·贾曼（Sandford Jarman）少将撤换第27师师长拉尔夫·史密斯少将，并且命令后者立即离开塞班岛、前往珍珠港。一石激起千层浪，本来就看海军陆战队不顺眼的陆军将领们纷纷跳出来表示反对，太平洋战区的陆军总指挥罗伯特·理查德森（Robert Richardson）中将更亲自从夏威夷前往塞班岛痛骂霍兰德·史密斯和海军陆战队的指挥能力，海军和陆战队将领们也不甘示弱，特纳海军中将反过来怒骂理查德森干预战场指挥，双方干脆打起来了一场口水战。这场口水战的激烈程度恐怕不亚于塞班岛战役本身，而且一直持续至今。

不过，新任师长贾曼于25日采取了拉尔夫·史密斯离任前制订的计划：既然地狱口袋

两位史密斯。霍兰德（左）撤职了拉尔夫（右）。

马丘角

加拉潘镇

无线电台路

O-6

O-5

2 × 27

O-6

O-5

27 × 4

塔波查山

蒂波帕勒山

紫心岭

死亡谷

O-5A

查查

2

6

8

1600号高地

106

165

23

24

劳劳

罗罗加坦

卡格曼山

卡格曼半岛

25

O-5

O-5A

500号高地

（北方登陆部队预备队）

阿费特纳角

苏苏佩湖

恰兰卡诺阿

魔术师湾

— 图例 —

- - - - 　6月23日前进展
　6月23日陆战二师、四师进展
　6月24日陆战二师、四师进展
　6月25日陆战二师、四师进展
　6月26日陆战二师、四师进展
　6月23日第27步兵师前线位置
　6月24日第27步兵师前线位置
　6月25日第27步兵师前线位置
　6月26日第27步兵师前线位置

（注：全部第27步兵师的前线位置都来自
第106、165步兵团的行动地图）

1944年6月23—26日战线进展

0　　　　　2000　　　　　4000 码

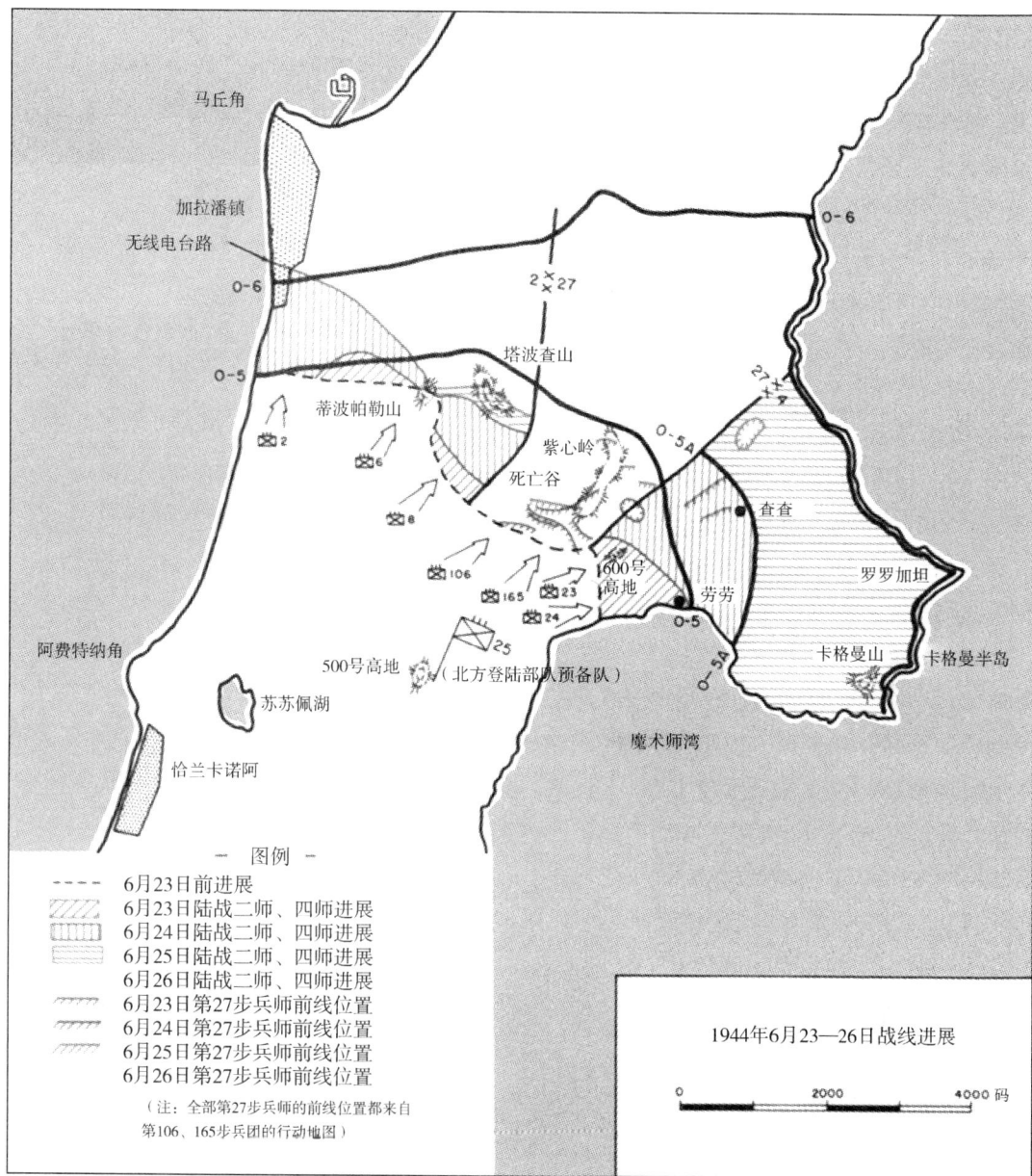

6月22—26日战场态势，可见战线逐渐形成了"U"形，第27步兵师毫无进展。

攻不下，那么第27师就应该集中兵力从右侧迂回，横切过紫心岭，直接从背后切断死亡谷。不过具体执行这一计划也不容易，奉命进攻紫心岭的第165团瞬间陷入混战，第106团更是在行军过程中迷路，撞进了陆战四师战区。只有第106团2营在坦克支援下于16:30从正面在死亡谷中推进几百米，却因为弹药耗而且天色已晚

擅自撤回出发位置。不过，此时日军步兵总兵力也仅剩1,200人，战力损耗严重。次日，第106和165团对紫心岭的进攻在M7"牧师"105mm自行火炮、M8式75mm自行火炮和M4坦克轮番上阵支援下几乎得手，第106团却再次因为害怕遭到夜袭而放弃了辛苦拿下的山岭。愤怒的贾曼少将终于把第106团团长拉塞尔·艾尔斯上校

（Russell Ayers）撤职，由师参谋长A.C.斯特宾斯（A. C. Stebbins）上校接管。

经此刺激，第27师各部于6月27日提起进攻速度，第165团一举从紫心岭北边切过死亡谷，成功孤立了死亡谷和紫心岭南端的日军。同时，第106团1营从左侧登上了地狱口袋上方，

6月25日伴随坦克进攻死亡谷的第106团2营。

今日的第27师战场，注意地狱口袋、死亡谷和紫心岭，位于战场的西北方向，因此美军是从图中的右侧向左侧攻击。

经过奋战终于从背后消灭了这处连续数日阻挡美军的日军山地。于是，在6月27日这一天内美军终于取得了决定性进展，日军看似坚不可破的山谷防御体系终告崩溃。在美军取得突破的过程中，炮兵起到了重要作用，仅25—27日，就有2,606发105mm炮弹、420发155mm炮弹和117发烟雾弹被射向第106团当面之敌。

6月28—30日，美国陆军委任的第27师新任师长乔治·格里纳少将（George Griner）走马上任，同时第27师对紫心岭残余日军展开了最后扫荡。无路可退的日军火炮、迫击炮和机枪一点也没有减轻抵抗，反而在行将灭亡之际藏在茂密植被下更猛烈地阻击美军。就连第165团团长凯利上校都在28日早晨被炮弹破片击伤，只好由团执行军官约瑟夫·哈特中校（Joseph Hart）代理指挥。于是，美军对日军可能躲藏的树丛狂轰滥炸，同时利用巴祖卡火箭筒挨个消灭暴露的日军火力点，最终消灭了紫心岭之敌。无论此前的表现如何，第27步兵师最终在艰苦的攻坚战中利用正确的战术拿下了岛上最坚固的日军阵地。

势不可挡

7月1—2日，终于突破了死亡谷的美军第27师和陆战四师迅速向北推进，日军的防线早已千疮百孔。第106团在7月2日摧毁了5辆被用作固定火力点的日军坦克和几处弹药库，右侧的陆战四师也从卡格曼半岛跃出，与第27师一起向北方山区迅猛推进。相比起此前在死亡谷的苦战，第27师这两天的战斗可以用"轻松"来形容。不过，在山区战斗的美军还是必须小心翼翼地检查各个山洞，以免遭到日军偷袭。

已经在海岸上停滞两星期的陆战2团终于对加拉潘镇发动了准备多时的总攻。首先，美军在7月2日通过迂回攻占了火焰树高地和加拉潘镇东边的塔糖高地（Sugarloaf Hill，后来美军在冲绳也用此代号命名了一座重要高地），占据了俯瞰小镇的制高点。在塔波查山区继续进攻的陆战6团和8团遭到了石灰岩高地（Limestone Hill）上日军的阻击。塞班岛的山区以峭壁为主，美军只能依靠火焰喷射器和手榴弹消灭藏身洞穴中的日军，伤兵则需要至少9名士兵才能抬出山地，战斗环境相当恶劣。在石灰岩高地当面，美军在白天的任何行动都会招致日军几乎弹无虚发的狙击，因此陆战8团2营决定利用喷火坦克夜袭石灰岩高地，成功以烈焰吞没了高地上的日军。

7月2日晚，斋藤终于决定全军逐步后

第27师最终拿下了面前高耸的地狱口袋阵地。

撤至岛北边的山区，重新建立防线，同时战斗的重点转向了陆战2团对加拉潘镇的总攻。7月3日，陆战2团攻入瓦砾遍地的小镇废墟，迅速在M4坦克和喷火坦克的支援下肃清了残余日军。不过，有一个日军机枪组占据了镇北部的一个湖心小岛，美军一时间无可奈何——迫击炮弹在小岛的烂泥上根本不会爆炸，直射武器又很可能误伤湖对岸的友军。最终，这名机枪手趁夜逃走。次日，陆战2团完全占领了加拉潘镇并且夺取了北边的塔纳帕格港。同时，陆战6团和8图最终肃清了塔波查山区，随后整个陆战二师撤离前线，回到后方休整。

同时，第27师和陆战四师完全接管了前线。第105团首先向西挺进，于7月4日占领了西海岸上的弗洛雷斯角（Flores Point），还缴获了日军第136联队长小川雪松大佐尸体上的撤退命令。当晚，日军100人发起的反击以80人被击毙告终。陆战四师的3个团各以1个营为先导于7月3日继续挺进，结果遭到了来自4座高地的阻击。这四座高地分别被美军命名为雷达山高地（Radar Hill）、七月四日高地（Fourth of July Hill）、721和767号高地。陆战24团在当天夺取了雷达山高地，但是后续进攻却没有取得成功。

次日，美军做足准备后再次进攻，首先以毁灭性的火箭炮覆盖射击掩护陆战23团攻占了七月四日高地，后者又轻松占领了无人防御的721号高地。起初，接近767号高地的美军遭到周围日军的

攻击，但是侦察队发现高地上的日军也已经撤退，于是陆战四师顺利占领了全部4座高地。总之，由于日军的撤退美军在7月3—4日取得了相当大的进展，正在逼近日军的最后防线。

7月5日，沿着西部海岸向北推进的第27师105团进展缓慢，尤其是遭到了被美军称为切腹谷（Harakiri Gulch）的日军阵地阻击。这里的日军牢牢控制了一座小型山谷和周围的高地，美军难以靠近。不过右翼的第165团成功占领了

陆战队员正消灭山区密林内的日军，注意右侧陆战队员身背M1A1火焰喷射器。

第165团在俯瞰海岸的高地上架设M1917重机枪，这些武器将在最后的"万岁"冲锋中以弹雨消灭众多日军。

今日塞班岛西岸的一式47mm反坦克炮，可以击穿M4坦克的侧面装甲。

浅沟内被美军轻型坦克击毙的日军士兵。

俯瞰海岸的一系列高地。这样一来，几乎在整场塞班战役中都在仰攻日军高地的第27师终于占据了居高临下的地理优势。同时，陆战四师也在山区稳步推进，慢慢克服山岭上时强时弱的日军抵抗。

7月6日，第105团沿着海岸展开了塞班岛战役最后的攻防战。出发后不久，美军就遭到了躲藏在前方一道浅沟里日军的顽强抵抗，只得请求坦克支援。然而，前来助战的5辆M4坦克

排成一列纵队沿着铁道前进时突然遭到日军反坦克炮伏击，当场2辆被击伤，其余3辆连忙拖着这2辆撤退。之后的半天里，步兵进攻屡次失败，直到3辆轻型坦克于15:30神奇地迂回到日军侧翼。尽管其中1辆被日军用磁性反坦克雷摧毁，剩下2辆坦克骑在沟上用霰弹和机枪子弹将沟内的100~150名日军屠戮殆尽，美军总算克服了这处障碍。然而，随后进攻切腹谷的第3营再次受阻，日军又一次通过自杀式攻击用磁性反坦克雷摧毁了1辆轻型坦克，并且将第3营牵制在切腹谷谷口。这就意味着第105团1、2营和3营之间拉开了一个宽达300米的缺口。或许在疲惫的第105团军官看来这并无大碍，次日仍将是寻常的艰苦攻坚战，但是殊不知塞班战役的血腥高潮即将来临。

血色高潮：万岁冲锋与恐怖"玉碎"

7月6日早晨6.00，深知败局已定的斋藤义次中将和南云忠一中将不愿在沉默中灭亡，而是决定将塞班战役拉向一个血色的高潮。斋藤中将下达命令：要求全体士兵以"七生报国"的精神，以"玉碎"为目的对美军展开冲锋。随后，斋藤和南云在指挥部里向东方跪拜天皇，然后双双切腹自尽。同时，大约3,000名日军士兵向岛西岸集结，其中很多人只有手榴弹或者削尖的竹子，他们即将发动太平洋战争中规模最大、破坏性也最大的一场

斋藤义次和南云忠一切腹自尽的指挥部。

"万岁"冲锋。日军残存坦克也全部参加这场最后的自杀式攻击。

7月7日早晨4:45，太平洋战争中最疯狂的一幕上演了。日军士兵在晨曦的映射下歇斯底里地高喊着"万岁"发动了决死冲锋，面对美军炮火毫不躲闪。日军如海潮般涌向了美军第105团的阵地，尤其涌进了第1、2营和第3营防线中间硕大的缺口，以手榴弹、刺刀、匕首、拳头甚至牙齿杀死面前的每一个美军士兵。早已疲惫不堪且缺乏准备的美军士兵面对着突如其来的人海瞬间被打懵，阵地被冲得支离破碎。据美国老兵回忆，士兵们压根不需要瞄准，只要开枪就一定能命中疯狂的日军士兵。但是即便美军竭力开火抵抗，在短短25分钟内日军就将美军防线冲得支离破碎，在整个前沿上都突入了美军阵地展开白刃战，部分美军士兵甚至跳入海中游向珊瑚礁保命！

不过，经过短暂的慌乱后大部分美军士兵都自行形成环形阵地，如同海浪中的磐石一般疯狂开火抵御四面八方的日军人潮。在血腥混乱的战斗中，第105团的官兵们体现出了极大的勇气。第105团1营营长威廉·奥布莱恩（William O'Brien）中校站在吉普车上用M2重机枪扫射日军人潮，最终被乱刀砍死；A连的托马斯·贝克（Thomas Baker）中士在受伤之后让战友们撤退，自己在明知死亡不可避免的情况下拿着一把弹容量8发的M1911手枪留下掩护。次日早晨，美军在他的遗体周围发现了子弹打光的手枪和8具日军尸体；正在救治伤员的军医本·萨洛蒙（Ben Salomon）上尉沉着地击毙了5名闯入医疗站的日军，然后自己留下以机枪掩护伤员们撤退，最终阵亡，枪口前散落着98具日军尸体。这三位军人均被追授荣誉勋章，第105团也获得了总统部队嘉奖。后方团部中的炊事兵、参谋、文书、后勤人员也纷纷拿起武器向日军开火，最终在昨天激烈战斗的浅沟处挫败了日军锋芒。

第105团后方的陆战队第10炮兵团也遭到了攻击，但是沉着冷静的炮手们用105mm榴弹炮猛轰仅50米开外的日军，还摧毁了日军最后一

被陆战队105mm榴弹炮近距离命中摧毁的日军坦克。

辆坦克。不过，日军的进攻狂潮淹没了美军炮位，炮兵们只能作为步兵投入战斗，用轻武器拼命开火。在战斗中，上等兵哈罗德·阿格霍尔姆（Harold Agerholm）开着吉普车反复穿梭于枪林弹雨中，一共将45名伤员送到后方救治，但是自己不幸身亡，后被追授荣誉勋章。

反应过来的美军炮兵和友邻部队也开始向日军人海倾泻弹药，仅第27师的3个105mm榴弹炮营从5:15到6:15就发射了2,666发炮弹，平均每分钟44发。东边山岭上的第165团更向山下一览无余的日军人潮倾泻子弹，在自身损失微小的情况下打死了大约1,000名日军。即便如此，日军还是坚持厮杀了长达15个小时，最终被陆战二师和四师的反击击退。冲锋结束后，日军在狭窄的海岸上遗尸多达4,300具（包括此前战斗），美军方面仅第105团1、2营

就伤亡650人，总伤亡过千人。这场疯狂的"万岁"冲锋为塞班战役留下了一个血色的高潮。

日军的"万岁"冲锋结束后，陆战二师接替损失惨重的第27师，配合陆战四师向塞班岛北端扫荡。此时日军的有组织抵抗已经结束，但是还有不少残兵躲在山洞中偷袭美军，因此

"万岁"冲锋结束后尸体遍地的海滩，另外远处可见3辆坦克残骸（一说这张照片是瓜岛战场的马坦尼考河口，美国海军陆战队官方战史判定为塞班岛）。

打扫战场的陆战队员对地上密密麻麻的日军尸体补枪，以防装死的日军突然袭击。

陆战队员们在前进过程中十分小心。事实上，就是在7月8日的战斗中，陆战队坦克车长格兰特·提莫曼（Grant Timmerman）中士将身体探出坦克指挥战斗时遭到日军偷袭，眼看1枚手榴弹飞向舱口，毅然用身体挡住了这枚手榴弹，牺牲自己拯救了战友，因此被追授荣誉勋章。

最终，在美军攻抵塞班岛最北端之后，特纳中将于1944年7月9日16:15宣布塞班岛战役正式结束。然而，塞班之战中最恐怖的一幕还在后面。

终于推进到塞班岛最北端的美军士兵们目睹了整场战役中最为惊骇残酷的景象：3,000多名日本平民爬上悬崖，在美军面前纵身一跃，集体跳崖自杀！甚至不少婴儿都被亲生父母丢下悬崖，父母紧随其跳崖自杀！日军长期以来施行愚民政策，对美军极尽丑化，编造美军残忍虐杀平民的谎言。因此，在日本军国主义的毒害和残存日军的强迫命令下，日本平民集体自杀。尽管美军调来了高音喇叭用日语劝阻，却毫无效果。悬崖下方充斥着摔烂的残肢断臂，恐怕地狱的景象也不过如此。很多久经战火的美国老兵事后回忆道，这

自杀崖，日本平民大规模跳崖的两处悬崖之一。

一幕是他们在战争最恐怖的经历，成了终生不能忘却的终极噩梦。

当年日本人跳崖的两座悬崖后来分别被称为"万岁崖"（Banzai Cliff）和"自杀崖"（Suicide Cliff）。今日的两座悬崖上布满了日本人在战后设立的纪念碑，虽然碑文中充满了对战争残酷的哀叹，却鲜有对战争爆发原因的反思。真正要为这些死者负责的恰恰应该是当年发动战争、煽动仇恨的军国主义者。如果不能意识到这一点，恐怕这样的惨剧还是会重演。

就这样，血腥的塞班岛战役终于结束。在长达三星期的激战中，超过33,000名日本守军被歼灭，只有921人被俘，另有8,000~10,000名平民死于战火和最后的集体自杀。美军方面陆军伤亡3,674人、海军陆战队伤亡10,437人，总伤亡14,111人，相当于作战部队总人数的20%，与塔拉瓦战役和贝里琉战役不相上下。塞班战役的7名荣誉勋章获得者均为追授，其中4人在日军"万岁"冲锋中战死，战役之残酷可见一斑。

尽管代价不小，但是塞班岛战役对于美军来讲是一场决定性的战略胜利。实力强大的日本守军在滩头决战中被彻底挫败，顽强的山地防御也终究被美军克服。不久之后，塞班岛就将成为美国陆军航空兵轰炸日本本土的最重要基地。塞班岛炮火逐渐平息，陆战二师和四师又将矛头对准了南边近在咫尺的提尼安岛，即将以一场近乎完美的登陆行动夺取这座最终在历史上举足轻重的小岛。

尽管是战场上的死敌，霍兰德·史密斯还是十分尊重斋藤义次，按照军人礼仪将其埋葬。

第二十章　完美登陆战——提尼安岛战役

隔岸观火

提尼安岛（又译天宁岛）位于塞班岛西南方向仅5.3公里宽的海峡对面，全岛面积约101平方公里，略小于塞班岛。岛上的主要居民点提尼安镇位于西南海岸，制高点拉索山（Mt. Lasso）位于中北部，南部是一系列高地连成的山岭，其余区域则以平原为主，除了北部的主要机场和中部、南部的两座小型机场之外几乎全部是甘蔗地。尽管提尼安岛山地的高度落差不比塞班岛塔波查山，但是其海岸一周几乎全是峭壁，只有提尼安镇前方是一大片平坦、连贯的海滩，除此之外就只剩下东岸和西北岸各有两片狭窄海滩。

岛上日军共9,162人（数字存在争议，一说8,039人），其中陆军5,052人，主要来自第29师团50联队和第43师团135联队1大队，配有12门41式75mm山炮和6门94式37mm反坦克炮，还有第29师团18联队的独立战车中队，装备12辆95式轻型坦克，岛上陆军兵力不多但是训练精良。岛上海军共4,110人，主力来自第56警备队以及不少海军航空兵空地勤人员和建筑部队，装备3门6英寸岸防炮、10门140mm岸防炮、3门三式120mm岸防炮、10门10式120mm高射炮、4门76mm高平两用炮、6门75mm高射炮和24门96

式25mm高射炮。此外，岛上还有约13,000名日本平民和2,700名朝鲜平民可以协助日军作战。依照地形条件，日军自然而然地将主力部署在美军最有可能登陆的提尼安镇和东岸海滩，分别由第50联队3、2大队负责这两个方向，作为预备队的第135联队1大队和第50联队1大队主力则留在岛中央准备反击。海军第56警备队也全部集中在海港所在的提尼安镇，海军航空兵人员则留守北部机场，负责防御西北方向的只有第50联队1大队3中队。

巧合的是，马里亚纳战役之前日本海军第1航空舰队司令角田觉治中将正好前来提尼安岛视察，于是被困岛上。尽管角田是岛上军衔最高的军官，但是他一心想撤离提尼安岛，几次尝试未果之后彻底沦为了一名看客。岛上日本陆海军的实际指挥官分别是陆军第50联队联队长绪方敬志大佐和海军第56警备队司令大家吾一大佐，但是两者没有任何协作，完全各自为战。具有讽刺意味的是，日军此前计划将提尼安岛守军调往罗塔岛（Rota Island），反而是因为美军马里亚纳攻势太过突然，迫使提尼安岛日军作困兽之斗。

自从塞班战役开始后，提尼安岛上的日军就进入了紧张的"隔岸观火"状态：除了几次不成功的反登陆企图之外就只剩下与美军进行小规模炮战。对于美军来讲，提尼安岛志在必

牛岬

牛岬机场

海军各单位
（600—1,000人）

（北机场）

北部防区

法布斯圣希洛角

阿希加角 第50（加强）联队2大队

拉索山

阿希加湾

西部防区

第50联队1大队
（欠第3中队）

预备队

第50（加强）联队1大队3中队

马萨洛角

第13联队1大队

机动反击部队

古尔冈角

南部防区

桑哈伦港

提尼安镇

海军第56警备队
（1,400人）

第50（加强）联队3大队

马波角

拉洛角

0   5000

码

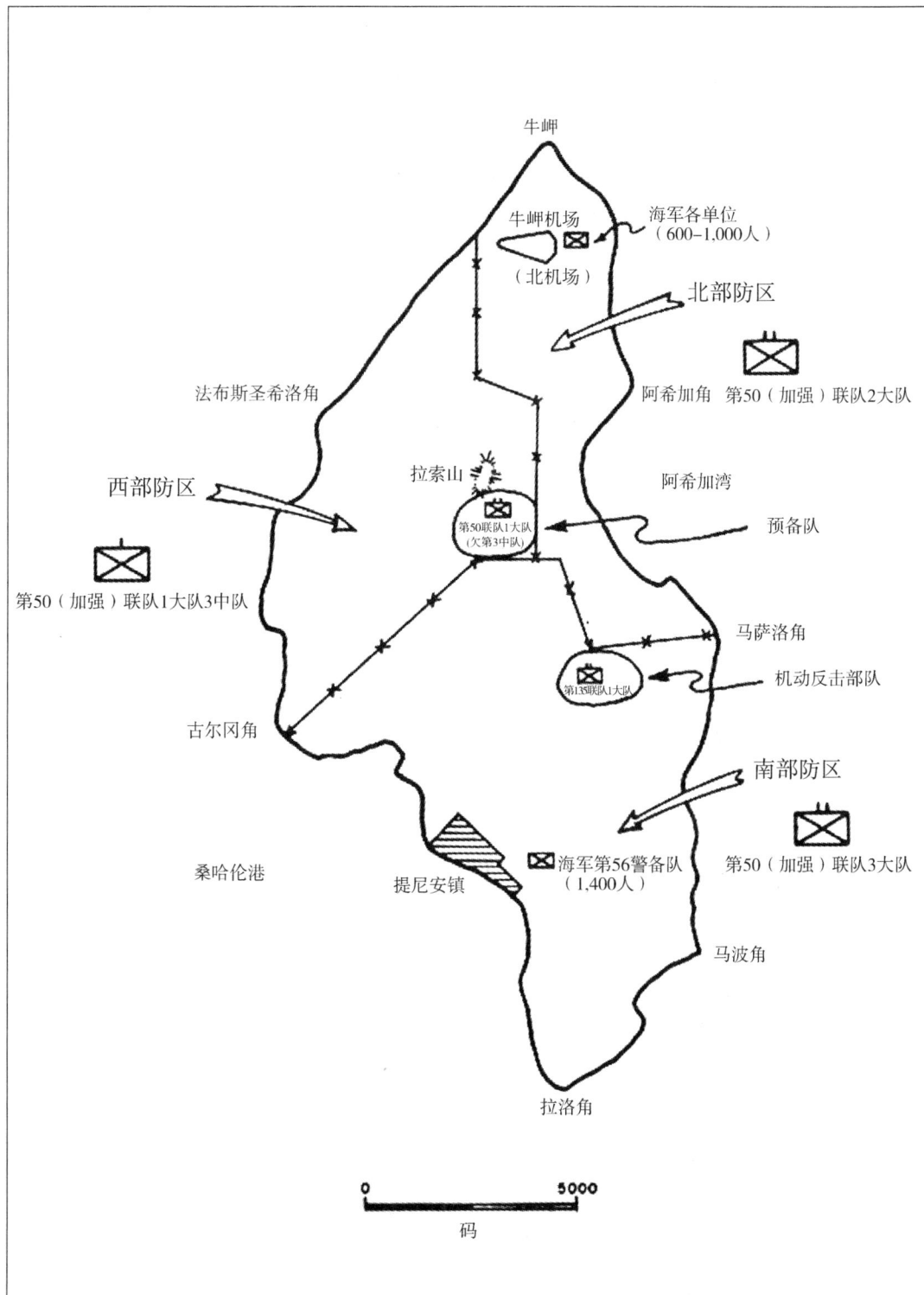

提尼安岛上日军布防情况。

得，首先是为了防止提尼安岛日军偷袭塞班岛，其次是因为提尼安岛现有的机场设施和修建机场的条件甚至胜过塞班岛。攻占提尼安岛的任务被交给了刚刚在塞班岛战役中损失不小的陆战二师和陆战四师，总指挥由刚刚从陆战四师师长升任北方登陆部队（NTLF）司令的哈里·施密特少将担任，代号为"J日"（Jig-Day）的登陆日被定为7月24日，也就是塞班战役结束两周后。

在提尼安战役中首次投入使用的凝固汽油弹。

自从美国陆军航空兵进驻塞班岛机场以来，以P-47战斗机和B-25轰炸机为主力的陆航部队就开始配合塞班岛上的远程火炮（尤其是155mm加农炮）和海军军舰轰击提尼安岛。大体来讲，美军火炮负责提尼安岛北半边，飞机负责南半边，军舰负责陆空火力难以命中的目标。财大气粗的美军对提尼安岛毫不吝惜弹药，仅炮兵就集中了13个营（2个155mm加农炮、3个155mm榴弹炮、8个105mm榴弹炮营），其中以重炮为主的第24军军属炮兵仅在塞班岛战役期间就对提尼安岛发射了7,571发炮弹，之后更是加大了炮轰力度。陆军航空兵也在提尼安战役中首次大规模使用了凝固汽油弹。

J日惊喜

7月24日，J日终于来临，海军集中了战列舰"田纳西""加利福尼亚""科罗拉多"，5艘巡洋舰和16艘驱逐舰将连日的轰炸推向了高潮，同时陆战二师、四师在塞班岛登上登陆艇和LVT，跨过海峡驶向提尼安岛。绪方敬志大佐站在制高点拉索山上焦急地望向岛西边的海岸。虽然在实力强大的美军面前真正守住提尼安岛几无可能，但是绪方敬志却有信心用手中的精兵强将给"米国鬼畜"以沉重打击。他面前的这片海滩早已被各种武器标定，水里和海滩上遍布障碍物，他的部队主力更是在坚固的掩体中随时准备向抢滩的美军泼洒弹雨。

日军手中威力最大的是山洞中的大口径岸

提尼安岛上日军的6英寸岸防炮，重创了"科罗拉多"号战列舰和"诺曼·斯科特"号驱逐舰。

提尼安岛战役中的"科罗拉多"号战列舰,舰体上的黑色圆洞就是日本海岸炮命中的痕迹。"科罗拉多"号总共中了22发6英寸炮弹,伤亡141人

防炮。7:40,埋伏在提尼安镇后方的3门6英寸岸防炮突然对仅3公里开外的"科罗拉多"号战列舰和"诺曼·斯科特"号驱逐舰(USS Norman Scott)猛烈开火。在短短15分钟内,"科罗拉多"号战列舰被命中22发,舰上43人阵亡、198人受伤;"诺曼·斯科特"号被命中6发,包括舰长在内19人阵亡、47人受伤,更是一度失去动力,幸好"克利夫兰"号轻巡洋舰(USS Cleveland)勇敢地挡在了"诺曼·斯科特"号前方,同时猛烈开火摧毁了日军岸防炮。装甲厚重的军舰尚且如此,陆战队员们几乎没有装甲的登陆艇、LVT在这样的火力下必然要经历一场腥风血雨。

从7:30开始,果真有数十艘LCVP登陆艇载着陆战二师部队向提尼安镇滩头扑来。绪方敬志已经迫不及待地想从望远镜里看到塞班岛上斋藤义次看到过的一幕——横飞的钢铁碎片、爆炸的登陆艇、惨叫的美国伤兵和被鲜

血染红的海水,此时日军的大口径炮弹已经开始落在美军登陆艇之间,溅起冲天水柱。然而,正当登陆艇行驶至滩头2,000米、日军即将火力全开之时,它们突然同时掉头驶向北方!就在这时,绪方敬志听到了一个让他瞬间面色苍白的消息:美国人居然在北边的两片小滩头登陆了……

究竟绪方当天是不是这个反应我们不得而知,但是这至少是美军行动计划者们预谋已久的效果。在制订作战计划时,美军参谋们认

今日提尼安岛上的LVT,太平洋战争两栖作战中最重要的装备之一。

为提尼安镇西侧海岸是作为登陆滩头最显而易见的选择，此处有宽阔平缓的沙滩、稳定的潮汐、低矮的珊瑚，但是显然日军也会集结重兵于此。相反，岛北面的两处沙滩十分狭窄，但是能得到塞班岛上美军炮兵直接掩护，而且从

这里登陆还可以达到出敌不意的效果。起初，两栖舰队指挥官特纳海军中将坚决反对这个计划，但是同样坚决的两栖登陆部队总指挥霍兰德·史密斯陆战队中将直接说服第5舰队司令斯普鲁恩斯上将批准了这一登陆计划。因此，美军

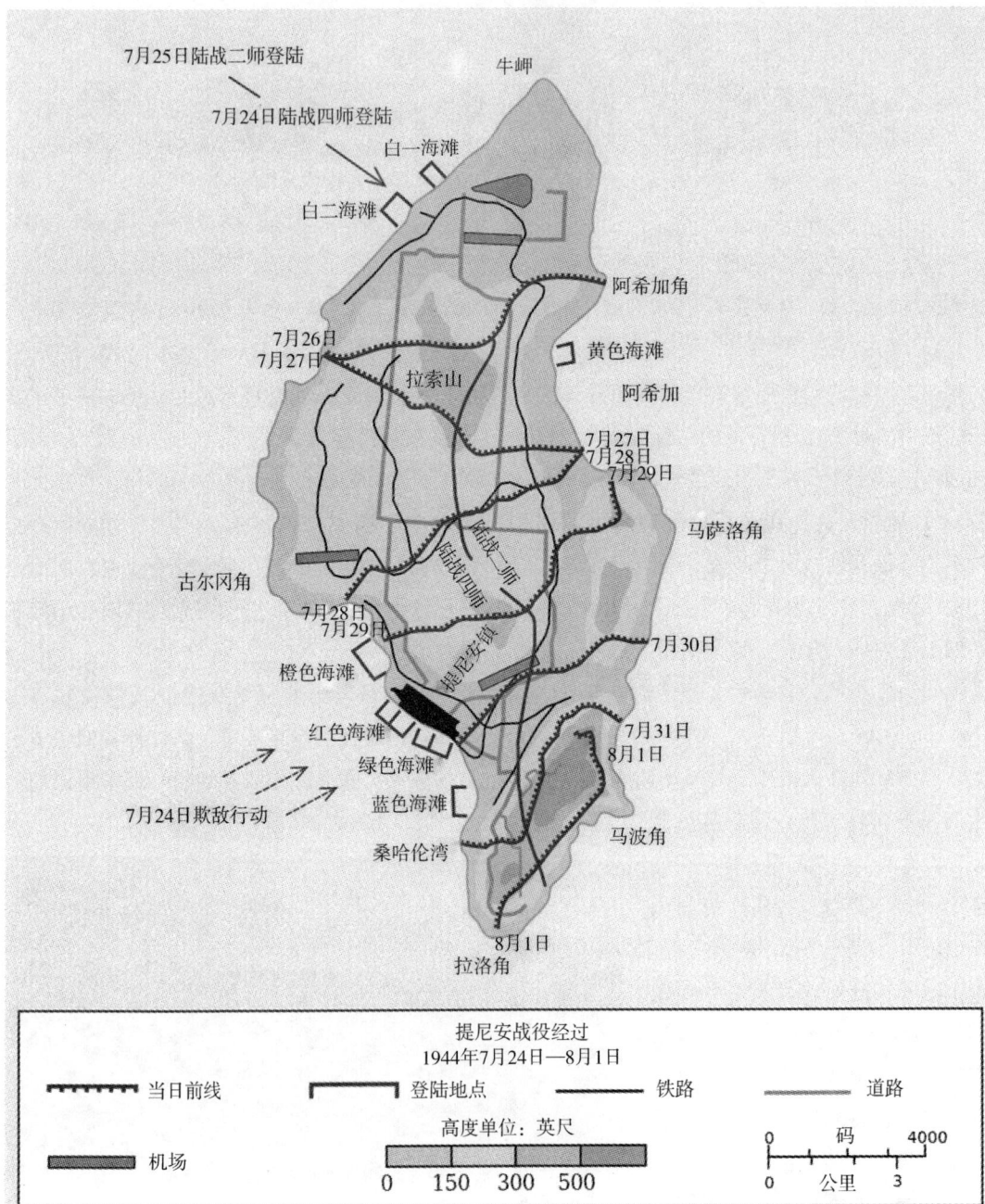

提尼安岛战役示意图，可见美军在西南方向提尼安镇海滩进行了假登陆，而主力在西北角的白滩登陆。

起初坚决反对登陆计划的特纳中将，暴脾气的特纳中将和史密斯中将在一次次争吵中把美军的两栖登陆战术研究到了极致。

最终将岛西北部的白一、白二滩头选为实际登陆滩头，由陆战四师负责抢滩登陆，同时陆战二师在提尼安镇方向执行上述的欺骗行动。

J日当天，美军为他们的大胆收到了回报。早晨7:17，陆战四师登陆部队乘着LVT在摧枯拉朽般的炮火掩护下冲向了白一、白二两处滩头，途中仅遭到日军小口径高射炮的零散还击。率先登陆白一滩头的陆战24团2营迅速消灭了海滩上的小股日军，陆战25团2、3营也同时登陆，消灭了依托两座碉堡防御白二海滩的约50名日军，还排除了海滩上的地雷。在当天的战斗中，美军仅阵亡15人、受伤225人，日军第56警备队3中队全军覆没，提尼安岛战役取得了一个理想的开局。

当然，美军的登陆行动也非完全一帆风顺。在白二滩头上先后有3辆LVT被日军地雷炸毁，两座滩头的地形也的确相当恶劣：白一滩头的宽度只够同时容纳8辆LVT，白二滩头也只能同时容纳16辆LVT。好在第5两栖军将手中的全部533辆LVT都调给了陆战四师，因此美军如同传送带一般将登陆部队源源不断地从塞班岛运往提尼安岛，等到当天傍晚，包括陆战四师主力和陆战二师8团1营在内的15,614人顺利登陆。重武器方面，陆战第10、14炮兵团的4个75mm榴弹炮营也乘着DUKW水陆两栖车登陆，第2、4陆战队坦克营以及陆战四师各团配属的75mm半履带自行火炮也从LCM登陆艇上涉水上岸。

白夜反击

等到夜幕降临时，美军左翼的陆战24团已

白二滩头上的碉堡，上面布满了弹孔，战斗刚开始就被美军攻占。

经推进至机场边缘，陆战25团和23团则巩固了滩头阵地的中央和右翼。不久前塞班战役中日军的夜袭还历历在目，因此美军做足了准备，布置了从轻重机枪、迫击炮到75mm榴弹炮的完备火力体系。这其中绰号"海蜂"的美国海军工程兵功不可没，正是他们的推土机迅速从白二滩头开辟了重武器通往内陆的通道。

在一整天的战斗中，绪方敬志和大家吾一被迫躲在指挥部里，对于前线情况的了解仅限于传回的零星情报，他们更是根本想象不到美军强大的运输、工程实力。在绪方敬志看来，狭窄、崎岖的北部滩头能够容纳的部队一定很少，而且美军必然处于混乱当中，因此绪方按照先前制订的计划，做出了与塞班岛上斋藤义次一样的决定——夜袭。在他看来，趁着美军立足未稳坚决发动夜间反击是打败美国人的唯一机会。于是，绪方命令防御西北方向的第50联队1大队、防御岛东侧的2大队和担任总预备队的第135联队1大队以及坦克部队对美军滩头发动夜袭。当然，美军早已严阵以待，反而日军在一片漆黑中集结，即将发动一场混乱不堪、缺乏协同的进攻。

率先发动反击的是驻守机场的约600名海军士兵，其中大部分是缺乏陆战训练的海军航空兵人员。7月25日凌晨2:00，白一滩头左翼的美军陆战24团1营前方约100米处突然出现了数百名排着整齐队列行军的日军。从惊讶中回过神的美军当然不会放弃这个绝好的机会，立即施以一阵枪林弹雨。这时日军才高喊着"万岁"冲向美军阵地，但是被美军照明弹照得惨白的密集日军成了美军轻重机枪、37mm反坦克炮、迫击炮、榴弹炮集中火力屠杀的对象。最终日军于5:45撤退时丢下了476具尸体，美军A连损失也不小，激战过后只剩下30人可以作战。

日本陆军反击的主力从正南方向接近了陆战24团和25团的结合部。这股经验丰富的日军并没有贸然发动进攻，而是从午夜开始派出侦察部队试探美军防线上的薄弱环节，随后才在2:30发动进攻。同样经验丰富的美军立即以轻重火力击退了日军的第一波进攻，打死了不少日军，但是剩余日军短暂退却后卷土重来，大约200名日军渗透到美军后方，随后兵分两路：一

白二滩头上美军 M4 坦克沿着推土机开辟的通道向内陆前进。

路包抄陆战25团后方、另一路摸向美军炮兵阵地。其中第一路日军一头撞进了陆战25团3营后方预备排的阵地，瞬间被打死91人，几乎全军覆没。陆战队炮兵面对第二路日军突袭丝毫没有慌乱，甚至都没有停止炮击，仅仅分出部分人员以轻武器抗击日军，同时侧翼炮兵阵地上的M2式12.7mm重机枪也以交叉火力将日军撕得粉碎，最终美军仅2人阵亡、日军遗尸100具。

前线正面的日军小规模进攻持续了一整晚，最终美军于清晨在火炮和坦克的支援下发动反击，日军在美军防线中段的反击彻底失败，约500人阵亡。

凌晨3:30，日军步兵伴随6辆坦克沿着海岸公路从南方向白二滩头右侧的陆战23团2营发动了当晚的最后一场反击。当日军坦克距前沿阵地400米时，美国军舰发射的照明弹突然将海岸公路映成白色，无处可藏的日军只能顶着美军榴弹炮炮火强行冲锋，结果6辆坦克中的5辆迅速被美军75mm半履带自行火炮、37mm反坦克炮和巴祖卡火箭筒打趴在地。随后日军步兵与美军展开了激烈的近战，却也未能突破美军防线，少数冲过第一道防线的日军也被第二道防线上的美军消灭。最终日军丢下了267具尸体和5辆坦克残骸撤退。

总之，夜袭过后的日军一共留下了1,241具尸体和胜利的可能，其中第135联队1大队和海军航空兵人员占了损失的大头。按照此后的战局进展推断，日军

当晚的损失远不止于此，很可能有更多士兵死伤。今日的提尼安岛由于居民稀少，大部分滩头附近的道路都已经杂草丛生。白二滩头比较容易探访，几乎可以驱车驶上海滩，上面还有一座日军碉堡。相比之下，白一滩头后方已经遍地树枝、蜘蛛网和碎石，根本无路可走，以至于我最后只差几十米而无法到达滩头，留下了小小遗憾。

日军反击失败后留在美军阵前的尸体。

反击中被摧毁的日军95式坦克。

当年日军坦克展开反击的小路如今已经杂草丛生。

向南扫荡：日本人在哪里？

7月25日，陆战二师主力顺利从两座滩头

登陆，同时陆战四师部队一边肃清夜袭中残留的日军一边向前推进。其中只有中央的陆战25团在马加山（Mt. Maga）遭到了阻击。日军火力点在茂密的树丛中隐蔽非常良好，以至于美军因为遭到来源不明的机枪火力打击而被迫暂停进攻，但是随后美军派出坦克扫荡时日军又暂时停火，只待美军步兵再次前进时突然开火。不过，日军火力点终究暴露了位置，被美军81mm迫击炮炸毁，陆战25团随即攻占了马加山。除此之外，美军仅遭遇了小股日军的无组织抵抗。

7月26日，陆战二师和四师分别对北部机场和拉索山展开了进攻，美军预计日军将在这两处要地顽强抵抗。然而，陆战二师发现机场上只剩下几架遭到重创的日本飞机，陆战四师更是惊讶地发现日军并未在陡峭的拉索山上设防，而是拱手让出了这座易守难攻的高地。第121海军工程营立即开始修复、扩建机场，陆航P-47战斗机仅三天后就顺利进驻。同时，陆战队和海军工程兵也进一步改善了滩头状况、修建

7月25日在提尼安岛轻松涉水上岸的陆战二师部队。

今日北部机场的日军空管大楼、指挥部和防空掩体。

7月26日，陆战二师师长沃特森少将（左）和陆战四师师长凯茨少将（中）在研究战局。

了码头，极大缩短了美军后续部队和运输物资所需要的时间。

之后四天里，陆战二师和陆战四师小心翼翼地通过岛中部向南推进。由于美军估计岛上日军仍然实力强大，因此不敢贸然推进，每天白天仅在猛烈炮火掩护下推进4公里左右，而且每晚都修筑好完备阵地准备阻击日军大规模反击。因此，陆战二师师长沃特森少将、陆战四师师长凯茨少将和参谋们最大的问题就是"日本人在哪里？"诚然，在美军前进的一路上都有不少分散日军部队遭到美军歼灭，日军也常常发动小规模夜袭，因此被歼灭人数应该并不少，但是日军主力部队却没有进行任何有组织抵抗。

7月30日，陆战四师进抵此前日军主力踞守的提尼安镇方向，参谋们判断日军将在此顽强抵抗。此时，陆军的155mm榴弹炮营已经登陆提尼安岛，因此美军再次以猛烈的炮火荡平了提尼安镇。出发伊始，陆战24团果然遭到了右侧山洞中日军机枪和左侧日军残存火炮的打击，但是迅速将其消灭。此时的陆战队员们早已针对山洞中的日军建立了一套复杂战术，即首先以火炮和坦克炮轰洞口压制日军，然后喷

火坦克上前焚烧洞口，最后由步兵掩护装备了火焰喷射器、炸药包和巴祖卡火箭筒的爆破组上前彻底摧毁山洞。然而，陆战24团于14:20进入提尼安镇时再次大失所望，日军主力早已离去，只有1名躲在瓦砾中顽抗的日军被打成了筛子。

山路决战

然而，也正是从7月30日开始，关于"日军在哪里"的疑惑得到了解答。提尼安岛最南边的是一道从西南到东北的山岭，山岭上的三处高地从东北向西南分别被命名为580、560和500号高地，这里也是日军即将进行最后抵抗的战场。陆战二师左翼的陆战2团在当天遭到了来自山岭东侧日军机枪、92式步兵炮和迫击炮的猛烈攻击，最终依靠坦克和半履带自行火炮才得以继续推进。次日，美军全面攻抵提尼安岛最南方的山岭。山岭的左右两边均是直上直下的悬崖，根本无法翻越，唯有中间密林里的两条盘山小路从平原蜿蜒曲折到山岭顶上。

按照美军统计，已经在此前的战斗中击毙、俘虏3,000名日军，7月29日俘虏的1名日军军官则报告日军战斗部队还剩下大约2,500人，意味着此时日军战力实力刚刚减半。介于日军主力集中在此，美军也集中了全部陆海空火力以"太平洋战争开始以来最猛烈的炮火"猛轰山岭。战列舰"田纳西"号、"加利福尼亚"号和3艘巡洋舰在6:00到8:30之间发射了615吨炮弹，其间86架P-47战斗机、16架B-25轰炸机和24架用作水平轰炸机的海军TBF鱼雷机又投下了以凝固汽油弹为主的69吨炸弹，烧掉了阻碍美军视线的植物。同时，陆军和海军陆战队共17个炮兵营几乎没有停歇地地毯式炮轰，从午夜一直持续到早晨8:30。

今日远观500号高地，在密集的植被当中只能看清大体的山形。

当年与我身处相同位置的美军步兵和坦克。

经过这样几乎不可思议的炮火准备后，陆战二师2、6、8团和陆战四师23、24团从左到右齐头并进，从8:30开始通过遍地灌木丛抵达山脚下。尽管此前的炮火准备堪称空前，但还是有很多日军步兵和重武器幸存下来猛烈阻击美军，从山岭上方与美军展开激烈对射。在当天的战斗中伴随陆战23团推进的1辆M4坦克被侧面埋伏的日军47mm反坦克炮击伤，后来又有1辆被地雷摧毁。不过，其他美军坦克迅速摧毁了日军反坦克炮，两辆坦克的车组成员也成功逃离。有趣的是，日军竟然摸进了第2辆坦克残骸

并且架设了机枪攻击美军，迫使其他美军坦克将其摧毁。

最终，只有陆战23团1营和陆战8团1营在夜幕降临之前分别顺着两条山路摸上了高地，其余部队均被阻挡在山脚下，因此两支部队的位置十分暴露。于是凯茨少将立即派遣担任预备队的陆战23团3营沿着小路上山增援第1营，沃特森少将也派遣陆战8团2营增援第1营，两个营均在山顶设立了环形阵地，增援部队负责防御后方的山路。随着太阳落山，小股日军开始试探陆战8团的防线，提尼安岛战役的最后高潮即将上演。

23:00，经过了连续的小股试探性攻击之后，日军从西边对陆战8团两个营中间的山道发起了"万岁"冲锋，却迅速被美军步机

陆战23团于31日登上岛南部山顶。

枪火力打退。不过，150名日军于凌晨1:00从东边渗透到了美军后方，不仅截断了山路还烧毁了2辆救护车。此后，日军开始接连不断地从这个缺口渗透到美军后方，几乎切断了第1、2营之间的联系。就在此时，第2营营长威廉·张伯伦（William Chamberlin）少校立即组织了大约1个连的兵力展开反击，经过一番惨烈的近战重新建立了防线。从3:30开始，陆战队第10炮兵团开始以15分钟为间隔炮击日军，山顶上的2辆75mm半履带自行火炮和迫击炮也间歇性开火，阻止日军集结。

然而，美军阵地前方的日军越聚越多，局势最终在5:15迎来了爆发：日军主力从西侧对山顶上的美军飞蛾扑火般地发动了"万岁"冲锋！日军的"万岁"喊声与美军"照明弹"喊声此起彼伏，黑夜再次变为白昼，早已做好准备的美军轻重武器将日军一片片打倒。其中尤其恐怖的是发射霰弹的2门美军37mm反坦克炮，瞬间射出的几十个钢珠将冲锋的日军打得血肉横飞，经常一炮就可以将十几个日本兵摞倒在地！杀红眼的日军也集中射击美军炮手，因此每名炮手几乎4—5分钟内就会被日军命中，但是即便如此，陆战队员们还是前仆后继地接替伤亡炮手猛烈开火。等到5:45日军进攻结束时，其中1门美军37mm反坦克炮前的日军尸体足足垒到了一个人的高度，两个美军炮组的10名初始成员中也仅剩2人，其余8人非死即伤。

等到8月1日的太阳升起时，经过了一晚上癫狂冲锋的日军已经丧失了战斗力，仅日军发动万岁冲锋正面的60平方米区域内就散落着超过100具日军尸体。随后，美军主力沿着两条山

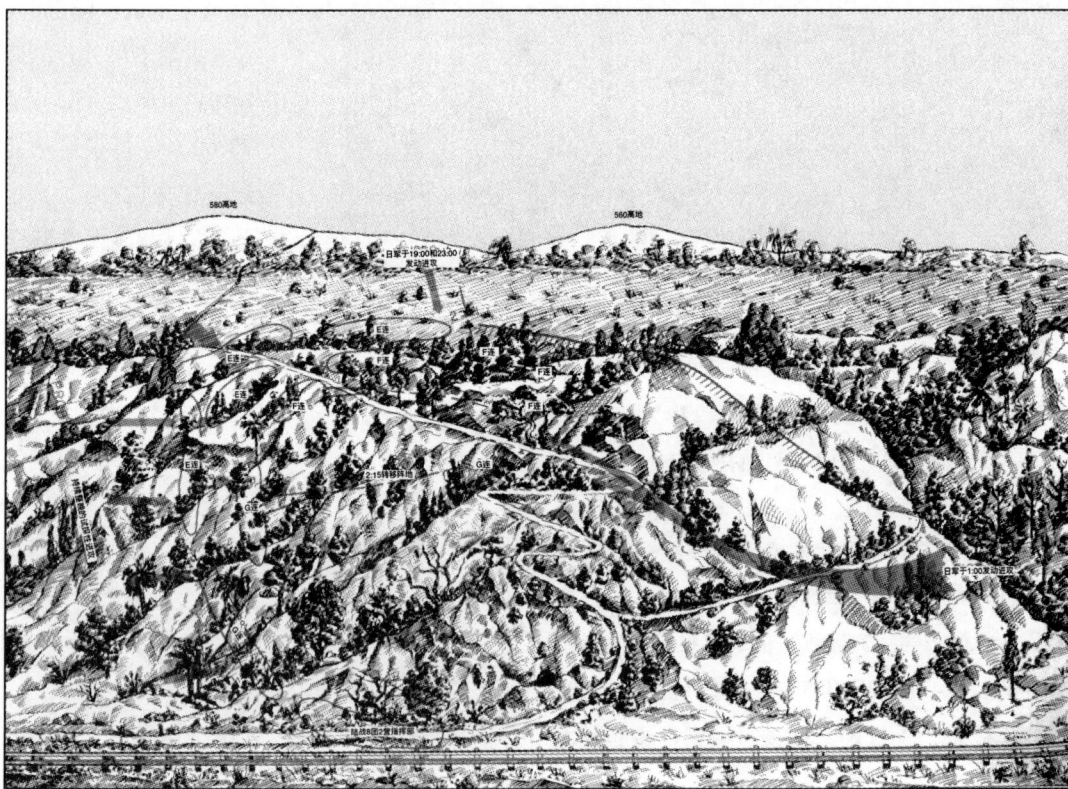

7月31日夜间的山路激战。

美军将这门75mm榴弹炮固定在马波角顶端向日军占据的山洞开火。

路直接抵达山顶，然后向左右两侧迂回残余日军，顺利攻占了整座山岭和岛东南角的马波角（Marpo Point），最终于18:55宣布日军有组织抵抗结束。次日，绪方敬志大佐烧毁军旗后战死，角田觉治也以手榴弹自尽。之后数日的清扫行动中，又有数百名日军在山道上或者洞穴里被美军击毙，日军又在8月1日、2日夜间发动了上百人规模的冲锋，但是均被美军消灭。

最终，美军掩埋了5,542具日军尸体，俘虏252人，其余日军不是死无葬身之地就是藏身于洞穴中直至战争结束，甚至战后。美军的代价是389人阵亡、1,816人负伤，美日阵亡、失踪、被俘比例达到1:23，不愧提尼安岛战役"完美两栖登陆行动"之称。当然，在战役过程中绪方敬志一

次次地下令进行无意义的自杀式冲锋也帮了美国人大忙。如果日军在山地中坚守不出，那么恐怕美军的伤亡还要翻上几番。除此之外岛上的日本平民当中4,000人死亡，其中很大一部分是在战役结束时跳崖自杀。

从提尼安岛到广岛

提尼安岛战役结束后，超过15,000名美军工程兵在岛上修建了6条可以容纳上百架B-29轰炸机的大型跑道，将提尼安岛建成了太平洋上规模最大的航空基地。从此之后，从提尼安岛和

在提尼安岛南部小心翼翼地清扫日军残兵的美国陆战队员。

蜿蜒曲折而且被植被覆盖的山路。

塞班岛起飞的美国轰炸机几乎每日"光顾"日本上空,撒下钢铁、炸药、火焰和死亡。

最终,提尼安岛的历史意义与一种划时代的武器永远绑定在一起。从1942年开始,从芝加哥大学的物理实验室到新墨西哥州洛斯·阿拉莫斯(Los Alamos)试验场,美国政府聚集了同盟国最顶尖的物理学家、化学家和工程师一起进行一场豪赌。这场豪赌的代号叫做"曼哈顿工程",最终美国政府投入了130,000人和大约20亿美元,可谓投入巨大。直到1945年7月16日,第一朵原子弹蘑菇云在新墨西哥的试验场升上云端之时,美国政府才最终确定他们的投入没有白费。

1945年8月6日,美国陆军航空兵第509大队一架名为"埃诺拉·盖伊"(Enola Gay)的B-29轰炸机从提尼安岛北部机场的A跑道上腾空而起,径直北飞。几个小时之后,"埃诺拉·盖伊"号飞抵广岛上空并且打开了弹仓,投下了名为"小男孩"(Little Boy)的原子弹。伴着"小男孩"发出的剧烈闪光,整个广岛市中心和数万人在一瞬之间化为乌有,人类以一种残酷的方式正式进入原子时代。创造了历史的"埃诺拉·盖伊"号如今保存在美国航空航天博物馆分馆内,我也有幸前去瞻仰。

8月9日,另外一架名为"博克斯卡"(Bockscar,也译作"博克的车")的B-29轰炸机也从提尼安岛北机场的A号跑道上腾空而起,不久后将名为"胖子"(Fat Man)的原子弹扔向长崎。正如美国总统杜鲁门所说,美国人的豪赌"赌赢了",在原子弹打击下,日本终于不支,选择投降。

提尼安岛北机场用于给轰炸机挂载第一颗原子弹"小男孩"的坑。

今日博物馆内的"埃诺拉·盖伊"号。

当年两架载着原子弹的 B-29 正是从这条 A 号跑道（Able Runway）腾空而起。

第二十一章　美国海军归来记——关岛战役

美国海军的伤疤

关岛位于马里亚纳群岛南端，距离塞班岛200公里，陆地面积590公里，几乎是塞班岛的两倍。1898年，随着美国在美西战争中的胜利，美国海军军舰正式将铁锚落在了关岛的海港中。随后的43年里，美国海军全面管理关岛的军事和民事事务，尽管不乏粗暴的管理手段和强制性的美国化，但是岛上的查莫罗原住民（Chamorros）还是在美国海军治下获得了较高的生活水准和政治自由。同时，关岛驻军全部来自于美国海军和海军陆战队，因此这两个军种对关岛有着特殊的情感。

然而，缺乏资金的美国政府却没有意识到关岛重要的战略地位，更没有能力将其变成一个海上堡垒。当日本南海支队为主的6,000人于1941年12月8日进攻关岛时，岛上孤立无援的547名美国陆战队和海军人员进行象征性抵抗后就缴械投降，开始了悲惨的战俘营生活。因此，尽管美国海军和陆战队高层不像麦克阿瑟宣传"返回菲律宾"一样大张旗鼓地宣传"返回关岛"，但是他们深知夺回关岛才能彻底洗刷耻辱。对于岛上的查莫罗原住民来说，美国海军也是他们摆脱日本人压迫的唯一机会。日本人在占领关岛期间犯下了诸多罪行，其中包括对查莫罗劳工的屠杀。

对于乔治·特维德（George Tweed）来说，美国海军返回关岛有着更为迫切的意义。战争初期日军占领关岛时，岛上的美国海军无线电通讯站人员分头躲入山区之中，但是纷纷被日军抓获、拷打致死，只剩下特维德在当地平民的冒死保护下躲藏了起来。保护他的平民告诉他："只要你没有被抓获，我们就能看到美国海军回来的希望。"1944年7月10日，特维德终于看到了海面上强大的美军舰队，随后用一片镜子向军舰发出信号后跳入海中游向舰队而被搭救，他在关岛丛林中持续31个月的"孤胆英雄"传奇经历也正式结束。

1899年首批派驻关岛的美国海军陆战队员。

终于被美军救走的特维德，特维德作为藏身于敌后的"孤胆英雄"荣归故里。

1944年夏天，作为进攻马里亚纳群岛的"征粮者"行动一部分，美国海军重夺关岛、一雪前耻的机会终于到来，而且面积相对较大还拥有阿普拉海港（Apra Harbor）的关岛作为海军前线基地和航空基地也都颇具价值。

负责夺回关岛的是海军陆战队第3两栖军（III Marine Amphibious Corps），由在瓜岛战役危难时刻担任过仙人掌航空队司令的盖格少将指挥，下属陆战三师、暂编陆战第1旅和陆军第77步兵师。海军方面与盖格少将搭档的是深得陆战队员信赖的康诺利海军少将，他麾下的第53特混舰队（TF53）将为关岛登陆战提供支援。

由于关岛海岸遍布环礁、悬崖，真正可以用来登陆的滩头少之又少，因此盖格选定了西北海岸的阿桑滩头（Asan Beachhead）和西南海岸的阿加特滩头（Agat Beachhead）分别作为陆战三师和陆战第1旅的登陆滩头，北部滩头代号"红""绿""蓝"，南部滩头代号"黄""白"，两处滩头中间隔着奥罗特半岛（Orote Peninsula）。这样分兵登陆的部署十分少见，但是在地形条件的限制下这也属于情理之中的无奈之举。在两栖登陆车辆方面，陆战三师获得了180辆LVT和60辆DUKW，陆战第1旅也获得了178辆LVT和40辆DUKW，可谓十分充足。

岛上日军共22,554人，其主要战斗部队包括高品彪中将第29师团18、38联队（第50联队已经在提尼安岛被歼灭），重松洁少将第48独立混成旅团，以及片冈一郎中佐第10独立混成联队，3支部队兵力合计11,455人。第29师团来自关东军，后两支部队更是分别来自精锐的第11师团、第1师团特遣队，战斗力十分旺盛。岛上装甲部队主要隶属于第9战车联队1、2中队，拥有11辆97式坦克和29辆95式坦克。海军在岛上共有7,995人，其中包括第54警备队和4个航空队的空地勤人员。

由于美军登陆滩头几无悬念，岛上日军总指挥高品彪将第29师团、第48旅团和装甲部队拆分部署至两片滩头区域，独立第10联队被

第3两栖军指挥部制订作战计划，从左到右分别是军长罗伊·盖格、参谋长西尔弗索恩（Silverthorn）上校、炮兵指挥官德尔·瓦勒（Del Valle）少将。

高品彪（右）与第38联队长末长常太郎大佐视察南方的阿加特滩头，末长常太郎负责指挥关岛南半部分的防御。

日军在关岛的部署图。

今日加恩角的一门 200mm 短管岸防炮。

门200mm短管岸防炮、8门三式140mm岸防炮、22门10式120mm高射炮在内的众多火炮在滩头周围（美军战役结束后统计）。

起初，美军选定的登陆日期（代号"W日"）是6月18日，也就是塞班岛登陆行动的3天之后。然而，由于日本联合舰队发动了"阿"号作战和诸多其他问题，美军最终将W日推迟到了7月21日。在此期间，美军登陆部队只能在拥挤的运输船船舱里艰难忍耐，但是海军和航空兵部队却借此机会对关岛展开了长达一个月的海空轰击，以精于炮击岸上目标著称的康诺利少将更是亲临指挥，对日军防御造成了相当大破坏。最后，水下爆破队（UDT）的蛙人在登陆开始前对滩头进行了充分侦察，还炸毁了阻碍登陆舰艇的礁石和障碍物。7月21日，6艘战列舰、9艘巡洋舰、57艘驱逐舰和多达20艘大小航母上的舰载机对日军展

留作预备队，海军则独自坚守奥罗特半岛。其中，第48旅团320大队和第29师团18联队2大队负责阿桑滩头防御，第29师团38联队1大队负责阿加特滩头防御。第31军军长小畑英良中将也在关岛上，但是他并不干预高品彪的指挥。日军的战术方针仍然是坚守滩头并且伺机发动反击，争取"歼敌于水际"，因此在滩头周围建立了坚固的防御阵地，还部署了包括19

W 日当天轰炸日军的 TBF 鱼雷机。

开了登陆前的最后轰击，最后LVT在LCI(G)火力支援艇的火箭弹和20mm、40mm高射炮掩护下冲向滩头。

北部滩头：背水登山

7月21日早晨8:29，艾伦·特内奇（Allen Turnage）少将的陆战三师以陆战3团、21团、9团从左到右平行登陆北部滩头。其滩头位于一个三面临山的海湾之内，两侧分别是阿德鲁普角（Adelup Point）和阿桑角（Asan Point），左前方和正前方分别是乔尼托崖（Chonito Cliff）和邦休岭（Bundschu Ridge）。高品彪的指挥部则位于邦休岭背后的方特高地（Fonte Plateau），可以直接俯瞰滩头。尽管海军陆战队在二战中没少进攻高山遍地的海岛，但是如此一上岸就要背水登山的情况却比较少见。

起初，陆战队员们以为没有日军能从此前恐怖的炮击当中幸存下来，但是突然砸向美军LVT的日军炮弹和随后从四面八方射来的机枪子弹粉碎了这一幻想。其中在最右侧蓝滩登陆、爱德华·克雷格（Edward Craig）上校指挥的陆战9团遭到阿桑角日军机枪火力点猛烈射击，但是其左翼成功向内陆推进，夺取了预定目标。40分钟后，终于登陆的美军坦克掩护陆战9团强攻阿桑角，经过激战消灭了躲藏在洞穴中的日军，还缴获了3门威力巨大的200mm短管岸防炮。同时，尤斯塔斯·斯莫克（Eustace Smoak）中校的陆战21团对绿滩正面山岭展开了艰难的强攻，不仅遭到了日军的猛烈打击，还有不少陆战队员在攀登峭壁时因为脱水而昏迷。但是最终陆战21团在军官和士官们身先士卒的带领下攻占了当面山岭，第3营还在右侧一个火力点内缴获了多达14挺轻重机枪和6门迫击炮。

方特高地上的高品彪指挥部，从洞口走出来就可以轻易俯瞰滩头全貌。

从阿桑角侧视海湾中的北部滩头,可见美军要三面受敌。

从方特高地远观蓝滩,中间的海角是阿桑角。

陡峭的乔尼托崖。

今日位于阿德鲁普角的日本 120mm 火炮，其对美军侧翼威胁巨大。

今日从滩头远观邦休岭和方特高地。

当年拥挤的滩头，背后就是阿桑角。

不过，陆战三师当天损失最大的还是左翼卡维尔·霍尔上校（Carvel Hall）的陆战3团，他们遭到了来自左侧阿德鲁普角、左前方乔尼托崖和正面邦休岭上日军的集中打击，不少LVT还在水中就被日军击毁。其中乔尼托崖是一座名副其实的悬崖，哪怕最平缓处也是40~50度的陡坡，手脚并用攀登悬崖的陆战队员根本无法使用武器还击，最终在日军夹击下放弃正面进攻。于是，陆战3团3营转为在坦克支援下从侧翼迂回乔尼托崖，最终在正午之前拿下了悬崖。15:00，陆战3团2、3营集中力量在LCI(G)火力支援艇、驱逐舰和坦克的直接支援下强攻阿德鲁普角，遭受惨重伤亡后终于夺取了目标。同时，陆战3团右翼第1营在邦休岭上展开了极为血腥的正面攻坚战。A连首先在中午攻至山顶下方100米，但是2挺日军重机枪击退了美军第一波强攻。经过一下午的对射之后，A连于傍晚之前再次在81mm迫击炮掩护下组织进

陆战三师的两名军官登陆后举起了美国国旗。

攻，通过损失巨大的正面冲锋用手榴弹摧毁了其中1挺机枪，却被日军密集的手榴弹雨赶了下来，连长也在战斗中阵亡。

当晚，陆战3团又遭到了日军连续的小规模反击，日军一度渗透到美军阵前10米处。路德·斯卡格斯（Luther Skaggs）上等兵在腿部被手榴弹炸伤的情况下为了避免暴露位置而拒绝呼叫医护兵，自行止血后忍痛作战长达8小时，

今日北部滩头的一枚美国海军MK15鱼雷。美军潜艇用这种鱼雷重创了运载第29师团18联队的3530船团，严重削弱了关岛守军实力。

最终获得荣誉勋章。次日早晨，C连从侧翼攻上了邦休岭，却被1门日军97式90mm迫击炮炸了回去。不过，美军不知道的是，C连的迂回已经迫使日军撤退，陆战3团于7月23日终于占领了邦休岭，此时A连已经几乎在战斗中损失殆尽，军官只剩1人。

等到登陆第一夜来临时，陆战三师已经阵亡失踪161人、受伤546人，可谓代价高昂，而且俯瞰滩头的方特高地仍然在日军手中，滩头也在日军重炮、迫击炮一刻不停的打击下一片狼藉。但是陆战三师能够在地形条件如此不利的情况下占据滩头阵地已然十分难得，其中美国海军强大的火力支援和坦克、火炮的及时登陆功不可没。

今天的北部滩头已经成为美国国家公园系统的一部分，阿德鲁普角更成为北马里亚纳邦联总督官邸所在地。高品彪的指挥所依旧保存在方特高地上，供后人想象当年的战况。值得一提的是，方特高地脚下的太平洋战争博物馆（Pacific War Museum）是我太平洋战场之旅一路走来见过最像样的一个军事博物馆，里面详细讲述了关岛战役的经过，并且保存有不少当年的武器装备。

博物馆中的日军三轮摩托车。

南部滩头：致命海角

7月21日早晨8∶32，莱缪尔·谢菲尔德（Lemuel Shepherd）准将麾下的陆战第1旅以陆战22团、陆战4团于南方的阿加特滩头一左一右平行登陆。尽管陆战第1旅不需要直接面对悬崖峭壁，但是却需要攻占4处海角和阿加特村，而且正前方阿里凡山（Mt. Alifan）上的日军也可以毫无阻碍地俯瞰南部滩头、校正炮火。

四座海角之中从北向南数第二处的加恩角（Gaan Point）上有一座不起眼的小土坡。战前美军并未注意这里，也没有在炮火准备中将以摧毁，殊不知日军已经将小土坡掏空构筑了混凝土堡垒，其中配置了75mm山炮、37mm反坦克炮和轻重机枪。就在美军靠近滩头之时，这座堡垒对着梅林·施耐德（Merlin Schneider）上校的陆战22团侧翼疯狂开火，与其他重武器一起击毁了多达24辆LVT。最终，加恩角右侧登陆的美军坦克沿着日军碉堡的火力死角绕到了小土坡背后，近距离猛轰碉堡入口才将其摧毁。随后，陆战22团占领了阿加特村，但是在日军顽强的抵抗面前无法继续推进，只好就地转入防御。

同时，右翼艾伦·沙普利（Alan Shapley）中校的陆战4团也在北起第三座海角，班吉角（Bangi Point）后方遭到40号高地上日军的顽强抵抗。美军的首次进攻被日军猛烈的机枪火力击退，后来凭借着2辆坦克支援才占领高地，各部随即转入防御。然而，从23∶30开始日军对陆战4团展开了数次夜袭，首先在迫击炮的掩护下攻击陆战4团右翼，日军

陆战第 1 旅首批登陆部队扑向阿加特滩头。

加恩角日军碉堡后方出入口。

加恩角日军碉堡的炮口。

当年碉堡中的日军 75mm 山炮，当年防御阿加特滩头的日军第 38 联队主要装备 94 式 75mm 山炮，因此应该是 94 式。

士兵把炸药包和地雷像手榴弹一样投向美军阵地，最终在被击退前用刺刀刺死了6名美军。凌晨1:00，日军第38联队3大队主力对40号高地展开猛烈攻击，迫使美军K连放弃高地撤退。K连立即组织反击夺回高地，却再次被击退，最终

在获得了增援的情况下再次攻占40号高地，随后击退了日军于3:30发动的大规模反击，高地在一昼夜之内易手多达4次。

美军在登陆当天共伤亡350人，损失24辆LVT，其中主要都来自于加恩角和40号高地的战斗，可见一两个坚固火力点可以给登陆部队造成巨大损失。即便如此，美军当天还是成功建立了滩头阵地并且用5辆M4坦克把守通向滩头的唯一一条公路，防备日军反击。果然，4辆日军坦克带领步兵于凌晨2:30从小道上对美军发动反击，结果被美军巴祖卡火箭筒和M4坦克各摧毁2辆，步兵因此后撤。随后，陆战4团右翼又遭到了大规模反击，最终日军遗尸200具，但是美军A连一个排也被打得仅剩4人。陆战22团也击退并消灭了不少试图渗透美军防线的日军，至少击毙了上百人，同时文森特·坦佐拉（Vincent Tanzola）上校的陆军第77师305团趁夜登陆。总之，美军在夜战中阵亡超过50人、受伤超过100人，日军遗尸超过600具，第38联队遭到重创，其还算完整的第2大队向奥罗特半岛方向集结，剩余人员撤退。

如今，加恩角作为关岛上国家公园系统的一部分被保存下来，日军掩体至今还隐藏在不到两人高的小土丘中。40号高地却变成了一片农田，丝毫看不出当年两军厮杀的痕迹。

第 77 师 305 团部署反坦克炮封锁了这条公路。

失败的反击

血腥的登陆日和混乱夜晚过后，陆战三师和陆战第1旅都陷入了进展缓慢的山地拉锯战。陆战三师最终在强大陆海空火力支援下占领了方特高地前方的一系列制高点，陆战第12炮兵团、陆战第14守备营的90mm高射炮和军属炮兵的M1式155mm"远程汤姆"加农炮也投入了战斗。陆战三师战至24日的伤亡增至404人阵亡失踪、1,626人受伤，其中不乏山区混战中被己方炮火误击者。不过，日军的损失也相当惨重，其中尤其包括第48旅团321大队于7月22日晚贸然发动反击造成的惨重损失：488人的大队在战斗结束后仅50人幸存。

陆战第1旅也在第305步兵团的支援下全面出击，其中陆战4

美军用炸药包摧毁日军工事。

团在扫除了少数日军伏击后登上了阿里凡山山顶，并且报告山上并无日军。同时，陆战22团与第305团向北进攻，意图封锁奥罗特半岛上的日本海军第54警备队并且与陆战三师会合。起初，陆战22团进展顺利，但是在7月23日即将跨越半岛瓶颈处时遭到两侧高地上日军第38联队2大队的猛烈阻击，前去支援的坦克也在稻田中寸步难行。次日，美军调集陆海空火力猛轰高地，随后进攻的美军还是遭到猛烈抵抗，只能由M4坦克近距离一一消灭日军火力点，还摧

在奥罗特半岛底部被美军坦克摧毁的日军坦克。

日军反攻计划图。

毁了5辆日军坦克。最终，只有第2营成功推进到奥罗特半岛瓶颈北边，成功封锁半岛。战至24日，陆战第1旅和陆军第77师共阵亡失踪236人、受伤720人，后者已经完全登陆并且向东迅速推进。

7月25日，高品彪终于集结主力准备在当晚对陆战三师展开总攻击，一举摧毁北部滩头。耐人寻味的是，之前在山中混战期间美军防线上破绽不少，高品彪按兵不动，现在他却在美军已经建立起牢固防线、日军消耗巨大的情况下进行反击。无论如何，第48旅团、担任预备队的第10独立联队和第29师团18联队顶着倾盆大雨倾巢而出，准备在坦克的带领下向美军展开全面进攻。

从午夜开始，日军在陆战三师的防线上反复进行试探性进攻，但是坦克却在黑暗中迷失方向，未能参与反击。随后，从左翼日本海军第54警备队一部对陆战3团的进攻开始，日军展开了一系列毫无协同的混乱冲锋。第54警备队的反击瞬间在美军105mm榴弹炮和高地上陆战队员们的打击下灰飞烟灭。然而，在白天刚刚攻上方特高地的陆战9团2营位置十分暴露，马上遭到了日军独立第10联队的连续7波冲锋，弹药几乎耗尽，但是成功登上高地的美军M4坦克起到了决定性作用，以主炮和机枪一片片打倒进攻日军，挽救了战局。

不过，一股人数不少的日军从陆战21团和陆战9团之间渗透到美军后方，沿着山谷向海岸进发。陆战21团3营指挥部所在的460号高地正好堵在山谷中间，从4:00开始遭到日军大规模攻击，固守前哨阵地的1个班全军覆没。好在美军营指挥部人员坚决抵抗，最终在次日清晨击退了日军。前线医院也在6:00遭到日军进攻，轻伤员们都被迫投入战斗才击退了日军，次日，陆战三师全面肃清了防线内的日军。在日军反攻当晚，陆战三师阵亡166人、受伤约400人，日军阵亡人数据估计达到3,500人，参战各部几乎丧失战力。更耐人寻味的是少数日军的行为：据美军记载，有一股日军成功占领美军迫击炮

今日和当年关岛上的美军 155mm "远程汤姆" 重炮。

阵地后既没有调转炮口轰击美军，也没有破坏迫击炮，而是在次日早晨认定已经被包围后集体用手榴弹自杀！或许日本人觉得这是"为天皇尽忠"的荣誉行为，但是美军士兵毫无疑问非常欢迎此种做法。

如果说日军主力的进攻十分混乱，那么从奥罗特半岛攻击陆战第1旅的日军第38联队2大队就纯属癫狂了。被清酒灌醉的大约500名日军大喊大叫，制造着各种噪音一波波地冲向美军阵地，然后不出所料地被美军屠杀，美军炮兵迅速倾泻了26,000发炮弹。等到凌晨2:00战斗结束时，日军丢下了超过400具尸体，美军伤亡十分轻微，其中消灭了256名日军的陆战4团无一伤亡。

随着反击的失败，关岛战役的结局已然注定，日军此时已经没有实力继续坚守险峻的高山，因此陆战三师于28日攻占方特高地并且与陆战第1旅会合，日军第48旅团长重松洁少将和第29师团长高品彪中将则分别在26日和28日战死。陆战第1旅在坦克支援下对奥罗特半岛的日本海军第54警备队展开了缓慢的进攻。日军火力点十分坚固、隐蔽，狙击手也给美军造成了不小伤亡，但是最终陆战22团于29日占领了半岛，以阵亡失踪153人、受伤721人为代价歼敌1,633人。美国海军陆战队员们重新站在1941年陆战队旧兵营门前庄严地升起星条旗，宣示这一历史意义重大的雪耻时刻。至7月30日日军向北撤退之时，美军在关岛共1,291人阵亡失踪、

陆战第1旅官兵在陆战队旧兵营举行升旗仪式。

包括陆战第 1 旅旅长谢菲尔德少将（左二）和第 5 两栖军军长霍兰德·史密斯中将（右一）在内的美军军官站在"海军陆战队兵营"的旧牌子后面。

4,836人受伤，日军则遗尸6,205具、总阵亡人数接近10,000人。随着战局取得了阶段性进展，陆战三师也进行了指挥人员方面的调整，陆战3团团长被调入师部担任后勤主管，行动主管詹姆斯·斯图亚特（James Stuart）上校则从师部调任陆战3团团长，原来的后勤主管改任情报主管，情报主管改任行动主管。

山地追击

接替高品彪指挥关岛守军的第31军军长小畑英良中将急忙下令残余日军部队向关岛北部撤退，尽可能迟滞美军占领关岛的进展。发起追击的美军部队飞速越过了中部连绵不绝的山脉，其中安德鲁·布鲁斯（Andrew Bruce）少将的第77步兵师于7月31日一天之内就攻抵关岛东岸，以其迅猛的进展赢得了陆战队员的尊重，被亲切地称为"第77陆战师"。接着，陆战第1旅南下控制了被日军放弃的关岛南半部分。

同时，陆战三师沿着岛西岸向北追击，一路上与小股日军交战不断，还在7月31日摧毁了2辆设伏的日军95式坦克，但是已经元气大伤的

第 77 师 305 团作为先头部队在山区推进。

日军并没有坚决节节抵抗，而是退到了巴里加达山（Mt. Barrigada）区域设立防线。面对日军防线，美军从8月2日开始调集岛上炮兵、支援舰队和来自塞班岛的陆航P-47战斗机、B-25轰炸机猛轰日军防线，步兵随后在8月3日展开攻击。

不过，沿着公路推进的陆战9团1营在代号为RJ177的路口反复遭到阻击，其中一支由半履带车带头的第3陆战队坦克营侦察分队更是在16:00遭到伏击，当场被击毁1辆半履带车、15人伤亡，幸好分队中的M4坦克压制了日军，掩护步兵、卡车和吉普车撤退。隐藏在树林中的日军坦克、火炮和用于平射的25mm高射炮对美军威胁相当大，迫使其放慢了进攻步伐。22:00，2辆日军97式坦克更是突然冲入陆战9团1营防线，一阵攻击之后扬长而去。最终，陆战9团在8月5日才彻底消灭埋伏在道路两侧丛林中的日军。陆战三师在为期四天的战斗中消灭了737名日军，自身阵亡18人、受伤141人。

与陆战三师齐头并进的陆军第77师未受阻击就拿下了巴里加达山，却在8月6日伊戈村以南的战斗中陷入了麻烦。首先，2辆日军97式坦克于凌晨2:00突入第305团1营阵地，恰好打了美军一个措手不及，打死15名、打伤46名美军士兵，撞毁1辆吉普车之后扬长而去。早晨6:30，第2营先头部队又在山路遭到这2辆坦克伏击，4人阵亡、14人受伤，最后依靠81mm迫击炮猛烈开火才迫使日军

坦克手弃车逃跑。

8月7日，在坦克支援下沿着公路正面进攻的第307团3营在伊戈村以南突然遭到隐蔽良好的日军坦克、反坦克炮和步兵伏击，2辆M3"斯特亚特"轻型坦克和2辆M4"谢尔曼"中型坦克被反坦克炮当场击毁，步兵也在机枪压制下动弹不得。不过，友邻第306团3营从侧面包抄日军，仅仅半小时内就击毙105人，缴获摧毁2辆95式坦克、2门反坦克炮、2门20mm机关炮和8挺轻重机枪，消灭了设伏日军，第307团乘胜攻

关岛博物馆内的日军双联装96式25mm高射炮，用于平射时对步兵和车辆威胁很大。

日军97式坦克，运用得当时还是能给美军造成很大麻烦（这辆坦克被击毁在马里亚纳群岛，战后修复）。

占伊戈村。次日，第77师集中兵力攻占了圣罗萨山，结束了为期两天的伊戈村和圣罗萨山战斗，以41人阵亡失踪、104人受伤为代价消灭了528名日军、7门火炮、5辆坦克，但是不少日军向北逃窜。

同一天，陆战第1旅沿着海岸公路一路推进到了关岛最北端，但是此后两天内陆战三师在树林中与日军陷入了接连不断的遭遇战。残存的日军坦克在白天作为火力点伏击美军，夜间则发动小规模突击，美军只好向日军藏身的丛林疯狂倾泻炮弹，却仍然无法避免遭到伏击。8月9日上午，终于获得了坦克支援的美军击毁或缴获了最后9辆日军坦克，其中大部分已经耗尽了弹药和燃料。第3两栖军军长盖格少将随即于11:31宣布日军有组织抵抗结束。

然而，第306团1营在8月10日接近马塔库亚山（Mt. Mataguac）时突然遭到异常猛烈的阻击，阵亡8人、受伤17人之后暂时撤退。原来，这座山后的地道正是岛上日军最高指挥官小畑英良中将的藏身之处。自知无路可退的小畑英良在发出诀别电之后于第二天早晨走出地道，面向东方刨腹自尽，美军突击队随后在坦克和火炮的掩护下用白磷手榴弹和炸药包消灭了地道中的日军。至此，关岛战役以及马里亚纳群岛战役正式落下了帷幕。

至此，美军在长达21天的关岛战役中共1,744人阵亡、5,970人负伤，同期清点了10,971具日军尸体，

关岛博物馆内的日军一式47mm反坦克炮，可以从侧面击穿M4"谢尔曼"坦克。

伏击中被摧毁的美军M4坦克和日军95式坦克。

小畑英良切腹自尽处的指示牌和地道洞口，他的自杀标志着马里亚纳群岛战役的结束。

在仅能容纳一人的地洞中生活了28年。直到1972年，横井庄一攻击两个捕鱼的关岛居民，却被后者制伏后扭送警察局，横井庄一这才最终被遣返回日本。回国后的横井庄一在日本名声大噪，被吹捧为"民族英雄"。然而，我却理解不了横井庄一独自躲藏深山，也不主动攻击美军的意义何在。或许日本人更看重的是"不投降"的行为本身吧。

但是还有大约10,000名日军躲藏在丛林当中。由于此后美军连续的扫荡作战和饥饿、疾病的侵袭，大部分日军残兵终究或死或被俘，战争结束时美军清点的日军尸体已经上升到18,377具，还另外俘虏1,250人。相比起塞班岛守军，关岛守军在反击失败后的防御行动相当失败，根本未能利用山区地形给美军沉重打击，反而大部分部队作鸟兽散。然而，关岛日军装甲部队小股出击、设置伏击的战术明显比塞班岛日军装甲部队集团突击、近乎全灭更为精明。

今日的马塔库亚山成为了日本人祭奠战死者的南太平洋纪念公园，而小畑英良切腹自尽的山洞口也被保存，有不少日本游客前来祭奠。讽刺的是，北边不远处有另外一块纪念碑却无人问津，碑文赫然写着：这里是30多名查莫罗劳工被日军屠杀掩埋之地。

即使战争结束后还都有不少日军躲藏在关岛的深山老林之中拒不投降，甚至到了1945年12月还有3名美国陆战队员遭到残留日军伏击身亡。在关岛的全部残存日军中最具传奇色彩的是横井庄一伍长。他独自生活在关岛东南部的塔洛福福瀑布（Talofofo）下游，以捕鱼和采集野果为生。自称不知道战争已经结束的他竟然

后记：马里亚纳决战的终结

随着关岛被彻底占领，整个马里亚纳群岛攻势终于结束。美军在声势浩大的"征粮者"行动中一共投入了600多艘大小舰船、2,000多架飞机和300,000人，最终两栖登陆部队共伤亡

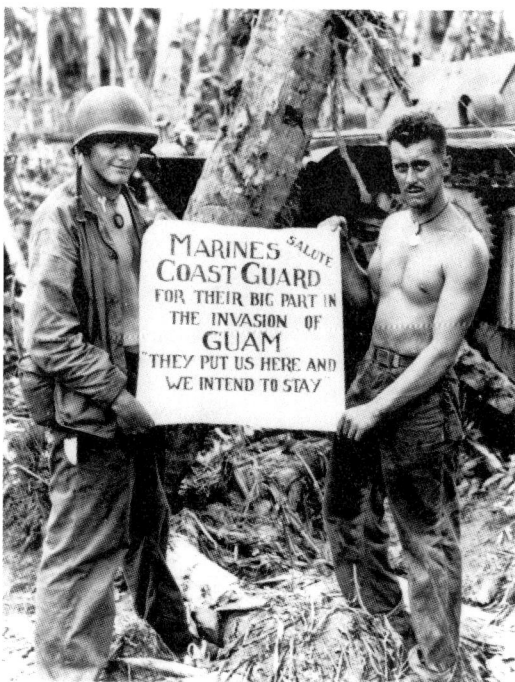

重夺关岛的陆战队员感谢海军工程兵，并且承诺不再放弃关岛。

24,439人，其中4,679人在陆战中阵亡。日军包括第29、43师团，第47、48独立混成旅团、海军第5根据地队共50,000余人全军覆没，仅中将就死了5个，联合舰队更是在海上大决战中惨败。日军各岛屿守备部队奉行的"歼敌于水际"战术彻底失败。早在7月18日，发动战争的东条英机内阁就因为塞班岛失守而轰然倒塌，小矶国昭接任内阁总理大臣。

同时，马里亚纳群岛被修建成美国陆军航空兵B-29轰炸机轰炸日本本土的基地，其中包括关岛的西北机场、北机场以及第21航空队司令部所在的哈蒙机场（Harmon Airfield）。除此之外，

关岛更是成为了美国海军的主要前进基地，阿普拉海港至1945年已经足以容纳美国太平洋舰队三分之一的舰只，潜艇部队也在关岛设立基地，甚至连尼米兹本人都在关岛上设立了前进指挥部。随着一架架巨大的B-29轰炸机从马里亚纳群岛的机场上腾空而起飞向日本本土，一艘艘潜水艇从关岛出击截杀日本海上补给线，战争的最终结局已然明了，马里亚纳之战作为太平洋战场战略决战的地位也毋庸置疑。

战后，包括塞班岛、提尼安岛在内的北马里亚纳邦联和关岛通过公投后作为海外领土（Territories）正式加入美国。时至今日，关岛北部的安德森空军基地（当年的北机场）和阿普拉港仍然是美国海空军在西太平洋最重要的基地。关岛依然保留着不少美国海军的痕迹，比如当年双方激战的方特高地在战后被改名为"尼米兹山"（Nimitz Hill）。让我们再次把时钟拨回1944年8月：已经注定战败的日本仍然拒绝投降，越发疯狂的日军将在之后的一年里与美军展开最为血腥艰难的战斗。其中，太平洋战场上的王牌劲旅陆战一师将首当其冲地在贝里琉岛上经历前所未有的惨烈战斗，几乎流尽鲜血。

从关岛起飞去轰炸日本的B-29轰炸机。

今日关岛上的"甲标的"微型潜艇，日军在关岛战役结束后曾经派出"甲标的"偷袭美军船只，但是未能取得战果。

第四部分　血腥收尾

第二十二章　激战四日——强攻贝里琉

进攻帕劳：尼米兹的错误

帕劳群岛（Palau Islands）位于马里亚纳群岛和菲律宾群岛之间，曾经是日军向南太平洋运兵的重要中转站。然而，美国太平洋舰队第58特混舰队早在1944年3月30日至4月1日就对帕劳群岛进行了毁灭性打击，击沉了"若竹"号

驱逐舰、7艘给油舰和大量小型舰艇，随后又在7月中旬卷土重来，几乎消灭了岛上的日本航空部队。从8月8日开始，美国陆航第5、第13航空队也不间断轰炸帕劳群岛，至9月5日之前投下了超过885吨炸弹。此时的帕劳群岛对于日军已经失去了进攻性军事价值，甚至岛上日军的给养在美军封锁下都成了问题。

即便如此，美军高层出于谨慎还是决定

1944 年 3 月 30 日在帕劳水域遭到空袭、即将被击沉的"若竹"号驱逐舰。

在麦克阿瑟率军"重返菲律宾"之前先行夺取帕劳群岛中的重要岛屿，从而消除对麦克阿瑟侧翼的威胁，同时夺取机场支援菲律宾战役。为此，尼米兹计划动用陆战一师和陆军第81步兵师分别夺取帕劳群岛南部日军建有机场的贝里琉岛（Peleliu Island）和安加尔岛（Anguar Island），同时占领帕劳群岛东北方向的雅蒲岛和防御薄弱的乌利西环礁（Ulithi Atoll）。颇具讽刺意义的是，防御最为空虚的乌利西环礁却将成为太平洋洋战争末期美国海军最重要的锚地，意义非同小可，另外三处目标均被日军派重兵把守，其中雅蒲岛被绕过，贝里琉岛和安加尔岛则打成了得不偿失的血战。

1944年8月末，帕劳攻势发起在即，此时哈尔西上将已经接任了美国太平洋舰队主力的指挥。在太平洋战争后期，哈尔西和斯普鲁恩斯轮流指挥太平洋舰队主力，在前者指挥下代号为第3舰队，在后者指挥下代号为第5舰队，这样一方面可以迷惑日军，另一方面也可以减轻指挥和参谋人员的负担。从8月28日开始，哈尔西的第3舰队从硫磺岛扫荡至菲律宾，其中于9月6—8日再次袭击帕劳群岛。本来哈尔西的目的是诱使日本海军主力出战，但是却没有遭到任何像样的还击。哈尔西从而得出了菲律宾和帕劳的日军实力空虚的结论，因此当机立断向麦克阿瑟和尼米兹建议：提前进攻菲律宾并且放弃对帕劳的登陆行动。

麦克阿瑟欣然接受了这个能够加快"重返菲律宾"节奏的建议，因此在10月末跳过棉兰老岛直取莱特岛。与之相反的是尼米兹或许是出于谨慎，抑或是不愿意与死对头麦克阿瑟再次进行交涉，因而没有批准跳过帕劳群岛的建议。这个在当时可能看起来无足轻重的决定将把数以万计的美国士兵扔进太平洋战争至此最为艰苦的一场血战之中。

中川州男的陷阱：深度防御战术

自从美军于1944年3月空袭帕劳群岛以来，日军就加紧增强帕劳防务，最终从关东军抽出第14师团驻守帕劳群岛。井上贞卫中将麾下的第14师团是日军战前的常设师团之一，堪称头等精锐，更是在1938年的兰封会战中突破国军12个师的围攻迫使国府决堤花园口，造成了中国人民的巨大损失。除此之外，帕劳群岛其余日本陆军部队被整编为第53独立混成旅团，还有以第45警备队为主的众多海军部队。依照帕劳群岛的地理条件，井上贞卫将指挥部和部队主力集中于主要海港所在的科罗尔岛（Koror Island）和面积最大的巴伯尔图阿普岛（Babelthuap Island），但是同时也没有轻视贝里琉岛的防御。

贝里琉守军以中川州男大佐麾下的第14师团第2联队为主，另外得到了第53独立混成旅团346独立步兵大队、第14师团15联队3大队和第14师团战车队的加强，海军在岛上另有第45警备队一部和不少工程部队、机场地勤人员。总之，贝里琉岛上共有日军10,500人，其中6,500人属于战斗部队，重武器包括200挺96式轻机枪、58挺92式重机枪、约200门火炮迫击炮以及17辆95式轻型坦克。安加尔岛日本守军主要来自后腾丑雄少佐指挥的第14师团49联队1大队，加上配属的支援部队总兵力约1,400人。

分析过马里亚纳群岛之战经过的中川州男十分清楚，他麾下的一万多人远远不是美国陆海空军强大火力的对手，如果强行在滩头上硬碰硬、试图"歼敌于水际"是纯粹的自杀行为。他必须想出一个能够抵消美国人火力优势的办法。贝里琉的珊瑚石在沉默中给了他答案。贝里琉是个长不足10公里、宽约3公里的小

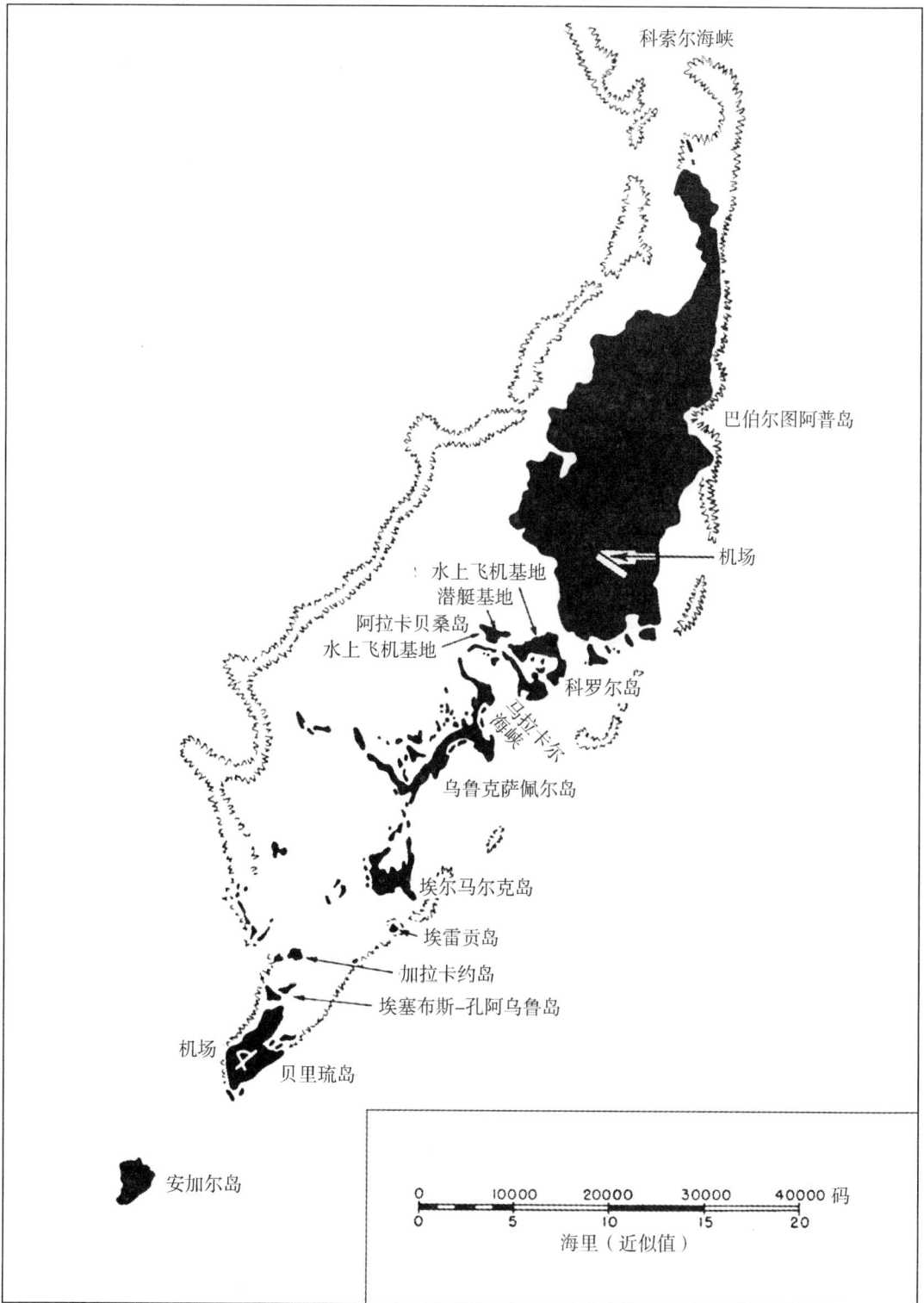

科索尔海峡

巴伯尔图阿普岛

机场

水上飞机基地
潜艇基地

阿拉卡贝桑岛
水上飞机基地

科罗尔岛

马拉卡尔海峡

乌鲁克萨佩尔岛

埃尔马尔克岛

埃雷贡岛
加拉卡约岛
埃塞布斯-孔阿乌鲁岛

机场
贝里琉岛

安加尔岛

帕劳群岛地图，贝里琉岛和安加尔岛位于西南角。

岛，岛南部是机场所在的平原，岛中部却主要是由珊瑚石构成，堪称悬崖峭壁的陡峭山区，其间隐藏着众多天然洞穴和战前开凿的磷矿坑。于是，中川州男采用深度防御战术，命令手下部队"藏兵于地下"，在陡峭山区里挖掘坑道、构筑掩体，主力部队固守于此借助地形优势进行长期抵抗。在此基础上，中川州男也派出少量部队在滩头的关键位置修筑坚固的砖石、混凝土堡垒，不放弃在滩头沉重打击美军登陆部队的机会。

今日的"千人洞"内部。

具体来讲，海军挖掘的大型洞穴主要位于贝里琉岛北端，其中包括今日仍然可以参观、容纳过数百名海军官兵的"千人洞"。这个巨大的地道共有11个出入口，里面炮位、医院、宿舍一应俱全，最终美军封上几乎所有出入口才消灭了洞内日军。相比之下，陆军主要利用天然洞穴改造小型阵地，少有大型隧道，位置更加分散，数量更高达500处，其射界互相掩护，几乎没有火力死角，而且藏身其中的大量火炮、机枪都可以压制机场，让美军无法将其投入使用。一反日军崇尚进攻的传统，中川州男还特别命令各部不得擅自发动进攻，甚至连开火都要等待命令，争取以最小的代价给美军造成最大的损失。

这样的防御部署是日军彻底改变岛屿防御思维的结果，发展自阿图岛战役和比亚克岛战役放弃滩头，借助内陆山区地形长期抵抗消耗美军的尝试。从贝里琉岛战役开始，这种深度防御战术将成为日军岛屿防御的主要模式。这更说明从战略上日军已经不再寄希望于击退美军登陆，而是尽可能拖延战役进程、消耗美军实力。因此，太平洋战争最后一年的战斗对双方参战部队来讲都将异常艰苦血腥。

"三天拿下贝里琉"："僵持"行动

具有讽刺意义的是，美军将攻击帕劳群岛的行动命名为"僵持-2"号行动（Stalemate II），结果一语成谶，果然打成了僵持不下的苦战。整场行动由第3两栖军军长盖格少将负责，其中鲁佩图斯少将麾下的陆战一师负责攻打贝里琉岛。美军将登陆滩头选在了相对平坦的贝里琉岛西南部海岸，从北向南分别由普勒上校的陆战1团于白-1、白-2滩头登陆，哈罗德·哈里斯（Harold Harris）上校的陆战5团和约翰·戈姆利（John Gormely）中校的陆战7团于橙-1、橙-2、橙-3号滩头登陆。按照计划，一旦登陆成功，陆战1团将迅速向北推进，占领海滩北边的高地；陆战5团将向东推进，拿下岛上关键的机场；陆战7团则负责向南挺进，肃清岛屿南端格马托克半岛（Ngermoket）日军。

由于贝里琉岛面积不大，志大才疏的陆

贝里琉战役期间研究战局进展的美军指挥人员，从左到右分别是第3两栖军军长罗伊·盖格少将、陆战5团团长哈罗德·哈里斯上校和陆战一师师长威廉·鲁佩图斯少将。

战一师师长鲁佩图斯少将反复向陆战队员们宣称贝里琉之战将像塔拉瓦之战一样"激烈但是迅速"。在一次讲话当中，鲁佩图斯甚至向陆战队员们保证陆战一师将在三四天内拿下贝里琉。这样的判断也来自对日军以往战术的总结，美军参谋们判定日军将集中兵力固守滩头和机场，而且美军一旦占领机场日军就将发动"万岁"冲锋从而损失殆尽，殊不知中川州男已经改变战术、布下了死亡陷阱。

9月12日早晨5:30，杰西·奥登多夫（Jesse Oldendorf）少将指挥下的5艘老式战列舰、4艘重巡洋舰、4艘轻巡洋舰和14艘驱逐舰开始猛轰贝里琉岛，并且在随后的3天里和舰载机轮番上阵，仅军舰就发射了2,255吨炮弹。同时，水下爆破队（UDT）冒着日军步机枪火力摧毁了日军在水下布设的大量水雷、障碍物和珊瑚礁石，为登陆部队扫清了通道。9月15日早晨

美军发起登陆的瞬间，白色的航迹来自于LVT，停泊其间的是LCI(G)火力支援艇，后方远处则是巡洋舰和战列舰，同时注意岛上的黑烟。

5:30，美国海军对贝里琉岛展开了登陆前的最后炮击，甚至在舰载机轰炸时都没有停火。在美军看来，浓烟笼罩下的贝里琉岛上似乎不可能有任何日军幸存下来，殊不知隐蔽良好的日军士兵正用手中的各型轻重武器瞄准着滩头，只待美军踏入这座死亡陷阱。

血腥海岬

9月15日早晨8:32，装备37mm主炮的美军LVT(A)-1和装备75mm主炮的LVT(A)-4两栖坦克率先登上海滩，掩护后方满载着陆战队员的LVT履带式两栖登陆车上岸。令美军感到万分庆幸的是，海滩上的大量日军地雷都没有解除保险，因此未能引爆，否则后果不堪设想。除此之外，起初只有零星步枪、机枪抵抗美军第一波登陆部队，陆战队员们顺利上岸。

但是随着后续波次登陆，来自滩头两侧暗堡和后方山区的日军火炮、迫击炮、机枪、步枪火力逐步增强，最终形成了堪比塞班战役和塔拉瓦战役的枪林弹雨。于是，陆战一师被牢牢地压制在狭窄的滩头阵地上，滩头上逐渐布满了燃烧的LVT残骸和陆战队员尸体。暗堡内的日军直瞄炮火更是对美军登陆车辆逐个点名，等到早上9:30就已经击毁了60辆LVT和DUKW两栖登陆车。

所有滩头中情况最为严重的是北侧陆战1团登陆的白-1滩头。这里海滩上到处都是硕大的石块，严重阻碍了LVT的前进。更

糟糕的是日军在左侧的海岬上构筑了整个滩头防御体系当中最坚固的火力点：日军将珊瑚岩石挖空，在其中修建混凝土碉堡，部署了1门一式47mm反坦克炮和6门98式20mm高射机关炮，可以从左侧纵射整片海滩，击中了众多美军LVT，甚至连陆战1团团长普勒上校乘坐的LVT都被反坦克炮击中，所幸是哑弹。这处恐怖的海岬阵地被美军直截了当地称为"The Point"（"那个海岬"）。

试图进攻海岬的美军部队纷纷被压制，止步不前，试图强攻的陆战1团3营K连第2、3排先后败下阵来，损失过半。在此情况下，第1排排长威廉·威利斯（William Willis）少尉果断率部

今日从海岬望向白一滩头，可见开阔的视野和遍地的碎石。

今日海岬上残存的日军机枪火力点。

今日贝里琉岛博物馆中的日军 25mm 高射机关炮。

失败的反击

向东突击，随后转头从背后突袭这处阵地。在激烈的战斗中，美军士兵们首先用烟雾弹遮蔽日军视线，随后用手榴弹先后摧毁了4座日军机关炮火力点，才接近了海岬中央的日军反坦克炮火力点。就在此时，一发枪榴弹不偏不倚地打进了射击口，直接引爆了炮弹！10:15，K连彻底消灭了海岬阵地内的110名日军。然而，此时K连连长乔治·亨特（George Hunt）上尉发现他身边仅剩32人，而且被孤立在了海岬之上。入夜之后，一波波日军疯狂地试图渗透K连阵地，屡次与陆战队员们陷入肉搏战。坚守海岬30个小时之后，增援部队才终于在次日下午赶到，拯救了K连幸存人员。在不大的海角周围散落着500具日军尸体，而原本235人K连也只剩下78人还能继续作战。

如今，美军的登陆滩头都长满了树木，海中也布满了海带，海岬更是几乎被植物覆盖，无法完整地看出当年的形状。不过，海岬上还保存着一座半埋在岩石中的日军碉堡，诉说着当年激烈的战况。

相比起左翼的陆战1团，在中间的橙-1、橙-2号滩头登陆的陆战5团进展相对顺利，等到9:00已经推进到机场边缘。右侧的陆战7团则遭到了来自贝里琉岛南端日军机枪、反坦克炮和迫击炮的猛烈打击，而且一度因为残余水下障碍物的阻挡而偏移到了陆战5团的滩头，但是最终也成功登陆。同时陆战队第1坦克营于9:00之前顺利登陆，开始支援3个陆战团作战。不过，日军曲射火力依然十分猛烈，第1坦克营的30辆M4坦克当中超过一半都被日军先后击中，好在大部分仅被击伤，仍具备战斗力，装甲薄弱的LVT和DUKW损失就更加严重了。

美军在拥挤的滩头上暂时陷入了混乱，一直到当天下午都未能前进多少。于是，中川州男下令进行了整场战役中日军唯一一次大规模反击，而且动用了第14师团战车队的全部17辆95式坦克。一反日军"猪突"式冲锋的常态，日本展开了一场精心策划的步坦协同进攻。每辆坦克上都搭载着步兵，后方还有更多步兵跟

陆战队员站在 LVT(A)-1 的车体上与日军交战。

被压制在橙滩的陆战队员，注意后方冒出黑烟的 LVT 残骸。

日军反击行动中被摧毁的 95 式坦克和旁边步兵的尸体。

进，同时后方的日军火炮也以高强度炮击掩护这场反击。16:50，来势汹汹的日军坦克和步兵突然出现在陆战5团1营面前，当即造成了一定的混乱，甚至有不少陆战队员们开始向滩头退却。然而，日军步兵和坦克在通过机场跑道时出现了脱节，经验丰富的陆战队老兵们趁机开火，用步枪、机枪、迫击炮压制日军步兵，然后以各种反坦克武器打击突前的日本坦克。同时，正在滩头补充弹药的美军M4坦克立即返回战场向日军坦克猛烈开火，甚至连一架海军的

今日岛上的日军95式坦克残骸。

一名陆战队员给受伤的战友喂水，贝里琉之战中美军士兵的脱水情况非常严重。

俯冲轰炸机都准确地将炸弹仍在了日军坦克之间，日军第一波反击在如此猛烈的立体打击下土崩瓦解，大部分坦克被摧毁。

此后，日军又以幸存坦克带领小股部队数次发动反击，但是均被击退。占据绝对火力优势的美军共消灭了15辆坦克，击毙450人，自身伤亡59人，最后幸存的2辆日军坦克也在次日早晨的反击中被美军击毁。终究，日军反击企图由于装备水平的巨大差距而彻底失败。今日，只剩下1辆95式坦克残骸还停在机场跑道上，背对着陆战5团登陆的海滩，诉说着这场失败的反击。等到登陆日的夜幕降临时，陆战一师主力已经全部登陆，同时75mm榴弹炮也进入阵地投入了战斗。然而，陆战一师登陆部队大部分还都挤在狭窄的滩头阵地上，陆战队员们更是严重缺水，不少人在46摄氏度的高温下脱水昏迷。另外，陆战一师已有多达210人阵亡、901人受伤，这样的伤亡率仅次于塔拉瓦登陆战。然而，塔拉瓦之战中登陆成功即是结束的开始，但是在贝里琉登陆成功仅仅意味着流血的开始。

目标：贝里琉机场

9月16日清晨，度过了紧张但是风平浪静的一夜之后，陆战1团2营和陆战5团即将对岛上最重要的战略目标——贝里琉机场展开攻击。从空中看来，机场呈现出一个"4"字的形状，而此时陆战1团和陆战5团分别位于机场的

西方和南方。为了夺下机场，陆战队员们必须穿越无遮无掩的机场跑道。

HBO迷你剧《血战太平洋》的主角之一，尤金·斯莱奇（Eugene Sledge）战后回忆道："贝里琉机场之战是我战斗生涯中最为激烈的一战。"顶着来自北部高地炮火和机场对面的机枪火力，陆战5团于早晨8:00硬着头皮冲过了机场跑道，所有人都以最快速度冲过开阔地。尽管事后统计显示美军的损失并没有预想中那么严重，但是在炮火下冲过任何开阔地都绝不是好受的！

不过，冲过了机场跑道的美军部队在东北角的机库区域与日军陷入了激战，遭到2门20mm高射机关炮和旁边山中日军火炮的猛烈打击。最终，陆战5团1营在坦克的掩护下才消灭了日军，后者一共在机场之战中死亡150人。对于军迷来说十分令人兴奋的是，当年的日军空管大楼仍然残存，上面还留有一发美国航空炸弹直接命中的痕迹！

在HBO的迷你剧中，空管大楼被表现成了一个日军的重要火力点，但是事实上，旁边发电机堡垒和混凝土指挥部中的日本守军给美军造成了更大的损失。今日，混凝土指挥部被改建成了一座小博物馆，外墙上战列舰舰炮命中的痕迹依旧清晰可见。机场跑道本身还保存着，上面还有两个结实的水泥台，这是前几年日本天皇访问贝里琉时的直升机停机坪。

今日山洞里的日本92式步兵炮残骸。

美军步兵穿越开阔的机场跑道。

中了一发美国航空炸弹的空管大楼，这里被HBO的迷你剧表现成了日军防御的重点，但是事实上日军仅仅在楼里布置了几个步枪手。

今日的贝里琉机场跑道，正前方的水泥方块就是日本天皇的直升机停机坪。

格马托克半岛之战：两位特殊"英雄"

9月16日，就在陆战5团攻占机场的同时，陆战7团开始进攻南部海岬上的日军第15联队3大队，这股日军在前一天的战斗中给陆战7团造成了相当大的伤亡。其中，一座大型日军碉堡数次被美军舰炮、坦克主炮、巴祖卡火箭筒击中却屹立不倒，而且其射击口均可以用钢板从内部关闭，因此美军火焰喷射器也无能为力。最终爆破组在烟雾弹掩护下成功接近碉堡并且炸开了外墙，跟进的步兵随即用手榴弹将里面的日军消灭。总之，经过一整天的艰难攻坚战，日军第15联队3大队被陆战7团压缩进了贝里琉岛最南端的格马托克半岛。

然而，格马托克半岛上堡垒云集，而且与贝里琉岛仅以一条狭窄的沙洲相连，于是美军在9月16日暂停进攻，提前排除地雷，为次日的进攻做准备。9月17日早晨，陆战7团3营首先向东南方向进攻，消灭了可能在美军进攻沙洲时攻击其侧翼的日军。在两天的战斗中，陆战7团3营以7死20伤的代价消灭了441名日军，可见美军消灭日军碉堡、工事的水平已经到了炉火纯青的地步。

然而，对于陆战7团1营来说，格马托克半岛的战斗却没有这么轻松。17日上午，美军一个排首先在坦克支援下试图越过沙洲，却遭到日军猛烈抵抗，被迫撤退。随后，美军炮火全面覆盖了半岛和沙洲，陆战7团1营A连于14:30在坦克、LVT(A)、半履带自行火炮和37mm反坦克炮支援下攻过了沙洲、占领了格马托克半岛北部，其中很大一部分归功于一位颇为另类的"英雄"。

阿瑟·杰克逊（Arthur Jackson）上等兵是陆

抵御了美军各种攻击，最终被爆破组攻占的日军大型碉堡。

战一师营地里最不受欢迎的人，原因是他的爱好和专长是捣鼓炸药，在他的帐篷旁边时不时地能听到爆炸声。然而，"自主研发"了不少爆炸物的杰克逊在沙洲之战中成为了主角，他穿梭于枪林弹雨中将自制的炸药包一个接一个地投入日军堡垒中，留下阵阵爆炸声。最终，他只身摧毁了12个日军碉堡，炸死了大概50名日军，也为此获得了贝里琉战役中的第一枚荣誉勋章。

9月18日早晨10:00，美军对格马托克半岛南半部分的残余日军展开总攻，另外一位另类的"英雄"——也粉墨登场了：为了解决众多坚固的半地下碉堡，陆战队员们征用了不少工程兵的推土机，在坦克和火炮的掩护下直接将碉堡的出入口和射击口用泥土堵死，活埋其中的日本守军。在推土机的鼎力支持下，陆战7团最终肃清了整个半岛。至此，陆战7团在战役前四天的消灭了2,609名日军，全歼依托密集工事、掩体抵抗的第15联队3大队，自身86人阵亡失踪、414人受伤，表现堪称完美。

今日的沙洲比当年更加宽阔，上面仅剩几座日军碉堡。按照我自己的观察，美军之所以得以迅速攻占半岛也是因为大部分日军碉堡都冲着海面，而不是背后的沙洲。因此，杰克逊才得以穿梭于其中"为所欲为"。当

沙洲上被摧毁的日军金属碉堡。

如今遗留在贝里琉岛上的美军推土机。

格马托克沙洲上一座面对海岸的日军碉堡。

然，这无法盖过杰克逊的勇气和创造力，而对于创造力的鼓励也正是美军屡战屡胜的重要原因。

仰攻高地

9月16日，北边的陆战1团首先投入了最为艰苦的山地攻坚战。就在右翼第2营配合陆战5团扫荡机场的同时，已经在海岬之战中损失惨重的第3营对俯瞰滩头的珊瑚岩岭发起了攻击。结果，美军立刻陷入了近距离激战，最终在中午依靠第1营和坦克的支援才拿下了高地，解救了被困海岬的K连。当晚十点，日军以大约500人的兵力在迫击炮和机枪掩护下再次对海岬发动进攻，却遭到了美军轻重武器的集中攻击，最终在凌晨2:00丢下了350具尸体撤退。

陆战1团的伤亡在战役最初两天内已经超过了1,000人，以至于普勒上校被迫在9月17日将全部3个营投入进攻。首先，第1营一头撞上了前文所讲的机场西北角混凝土指挥部和旁边12处火力点的交叉火网当中，当场十余人伤亡。不过，接到炮火支援请求的"宾夕法尼亚"号战列舰准确地先后用14英寸穿甲弹和高爆弹命中日军指挥部，炸死了固守其中的20名日军。随后，第1营开始攻击中部山区最外层的小丘，仅一下午就用巴祖卡火箭筒摧毁了35处日军藏身的洞穴。

不过，第一个真正尝到中川州男山区防御

陆战1团在白滩后方的珊瑚岩岭上与日军激战。

体系威力的是在当天负责进攻200号高地（Hill 200）的第2营。200号高地和210号高地位于贝里琉岛山区最南方，可以直接俯瞰机场，位置极为关键。200号高地顶端是日军的炮兵观测点，半山腰的山洞里除了为数众多的机枪、迫击炮火力点，还有不少巨大的200mm短管岸防炮。可以说，拿下200号高地和210号高地是维修、使用机场的前提条件。

正当美军攀登200号高地之时，周围山岭和高地顶端突然如同火山喷发一样向美军射来铺

今日机场西北部的指挥所，"宾夕法尼亚"号战列舰14英寸巨炮炸开的缺口清晰可见。

航拍镜头下的贝里琉岛，注意这一系列山岭当中最左侧的高地就是200号高地，直接俯瞰机场。

今日200号高地洞穴中的200mm短岸防炮，尽管之前已经数次见到这型火炮，但是真正在阵地中的"原生态"版本还是第一次见。

200号高地前被击毁的美军LVT(A)-1两栖坦克。

美军M3式37mm反坦克炮向正前方的200号高地开火。

天盖地的迫击炮、火炮炮弹和机枪子弹，就连很多在山脚下支援作战的美军坦克和LVT(A)都被击毁。然而，普勒上校坚决不许第2营撤退，因此陆战队员们只好顶着炮火强行进攻，一个洞一个洞地肃清日军火力点。终于，美军在夜幕降临前以250人伤亡的代价占领了高地，却仅仅清点了50具日军尸体。哪怕夜幕降临之后，日军火力也丝毫不减，尤其是正前方210号高地上的日军火炮在极近距离内以直瞄火力猛射在200号高地上立足未稳的陆战1团2营，以至于陆战7团2营被迫派出1个连立即上山增援损失惨重的陆战1团2营，以免日军发动反击夺回200号高地。

9月18日早晨，普勒上校被迫将后勤部队和团部人员送进战斗部队填补此前3天内陆战1团高达1,236人的伤亡来维持攻势。当天，陆战7团2营和陆战1团2营从200号高地上对210号高地展开强攻，陆战1团1营同时强攻205号高地。美军刚刚冲到高地顶部，日军炮弹就开始如雨点般落下。贝里琉岛上的高地都是实打实的珊瑚岩石山，根本不可能在上面挖掘散兵坑，无处可藏的陆战1团瞬间有全军覆没的危险。然而，日军一阵猛轰过后突然停火，其原因至今还都是个谜，但是无论如何，陆战一团以巨大的代价占据了210和205号高地。此时，陆战

1团的总伤亡人数已经超过了1,500人，面前的战斗更加凶险。

经过四天激战之后，陆战一师攻占了包括贝里琉机场在内的整个贝里琉岛南部，还占据了直接俯瞰机场的山岭。对于陆战一师来说，伤亡已经超过了此前的估计，但是从战略角度上讲，贝里琉之战已经结束，余下的战斗似乎仅仅是清理山区残敌，或许一场"万岁"冲锋将帮助美军提前结束这场战役。然而，此时的胜利曙光即将落空，血腥的贝里琉之战才刚刚开始。

今日山谷内的日军92式步兵炮残骸，日军火炮的战术是集中火力轰击刚刚登上高地的美军，造成了巨大伤亡。

第二十三章　空洞的胜利——安加尔与贝里琉山地战

"野猫"初战：安加尔之战

安加尔岛位于贝里琉岛西南方向，与贝里琉岛隔海相望。原先日军在岛上部署了第14师团49联队1、2大队，但是于7月末调走了第2大队，只留下后腾丑雄少佐指挥的第1大队，加上配属支援部队总兵力约1,400人。美军方面负责攻击安加尔岛的是陆军第81步兵师，由保罗·米勒（Paul Mueller）少将指挥。尽管绰号"野猫"（Wildcat）的第81师此前还未参战，却是一支在一战中留下了光荣战绩，而且自1942年重新成立后已经训练两年的善战之师。

1944年9月17日，代号"F日"（Fox Day）的登陆日来临，2艘战列舰、4艘巡洋舰、5艘驱逐舰和13艘LCI火力支援艇将已经持续5天的炮击推向了高潮。8:31，罗伯特·达克（Robert Dark）上校的第321团在岛东岸的"蓝滩"登陆，本杰明·维纳布尔（Benjamin Venable）上校的第322团随后也在东北岸的"红滩"登陆，同时亚瑟·沃特森（Arthur Watson）上校的第323团向岛西岸佯装登陆，吸引日军注意力。从结果来看，美军的声东击西相当成功，两支登陆部队都仅仅遭到零星轻武器和迫击炮攻击。等到当天下午，第321、第322团，以及配属的第710坦克营、第316、第906炮兵营全部上岸，第

317、第318炮兵营也在次日登陆。

美军的登陆十分出乎后腾丑雄意料，他只好命令主力部队放弃岛西南岸滩头阵地向岛西北角山区撤退。同时，他还派出1个中队的兵力在当晚进攻美军第321团左翼以掩护主力撤退。这股日军一度于18日早晨5:50借助迫击炮、掷弹筒和机枪的支援突破了第321团1营B连阵地，但是随着破晓来临，美军调集迫击炮、飞机和坦克击退了日军，并且在白天大举进攻。然而，安加尔岛上植被繁茂，经验丰富的小股日军藏身其中，充分迟滞美军进攻，给缺乏经验的美军士兵造成了草木皆兵之感，以至于美军经常胡乱开火，造成误伤。最终，美军于20日才基本控制了早已被日军主力弃守的安加尔岛大部分。

有鉴于此，米勒少将于9月20日向第3两栖军报告安加尔岛日军有组织的抵抗已经结束，但是真正的战斗才刚刚开始。就在第321团扫荡安加尔岛南部的同时，第322团从19日开始向岛西北角的日军主力展开攻击，首先经过激战占领了西海岸上相对孤立的神社山（Shrine Hill）和灯塔山（Lighthouse Hill）。然而，日军的主要防御阵地位于岛西北角的萨洛米湖盆地（Lake Salome Bowl），唯一的大型开口是东南方向的铁路线。日军将主力部署在盆地四周山岭的内侧，因此美军很难以直瞄火力攻击日

军，而且突入盆地的美军将会遭到日军集中攻击。

9月20日，第322团首先以3辆M3半履带75mm自行火炮为先导对盆地展开试探性进攻，但是其中2辆迅速被摧毁，攻势以失败告终。次日，美军对盆地展开全面攻击，调集了全部火炮掩护第1营从东边、第2营从南边齐头并进。连续一夜的炮击看起来将盆地炸得一片狼藉，但是于早晨8:00开始的进攻一上来就遭到了猛烈阻击，直到12:00左右11辆坦克才得以在第2营G连的掩护下进入盆地。然而，由于盆地内路况恶劣，坦克只能沿着铁轨前进，埋伏在植被下的日军早早就压制了伴随坦克前进的步兵，坦克兵却无法发现日军位置，于是遭到孤立的坦克被迫撤出盆地。沿着海岸进攻的第2营主力则受到悬崖阻挡，发现根本无法沿着海岸进入盆地，于是进攻以失败告终。之后两天的战斗与此如出一辙，但是美军的伤亡更加惨重，其中第2营仅在23日当天就有18人阵亡、75人受伤，共3辆坦克和2辆自行火炮在20—23日的战斗中被击毁，第322团暂停进攻。更有甚者，团长维纳布尔上校在22日到前线了解战况时被日军反坦克炮炸伤，团长职务只好由执行军官欧内斯特·威尔逊（Ernest Wilson）中校代理。

9月25日，经过一天的休整和炮击之后，第322团改变了进攻方向，以损失不大的第3营在北边寻找突破口。经过详细的侦察，美军发现北边存在一个潜在的突破口，于是第3营在26日突然发动攻击，趁日军不备占据了盆地东北方向的制高点，第2营也在激战中基本消灭了盆地东南方向的孤立日军。随后3天内，美军一点点地消灭了盆地内部和四周的日军，迫使其残部向西北角的高地撤退，但是美军损失也不轻，仅28日当天就伤亡了80人。

萨洛米湖盆地狭窄的入口。

美军坦克沿着铁路进入盆地。

鉴于日军残部已经集中到西北角高地，米勒无意发动强攻蒙受不必要的损失，而是从10月1日到6日之间集中火炮连续轰击日军，中间还数次发动佯攻诱使日军离开掩体，然后再集中火力炮击。甚至连第81师属155mm榴弹炮都被推入盆地，在650米距离内直射日军。耐心的美军等到10月13日才发动进攻，慢慢挤压日军阵地，于19日击毙了后腾丑雄，战斗最终于21日基本结束。总之，美军从9月17日到10月21日共264人阵亡，1,165人因伤、病等原因撤离，同期美军击毙1,300名日军、俘虏45人。10月19日，就在炮火还未平息之际，美军工程兵已经修成了两条机场跑道，成为了第494轰炸机大队B-24轰炸菲律宾和帕劳群岛的基地。不过，安加尔岛之战最大的意义还是让第81步兵师在投入贝里琉地狱般的战斗之前获得一定经验，只不过1,429人伤亡的代价实在高昂。

"僵持"行动最初计划中，第96步兵师还要分别负责攻取雅蒲岛和乌利西环礁。雅蒲岛上日军据美军估计近万人，倘若美军强攻必然打成第二个贝里琉，好在美军高层为了加快行动节奏放弃了攻占雅蒲岛的计划，同时改由第81师323团夺取乌利西环礁。9月21—25日，第323团逐步占领乌利西环礁各岛屿，惊讶地发现日军竟然早已全部撤离，美军兵不血刃地拿下了"僵持"行动中价值最高的目标。在战争最后的一年里，乌利西环礁成为美军最重要的前进基地，停泊其中的舰船数量在冲绳岛战役之前更是达到了惊人的722艘。

初战"血鼻山脊"：普勒受挫

经过四天远比预想中更为惨烈的战斗之后，陆战一师师长鲁佩图斯少将有理由感到乐观，毕竟，美军已经拿下了岛上至关重要的机场，消灭了岛南端日军，还占领了俯瞰机场的

200、210和205号高地，此时岛上日军看似只剩下退守乌穆尔布罗格山区（Umurbrogol）的"残兵败将"。日军退守乌穆尔布罗格山区不假，但这里正是中川州男大佐苦心构筑的核心阵地，更是太平洋战场上最可怕的杀人陷阱。乌穆尔布罗格山区南北长不足1,000米、东西宽不到400米，却集中了数十座大小高地，目力所及到处都是近乎垂直的悬崖。藏在乱石和植物下方的则是成百上千座洞穴，大小不一、形态各异，从混凝土加固的大型地下弹药库到只能容纳一名狙击手的天然岩洞一应俱全，而且粮食、弹药补给充足，还有设备采集地下水。隐藏在这些彼此连通、互相支援的洞穴中的日军随时可以以立体火网笼罩任何前来进攻的美军，日军火炮在洞口处开火之后也可以退入洞中，从美军视线中消失得无影无踪。

很快，美军士兵们就不再使用"乌穆尔布罗格"这个绕口的名字，而改用一个更为贴切的名称——血鼻山脊（Bloody Nose Ridge），以此形容美军进攻时头破血流的惨状，山区中凌乱的山岭、高地和峡谷也都被冠以代号。总得来讲，血鼻山脊可以分为三部分。南部包括直接俯瞰滩头和机场的205、210、200和300号高地。中部由西向东分别是死亡谷（Death Valley）、五姐妹山（Five Sisters，五座紧密相连的高地）、中国墙（China Wall）、野猫碗山谷（Wildcat Bowl）、五兄弟山（Five Brothers，另外五座相连高地）、

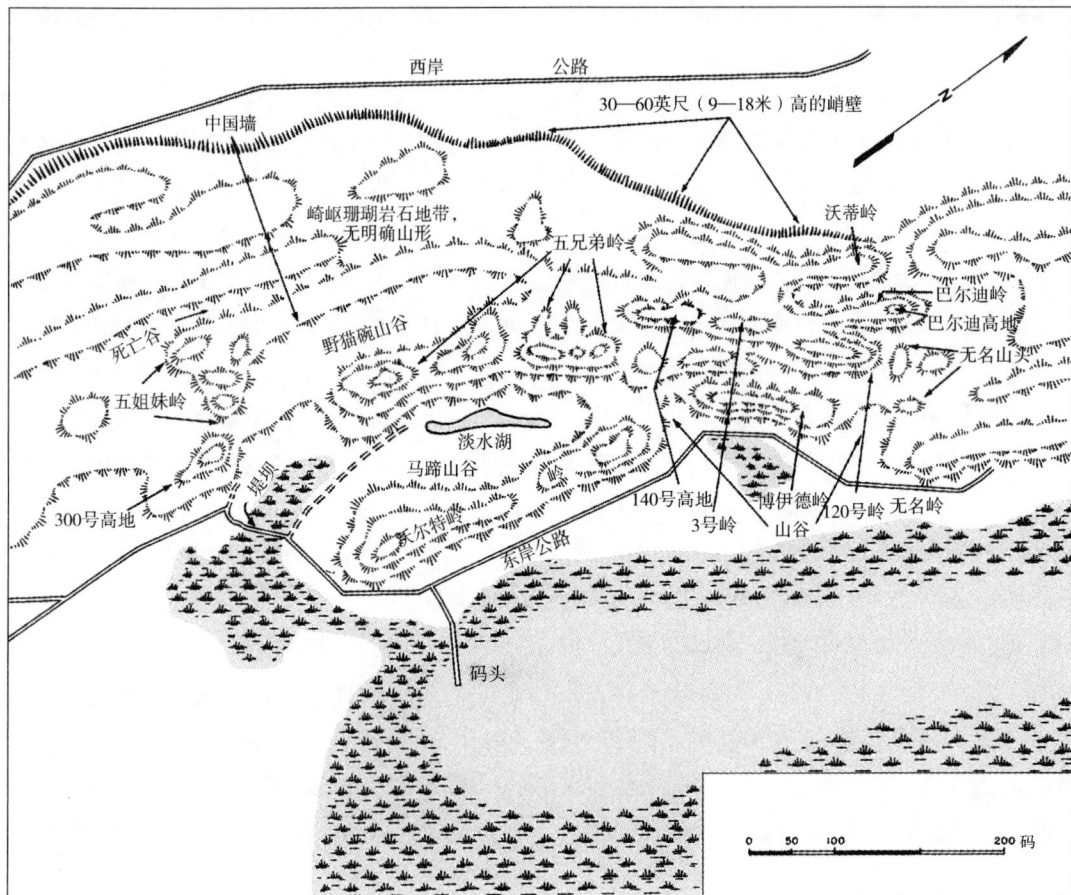

血鼻山脊地形图。

马蹄谷（Horseshoe Valley）和沃尔特岭（Walt Ridge）。这片山区的地形最为复杂，以悬崖峭壁为主，也是日军防御的中心。北部则从西向东分别是沃蒂岭（Wattie Ridge）、博伊德岭（Boyd Ridge）、巴尔迪岭（Baldy Ridge），还有几座无名山头（Knobs）。

第一个尝到血鼻山脊威力的是普勒上校指挥的陆战1团。普勒是陆战队中的一员猛将，在瓜岛战役中，正是他指挥陆战7团1营在亨德森机场南方死死守住了阵地，挫败了第2师团总攻，他本人更是5次荣获海军十字勋章，可谓勇冠三军。值得一提的是，他还是美军中"猛将"的代表——巴顿将军的远房亲戚，可见"勇猛"印刻在他的家族血统里。然而，勇猛常常与鲁莽共生：在贝里琉的血鼻山脊面前，普勒不断命令陆战1团发动正面攻击，几乎耗尽了这支海军陆战队排行老大的精锐部队。

经过此前对200、205、210号高地的攻坚战，陆战1团伤亡人数已经超过1,500人，但是这三处目标毕竟是传统意义上相对孤立的高地，后方的血鼻山脊则是一片错综复杂的迷宫，攻坚难度几乎无法想象。从19日开始，陆战1团和配属的陆战7团2营对五姐妹等山岭展开了连续三天的血腥强攻，其中陆战1团1营A连在19日的战斗结束后竟然只剩7人。以血肉之躯冲击日军

陆战1团团长路易斯·普勒上校。

坚固防御只能徒增伤亡，但是当陆战1团2营营长罗素·汉索维茨（Russell Honsowetz）中校向普勒抱怨损失过大，请求暂停进攻时，普勒却愤怒地回答："你不是还活着嘛！给我拿下那座高地！"

尽管伤亡巨大且一无所获，但是这并不意味着陆战队员缺乏勇气。陆战1团1营C连连长埃弗雷特·波普（Everett Pope）上尉在19日下午率领全连仅剩的90人冲上东侧的沃尔特岭，增援部队却被挡在了山下。随后的一夜里，陆战队员们面对不断从山洞中涌出的日军，冒着一刻不停的日军炮火拼死抵抗，一度几乎弹尽粮

攻上某处山岭上的陆战队员，这样密集的人员很容易招致日军炮火，另外山上的植被已经完全被烧光。

陆战 1 团士兵望沃尔特岭兴叹。

绝。缺乏手榴弹的陆战队员们机智地交替将手榴弹和珊瑚石丢出，以迷惑日军。苦于增援无望，坚守一夜的C连只好在次日早晨奉命撤退，最后仅剩15人幸存。波普上尉因为其顽强的战斗精神获得荣誉勋章。

9月20日，陆战1团已经精疲力竭，但是陆战队员们还是按照命令发起了攻击。据说，一名士官甚至在身先士卒冲进炮火之前如此鼓舞手下士兵："要死也要死在高地上，死在这里可不行！（Let's get killed up on that high ground there, it ain't no good to get it down here！）" 21—22日，陆战7团也投入了进攻，甚至首次在22日攻入了死亡谷，一度距离中川州男的指挥部只剩下100米距离，却遭到四面山洞里日军集中打击而被迫撤退。等到当天的战斗结束时，陆战一师伤亡人数已经达到了3,946人，其中陆战1团伤亡1,749人，约占全团兵力56%。终于，第3两栖军军长盖格少将发觉情况已经失控，急忙命令陆军第81师321团接替陆战1团。

今日从 300 号高地俯视沃尔特岭西侧。

死亡谷今昔对比。

北侧迂回

战至9月22日，战场局势发生了新的变化：

陆战1团的正面进攻彻底失败，同时日军第15联队2大队于当晚从巴伯尔图阿普岛增援至贝里琉岛北部，尽管十余条驳船被摧毁，但是大约600人成功上岸。美军因此决定先行绕过血鼻

分割贝里琉岛
1944年9月24—26日

前线位置

进攻方向

1000   0   1000
码

孔阿乌鲁岛

墨菲岛

埃塞布斯岛

机场

阿卡拉科罗角

安宁加山

雷达山

9月26日

无线电站

0-5

9月26日

9月25日

0-4

陆战5团

卡米利安布尔山

尼尔特遣队

加雷科鲁

第321团小径

0-X

B高地

9月26日

0-3

9月24日

9月26日

瓦腊尔布罗松山

(血鼻岭)

恩加普克克尔

2 321

陆战7团

9月23日

1 321

9月23日

亚细亚斯

恩加多洛洛克

0-3

机场

9月23—26日之间美军向岛北部的进攻，注意 B 高地的关键位置。

山脊拿下贝里琉岛北部、包围血鼻山脊，同时防止更多日军援兵登陆。9月23—26日，陆军第321团在陆战7团的支援下沿着西岸公路（West Road）迅猛推进，经过三天激战拿下了分隔血鼻山脊和北部山区、连接东西海岸公路的100号高地和B高地，一举拦腰截断了贝里琉岛。

眼看进展顺利，陆战5团也在25日被投入贝里琉岛北部战斗，不过日本海军工程兵人员在北部山区挖掘了包括"千人洞"在内的不少大型坑道系统，隐蔽性和坚固程度甚至超过了血鼻山脊，所以陆战5团一时间也打不开局面。不过，陆战5团3营于28日渡过海峡，夺取了北边的格塞布斯小岛（Ngesebus Island）。这场战斗堪称完美：在陆战队航空兵F4U"海盗"战斗机尤其精准的支援下，陆战队员仅用两天就扫清了小岛，以15死33伤的轻微代价消灭了470名日军，接防的第321团2营又消灭了近百名日军残兵。

同时，陆战5团1、2营对北部山区发动了总攻，首先攻占了日军抵抗激烈的磷肥厂，随后在9月29日攻占了雷达山（Radar Hill）山顶，这里是贝里琉岛北部日军抵抗的核心阵地。然而，控制了山头并不意味着战斗结束，大量日军还藏身于硕大的坑道中继续抵抗，美军只能耐心地一个个找到并封死洞口。即便如此，日军还是反复重新炸开洞口，甚

至挖掘新的洞口发动反击，直到美军再次以火焰喷射器、巴祖卡火箭筒和炸药包在坦克的支援下将其活埋，美军甚至准确地引导155mm加农炮炮击坑道洞口，效果相当显著。9月30日，陆战5团终于被第321团替换，两天后战斗基本结束。

今日西岸公路北段残留的日军碉堡。

陆战5团3营从贝里琉岛北部登陆格塞布斯岛。

今日的雷达山，当年贝里琉岛北部日军抵抗的核心。

美军 155mm 加农炮炮击北部山区的坑道入口，这需要炮手和观测员极高的技术水平。

在贝里琉北部的战斗中，陆战5团和第321团共消灭了1,345名日军，同时陆战一师总伤亡人数达到了5,044人，其中包括1,199人阵亡失踪，第321团另外阵亡失踪53人、受伤226人。

再攻血鼻山脊：陆战一师之殇

9月29日，陆战7团在贝里琉岛北部战斗结束之际开始从南北两面夹击血鼻山脊，主要沿着东路（East Road）在坦克和加装了火焰喷射器的LVT火焰喷射车的支援下进攻沃尔特岭和博伊德岭，经过连续激战，在10月3日分别从南北两面拿下了沃尔特岭和博伊德岭，当天共歼灭152名日军，取得了血鼻山脊攻坚战至此最大的进展，但是美军也阵亡28人、受伤85人。

乘胜追击的陆战7团3营L连却在10月4日遭到灭顶之灾。L连在上午轻松拿下了3座无名山头（Knobs），但是就在其先头排于16:00登上120号高地的一瞬间，巴尔迪岭上的日军突然枪炮齐发，将L连置于血火炼狱之中。由于山路过于崎岖，美军重伤员只能直接从山坡上滚下山去，其余士兵也在枪林弹雨下拼命后撤，但是最终登上120号高地的48人当中只有11人逃出生天。

今日从东路（East Road）仰视博伊德岭。

加装火焰喷射器的 LVT 成了山地攻坚战的利器。

勇气与鲜血并存：10月3日和4日夜间，卫斯理·菲尔普斯（Wesley Phelps）和理查德·克劳斯（Richard Kraus）两位上等兵先后扑向日军手榴弹，为保护战友而阵亡，均被追授荣誉勋章，其中来自芝加哥的克劳斯年仅18岁。除了这两位外，上等兵约翰·纽（John New）、上等兵查尔斯·罗恩（Charles Roan）和下士路易斯·鲍塞尔（Lewis Bausell）均在贝里琉战役中扑向日军手榴弹而身亡，获追授荣誉勋章。也就是说，贝里琉之战8枚荣誉勋章当中5枚被追授给了舍身挡手榴弹的士兵，可见战况之惨烈。

前线战况激烈，后方也并不安全：占据高地和四处潜伏的日军狙击手时刻威胁着美军后方，还在10月3日打死了陆战一师宪兵指挥官兼师部营营长约瑟夫·汉金斯（Joseph Hankins）上校，后者成了战役中军衔最高的美军阵亡者。他中弹的位置在一处西路弯道上，是日军冷枪的高发地段，

因此这段弯道得名"死人弯"（Deadman's Curve）。

此时，贝里琉战场的状态已经很难用语言形容，成群结队的苍蝇、岩石上腐烂的尸体、伤兵化脓的伤口、46摄氏度的高温和始终短缺的饮用水，以及无处不在的死亡都让陆战队员们的身心处于崩溃边缘，美国海军陆战队也史无前例地无法及时为阵亡士兵收尸，只能任凭他们腐烂。伤员的处境最为艰难：由于山地崎岖和日军的火力封锁，伤员经常久久无法被送下山去，战友们只能眼睁睁地看着他们因为得不到及时救治而死亡。战至10月4日，陆战一师已经阵亡失踪1,276人、受伤4,304人，陆战7团步陆战1团后尘因为伤亡过大而失去了战力，只能由陆战5团接替。

但是，藏匿在山洞中的日军也遭受了巨大损失，而且情况更加令其绝望：除了战役开始前囤积的粮食弹药外，日军无法获得任何补给，医疗条件更是荡然无存，伤兵只能自生自灭。掌握绝对火力优势的美军几乎一刻不停地向血鼻山脊倾泻钢铁、炸药和凝固汽油。日军的战斗毫无希望可言，结局唯有全体阵亡。在

今日的"死人弯"。

陆战队员在陡峭的山坡上运送伤员，难度极大。

一座日军洞穴中用于隐藏运输弹药的马车，日军士兵只能在这样的洞穴中度日。

美军将 75mm 榴弹炮送上高地。

日复一日的战斗中，洞穴中的日军逐渐消耗殆尽。

10月6日，陆战5团开始从西北方向进攻血鼻山脊，吸取了陆战7团教训的哈里斯上校命令陆战5团稳扎稳打，以免轻敌冒进。于是，陆战5团首先拿下了三座无名高地，然后占领了连接这三座高地和巴尔迪岭的沃蒂岭，这样一来美军就不用通过峡谷仰攻巴尔迪岭，日军也无法从周围山岭上对美军形成交叉火力。于是，陆战5团2营顺势于10日沿着山岭依次攻占了巴尔迪岭、120号高地和140号高地。在崎岖的山区之间，巴祖卡火箭筒成为了失去了坦克支援的美军用来摧毁日军山洞利器，美军在12日经过7小时的努力将2门75mm榴弹炮分别送上了140号高地和沃尔特岭直射山洞洞口。

就在北线美军取得进展的同时，南线美军也对当面日军采取了相对灵活的消耗战术，反复派出坦克和步兵进入马蹄谷，挨个消灭暴露的日军火力点，一旦遭到猛烈抵抗就立即撤出，随后以炮火轰击山谷。尽管这样的战术无法在短时间内夺取日军阵地，但是可以以相对较小的代价消耗日军兵力，美军步坦协同作战的水平更是在日复一日的战斗中达到了炉火纯青的地步。

在陆战一师的挤压和消耗下，日军至10月13日仅剩1,150

美军步兵和坦克紧密配合攻击山洞中的日军。

人,重武器也仅剩13挺机枪、12具掷弹筒和3门火炮,而且被压缩进了血鼻山脊中部400米×500米的狭小区域,但是伤亡过半的陆战一师已经无力再战。有些杀红眼的美军指挥官甚至提出使用化学武器,所幸被尼米兹当即否决。陆战一师师长鲁佩图斯少将此前希望陆战一师独享拿下贝里琉的殊荣,因此拒绝接受陆军大

在战斗间歇迅速进入沉睡的陆战队员们,贝里琉之战的压力远非常人可以想象。

规模增援。终于,第3两栖军军长命令第81步兵师于10月15日接管贝里琉战斗,支离破碎的陆战一师终于离开了让他们血流成河的血鼻山脊。至1944年10月20日,换防基本完成,陆战一师和配属部队已经在一个月的战斗中阵亡失踪1,252人、受伤5,274人,同期消灭了10,695名日军、俘虏301人。贝里琉岛成为了陆战一师永远的伤心地。

"野猫"的胜利

绰号"野猫"的第81步兵师彻底放弃了强攻战术,改为步步为营,在进攻时每名士兵们都携带沙袋,一是用作掩护,二是随时停下垒成临时防御工事。第81师的进攻还得到了陆战队航空兵第11大队F4U战机的有力支援。第11大队从9月24日开始进驻贝里琉机场支援作战,由于血鼻山脊就在机场跑道正前方,往往美国飞机起飞几秒后就可以投下炸弹,甚至都来不

及收起起落架，创造了"二战""最短轰炸距离"的纪录。为了消灭日军山洞，陆战队航空兵使用了从机枪、火箭弹到1,000磅航空炸弹、凝固汽油弹在内的各种武器炸射血鼻山脊，效果却不尽如人意。于是，美国飞行员们直接将油罐投向血鼻山脊，等到汽油流进洞穴之后再用迫击炮发射白磷弹点燃，一举烧死洞里的日军。

第321团于16日从北侧对血鼻山脊展开进攻，夺取了五兄弟岭周围的制高点。18日，美军首先用81mm和4.2英寸迫击炮压制了五兄弟岭上的日军，然后第2营在坦克和LVT火焰喷射车的近距离支援下出乎意料地轻松拿下了五兄弟岭当中的第1、2、3号高地。然而，第4、5号高地上的日军在美军构筑起临时工事之前就以强大火力覆盖了第1、2、3号高地，迫使美军后撤。经此打击后，第321团在21日才卷土重来，这次登上第1号高地后立即组织人链将沙袋送上高

地，建立起了临时阵地。之后两天内第321团又如法炮制拿下了第2、3、4号高地，还打退了日军数次反击，基本控制了五兄弟岭。

同时，第3营于22日从北边攻入马蹄谷，不仅在2个坦克排、2辆M10坦克歼击车和2辆LVT火焰喷射车的支援下扫荡了山谷四周，还在谷底正中央设立了阵地。不过，第321团同期对死亡谷、五姐妹岭、中国墙和野猫碗山谷的进攻并不成功，日军甚至在17日下午通过坑道和山洞渗透至血鼻山脊西南方向，迫使即将撤离的陆战7团I连在陆军第710坦克营1辆坦克的支援下发起攻击。次日，这辆坦克压上了日军改造为地雷的航空炸弹，瞬间被摧毁。关于这辆坦克，下文将特别讲述。最终，美军经过3天战斗，以22死51伤的代价才消灭了这里的约100名日军。

10月26日至11月1日，滂沱大雨将能见度几乎降低为零，美军也只好暂停进攻，趁机以

F4U 向血鼻山脊投下凝固汽油弹的瞬间。

第323团接替疲惫不堪的第321团。其间日军数次对五兄弟岭和马蹄谷内的美军发动反击，但是均以失败告终。11月2日，天空再次放晴，第323团2营展开攻击，却出乎意料地在三小时内

战役末期美军步兵和坦克进入马蹄谷扫荡日军。

今天从相同角度仰视马蹄岭。

面前无比险峻的正是 300 号高地，美军猛攻一个半月未果后突然在 11 月 2 日得手。

今日岛上的 LVT(A)-4 残骸，还是有不少美军装甲车辆在扫荡中被击毁。

拿下了此前一个半月里美军流尽鲜血都无法撼动的五姐妹岭全部和整个血鼻山脊的制高点300号高地。然而，次日进入死亡谷的美军却再次遭到伏击，被迫撤出，大雨也在11月4日再次来临，迫使美军等到13日才重启攻势。

从 13 日到 21 日，LVT 火焰喷射车、LVT(A)-4和坦克在步兵掩护下反复进入野猫碗

和死亡谷挨个消灭两旁峭壁中的日军洞穴，工兵也趁机用炸药包炸毁洞口。同时，美军并不急于占领这些山谷，而是反复扫荡，消耗日军实力。在美国士兵眼中，战况每天都如出一辙：永远都会有下一座日军占据的山岭需要被拿下，而且它们长得都差不多——光秃秃的珊瑚石峭壁和一片焦土的山顶。战斗过程也变得程式化：白天，美军在飞机大炮的掩护下冒着日军炮火攻占山岭；晚上，日军就会从山洞里爬出来偷袭山顶上的美军，直至美军被迫撤退或者日军被消灭殆尽。

不过，胜利女神已经不知不觉地对美军露出了微笑。11月22日，第323团的2个连终于分别攻占了中国墙南北两端，再次进入死亡谷的美军几乎没有遭到任何抵抗，五兄弟岭第5号高地上的日军也在次日被彻底消灭。此时日军残部已经被压迫至南北仅260米长、东西仅115米宽的中国墙中段，中川州男的指挥部就设在中国墙正中间两片几乎垂直的峭壁之间。11月24日，站在中国墙顶部的美军开始降下阵阵手榴弹雨。已经超额完成任务的中川州男大佐自知日军防御已经到达了极限，最终的崩溃近在眼前。于是，中川州男在24日傍晚发出"剑已断、矛已无"的诀别电并奉烧军旗，随后切腹自尽。步兵第2联队副官根本甲子郎大尉率最后55名残存

今日的中川州南指挥部，挂着日本旗的地方就是中川最终切腹自尽处。

士兵突围，却被尽数消灭，美军于27日宣布战役结束。

空洞的胜利

战役开始前鲁佩图斯少将号称要"三天结束"的贝里琉战役已经整整打了73天。在帕劳战役中，陆战一师共1,252人阵亡、5,274人受伤，陆军第81师共542人阵亡、2,736人受伤，总伤亡多达9,804人。日军约10,900人在贝里琉战役中被消灭，仅有302人被俘（其中只有19人是日军士兵），还有约2,600人在安加尔等周边岛

屿上被消灭。不过，少数日军一直潜伏到1947年才最终被美军发现并俘虏。

贝里琉岛的战火逐渐平息，历史学家的"战争"则刚刚开始。尽管尼米兹的支持者们反复试图论证贝里琉岛战役的意义，但是尴尬的事实是贝里琉之战是一场"空洞的胜利"。早在美军进攻之前，岛上日军就失去了任何威胁到麦克阿瑟侧翼的能力，而正当贝里琉岛还激战正酣之时，麦克阿瑟已经率军登陆莱特岛，实现了"重返菲律宾"的诺言，贝里琉机场没有被用于哪怕一次支援麦克阿瑟的任务。从这个角度上讲，贝里琉战役对美军来讲是一场彻头彻尾的失败：近两千名美军和一万多日军在这场可以避免的战役中丢掉了性命。

但是抛开战略和历史的评价，对于参战的陆战队员和陆军官兵们来说，他们在这座炼狱般的小岛上经历了战争中最为严酷的考验，并且最终取得了胜利。用老兵尤金·斯莱奇的话说，贝里琉证明了陆战队的训练使陆战队员们在生理和心理上都为最艰难的战斗做好了准备。

对于作为历史爱好者的我来讲，贝里琉岛或许是保存最为完整的"二战"战场。今天的血鼻山脊还到处留存着战斗的痕迹，甚至包括危险的未爆弹和地雷。但是，有一条专门清理的小路直通300号高地、死亡谷、野猫碗，甚至从中川州男的指挥部穿过中国墙，供游人探访当年的战场。谈到这条小路就不得不谈到当地向导Tangie Hesus。作为一名本地历史学家的他对于贝里琉战役的了解远超大部分专业历史学家。也正是在他的倡导和参与下，这条山中小道和博物馆才得以被修建且保护起来，没有

他的帮助我也不可能找到错综复杂的各处高地和山岭。

在贝里琉战场之旅中，对我触动尤其深刻的是血鼻山脊西南方向一辆侧翻过去的M4"谢尔曼"坦克。如前所述，1944年10月17日，这辆陆军第710坦克营的坦克与陆战7团I连掩护了1名飞行员撤退后，被一颗日本航空炸弹改造的地雷炸毁，4名车组成员和I连连长当场阵亡。站在这辆被掀翻的坦克面前，我的心中五味杂陈，或许是对于年轻生命逝去的惋惜，或许是对于生在和平时代的庆幸。但是最终，我感受到了游览战场的独特魅力，这种和历史的交

被航空炸弹炸毁的 M4 坦克，之前在书中专门读到过关于这辆坦克的记载，但是等它真的出现在眼前又是另外一种感受。

流是在任何书籍、电影、纪录片中都无法获得的。

第二十四章 地狱之门——硫磺岛战役伊始

"灰烬与碎石"

硫磺岛（Iwo Jima）是小笠原群岛（Bonin Islands）的最主要岛屿，位于东京南方1,227公里、塞班岛西北方向1,163公里，几乎是两者的中点。硫磺岛本身成扇贝状，尖的一头指向西南、圆的一头位于东北，东北到西南长约8公里、西北到东南宽约5公里。岛上海拔约170米的制高点折钵山（Mt. Suribachi）孤悬于西南角，是一座黑色的死火山；岛中部是一片相对平坦的台地，比两侧海岸高4.5米，上面覆盖着一层松软的黑色火山岩；岛北部以崎岖山岭和峡谷为主，整体地势高于岛中部，362-C号高地、382号高地、362-A号高地、362-B号高地分别坐落在岛北部东南西北四个方向，颇似城墙的四座塔楼。硫磺岛北岸是陡峭的悬崖，基本无法用于登陆，但是东西两侧海岸都相对平坦。

然而，硫磺岛常年弥漫着类似于"臭鸡蛋"的恶心味道，而且无论从空中还是从地面来看也都丑陋无比。一名美军士兵曾经对硫磺岛评论道："上帝创造完世界后，肯定是把剩下的灰烬与碎石废料随手丢成了硫磺岛。"然而，硫磺岛所在的位置使它注定将成为太平洋战争中双方激战的场所，无论在美日哪方手中都将成为至关重要的航空基地。

自从"一战"结束以来日本就开始殖民小笠原群岛，至1943年硫磺岛上已经居住有1,100名平民，但是全部在战斗开始前撤离。早在战争爆发之前，日本陆海军也注意到了硫磺岛作为航空中继站和拱卫东京的战略意义，一直以来都有上千人规模的驻军，而且至1944年修建了3座机场，沿着岛中轴线从西南向东北方向一字排开，分别是千鸟机场、元山机场、北机场，美军称之为一、二、三号机场。战争爆发后，许多日本航空兵单位经由日本本土—硫磺岛—马里亚纳群岛—特鲁克—拉包尔这条航线直接飞抵前线，因此硫磺岛可谓关键的一环。

随着美军发动马里亚纳攻势，硫磺岛成为了中太平洋前沿阵地，更沦为了空中激战的战场。1944年6月15日，就在美军登陆塞班岛的同一天，第58特混舰队派出两个特混大队（Task Group）前去空袭硫磺岛，以3架舰载机为代价击落10架零战，地面击毁7架，还在父岛（Chichi Jima）击毁3艘船只和21架水上飞机。次日，53架美军舰载机借助恶劣天气的掩护又打了日军一个措手不及，声称击毁了硫磺岛机场上的63架日机，美军仅1架舰载机被高射炮击落。

6月24日，就在日本海军航空兵再次调集122架飞机至硫磺岛和父岛，准备为马里亚纳海战惨败挽回颜面之际，美军"大黄蜂"号航母和"巴丹""贝劳森林"号轻型航母先发制人，派出51架F6F"地狱猫"战斗机横扫硫磺岛，以6架飞机为代价击落29架日机（另一日方记录40架）。恼羞成怒的日军先后派出两个攻击波还击美军航母，但是其中第一波20架"天山"舰攻全军覆没。第二波7架"天山"舰攻、9架"彗星"舰爆和23架零战及二式水战当中7架"天山"和10架零战被击落，美军航母毫发未损。

7月3-4日，美军航母再次来袭，分别在3日和4日击落了20架和11架日机，以至于硫磺岛上日军仅剩9架战斗机和8架舰攻。这最后17架飞机于7月5日起飞攻击美军航母，结果仅剩4架战斗机和1架舰攻幸存，据说在7月6日也被美军全数消灭。美军如此强大的空袭一度让岛上日军以为美军登陆在即，于是拼命地请求增援，但是大部分运输船都被美军潜艇送至海底，硫磺岛守军更是数次眼睁睁地看着运输船沉没却无能为力。最终，硫磺岛守军对美军即将登陆的判断被证明是虚惊一场，同时日军正在酝酿以硫磺岛为跳板发动大胆突袭，先发制人地摧毁部署至马里亚纳群岛的美军B-29轰炸机。

越洋突击：空袭马里亚纳机场

1944年10月末，隶属于美国陆军航空兵第20航空队的B-29"超级空中堡垒"轰炸机开始被部署至塞班岛和提尼安岛各机场。陆航总司令阿诺德上将对B-29寄予厚望，希望以这些金属巨鸟将日本炸至投降。同时，早就与部署在中国的B-29交过手的日军深知以现有的日军战斗机和高射炮击落B-29简直难过登天，因此一旦美军从马里亚纳群岛开始对日本本土发动大规模轰炸，后果将不堪设想。于是，日本陆海军航空兵极为罕见地联合行动，打算趁马里亚纳群岛的B-29形成战斗力之前，以硫磺岛为跳板发动先发制人打击，力求将其摧毁在地面上。于是，日本海军和陆军分别派出大量一式陆攻、"银河"陆爆和四式重爆"飞龙"前往硫磺岛。

此时，负责马里亚纳群岛防空以及压制帕甘岛（Pagan Island）的是美军第318战斗机大队和第6夜间战斗机中队，分别装备P-47"雷电"战斗机和P-61"黑寡妇"夜间战斗机。为了防止日军发动突袭，阿诺德特意向塞班岛送去了1台辐射预警雷达（Microwave Early Warning Radar），但是工程兵紧缺的海军人员迟迟没有将其安装。

1944年11月3日凌晨1:30，日本海军第703攻击飞行队的9~10架一式陆攻率先飞抵塞班岛艾利机场（Isley Airfield）上空展开偷袭，但是只有5枚炸弹命中机场，美军P-61则击落了1架一式陆攻，另外2架因不明原因损失。当晚，9架发动空袭的日本陆航四式重爆当中也有5架被击落，美军几乎毫无损失。11月7日，4~5架四式重爆再次来袭，美军声称击落3架、日军没有损失记录。日军的突袭行动黯淡开场：损失重大却几乎毫无战果。11月24日，美军B-29更是首次从马里亚纳群岛起飞轰炸日本本土，将炸弹投向了东京。

在此刺激下，日军于11月27日发动了两场大规模空袭。凌晨时分，4架四式重爆贴着海面低空突防，完全避开了美军雷达，以至于美军连机场上的灯光都没有熄灭。随后投下炸弹炸毁了1架B-29、炸伤11架，日军4架重爆全身而退。然而，当天最疯狂的戏码还未上演，因为12架来自海军第252航空队的零战各挂载1枚250kg炸弹对塞班岛和提尼安岛机场发动了单向自杀式攻击，由2架"彩云"侦察机导航至目

11 月 27 日被炸毁的 B-29 轰炸机。

标。这次，日军再次贴着海面低飞，其中1架零战擦上海浪受损，随后前往帕甘岛迫降时被美军P-47击落，但是另外11架于12:30突然飞抵机场上空，通过一番炸射击毁3架B-29、击伤2架。在疯狂的战斗中1名日本飞行员居然强行降落，掏出手枪与美军对射，最终被击毙，这一疯狂举动被美军第21轰炸机司令部指挥官海伍德·汉塞尔（Haywood Hansell）准将亲眼目睹。另外10架零战也全部损失，美军声称P-47击落4架、高射炮击落6架，自身1架P-47被高射炮误击击落，但是更有可能的是日军战斗机主动撞向了地面目标。29日凌晨1:00，日军轰炸机再次夜袭，其中1架被击落。

　　此次打击一举毁伤了17架

B-29，阿诺德顿时怒不可遏，要求海军调来2艘驱逐舰为塞班岛提供预警，还派来了2架加装雷达的B-24轰炸机担任空中预警机。然而，前者的作用十分有限，后者更是完全没有派上用场。12月7日，日军再次来袭，派出海军第703

美军推土机清理 B-29 残骸。

攻击飞行队的一式陆攻和陆军第110战队的10架四式重爆（其中2架因故障提前返航）高空轰炸，一举炸毁3架B-29，炸伤多达23架，日军仅陆军就损失了6架四式重爆，随后因为损失过大暂停了攻击。

12月25日，实力有所恢复的日本陆海军航空兵展开了规模最大的一次突袭，共24~25架轰炸机于22:10飞抵塞班岛上空，炸毁4架B-29，炸伤11架，日军则有3架轰炸机被P-61击落，另1架被美军高射炮击落。不过，此番攻击后大部分日军航空兵部队都被调往菲律宾方向发动"特攻"，自1月2日日军单机夜袭塞班岛，击毁1架B-29、击伤3架后就再也未能成功空袭马里亚纳群岛美军机场，此后尝试发动空袭的5架轰炸机当中4架被击落，无一取得命中。

至此，日本陆海军于1944年11月至1945年2月之间共计发动了约80架次空袭，共击毁11架B-29、重创8架、轻创35架，造成美军45人阵亡，超过200人受伤，还有1架P-47毁于高射炮误击，日军损失大约37架飞机。其实相比于同期的本土防空战来看，这样的交换比对日军来说已经算是相当划算，却根本未能达到阻止B-29空袭日本的战略目的。

因此，日本陆军计划以九七重爆运载第1挺进联队（空降部队）136人突袭马里亚纳群岛各美军机场，但是由于美军连续空袭硫磺岛机场、乃至最终攻占硫磺岛而告吹。然而，不死心的日本陆海军制订了更加疯狂的"剑作战"计划，准备以60架一式陆攻和"银河"陆攻分别搭载海军吴第101特别登陆部队和陆军第1挺进联队各300名空降兵，随后兵分三路，每路20架飞机搭载200名空降兵分别突袭塞班岛、提尼安岛和关岛美军机场。原本计划时间被定为8月19—23日之间，但是美军舰载机于8月9日突然击毁了准备用于剑作战的29架一式陆攻和20架"银河"陆攻，6天之后日本投降，行动彻底告吹。

美军持续轰炸硫磺岛日军机场，使得日军突袭行动告吹。

分遣队行动：海军陆战队的表演

无论如何，这些以硫磺岛为跳板的攻击行动和计划说明硫磺岛对于马里亚纳群岛机场有着相当威胁。而且一旦拿下硫磺岛，作战半径为1,328公里的美军P-51战斗机就可以飞抵日本上空为B-29护航，受损的B-29也可以在硫磺岛紧急降落，因此美国陆航认定攻占硫磺岛对于对日战略轰炸意义重大，促使尼米兹早在1944年10月9日就下令攻占硫磺岛，代号为"分遣队"行动（Operation Detachment）。

此次行动堪称美国海军和海军陆战队三年半两栖登陆战经验之集大成者。此前一直从瓜岛到帕劳群岛，海军陆战队都必须与陆军部队协同作战，但是此次硫磺岛登陆战将完全由海军陆战队担纲主演。"分遣队"行动的总指挥由第5舰队司令斯普鲁恩斯上将担任，两栖舰队和登陆部队分别由里奇蒙·特纳中将和霍兰德·史密斯中将指挥，这二位是从吉尔伯特群岛战役就开始合作的老搭档，分别是美国海军和海军陆战队独占鳌头的两栖登陆作战专家。哈里·希尔少将担任特纳的副手，他是特纳一直以来的得力干将，还领衔指挥过埃尼威托克环礁之战。陆战队方面参战部队隶属于第5两栖军，军长由哈里·施密特少将担任，曾经作为陆战四师师长参与了马绍尔群岛和塞班岛战役，后来

分遣队行动的三位主要指挥官（从左至右）：特纳中将、施密特少将、史密斯中将。

又作为第5两栖军军长指挥过被誉为"最完美登陆战"的提尼安岛战役。因此，美军可谓是给"分遣队"行动派出了"典礼阵容"级别的指挥团队。

具体负责攻占硫磺岛的部队是格雷夫斯·厄斯金（Graves Erskine）少将指挥的陆战三师、克利夫顿·凯茨少将指挥的陆战四师和凯勒·罗基（Keller Rockey）少将指挥的陆战五师。陆战三师和陆战四师以及两位师长均参与过数次两栖登陆战，但是陆战五师在1943年11月11日才成军，硫磺岛是其初次参战，师长罗基少将自从参加"一战"以来也没有再次指挥战斗。好在陆战五师抽调了不少其他陆战师的骨干，比如瓜岛的战斗英雄约翰·巴斯隆枪炮军士，多少弥补了战斗经验的欠缺。

美军计划于1945年2月19日由陆战五师、陆战四师一左一右于硫磺岛南岸登陆，陆战三师作为预备队随后跟进。美军登陆滩头从左至右分别代号绿、红、黄、蓝，依次被委派给了陆战五师27、28团，以及陆战四师23、25团，陆战26团和陆战24团则分别担任陆战五师和陆战四师的预备队。为了避免此前在塞班岛和贝里琉岛登陆时的日军滩头阻击造成的重大损失，两个陆战师特别获得了68辆装备75mm火炮的LVT(A)-4两栖火力支援车，作为第一波次登陆，提前压制日军。

参谋人员们十分清楚，硫磺岛上的战斗绝不会轻松，因为情报人员发现岛上日军正在大规模挖掘坑道，还装备有大量火炮，同时遍布硫磺岛的火山灰将严重影响美军车辆乃至人员行动。即便如此，美军计划人员还是严重低估了即将遭到的抵抗：美军将20,000多日军低估成了13,000人，而且完全没有预料到栗林忠道已经将硫磺岛打造成了一座立体要塞。

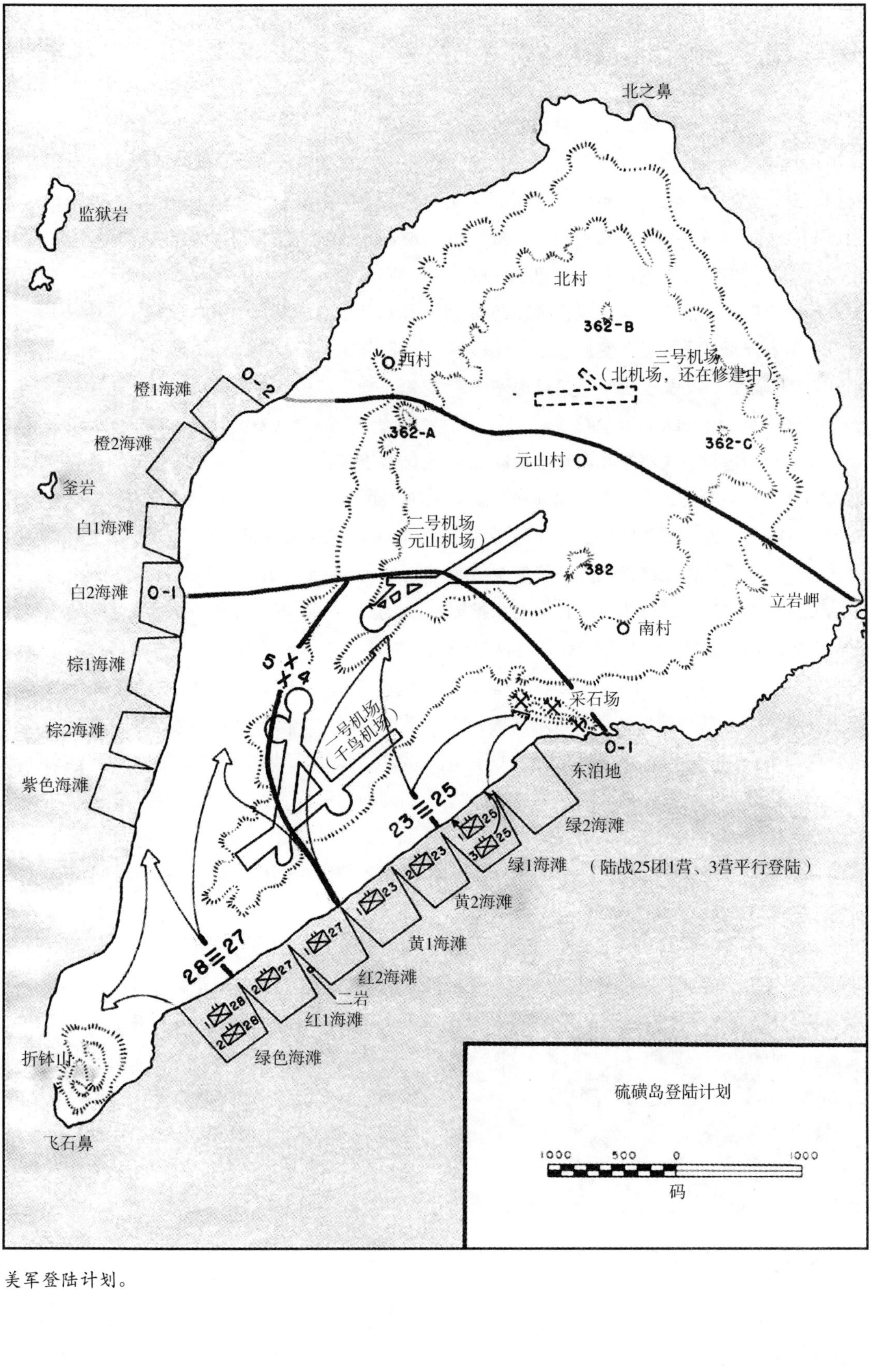

北之鼻

监狱岩

北村

362-B

三号机场
（北机场，还在修建中）

橙1海滩

O-2

西村

橙2海滩

362-A

362-C

元山村

釜岩

白1海滩

二号机场
（元山机场）

白2海滩

O-1

382

立岩岬

棕1海滩

南村

棕2海滩

5

4

采石场

一号机场
（千鸟机场）

O-1

东泊地

紫色海滩

23 25

26
25

绿2海滩

绿1海滩

23

（陆战25团1营、3营平行登陆）

23

黄2海滩

28 27

27

黄1海滩

27

红2海滩

二岩

28 26

红1海滩

折钵山

绿色海滩

飞石鼻

硫磺岛登陆计划

1000   500   0   1000

码

美军登陆计划。

海上要塞：栗林忠道的防御计划

自从美军进攻马绍尔群岛以来，日军就意识到了硫磺岛迟早要成为美军的目标，因此从1944年5月开始向小笠原群岛增兵，随即将小笠原群岛陆军部队整合为第109师团，下属第1混成旅团（第303—308独立步兵大队为主）和第2混成旅团（第309、310、311、312、314独立步兵大队和支援单位组成）部署在父岛、第1混成联队部署在母岛。为了协调后来派往硫磺岛的更多部队，日本陆军又专门成立了小笠原兵团，直属参谋本部指挥。

同时，栗林忠道中将于1944年6月8日走马上任，同时担任第109师团师团长、小笠原兵团司令。不同于大部分思想僵化、对美军了解甚少的日本陆军将领，骑兵出身的栗林忠道曾经在1920年担任驻美武官，对于美国强大的工业实力印象深刻，也深知"美帝少爷兵贪生怕死"的说法纯属自欺欺人。另外，栗林忠道还曾经在1941年担任过第23军参谋长，参与指挥攻占香港的作战，此后担任第2近卫师团师团长，无论是作战经验还是带兵经验都相当丰富。

到任之后的栗林忠道首先意识到美军的主要目标必然是硫磺岛，因此将大须贺应手下的第2混成旅团和第1混成联队主力分别从父岛和母岛调至硫磺岛，随后又获得了池田增雄大佐麾下第145联队的增援。1944年7月18日，曾经在洛杉矶奥运会上获得马术金牌的西竹一男爵中佐也率领第26战车联队搭乘日秀丸前往硫磺岛，但是被美军"海鲗"号潜艇（USS

栗林忠道在硫磺岛上指导布防。

Cobia）击沉，28辆坦克全部沉没，不过全联队600余人只有2人死亡。无奈的日本坦克兵们一等就是5个月，直到1944年12月才最终得到了11辆97式坦克和12辆95式坦克。海军方面也派来了市丸利之助少将统领小笠原群岛的海军警备队、航空兵和建筑部队，并且补充了数千兵员。

硫磺岛上的日军火力相当充沛，至1944年末共有361门75mm口径以上的山炮、野炮、榴弹炮、加农炮，12门320mm臼炮，65门97式150mm和81mm迫击炮，33门80mm以上口径的岸防炮，94门75mm口径以上的高射炮，超

美军在硫磺岛上缴获的95式坦克。

北部

109

防区

预备队

第145步兵联队
（欠第1大队）

海军警备队
一部

3 17

2 26

预备队
区域

元山

310 2

东部

2

2

硫磺岛海军司令部

314 2

3 26

海军警备队
防区

西部

防区

311 2

1 26

海军警备队
一部

309 2

海军警备队
一部

南方

防区

1 145

折钵山防区

312 2

折钵山

硫磺岛日军防区及防御部署

跨岛主防线

预备防线

炮兵主要遮蔽射击阵地

炮兵预备遮蔽射击阵地

1000　　　0　　　1000

码

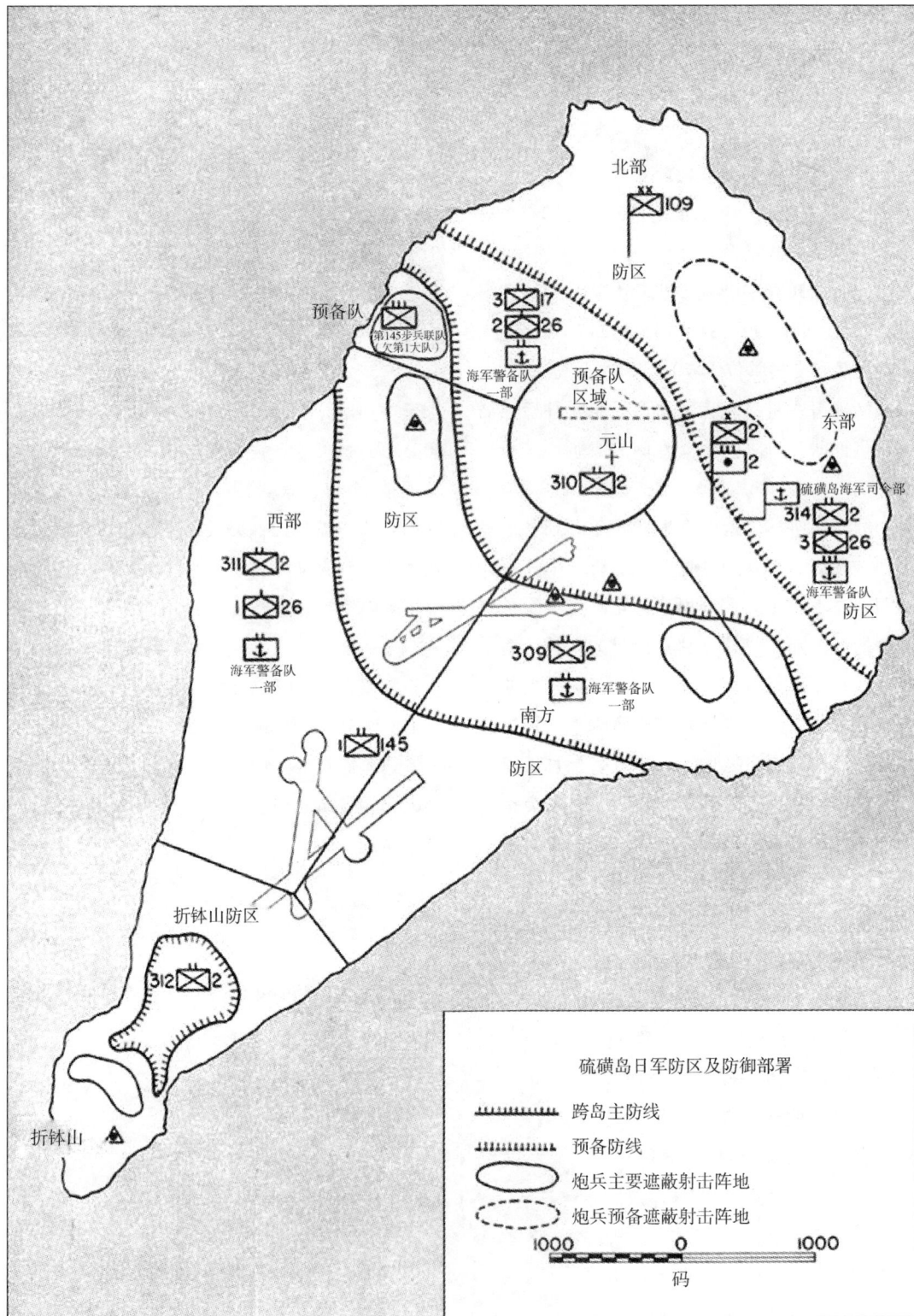

日军兵力部署，可见主力集中在北部山区。

四式200mm火箭弹发射架。

过200门98式20mm和96式25mm高射机关炮，69门94式37mm和一式47mm反坦克炮，70座400mm和200mm喷进炮（火箭弹），11辆97式坦克，12辆95式坦克。岛上陆军共计13,586人、海军7,347人，而且在1945年初还将获得少许增援，等到美军登陆时，总兵力在21,000~23,000人之间。

　　总结此前岛屿防御战的经验，栗林忠道决定彻底摒弃固守滩头的战术、改为持久防御。栗林忠道将主力部队部署在北部山区内，在二号机场（元山机场）一线布设主要防线，包括大量混凝土堡垒，然后在三号机场（北机场）一线依托山脊和山洞布设第二道防线，另外以第312独立步兵大队单独固守岛南端的折钵山。日本工程兵惊喜地发现，岛上比比皆是的火山灰可以轻易被加工成混凝土，可以用于构筑工事、掩体。

　　不过，比起地上的混凝土堡垒，地下坑道作业才是硫磺岛防御体系真正出神入化的部分。用美国海军陆战队官方战史的形容就是，如果说贝里琉之战中日军将坑道作业发展成了一门艺术，那么硫磺岛的坑道作业就是一门科学。日军在北部山区和折钵山下方都构建了巨大的地下掩体，从医院、弹药库、藏兵洞到地面火力点一应俱全，而且每个坑道体系都有众多出入口和通风口，以防被美军活埋。日军的大部分重武器也都被移至山洞、隧道中，以厚重的钢门遮蔽射击口，只有开火时才打开。日军的大部分地上工事、火力点基本也以地下坑道连通，因此哪怕美军消灭了个别日军火力点，日军还是可以通过坑道重新将其占据，从背后攻击美军。

掩体中的120mm海岸炮，可见混凝土墙非常厚实，这门炮后来被美军舰炮摧毁。

最能代表硫磺岛日军防御坚固程度的就是栗林忠道位于岛北部地下20米的指挥部，这处地下坑道长达150米，地上部分是一个45米长、21米宽的混凝土通讯碉堡，顶部混凝土厚达3米，四面混凝土墙也厚达1.5米，里面可以容纳70名无线电操作员。日军甚至试图挖掘一条长达27公里的地下隧道来连通北部阵地和折钵山，等到美军登陆时已经完成了18公里。

不过，栗林忠道不仅带领手下构筑了如此完善的阵地，还针对美军将会手握绝对海空优势的实际情况制订了作战计划，主要包括四点指导精神：1. 美国军舰炮击期间各部队不得开火还击，以免暴露位置。2. 美军首批部队登陆期间不得开火。3. 日军将等到美军登陆后前进500米左右再突然开火，同时从南北两侧集中火力攻击滩头上密集的美军。4. 给美军造成重大损失后，部署在一号机场（千鸟机场）附近的日军重武器将要向北部山区撤退，以保存战力、持久抵抗。栗林忠道还特别下令不允许进行"万岁"冲锋，甚至命令所有士兵必须消灭10名美军，之后必须以游击战持久抵抗至最后一人，不准贸然"玉碎"。为了执行这一计划，栗林忠道特意积累了足够支持两个半月战斗的粮食和弹药作为长期抵抗的物质基础。

这一非常有违"武士道精神"的战术招致了巨大反对，第109师团参谋长堀静一大佐、第2混成旅团旅团长大须贺应少将、海军硫磺岛警备队司令井上左马二大佐联名抗议，甚至闹到了陆军参谋本部和海军军令部，以至于参谋本部都专门咨询了经历诺曼底登陆不久的德军意见。德军自然十分支持栗林忠道，表示对于日军来讲固守滩头毫无希望，最终参谋本部全力支持栗林忠道，撤换了堀静一和大须贺应，改由千田贞季少将指挥第2混成旅团，只是海军仍然不买栗林忠道的账。无论如何，栗林忠道的战术可谓是日本岛屿防御经验的集大成者，其准备时间、地理优势和兵力、火力配置都远超同级别岛屿守军。

隔靴搔痒：美军轰炸

自从1944年6月以来，部署在马里亚纳群岛的美国陆航B-24轰炸机就开始连续轰炸硫磺

B-24 高空投弹轰炸硫磺岛，效果非常有限。

"纽约"号战列舰 14 英寸主炮炮击硫磺岛。

岛，从12月8日开始连续74天不间断轰炸，战役开始前最后三星期内更是每天都出击多达30架次。然而，B-24的高空轰炸对于日军的混凝土工事和地下坑道几乎毫无作用，甚至都做不到完全压制日军机场。

　　海军方面的炮火支援也问题不小。海军陆战队计划人员原本要求海军对硫磺岛进行至少10天的炮击，但是由于海军计划在登陆硫磺岛的同时派出舰载机突袭日本本土，况且不久后就要展开对冲绳岛的登陆战，因此将炮击压缩至三天。火力支援舰队主要包括战列舰"田纳西"、"爱达荷"、"得克萨斯"、"纽约"（USS New York）、"内华达"、"阿肯色"（USS Arkansas），重巡洋舰"切斯特"、"盐湖城"、"塔斯卡卢萨"（USS Tuscaloosa）、"彭萨科拉"和轻巡洋舰"维克斯堡"（USS Vicksburg）。不过，美军提前为探明的目标编好序号，分配给各舰在飞机校正下进行精准炮击，算是针对此前战术的改进。

　　2月16日早晨8:00，美军开始炮击，但是由于天气恶劣效果令人失望。次日，随着天空放晴，美军加大了炮击力度，舰载机也支援了226架次，42架陆航B-24也前来轰炸硫磺岛。不过，岛上的不少日本海军海岸炮违抗命令开火还击，命中了"田纳西"号战列舰，造成4人受伤，"彭萨科拉"号重巡洋舰更是遭到6枚150mm炮弹命中，舰上17人阵亡、153人受伤，"洛伊茨"号驱逐舰（USS Leutze）也被命中，舰上7死33伤。此外，12艘搭载水下爆破队（UDT）的LCI炮艇竟然全部被击中，炮艇上共7人阵亡、153人受伤，UDT阵亡1人，LCI-474号沉没。18日，美军舰炮集中炮轰了滩头区域，最终声称摧毁或重创了登陆滩头附近的201个主要目标，包括11座海岸炮台、22座5英寸高平两用炮台、16座大型碉堡和93座小型掩体。

　　2月19日清晨6:40，"北卡罗来纳"号和"华盛顿"号战列舰加入了最后的炮击，42艘LCI炮艇也在7:30抵近射击，仅火箭弹就发射了超过10,000枚。8:00过后，第58特混舰队的120架舰载机飞抵硫磺岛上空炸射日军目标，其中包括从"埃塞克斯"号航母上起飞的VMF-124中队的24架F4U，这是陆战队航空兵首次从航母上出击。然而，陆航的大部分B-24因为迷雾返航，只有19架前来投弹。从8:25开始，重新开火的美军军舰在30分钟内发射了8,000枚炮弹。这样的炮火让硫磺岛地动山摇，躲藏在隧道中的日军士兵们精神濒临崩溃，然而栗林忠道的主要防御体系毫发未损，美军轰击如同隔靴搔痒。随着482辆LVT两栖登陆车于8:30越过攻击发起线，陆战队员们即将迈进地狱之门。

美军 LCI 炮艇抵近轰击折钵山。

地狱之门：硫磺岛登陆战

8:59至9:02之间，美军第一波登陆部队在LVT(A)-4火力支援车的带领下冲上了海滩，起初没有遭到任何抵抗。即便如此，美军还是陷入了麻烦：滩头后方的台地高达4.5米，上面铺满了火山灰，不仅LVT很容易陷入火山灰里动弹不得，就连陆战队员的脚踝都迅速陷入其中，只能艰难向上攀爬。等到9:12，美军前四波登陆部队均在没有遭到阻击的情况下顺利上岸，但是只有先头部队登上台地向前进发，其余人员均聚集在海滩上。从9:30开始，日军的炮击炮、火炮开始炮击美军，而且火力密度逐渐增强。

早晨10:00，随着栗林忠道一声令下，日军打开了地狱之门。瞬间，从左侧折钵山、右侧山区高地和前方火力点三个方向各种炮弹、步机枪子弹、火箭弹铺天盖地地向聚集在海滩上的美军砸来，众多陷在火山灰中的LVT、吉普车、坦克当场被击毁，陆战队员们也发现他们根本无法在松软的火山灰中挖掘散兵坑，各部歇斯底里地向后要求运送沙袋。向前推进的陆战队员们没有意识到日军的火力点大部分以坑道连通，常常被重新占据火力点的日军从背后偷袭，根本动弹不得。于是，多达6,200名陆战队员被压制在不到3公里宽的滩头阵地上，日军炮弹伴着此起彼伏的哀嚎声阵阵落下。

不过，陆战队员们深知留在滩头上只能等

美军首波登陆部队乘LVT直奔滩头，排列十分紧密，场面颇为壮观。下图后方的高山即折钵山。

美军陆战队员冲上拥挤的滩头，注意右侧被摧毁的 LVT 和前方明显高出滩头的台地。

死，因此纷纷按照计划向前出击。哈里·利沃塞吉（Harry Liversedge）上校麾下于最左侧绿滩登陆的陆战28团任务艰巨，其第1营奉命在第2营掩护下推进650米至岛西北岸，孤立折钵山日军。然而，第1营的进攻完全暴露在折钵山日军居高临下的炮火之下，而且一路上都是日军火力点。B连连长德怀恩·米尔斯（Dwayne Mears）上尉挥舞着M1911手枪身先士卒突击了多个日军火力点，但是伤重不治牺牲；C连连长菲尔·罗奇（Phil Roach）上尉也在突击中受伤。好在技术精湛的美军60mm迫击炮炮手以异常准确的火力逐个压制了日军火力点，最终B连1排成功在10:35突进至岛西北岸，但是全排只剩5人，随后于11:00赶到的第2排也仅剩7人。

随后，陆战28团3营在12:10—13:00之间冒着猛烈炮火登陆，随

即与第2营一起于15:45在陆战第5坦克营C连的14辆M4坦克掩护下对折钵山发起了进攻。然而，其中8辆坦克先后因为陷入火山灰、遭到日军命中、压上地雷等原因损失，另外2辆坦克被日军反坦克炮击毁，最终攻击失败，奋力推进了150米的第2营被迫在夜幕降临前撤回出发阵地。

于红滩登陆的陆战27团1营立即在陆战第5坦克营A连支援下推进至一号机场（千鸟机场）南部边缘，但是随后遭到猛烈阻击，无法前进。瓜岛的著名战斗英雄、荣誉勋章获得者、HBO迷你剧《血战太平洋》的主角之一约翰·巴斯隆正是于10:30在此带领机枪班向前突进时阵亡，被追授海军十字勋章。右侧齐头并进的第2营从一开始就遭到了猛烈阻击，但是娴熟地绕过了大部分日军火力点，然后专门组织突击小组以火

陆战五师顶着左侧折钵山上的日军炮火前进。

焰喷射器、手榴弹、炸药包将其
一一消灭，以此推进至俯瞰西北
海岸的悬崖。随后登陆的第3营则
尾随第2营扫清了被绕过的日军火
力点。作为陆战五师预备队的陆
战26团于17:30前顺利登陆，在一
号机场以南设立了防御阵地，同
时陆战五师下属的陆战第13炮兵
团也通过DUKW两栖卡车登陆，
于夜幕降临前投入战斗。

　　陆战四师左侧的陆战23团于
黄滩登陆，其第1营顺利前进至
一号机场东侧，但是第2营从一
开始就遭到了猛烈阻击，而且配
属的坦克基本全部陷在海滩上无
法前进。于是，第3营在第2营背
后登陆，一路消灭日军火力点猛
攻至机场边缘，但是最终在17:30
无法继续前进，转入防御。下
午，担任预备队的陆战24团和陆
战第14炮兵团先后登陆。后者的
DUKW从14:05开始载着75mm和
105mm榴弹炮陆续上岸，却难以
登上台地。最终，美军直接以人
力将75mm榴弹炮推上台地，但是
105mm榴弹炮过于沉重，因此只
能由DUKW退入水中，通过冲刺
一下冲上台地。经过巨大努力，
陆战第14炮兵团在傍晚之前基本投入作战。

在折钵山山脚下遭到炮击的陆战队员。

机枪手用M1917向折钵山方向射击。

　　在4个陆战团当中，情况最为险恶、伤亡也
最惨重的是在最右侧蓝滩抢滩的陆战25团，因
为他们直接暴露在正面和右侧山崖上方的日军
火力之下。战至下午，最右侧的第3营K连、L连
和I连已经分别伤亡了8名、5名和6名军官，几乎
只能靠士官们指挥，本应前来增援的陆战第4坦

克营A连也被雷区阻止，只能在远处开火助战。
即便如此，第3营还是在后续登陆的第2营掩护
下于14:00对右侧山崖和采石场不惜代价发动突
击。正面强攻的美军在居高临下的日军火力打
击下损失巨大，以至于第3营营长于17:30被迫请
求预备队陆战24团增援一个步兵连才能勉强继
续作战。即便如此，陆战队员们深知这片俯瞰

滩头右侧的山崖至关重要，反复重新组织进攻，居然在17:00拿下了山崖和采石场。不过，原本有954人的第3营仅剩150人还能作战，一天之内就失去了战斗力！

随着夜幕降临，硫磺岛第一天的血战终于告一段落。狭窄的海滩上布满了熊熊燃烧、冒着黑烟、满身窟窿甚至倾覆沉没的各型登陆车艇，火山灰上也遍地尸体和强忍着伤痛的伤员。此时，陆战队员们，尤其是在塞班岛和提尼安岛都经历

美军火焰喷射手烧毁机场旁边极为隐蔽的日军火力点。

美军半履带自行火炮命中机场边缘的日军碉堡，左侧有一门120mm高射炮。

美军后来缴获的 320mm 臼炮。

了日军夜间反攻的陆战四师官兵，都等待着日军的夜袭。然而，这一夜之内来袭的只有密度丝毫不减的日军炮弹和少数爆破小组。日军的猛烈炮击甚至迫使美军于23:00暂时关闭黄滩和

蓝滩，陆战23团1营营部更是被直接命中，大部分军官当场阵亡，独立臼炮第20大队更是在水足光男大尉的指挥下发射恐怖的320mm臼炮炮弹，虽然精度不佳，但是偶尔落在美军之间的臼炮炮弹总能造成重大伤亡。同时，尽管美军消灭了39名乘坐驳船突袭陆战28团的日军，还是有不少日军爆破小组偷袭得手，其中陆战25团的弹药库于凌晨4:00被爆破小组炸毁，整整两艘登陆艇上的81mm迫击炮弹、汽油、火焰喷射器燃料瞬间爆炸，一时间火光冲天。

登陆日当天，美军粗略统计阵亡失踪566人、受伤1,775人、还有99人因为非战斗原因撤离，但是实际伤亡人数要远远不止于此，登陆的56辆M4坦克也有28辆被摧毁或者失去了战斗力。不仅这样的伤亡率堪比塔拉瓦、贝里琉等滩头血战，硫磺岛登陆战的情况却又尤其艰难：在这一整天的战斗中，美军未能抓获哪怕一名日军，甚至连日军尸体都鲜有发现。在这一整天憋屈的战斗中，美军似乎在和一个看不

阵亡在火山灰上的两位陆战队员。

见的敌人交战，同时陆战队员们在栗林忠道布下的陷阱中死伤枕籍。然而，两个顽强的陆战师，共30,000多名陆战队员已经在硫磺岛上站稳了脚跟，而且折钵山上的全部日军重炮基本都在战斗开始的三小时内被摧毁，陆战队员们已经依靠血肉之躯撞开了地狱之门。

几天之后仍然遍布滩头的登陆舟艇、两栖车辆残骸。

第二十五章 "父辈的旗帜"——攻占折钵山与一号机场

进抵折钵山

登陆日当天,硫磺岛上的制高点、死火山折钵山就被美军陆战28团孤立,但是日军对此早有预期,因此为折钵山守军准备了充足的粮弹,还深埋了电话线以保持折钵山守军与北方日军主力的通讯。负责防御折钵山的是第2混成旅团312独立步兵大队(长田谦次郎大尉)和独立速射炮第10大队(松下久彦少佐),由时年56岁的厚地兼彦大佐统一指挥,他几乎是日本陆军中年龄最大的大佐。据说栗林忠道并不看好思想陈旧的厚地兼彦,但是迫于没有替代人选而被迫接受,但是无论如何,厚地兼彦早已做好了与手下全体"玉碎"的心理准备,日军全军也都对位置关键且防御坚固的折钵山守军

从空中俯瞰折钵山,可见山形十分骇人,对滩头美军形成了很强的心理压迫感。

期望颇高,希望其至少坚守1—2星期,大量杀伤滩头美军。

对于哈里·利沃塞吉上校手下奉命夺取折钵山的陆战28团官兵来说,折钵山令人毛骨悚然。这不仅因为在通向折钵山的道路上有数百座山洞、火力点、碉堡、藏兵洞,以及遍地的地雷、碎石、障碍物,更因为折钵山山形可怖。一名陆战队员如此形容折钵山:"像一条大毒蛇的头,其毒牙时刻准备向四面八方喷射毒液。"因此,利沃塞吉并不打算贸然强攻,而是决定先行包围折钵山,消灭日军火力点,再慢慢寻找上山的通道。为此,陆战28团2营和3营将一左一右发动钳形攻势,第1营留作预备队。

2月20日早晨8:30,舰载机、榴弹炮、驱逐舰、炮艇和布雷艇对折钵山进行饱和轰击过后,陆战28团按照计划开始进攻。如利沃塞吉所料,日军依托坚固且隐蔽的阵地展开了坚决的抵抗,包括许多拥有5~6个出入口、部署了6英寸岸防炮的坑道阵地。准备支援作战的美军坦克遭到了准确的迫击炮火打击,虽然坦克不会被直接摧毁,但是坦克手根本无法打开舱盖协同进攻,甚至无法分发弹药。于是,美军一上午只前进了50米,主要依靠火焰喷射器和炸药包摧毁日军工事。上午11:00,8辆M4坦克、数门75mm半履带自行火炮和37mm反坦克炮终于前来支援,陆战队员在一下午之内封死了40处洞穴,但是也仅仅前进了200米,自身在一整天的战斗中阵亡29人、受伤133人。同时,美军终于清点了73具日军尸体,可算在硫磺岛战役中首次大量发现日军尸体。

日军的处境也比美军想象的更加恶劣,折钵山上的全部140mm岸防炮早在登陆日就被悉数摧毁,日军的通讯也在2月20日被切断。尽管防御体系还算完整,厚地兼彦大佐已经开始"习惯性地"申请发动"万岁"冲锋,但是未获批准。即便如此,栗林忠道还是尽可能地支援折钵山守军:北部日军炮兵整晚都在向陆战28团开火,尽可能消耗折钵山当面美军实力。

2月21日8:25,美军再次在饱和轰击后发动了攻击,而且这次第1营也在37mm反坦克炮、75mm半履带自行火炮和车载火箭弹支援下沿着西岸进攻。这些近距离支援火器十分有效,一举摧毁了大量半山腰和山脚下的日军工事,于是第1营和第3营分别在12:00—14:00攻抵折钵山西侧和北侧山脚下。然而,沿着岛东岸推进的第2营起初没有遭到攻击,但是进入开阔地后突然遭到日军步机枪和尤其精准的迫击炮火力猛击,一时间伤亡惨重。

在战斗中,上等兵唐纳德·鲁尔(Donald

37mm 反坦克炮能够以准确的炮火命中折钵山上的山洞洞口。

Ruhl）以血肉之躯扑向日军手榴弹以保护战友，因此被追授荣誉勋章，由于日军火力过于猛烈，第2营的两名伤兵被困在山脚下急需治疗，最后足智多谋的医护兵竟当场自制木筏将其直接送往美军军舰，两人因此幸存。在这一天的激战中，美军共阵亡34人、受伤153人，但是日军也遭到了重创，厚地兼彦大佐被弹片击中死亡，而且美军已经可以清楚听到坑道中日军的说话声。当晚，日军试图渗透美军阵地，但是技艺高超的美军81mm迫击炮手迅速以准确的炮火反制，在第2营阵地前方炸死大约60人，同时第1营也击毙了28名潜行日军。

2月22日，常年笼罩折钵山的硫磺味道已经被尸体腐烂和烧焦的臭味掩盖，倾盆大雨也突然降临，以至于美军机枪纷纷被火山灰和成的烂泥卡死，只能单发射击，而且由于陆战28团已经攻抵折钵山脚下，飞机、军舰和火炮都无法继续提供火力支援。不过，陆战28团还是在第5坦克营C连的7辆M4坦克掩护下展开进攻，进展异常顺利，至16:30，第2营和第3营已经在岛最南端会合，成功包围折钵山。此时整个折

两名美军火焰喷射手烧毁折钵山山脚下的日军火力点。

钵山守军仅剩300余人，其中150人在夜间试图向北突围，只有约20人生还。此时，陆战28团官兵心知肚明，折钵山之战的胜利已经近在咫尺，但是他们当中没有人能想到次日的行动将永载史册，成为美国海军陆战队乃至太平洋战争的象征。

"父辈的旗帜"

1945年2月23日，星期五。跃跃欲试的陆战队员们即将攀登海拔170米的折钵山，但是上山的唯一通道位于第2营负责的北麓。于是营长钱德勒·约翰逊（Chandler Johnson）中校首先派出了几支小股侦察队探路，其中F连谢尔曼·沃特森中士（Sherman Watson）率领的四人小队于8:00率先爬上山顶，随即滑回山下向约翰逊中校报告，后者立即决定派出更大规模的队伍上山。

早晨9:00，约翰逊亲自命令E连执行军官哈罗德·施瑞尔（Harold Schrier）中尉率领第3排为主的40人登上折钵山、占领火山口，并且升起一面140厘米长、71厘米宽美国国旗，这面国旗来自运载第2营至硫磺岛的"密苏拉"号自由轮（Missoula）。施瑞尔率领的加强排没有遭到任何抵抗就登上了山顶，并且在火山口边缘找到了一根铁管。于是，施瑞尔在两名陆战队员的帮助下将国旗绑在铁管上，然后与排副欧内斯特·托马斯（Ernest Thomas）和中士亨利·汉森（Henry Hansen）一起于10:20立起了这面国旗，陆战队摄影师路易斯·洛厄里参谋（Louis Lowery）军士拍下了这个场面。

在硫磺岛制高点的烈风中，

美军立起第一面国旗。

这面不大的星条旗骄傲地迎风招展，岛上和军舰上的全体美军在这一刹那仿佛同时意识到了

这一时刻的历史性，爆发出山呼海啸般的喝彩。尽管硫磺岛战役还远未结束，但是全体美军，尤其是依靠血肉之躯在太平洋的一座座海岛上前进的陆战队员们都能感受到这面星条旗的意义：尽管牺牲巨大，胜利终将来临。

竭力嘶吼的人群当中包括美国海军部长詹姆斯·福莱斯特（James Forrestal），他热泪盈眶地当场转过头来对霍兰德·史密斯中将说道："霍兰德，在折钵山上升起这面旗帜意味着海军陆战队将继续存在五百年！"于是，福莱斯特命人为他取下这面国旗，但是营长约翰逊中校拒绝从命，他认为这面国旗只属于他的第2营，因此赶忙命人保存好这面国旗，同时挂上一面来自"LST-779"号登陆舰的大号国旗。于是，E连2排的迈克尔·斯特兰克（Michael Strank）中士带领哈伦·布洛克（Harlon Block）下士、上等兵富兰克林·索斯利（Franklin Sousley）、艾拉·海耶斯（Ira Hayes）带着第二面国旗以及补给爬上了折钵山，上等兵雷内·盖

著名的硫磺岛插旗照。

格南(Rene Gagnon)也携带步话机电池随后前往。

山顶上,第一面旗帜的升起终于引得坑道中忍无可忍的日军疯狂出击,其中前两名日军分别挥舞着短刀和手榴弹冲出了洞口,但是与随后冲出的日军被先后击毙。很快,带着第二面国旗的小队就爬上了山顶,包括美联社(Associated Press)的约瑟夫·罗森塔尔(Joseph Rosenthal)在内的三名记者也跟着爬上了山顶,还在途中遇到了拍下第一次插旗的洛厄里。就在罗森塔尔正调试相机时,他从余光里发现六名陆战队员正要立起第二面旗帜,于是立马转身,在没来得及对焦的情况下抓拍下了太平洋战争中著名的一张照片,同时,陆战队摄影师比尔·吉诺斯特(Bill Genaust)也用摄影机录下了插旗的珍贵影像。

拍完这张照片的罗森塔尔立即将底片送往关岛,洗好后发送至美国。拍摄照片17.5小时后,美联社于美国东部时区2月23日早晨7:00头版头条登出了这张照片,罗森塔尔也在同年获得新闻界的最高奖项——普利策奖。4月7日,雷内·盖格南向陆战队报告插旗的六人分别是他自己、亨利·汉森、富兰克林·索斯利、约翰·布莱德利(John Bradley)、迈克尔·斯特兰克和艾拉·海耶斯。其中生还的盖格南、布莱德利、海耶斯于4月20日获得杜鲁门总统接见,随后奉命以这张照片为主题募集战争债券。在此过程中,对战友心怀愧疚的海耶斯染上了酒瘾,并且因此被提前送回作战

部队,另外两人继续至7月4日,共卖出263亿美元的战争债券。1954年,海军陆战队在阿灵顿国家公墓以此插旗场景建成纪念碑,两面旗帜也均被海军陆战队博物馆收藏。

不幸的是,海耶斯从未能摆脱对阵亡战友的愧疚,最终在1955年因饮酒过度去世,年仅32岁。但是他在1947年向陆战队报告,照片中的"亨利·汉森"实为自己的同排战友哈伦·布洛克,随后海军陆战队更正了这一身份错误。2016年,两名业余历史学家又提出了令人信服的证据,经过海军陆战队官方调查后又更正了

美军最初认定的六位插旗者,其中三人的身份已经更正。

盖格南和布莱德利的身份，现在的结论是插旗六人分别为哈伦·布洛克下士、上等兵哈罗德·凯勒（Harold Keller）、富兰克林·索斯利、迈克尔·斯特兰克中士、上等兵哈罗德·舒尔茨（Harold Schultz）和艾拉·海耶斯。其中，斯特兰克与布洛克于3月1日阵亡，索斯利于3月21日阵亡。

无论如何，美军于2月23日下午炸毁了大量坑道，又在当晚击毙了122名试图突围的日军，至此基本肃清了折钵山。在四天激战中，陆战28团以115人阵亡、375人受伤的代价全歼折钵山守军，共清点出1,231具日军尸体，另有数百具被埋在坑道当中。协同作战的第5工兵营功不可没，共摧毁了165处掩体、火力点、15处大型碉堡、炮台和超过200处山洞。战斗结束后，陆战第14炮兵团立即在山顶设立观测点，支援此时已经沦为绞肉机的北部攻势。

攻占一号机场：2月20日战斗

2月20日，就在陆战28团开始进攻折钵山的

同时，第5两栖军主力准备向北进攻，由西向东依次部署了陆战26团1营、27团3营、23团3营、24团2营和25团1、2、3营（获得24团1营两个连加强），目标是首先攻占一号机场（千鸟机场），随后攻抵横跨二号机场（元山机场）的O-1目标线。这一区域的日本守军主要来自海军机场空地勤人员、高射炮和岸防炮炮组以及粟津胜太郎大尉指挥的陆军第309独立步兵大队。由于在登陆日的战斗中美军左翼和中央各部分别被阻挡在一号机场边缘，因此美军计划以右翼陆战25团为轴，由左翼和中央各部如旋转门一样向西北方向推进，从而建立横跨岛屿的前线。就在美军展开进攻前的7:00，陆战25团2营指挥部被日军迫击炮弹直接命中，营长、执行军官、行动军官和前来商议作战计划的第4坦克营B连连长当场身亡，提前预示了战斗的惨烈。之后五天的战斗将会特别说明海军陆战队营长是一个高危工作。

早晨8:30，经过猛烈的陆海空炮火准备后美军各部同时出击。陆战五师27团团长托马斯·沃恩哈姆（Thomas Warham）上校指挥最左侧的陆

2月20日展开攻击的陆战五师火焰喷射手，可见其进攻方向是一片开阔地。

陆战23团士兵占领机场上的日军碉堡。

空爆炸，开阔地上无遮无掩的美军损失惨重。但是同时第5坦克营A、B连在开阔地上行动自如，最终帮助陆战27团推进约800米，成功抵达了一号机场西北方向。

在陆战四师当面，左侧陆战23团团长沃尔特·温辛格（Walter Wensinger）上校以23团3营和24团2营冒着致命的炮火齐头并进，右翼陆战25团团长约翰·兰尼根（John Lanigan）上校也以三个营缓步前进。战至中午，陆战23团一部冲到一号机场北部，在日军防线上撕出了一个缺口，但是遍地的瓦砾和雷区阻止了坦克继续前进，陆战23团最终推进500米，攻抵机场北边。

战26团1营和27团3营沿着岛西北岸攻击，立即遭到了雷区和日军火力点的阻碍，但是更多伤亡来自于北部山区中的日军火炮、迫击炮。而且，机场区域的日军大口径高射炮以最低仰角连续发射装有定时引信的炮弹，在美军上方凌

陆战25团的目标十分有限，仅准备以左翼第1营伴随23团前进，中央第2营攻克当面高

提供支援的 F6F 战斗机，这些飞机也经常在混乱的战局中误击友军（照片实际拍摄自 2 月 21 日）。

地，右侧配属给陆战25团的陆战24团1营原地待命，但是没想到在恶劣地形和正面高地日军炙热火力的双重打击下，陆战25团损失巨大。有老兵回忆，整连整连的陆战队员被日军交叉火力网打倒在地，任何试图增援前线的车辆都被准确的日军炮弹命中。就连原地待命的陆战24团1营也遭到飞来横祸：陆战队员们看到几架美军舰载机飞抵战场非常兴奋，纷纷举手欢呼，没想到这几架飞机不分青红皂白对着陆战队员们一顿扫射，造成5人死亡、6人受伤，随后一艘巡洋舰和炮兵又莫名其妙地误击第1营阵地，造成多达90人伤亡。最终，陆战25团于2月20日仅前进了200~300米。

战至2月20日晚，陆战五师伤亡约1,500人、四师约2,000人，同时仅发现630具日军尸体。跟登陆日当天的伤亡数据对比就可以发现，美军在2月20日当天的伤亡几乎达到1,000人，但是终于攻占了一号机场。前方损失惨重，后方的陆战第14炮兵团4营也遭遇意外。在登陆过程中，先是8辆DUKW两栖卡车因为引擎故障沉入水中，造成十余人溺亡、8门105mm榴弹炮沉底。

2月21日陷入火山灰中动弹不得的美军坦克。

随后又有2辆DUKW于滩头水际动弹不得，全营12门105mm榴弹炮当中只有2门投入作战、8门彻底损失。当晚，日军也延续了此后几夜中反复上演的持续炮轰、渗透和小规模夜袭，但是其反击被美军炮火击退，日军反击部队损失不小。

缓慢推进：2月21—23日战斗

2月21日早晨，12艘驱逐舰、2艘巡洋舰、68架舰载机和33门榴弹炮轰得硫磺岛地动山摇，至少为随后于8:10进攻的陆战四师、五师官兵壮了壮胆。横在美军面前的日军主防线及其前哨阵地，由不计其数的工事、掩体和超过1,500座山洞构成。美军左侧陆战五师27团的进攻正面仍旧比较平坦，因此获得了第5坦克营的全力支援，战至中午就推进了近1,000米。然而，战线中央的陆战四师23团（具体作战部队包括23团2营和24团2营）未能跟进，在日军猛烈阻击下仅前进了100米。战线右侧的陆战25团终于获得了第4坦克营支援，尽管25团1营营长于10:00被日军炮弹炸死，各部还是继续推进。这里的地形过于崎岖杂乱，以至于日军未能在全部前进道路上布雷，同时美军准确的反炮兵炮火摧毁了诸多日军火炮，最终全团前进了50~300米。战至当晚，美军总伤亡达到了4,500人，在当天的战斗中又伤亡过千人，陆战四师战斗力下降至68%。

当天下午，日军神风特攻队猛然来袭：担任特攻机的12架"彗星"舰爆、8架"天山"舰攻在12架零战的护航下从千叶县香取航空基地出击，还另有2架一式陆攻投下铝箔条干扰美国雷达。17:00左右，美军舰载机对其展开截击，但还是有2架特攻机重创了"萨拉托加"号航母，造成舰上123人阵亡、192人受伤，还摧毁了42架飞机，迫使其返回珍珠港大修。这艘从战争一开始就在太平洋战场服役的老资格航母因为日军潜艇偷袭先后错过了珊瑚海海战、中途岛海战，又在瓜岛战役初期再次中雷大修，经过1943年11月突袭拉包尔的短暂高光时刻后于1944年完全错过了马里亚纳、莱特湾两场大战，可谓相当憋屈。这次重创之后，"萨拉托加"号航母被改造成了训练航母，未能参加冲绳岛战役、见证日本投降。与几乎打满全场、成为人类海军史上第一功勋舰的"企业"号航母相比，资历不浅的"萨拉托加"号错过了波澜壮阔的太平洋战争中的几乎全部高潮，可谓倒霉透顶。

19:00，"俾斯麦海"号护航航母再遭一架特攻机撞击，加满油的飞机和弹药被当场引爆，一番大爆炸后，这艘护航航母带着218名船员沉入海底。另外，"基奥卡克"号布网船（Net Tender Keokuk）也被撞中，船上17人死亡、44人受伤，还有一架特攻机擦着"LST-477"号登陆舰舰体滑入水中，没有造成伤亡。不过，美军击落了剩下的全部日机，成功掩护担任预备队的陆战三师21团在团长哈特诺·威瑟斯（Hartnoll Withers）上校指挥下顺利登陆，

全团无一伤亡。

2月22日凌晨，日军连续组织夜袭和渗透，其中陆战27团于凌晨4:00报告其当面集结了多达800名日军，但是猛烈的炮火将其攻势瓦解，如果这一报告属实，那么这就是硫磺岛战役初期日军少有的大规模反击。随着清晨到来，倾盆大雨将战场化作泥浆，美军也迫于此前惨重的

遭到日军特攻机重创的"萨拉托加"号航母。

被日军特攻机引爆的"俾斯麦海"号护航航母，即将沉没。

伤亡投入了预备队。左侧陆战五师以陆战26团接替了27团，此前担任预备队的27团2营则配属给26团投入战斗；中央疲惫不堪的陆战23团被刚刚登陆的陆战三师21团接替，后者暂时划归陆战四师指挥；右翼伤亡最大的陆战25团则只能咬牙坚持，还被迫把登陆日当天就因为损失过大而撤往后方休整的第3营重新投入战斗。

早晨8:35，美军攻势再起，左翼陆战26团在猛烈炮火打击下在一上午之内推进了400米，但是第3营营长和行动军官被一枚迫击炮弹炸死，全团更遭到了前方悬崖上日军从左、中、右三面的猛烈打击，被迫在下午后撤400米，返回原阵地。这样一来，陆战五师此前连续三日的高歌猛进戛然而止。刚刚在战线中部投入战斗的新锐陆战21团在日军众多碉堡、火力点构成的交叉火力网中强行推进50~250米，但是损失重大，包括第1营营长负伤。最后，反倒是右翼奉命原地坚守的陆战25团收获不小，以两波车载

从一号机场炮击北部日军的105mm榴弹炮，按照雨衣判断拍摄于2月22日。

火箭弹攻击诱使大约200名日军从前方高地的坑道中逃出，随后第3营的以机枪击毙其大部。

颇具有讽刺意义的是刚刚用机枪重创了敌军的第3营营长贾斯蒂斯·钱伯斯（Justice Chambers）中校也于15:30被日军机枪子弹击伤，在上司强行命令下才撤往后方接受治疗。钱伯斯中校因为这一天的得力指挥和登陆日当

威力巨大的车载火箭弹，不过也非常容易招致日军炮火反击，因此必须在发射后立即变换位置。

美军后来摧毁的日军95式坦克，可见位置极为隐蔽。

2月23日情急之下使用日军92式重机枪的美军士兵。

天仰攻悬崖的行动荣获荣誉勋章。在连续的战斗中，美军装甲部队也损失不轻，第4坦克营报告从登陆到2月22日晚，已经有11辆坦克被击毁、8辆接受修理，剩下28辆可用；第5坦克营13辆坦克被击毁、4辆接受修理、34辆可用。

此时，陆战21团已经抵近了二号机场（元山机场），这里是日军主要防线的核心支点。负责防御元山机场及周边高地的是第145联队，由池田增雄大佐指挥，这支野战联队原属第46师团，战斗力远高于改编自守备部队的第109师团其余部队。日军将大量47mm反坦克炮部署在跑道尽头，对于开进机场的美军M4坦克威胁不小；后方山洞中的重炮和迫击炮可以覆盖从滩头到机场的美军整条补给线和前线；机场周围的碉堡、山洞形成了交叉火力网，一路上还到处都是地雷，以及布设了诡雷的尸体、酒瓶、战利品、弹药堆。另外，第26战车联队的坦克也被部署在主要防线上的坦克掩体当中，极大加强了日军的火力。

面对如此坚固的日军防御，美军进攻各部都裹足不前。接替了右翼陆战25团的24团前进300米之后被居高临下的日军炮火阻止；左翼陆战26团面对悬崖毫无进展，第2营营长还被日军炮弹炸伤，但是损失最严重的还是在战线中央一头撞向机场的陆战21团。继昨日营长负伤之后，第1营的第二任营长在进攻伊始就被日军炸死，于是第1营在战斗第二天就迎来了第三任营长。上等兵乔治·史密斯（George Smyth）冲入日军阵地后，搭档首先被日军打死，随后一名身高一米八的魁梧日军挥舞着武士刀冲了上来，砍伤了他的右臂。史密斯重新拿起枪之后，这名日军瞬间遁入地道，然后突然从另外一个洞口出现在史密斯背后，好在史密斯反应迅速，将其击毙。在这样混乱的近战和日军猛烈的炮火打击下，陆战21团遭受了重大伤亡却无功而返，美军的攻势陷入了停滞。

中央突破：2月24日战斗

反思前两日进攻的失败，第5两栖军军长哈里·施密特少将意识到突破日军防线的关键就在于二号机场，于是决定集中全部3个坦克营（第3、4、5坦克营）和大部分炮火支援陆战21团攻取二号机场。2月24日早晨8:00，以"爱达荷"号战列舰和"彭萨科拉"号重巡洋舰为首的舰队展开了长达一个小时的炮击，陆战队的榴弹炮和舰载机也分别于8:45和9:00加入轰击，以掩护计划在9:10展开的进攻。依照原计划，美军坦克将要兵分两路，分别从东西两个方向进攻。然而，从西边进攻的第5坦克营先后有2辆坦克触雷，其中第2辆触发的地雷是一枚鱼雷弹头，4名车组成员当场阵亡、30多吨重的坦克直接被炸飞。于是，美军坦克只好全部集中在东侧发动攻击。

就在坦克缓慢移动的同时，陆战21团步兵决定不再等待，于9:30率先发动冲锋。其中部署在最中间的第3营一马当先，尽管I、K连连长先后伤亡，整营还是坚决地冒着日军炮火冲过了二号机场两条跑道的交叉点，然后继续冲上了二号机场以北的高地。于是，高地上爆发了白热化的近战，第3营两次被赶下高地，又两次重新冲上高地，依靠石头、枪托、刺刀、匕首、手枪和工兵铲艰难地将日军赶下高地。中午12:00，眼看高地失守在即，日军竟然对高地上正在肉搏的美日两军士兵展开炮击，炸得高地上血肉横飞。见此情形，美军也在13:30集中火炮和军舰猛轰机场以北的日军阵地，暂时压制了日军火炮，一番血战下来，第3营占领了遍地尸体的高地。

同时，第2营在坦克的支援下也展开了进攻，但是在猛烈的日军炮火下未能跨过跑道，

位于一号机场的美军炮兵观测组。

这辆M4坦克的履带被日军地雷炸断，动弹不得。

到当天战斗结束时，陆战26团和21团主力均攻抵了机场边缘，但是只有21团3营穿越了跑道，死死占据了机场北边的高地。

同时，展开辅助攻势的陆战24团也撞上了全岛几乎防御最为坚固的日军阵地。美军将机场东南方向的南北向山岭依照地图分格命名为C-D岭（Charlie-Dog Ridge），这座山岭的北端是岛北部制高点382号高地，南端呈月牙形，开口对着美军，被美军称为"半圆形剧场"（Amphitheater）。C-D岭南方完全处于日军火力打击下，西方是双方鏖战正酣的机场，东边则是一系列几乎无法跨越的碎石。11:30，就在陆战24团左翼前进至机场东方仅150米的区域时，面前近在咫尺的C-D岭上隐蔽良好的日军机枪、步枪、反坦克炮突然开火，来自山岭后方的炮弹、迫击炮弹和凌空爆炸的高射炮弹也密集地砸向美军。

遭到突然打击的美军没有慌乱，而是立即呼叫105mm榴弹炮、81mm迫击炮和60mm迫击炮还击，同时第2营迅速将4挺机枪和1门37mm反坦克炮转向右侧压制当面山岭上的日军。随后，美军组织突击队以火焰喷射器和炸药包消灭日军火力点，第2、3营主力竟然登上了C-D岭山顶。16:00，就在美军看似将要攻占C-D岭的紧要关头，日军突然以前所未见的猛烈迫击炮火猛轰C-D岭，迫使美军第2、3营撤下山岭，之前的突击功亏一篑。在日军的炮击中，第3营营长也被炸伤：这名营长正是小亚历山大·范德格里夫特中校，美国海军陆战队总司令、瓜岛战役中陆战一师师长、范德格里夫特中将的独子。试图从右侧包抄的第1营陷入乱石当中，还

美军士兵冲过开阔地，注意后方的士兵拿着一把霰弹枪，这是近战的利器。

试图强行跨越跑道的美军坦克也纷纷被日军一式47mm反坦克炮打瘫在地。左侧陆战26团也再次攻抵悬崖，结果遭遇了来自峭壁山洞里的阵阵"手榴弹雨"，美军立即对山洞施以火焰和白磷手榴弹，这才终于推进了300米。于是，等

机场建筑物旁的美军BAR自动步枪手和M1步枪手，很可能拍摄于二号机场。

关键时刻提供火力支援的 60mm 迫击炮。

遭到了日军打击，情急之中叫来了5辆LVT(A)-4火力支援车助战，其中2辆由于没有合适登陆地点只好在水中提供支援。最终，陆战24团左翼推进了500米，右翼推进了100米，但是直面"半圆形剧场"的中央部分只推进了50米。

至2月24日战斗结束，美军总伤亡已经达到了7,758人，也就是说在登陆日之后的战斗中，美军的日均伤亡达到了1,078人，装甲部队也彻底损失了32辆坦克，还有很多返回后方修理。其中，美军主力在向北展开的五日攻势中阵亡773人、受伤3,741人（其中近300人将因伤死亡）、5人失踪、588人因精神压力过大失去战斗力。细心的读者们可能会注意到，在这5天的战斗当中，美军竟然有多达7位营长伤亡，要知道同时投入作战的最多只有3个步兵团而已。这样的伤亡率在打了

2月24日云集硫磺岛滩头的美军船队，美军将会最终拿下硫磺岛的事实毋庸置疑，只是代价已然巨大。

无数硬仗的海军陆战队历史上也绝无仅有。

然而，日军遭到的压力也十分巨大，例如第309独立步兵大队报告其指挥部与全部下属单位都已经失联，指挥部本身也已经被围困三天，但是士兵们的斗志仍然旺盛。战至24日，美军已经扫除了日军的全部屏障，将牙齿深深地嵌入了日军主防线中，同时夺取了孤悬硫磺岛南端的折钵山。由于地形的原因，在之后的战斗中，陆战三师、四师、五师将在三个几乎独立的方向上艰难前进，最终攻占整座硫磺岛。

美军士兵骑在日军海岸炮残骸上展示缴获的日本国旗，应该拍摄于折钵山。

第二十六章　突破绞肉防线——陆战三师、四师北进

攻占二号机场

　　战至2月25日，第5两栖军终于进抵横跨二号机场的日军主防线，面前的地形也将战场分为三部分：左侧陆战五师沿着岛西岸面对一道道东西向山岭，中央陆战三师面对二号机场和背后的元山台地（Moyotama Plateau），右侧陆战四师沿着岛东岸面对以C-D岭为核心的日军山地防区。在这三片战场当中，陆战三师当面的地形比较开阔，因此第5两栖军军长哈里·施密特少将对格雷夫斯·厄斯金少将的陆战三师寄予厚望，希望陆战三师能取得至关重要的中央突破，一路攻抵硫磺岛北岸，粉碎日军防御。

　　然而，栗林忠道对于机场和元山台地重要性同样心知肚明，因此在这里部署了他手下最精锐的第145步兵联队1、2大队和第26战车联队1、2中队，分别由联队长池田增雄大佐和西竹一男爵中佐指挥，还有千田贞季少将第2混成旅团下属的第310独立步兵大队（岩谷为三郎少佐）。日军依托地形构筑布设了不计其数的火力点、洞穴、碉堡、坑道、反坦克壕、障碍物、雷区，其间部署了大量的反坦克炮、高射机关炮、轻重机枪以及坦克，山岭的反斜面还有大量火炮、迫击炮、火箭弹，俨然一座地下要塞。

陆战三师师长厄斯金少将。

　　尽管陆战三师下属的第12炮兵团迟迟未能登陆，厄斯金少将还是在2月25日投入兵强马壮的陆战9团对二号机场发动攻势。此前陆战21团的进攻基本失败，只有第3营冲过跑道、占领了北边的高地，因此陆战9团将投入第1、2营一右一左沿着跑道全面出击，力图与陆战21团3营形成连贯战线。经过舰炮炮火和

藏身掩体中的95式坦克。

1,200发榴弹炮炮弹的强大火力准备，陆战9团于9:30如期进攻，但是引导第2营进攻的3辆M4坦克瞬间两毁一伤，不久后多达9辆坦克在无遮无掩的跑道上被日军精准的反坦克炮火击中，步兵也在迫击炮弹下损失惨重。

右翼的第1营直接面对P高地和O高地（Hill Peter, Hill Oboe，也称200高地、199高地），经过5小时激战坚决推进100米至P高地山脚下。为了填补两个营之间的空隙，第2营于14:30投入战场，但是几分钟内两名连长就被日军打死，整营甚至于17:00陷入溃退的边缘，攻势只好提前结束，但是陆战9团终归推过了机场跑道，成功与孤军奋战的陆战21团3营连成一片。

经过45分钟炮火准备后，陆战9团1营、2营于26日9:30再起攻势，却毫无进展，好在精确的舰炮、榴弹炮、飞机、坦克炮火击毁了不少暴露的日军火炮、迫击炮阵地，虚弱了日军的火力密度。次日，第5两栖军集中一半的军属炮兵支援陆战三师，在45分钟的火力准备期间发射了超过600发炮弹，还不算陆战三师自身的炮兵实力。即便如此，通过跑道的第2营仅仅继续

起到了决定性作用的第5两栖军军属155mm榴弹炮。

推进150米就损失了11辆坦克，随后遭到O高地日军压制，第1营则在占领P高地后无法夺取日军同样严密设防的反斜面。就在美军看似即将偃旗息鼓之际，陆战三师炮兵突然在下午以10分钟的炮火急袭拉开了第二波攻势的帷幕，随后陆战9团两个营趁着日军还未从突然的炮火打击中回过神来之际一鼓作气向前猛攻，第2营推进了700米，第1营更是一举占领了P高地反斜面并且攻占了O高地顶部，推进约1,500米。就这样，陆战三师终于占领了已经激战六日的二号机场及其北边高地，依靠强大火力突破日军主防线，踹开了元山台地的大门。

挺进与停滞

四面环山的元山台地位于硫磺岛北部正中央，正在修建中的三号机场和元山村坐落其中，好似一座城堡的中心广场。于是，陆战21团替换下损耗不小的陆战9团，从28日9:00开始在徐进弹幕掩护下顺利推进了400~500米。有趣的是，第3营I连在进攻开始不久后遭到了第26战车联队罕见的小规模装甲反击，一度造成了极大恐慌。然而，连长爱德华·斯蒂芬森（Edward Stephenson）上尉马上重整旗鼓，组织火焰喷射器和巴祖卡火箭筒摧毁了3辆日军坦克，随后海军SB2C俯冲轰炸机又用20mm机炮摧毁2辆，彻底粉碎了日军的反击。

至此，第26战车联队仅剩3辆坦克，其余均在主防线的战斗中被美军摧毁或者缴获，但是还有充足的反坦克炮和轻武器与陆战三师继续殊死战斗。战至中午，

支援硫磺岛战役的 SB2C 舰载俯冲轰炸机。

美军的攻击势头逐渐耗尽，于是厄斯金故技重施：在13:00以5分钟炮火急袭掩护各部再次出击。尽管左翼第1营未能继续前进，随后在15:30投入战斗的第2营也立即受阻，右翼第3营却紧跟着徐进弹幕占领了元山村和俯瞰三号机场的高地，当日战果颇丰。

3月1日，美军驱逐舰和榴弹炮分别进行了30分钟和15分钟的炮火准备，随后陆战21团于8:30继续进攻，跟随每8分钟前进100米的徐进弹幕缓慢推进，顺利占领了三号机场西半边，但是于下午受阻。陆战三师此时已经在战线中央形成了一个大突出部，这样的迅猛进展主要归功于炮火猛烈且集中、步兵跟进迅速以及在战斗中迅速投入预备营攻击敌军防线上的薄弱环节。而且，由于陆战三师战区相对狭窄，陆战21团和陆战9团得以轮番上阵，保存实力。

然而，就从此刻开始，陆战三师短暂的高歌猛进戛然而止。横在美军面前的是元山台地以北的弧形山地，其中从陆战三师左侧西北方向沿着顺时针依次为362-B、357、331和362-C号高地。这些高地的背后就是大海，因此栗林忠道在此设置了第二道防线，尽管其中的火力配置不如第一道防线，但是地形更加易守难攻，天然洞穴遍及山地，进攻通道寥寥无几。而且，突然变宽的战线迫使厄斯金将两个陆战团同时填进战线，从左至右展开了陆战9团3营、21团1营、9团2营和9团1营，其中陆战21团团长哈特诺·威瑟斯上校负责指挥左半部分、陆战9团

美军在元山村的废墟中与日军激战。

团长霍华德·凯尼恩（Howard Kenyon）上校负责右半部分。

3月2日早晨8:00，美军在15分钟陆海空立体炮火准备后发起攻击，但是陆战9团瞬间遭到高地上日军轻重武器的压制，毫无进展，只有坦克摧毁了1门反坦克炮和数个机枪火力点。陆战21团也在跨越机场跑道时遭到日军机枪、反坦克炮痛击，只有最左侧的陆战9团3营在坦克支援下攻占了362-B高地正斜面，形成了一个深达700米的突出部。15:30，美军重新组织进攻，但是仍旧一筹莫展，陆战21团2营营长也在战斗中负伤。当晚，小股日军接连不断地试图渗透美军阵地，弄得陆战队员们精神紧张、身心俱疲，不过陆战三师十分幸运地在一具尸体上发现了日军布防图。

然而，了解日军防线部署对于突破铜墙铁壁般的日军防线实

在意义有限，居高临下的日军更是从几座高地向碎石中动弹不得的美军进攻部队倾泻炮火。正面进攻362-C高地的陆战9团从一开始就一筹莫展，反而在日军密集火力下徒遭伤亡。最左侧的陆战9团3营将辛苦占领的362-B高地正斜面交接给了陆战五师，但是后者也只能望山兴叹，所以第3营对于来自左侧高地的炮火毫无办法，只有从中路进攻的陆战21团2营占领了357高地正斜面，取得了一定突破。见此情形，厄斯金少将决定于下午重启攻势，并且投入陆战21团1营从左侧迂回进攻362-C高地。5分钟炮火急袭过后，陆战21团2营乘势攻克了357高地，展开迂回进攻的第1营也前进了250米，但是高地上回过神来的日军迅速集中火力遏制了这两个营的进一步进攻。正面进攻362-C高地的陆战9团再次死伤狼藉却一无所获，以至于海军陆战队官方战史将其进攻形容为"硬撞石墙"。

呼叫炮火支援的炮兵观测组。

遍地碎石之间处处埋藏着日军火力点，其中的机枪和反坦克炮常常在近距离内突然开火，给美军造成重大伤亡，甚至连迫击炮和火炮也都使用无烟火药从而隐蔽良好。崎岖的地形已经使得美军举步维艰，日军又在屈指可数的通道上挖掘了大量反坦克壕和陷阱，还埋设了大量地雷，使得美军坦克进退不得。同时，日军也积极寻找美军前线的薄弱环节发动夜袭。由于陆战21团的进展远超陆战9团，两团之间拉开了一个宽达250米的巨大缺口。3月4日凌晨3:00，200余名日军从三号机场东侧潜行进入这个缺口，幸好被陆战9团2营发现，双方陷入激战。不少日军趁乱跳入美军散兵坑，以手榴弹、刺刀杀伤了众多猝不及防的美军，但是随后美军以强大的火力封锁缺口，最终击毙166名日军，自身伤亡也着实不轻。昼间攻势中，美军全部进攻部队都一无所获，担任主攻的陆战21团3营甚至等到11:40才进入攻击阵地，随后的攻击也无疾而终。

夜间奇袭

3月5日，第5两栖军全军暂停攻势，各部休整、补充装备和兵员，此时双方士兵都已经精疲力竭。美军方面后方充斥着小股渗透日军和躲过美军搜查的残兵，几乎夜夜都会对美军发动夜袭，弄得哪怕撤回后方休整的美军部队都时刻精神紧张、不得喘息。同时，美军的炮击时时刻刻折磨着藏身山洞的日军，而且尽管日军粮弹还相对充足，高温下饮用水的匮乏却使得日军生不如死。而且，日军各部战至此时都已经损耗巨大，几乎处在崩溃边缘。大部分日军火炮和坦克都已经被摧毁，65%的军官已经阵亡，至3月3日，栗林忠道估计他手中只剩3,500名作战兵员，而且他与第2混成旅团之间的联络也完全中断。

3月支援硫磺岛作战的 TBF 鱼雷机。

3月6日，美军重新发动进攻，而且这次调集了多达12个炮兵营依次支援三个师出击，其中仅在陆战三师正面就发射了2,500发155mm榴弹炮炮弹、20,000发75mm和105mm榴弹炮炮弹、50发14或16英寸战列舰炮弹、400发8英寸巡洋舰炮弹和大量航空炸弹、凝固汽油弹。然而，陆战三师各部仍然进展甚微，只有陆战21团1营推进了区区200米。不过，在当天令人失望的战斗中，陆战21团3营G连看到了希望，这支部队一度登上了一座山岭，随后被击退，但是在山顶的短暂时间里，陆战队员们看到了400米外的大海，可算是"胜利在望"了。

地动山摇的炮击都未能砸开日军坚固的防线，厄斯金少将急中生智，决定冒险以哈罗德·伯姆（Harold Boehm）中校的陆战9团3营对362-C高地发动夜袭。在此前三年的太平洋战争中，美军还从未发动过夜袭，因此厄斯金认为在此时发动夜袭定能出敌不意，但是这一行动也蕴含着巨大的风险。在预定发动进攻的5:00之前，美军指挥部内众人都坐立不安，焦急地盯着手表，每过几分钟就要询问前线状况，炮兵指挥官们更是再三确认命令各部不许发射照明弹。终于，陆战9团3营于5:00趁夜出发，完全实现了突然性，美军前进400米后以火焰喷射器和自动武器瞬间消灭了大量还在山洞里熟睡的日军。5:30，美军终于遭到了一挺机枪还击，但是迅速以火焰喷射器将其摧毁，随后于6:00报告攻占362-C高地，还以火焰喷射器烧死了大量慌不择路跑出坑道的日军。收到报告的美军指挥官们瞬间如释重负，激动地庆祝夜袭成功。

然而，半小时后的阳光让美军惊讶地发现362-C号高地竟然还在前方250米外，美军占领的其实是331号高地。闹出了大乌龙的陆战9团3营只好从7:15开始硬着头皮强攻362-C高地，结果遭到了前方、两侧高地上日军和背后331号高地残存日军的夹击，顿时损失惨重。然而，第3营顽强地继续向前推进，用火焰喷射器、巴祖卡火箭筒、炸药包一一清除日军碉堡、山洞，竟然在13:30攻占了真正的362-C高地。这其中很大一部分原因是日军没有对331号高地方向做好防备，因此夜袭也算是歪打正着起到了作用。

与陆战9团3营同时发起正面进攻的第1、2营在黑夜中取得了200米进展，但是从早晨开始遭到第26战车联队残部的猛烈阻击，第2营甚至遭到了包围。尽管日军已经丢光了坦克，但是西竹一中佐手中还有大量37mm和47mm反坦克炮，威力不容小觑。试图支援进攻的美军领头坦克在一处狭窄山口被地雷炸毁，堵住了后面坦克的通道，美军调集三个营展开反包围的企图宣告失败。无论如何，攻克362-C高地意味着美军终于突破了已经阻挡陆战三师五天之久的第二道防线，日军防御崩溃已成定局。

在362-C高地上运送弹药的美军士兵。

3月8日，美军以常规战术继续进攻，但是左翼陆战21团只有第1营在9辆坦克支援下前进了300米，其余两营进展寥寥。在陆战9团当面，第3营从362-C高地向东突进了400米，日军抵抗几乎崩溃。3月9日，美军终于实现了期盼已久的结果：陆战21团1营和陆战9团3营先后在驱逐舰支援下攻抵海岸，兴奋的21团1营侦察队装满了一饭盒海水送至第5两栖军指挥部施密特少将手中，附带说明"请您检查，请勿饮用"。至当天黄昏，美军已经占领了宽达800米的海岸，终于彻底将硫磺岛北部日军主力一分为二。至此，陆战三师已经在14天的战斗中阵亡失踪831人，受伤2,241人，因精神原因撤离491人，总计损失3,563人。

扫荡残敌

不过，陆战9团主力与第26战车联队的殊死战斗仍在继续。第2营身陷重围至3月9日清晨才脱身，总计被围36小时。同时第1营对日军展开了反包围，陆战9团主力与第26战车联队几乎拼到了鱼死网破的状态。9日，陆战21团3营也被投入战斗，美军坦克也终于抵达了战场。面对美军坦克，反坦克炮已经所剩无几的日军首先发射安装定时引信的山野炮、迫击炮弹，在美军坦克上方空爆，迫使美军步兵远离坦克，然后日军反坦克小队从山洞中突然冲出，以炸药包、反坦克地雷、燃烧瓶与美军坦克同归于尽。3月10—11日，陆战9团1营和3营在东北方向会合，彻底合围了第26战车联队。有趣的是，在当天的战斗中，一辆伴随陆战21团3营推进的M4坦克突然被另一辆M4坦克击毁，原来后者早已因为被击伤而被美军遗弃，没想到日军趁夜潜入其中，以其主炮伏击美军，美军立即以巴祖卡火箭筒将其二次击毁。

此时，日军第26战车联队的阵地已经被美军依照陆战9团2营营长罗伯特·库什曼（Robert Cushman）中校命名为"库什曼口袋"（Cushman's Pocket）。为了消灭库什曼口袋中的日军，美军将7.2英寸（183mm）口径火箭弹装在雪橇上，由坦克或者人力拉到日军阵地前直射。尽管火箭弹的爆炸效果十分震撼，但是其摧毁日军山洞的能力十分有限，最终还是由工程兵们使用炸药包挨个爆破数不胜数的山洞。至3月11日晚，美军已经将库什曼口袋的周长压缩至1,300米。次日，美军装甲推土机终于为坦克打开了通道，美军M4坦克随即以准确炮火对日军火力点挨个"点名"，喷火坦克更是大放异彩，在相对安全的距离上以烈焰烧死绝望的日军。至13日晚，库什曼口袋的周长仅剩250米。

14日，美军展开总攻，但是即便在这一天日军抵抗仍然激烈，一辆喷火坦克更是于上午被日军枪榴弹直接射进舱盖，成员非死即伤。但是，从陆战五师借来的一辆喷火坦克经过特别改装射程长达100米，因此起到了至关重要的作用。待这辆喷火坦克从库什曼口袋的一头开到另外一头后，日军的有组织抵抗就基本结束了。然而，同一天继续向东进攻的陆战队员们却在一处无名山岭上遭遇了惊险一幕。美军"攻占"这座山岭之后，日军机枪突然开始从背后射击放松警惕的美军，这时美军才发现整座山岭早已经被掏空，建成了一座地下堡垒。随后美军以火焰喷射器同时向各出入口喷撒火焰，迫使40名日军投降，但是几个小时后更多日军通过地道重新占据了坑道阵地。随着夜幕降临，美军开始如同"打地鼠"般与地下的日军斗智斗勇，争取封锁全部出入口。就在午夜之前，山岭下方突然发出一声巨响，5名陆战队员当场死亡，随后整座山几乎都塌了下去，更

美军以喷火坦克消灭硫磺岛北部日军。

多陆战队员被战友们及时从碎石中救出。天亮之后，美军才意识到日军工兵在坑道内引爆了大量地雷的航空炸弹，坑道中的全部日军被瞬间炸死，但是随后的塌方竟然只造成美军一人重伤而已。

3月16日，美军宣布库什曼口袋之战结束，但是此时西竹一手下还有大约450人，其中300人为伤员。三天之后，眼看防御崩溃在即的西竹一命令能够行动的60余人突围，他本人和残余人员则在此后三天内阵亡或者自杀，战斗终告结束。从3月11日至16日，陆战三师在扫尾作战中阵亡207人、受伤505人、因精神原因撤

陆战三师阵亡官兵。

离53人。就这样，陆战三师从2月25日开始以超过4,300人伤亡的巨大代价取得了硫磺岛战役中最重要的胜利，在日复一日的苦战中撼动乃至瓦解了日军的防御体系，还全歼了第26战车联队、第145步兵联队主力以及第2混成旅团大部。但是就在陆战三师右侧，陆战四师进攻的地形更为险恶，损失也更为巨大，甚至连四处苦战的美军都将"绞肉机"这一近乎陈词滥调的形容专门留给了陆战四师。

绞肉C-D岭

如前文所述，从2月24日开始陆战四师就一头撞上了硫磺岛最易守难攻的日军阵地——C-D岭，其中的防御要点从北向南分别为硫磺岛北部制高点382号高地、岭中段的火鸡高地（Turkey Knob）和南端的"半圆形剧场"，而且这些阵地都得到了日军坑道和工事特别加强。其中负责防御382号高地的是第145联队3大队，几乎可以俯瞰整片战场；火鸡高地本身地势并不突出，但是上面有一座极为坚固的混凝土通讯碉堡；"半圆形剧场"本身就对任何进攻美军形成了半包围，而且日军还在其中布置了三层阵地。负责防御后两处要地的主要是第314独立步兵大队（伯田义信少佐）和第309独立步兵大队残部，还得到了一个炮兵大队和第26战车联队3中队加强。以千田贞季少将为首的第2混成旅团部也位于此区域。不久之后，美军就将把这一系列固若金汤的防御重点称为"绞肉机"。

2月25日9:30，凯茨少将以陆战23团在左、24团在右发动了进

攻。恶劣地形和日军强大的反坦克炮火阻止了美军坦克直接投入战斗，但是第4坦克营随机应变，绕道左侧陆战三师战区，从侧面摧毁了大量日军反坦克炮、机枪火力点，工兵更在下午开辟了一条通道，使坦克得以支援陆战23团从二号机场向东推进至C-D岭侧面。同时，陆战24团的正面进攻得到了猛烈的火力支援，就连LVT(A)-4两栖火力支援车都开到海中向日军山岭开火，但是仅前进100米而已，而且当晚就因为损失过大被陆战25团接替。此时，陆战四师的战斗力已经下降至55%。

2月26日8:00，美军攻势继续。令人大失所望的是，陆战23团的迂回进攻到头来只是打成了另外一个方向的强攻而已，382高地居高临下的炮火给美军造成了巨大伤亡，其中1辆97式坦克和3门47mm反坦克炮射界尤其开阔，几乎可以攻击整条机场跑道上的美军，一度占领了382高地西南坡的第3营也被日军猛烈的迫击炮弹和火箭弹炸回到山脚下。同时，陆战24团3营和25团1营攻入"半圆形剧场"150米后遭遇了铺天盖地的机枪、迫击炮弹雨，瞬间2辆坦克就

埋伏在382号高地山脚下掩体中的日军97改坦克，面前是整个二号机场，视野非常开阔。

陆战四师师长凯茨少将。

被击毁。第1营C连试图在14:00派出一个排和3辆M4坦克迂回火鸡高地，结果被日军发现，部队在开阔地上遭到日军迫击炮毁灭性打击，包括排长在内多人阵亡。只有沿着右侧海岸推进的陆战25团3营取得了500米的进展，同时日军第309独立步兵大队也在当天的战斗中几乎全军覆灭。当晚，日军连续发动炮击和渗透，仅陆战25团1营正面就发现了103具日军尸体，可见其渗透力度。

27日，陆战四师获得了长达45分钟的炮火准备，随后于8:00继续进攻。陆战23团以第3营从西南方向正面进攻382高地，同时派出第1营向北迂回，结果前者遭到了日军火力沉重打击，尤其是日军齐射枪榴弹的战术对开阔地上的美军杀伤力极大，经此激战第3营兵力已不足一连。然而，第1营却逐渐登上了382高地西北坡，还击毁了2辆日军坦克。14:00，美军再起攻势，而且这次获得了坦克的直接支援，结果两个营几乎包围了382高地，第1营更是冲上山顶早已化为废墟的雷达站与日军展开肉搏。然而，正如24日美军进攻C-D一样，眼看高地即将失守之际，日军炮兵突然猛轰382高地，炸得肉搏中的双方士兵血肉

横飞，陆战队员们被迫后撤。陆战25团在当天取得了150~300米进展，却未能击破日军防线，22:00之前陆战四师师部更是被日军火炮命中多达15次，日本飞机还极为罕见地以降落伞空投补给。

28日，美军几乎重蹈了前一天的覆辙。陆战23团第2营与第1营继续两面夹击382号高地，后者再次击毁了2辆坦克，而且两营在下午基本包围了高地。然而，高地上日军火力不减，甚至对包围高地的美军打击更大，美军还以火箭弹齐射，效果却十分有限。同时，陆战25团1营也试图夹击火鸡高地，派出A、C连从北边，B连从南边发动钳形攻势。然而，两支进攻部队都被致命的炮火所阻止，B连更是被压制在一片枯树林中动弹不得，死伤枕藉。同时第2营对火鸡高地发动的正面进攻也一无所获，美军辛苦送到前线的两辆M4坦克和一门75mm榴弹炮根本奈何不了坚固的混凝土通讯碉堡。当晚，美军数座弹药堆被日军炸毁，陆战23团3营前方又增加了29具试图渗透的日军的尸体。至此，陆战四师面对绞肉山岭连续五天的进攻进展寥

火鸡高地上的混凝土通讯碉堡与M4坦克残骸。

寥、损失巨大。

攻克382号高地

3月1日8:30，陆战24团1营和2营接替陆战23团2营和1营，分别从南北两面继续夹击382号高地，并且获得了猛烈的炮火与凝固汽油弹支援。担任主攻高地的陆战24团2营G连用火焰喷射器、巴祖卡火箭筒、手榴弹和炸药包与工事里的日军展开了殊死激战，几次攻占山顶却被击退。尽管大队长已经在这一天被美军火焰喷射器烧死，日军火炮也早已开始炮击382高地，第145联队3大队仍然死战不退，疯狂抵抗。同时，陆战24团1营在遭受巨大损失后攻占了382高地东南方向的一座山岭，从而将382高地之敌与火鸡高地、"半圆形剧场"分割开来。陆战25团也再次尝试包抄火鸡高地，而且还获得了4,640发炮弹的支援，最后却根本未能前进半步，第1营被压制在枯树林里被迫撤退。

3月2日，或许美军都还未意识到决定性的突破终于来临。美军首先进行了25分钟密度空前的炮击，随后于8:00以徐进弹幕掩护陆战24团三个营同时进攻382高地。直接攻击高地的第2营前进不久就遭到阻击，协同作战的4辆坦克和车载火箭弹被迫后撤以躲避密集的日军炮火，步兵则陷入了日军机枪、迫击炮的交叉火力网之中，其中包括恐怖的320mm白炮。就在此时，营长理查德·罗斯韦尔（Richard Rothwell）中校果断派出E连一个排和两辆坦克从右侧迂回，同时另一个排毅然冲上高地。为了组织这次进攻，E连牺牲巨大。首先连长罗兰·凯里（Roland Carey）上尉被机枪打伤后撤，然后接替指挥的行政军官派特·唐兰（Pat Donlon）上尉被迫击炮弹弹片炸伤，紧接着史丹利·奥斯本（Standley Osborne）中尉刚刚接替指挥，连部就被一枚重型迫击炮弹直接命中，全连军官只剩一人幸免。即便如此，E连还是在F连的支援下拼命进攻，最终在15:30宣布攻克382号高地。第2营当天共摧毁了8挺机场、15处洞口、1门47mm反坦克炮，消灭了超过100名日军。

同一天，陆战25团的进攻就比较令人失望了。美军试图在不经过炮火准备的情况下于6:30发动奇袭，结果20分钟后，美军进攻部队反倒在开阔地上遭到日军机枪、迫击炮突然打击，顿时尸横遍地。美军调集了8辆坦克和众多榴弹炮还击，但是无论是炮弹还是火焰喷射器似乎都对火鸡高地上的日军混凝土通讯碉堡毫无作用。14:30，美军发动钳形攻势的南北两部之间一度只剩60米距离，眼看包围就要成功，但是从南部进攻的陆战25团1营B连突然遭到来自南方"半圆形剧场"方向的猛烈火力

陆战四师压制高地上的日军碉堡。

打击，瞬间就死伤了30人，因此被迫后撤。沿着东部海岸进攻的第3营较为顺利，一举推进了300米。这样一来，日军仍然死死坚守的火鸡高地和"半圆形剧场"阵地就形成了一个尖锐的突出部，嵌入美军战线正中间。当晚，陆战24团2营在夜战中阵亡4人、消灭20人。

钢铁突出部

3月3日，陆战24团从382号高地乘胜推进，向东北方向日军布防严密的山区突进了350米。同时，陆战23团接替了前一天头破血流的陆战25团，但是仍然对火鸡高地和"半圆形剧场"毫无办法，唯一的进展是工兵在喷火坦克掩护下炸毁了火鸡高地上混凝土碉堡的一部分。次日，陆战23团和25团继续徒劳的进攻，陆战24团也陷入停滞，仅仅推进了100米，却消耗了2,200磅炸药用于爆破日军工事和洞穴。此时，陆战四师的战斗力已经降至45%，美军士气跌入谷底，当面日军的抵抗意志却丝毫不减。很显然，攻克382高地仅仅孤立了本来就做好孤军奋战准备的日军，却未能瓦解其防御。

尽管3月5日暂停攻击一天，美军还是在炮战、遭遇战、围剿后方日军的过程中伤亡400余人。此时，陆战25团在C-D岭以南从西向东展开了第1、2、3营，从南向北进攻；陆战24团则在C-D岭从北向南展开了第2、1营，从西向东进攻；陆战23团在最西侧伴随陆战三师一同向北推进。3月6日，美军集中多达12个炮兵营依次支援各师攻击，其中陆战四师于9:00最后发起进攻。担任主攻的陆战23团各部分别前进了100~300米，但是其先头连G连遭到了日军毁灭性的迫击炮火打击，包括连长负伤在内伤亡惨重。陆战24团在恶劣的地形中一番苦战下来仅仅推进150米，陆战25团则基本原地不动，只有第1营在坦克和75mm半履带自行火炮支援下攻占了C-D岭山脚下的南村（Minami Village）。当晚，美军又遭到了连续的打击：陆战23团2营首先在21:30遭到准确的迫击炮弹攻击，当场30余人伤亡，不久之后陆战25团1营又遭到40~50名日军夜袭，黑夜之中传出阵阵手榴弹爆炸声、士兵被刺刀刺中的哀嚎声和急促的机枪射击声，最终美方死亡13人，日方死亡50人。凌晨5:00，陆战23团2营营部突然被一发巨型火箭弹命中，大部分军官非死即伤。

3月7日8:00，美军继续进攻，尽管此时陆战23团当面日军炮火已经明显减弱，密集的日军机枪火力和极其准确的步枪火力还是造成了严重伤亡，美军最终推进150米。陆战24团遭到了来自右侧突出部内日军的猛烈打击，仅仅取得了50米的进展，而陆战25团干脆放

3月3日，陆战四师的两名士兵抬着担架奔赴前线，脚下是一具日军尸体。

弃进攻，就地固守。次日，各部均停滞不前。此时，陆战四师战斗力已经下降至40%，但是美军在不经意间以陆战25团为铁砧、陆战24团为铁锤，形成了对日军的包夹打击，最终砸碎日军防御只是个时间问题。

海军硫磺岛守备队的覆灭与陆战四师的胜利

夹在美军攻势正中间的是此时实力尚存的日本海军硫磺岛警备队1,000余人，由井上左马二大佐指挥。按照陆战三师与西竹一中佐第26战车联队的战斗来看，如果井上左马二依托崎岖地形坚决死守，那么陆战四师还要付出远远更多的时间和鲜血。然而，井上左马二是性格刚烈的剑道高手，一直都对栗林忠道的防御战术嗤之以鼻。《硫磺岛家书》中日本海军军官差点斩首逃离折钵山的主角一幕就改编自井上左马二险些斩首折钵山守军残部的"光荣事迹"。现在，此君无意坐以待毙，于是在未与岛上海军指挥官市丸利之助少将请示的情况下就公然抗命，决定率领手下部队拼死出击夺回折钵山，以解心头之恨。

从3月8日23:00开始，陆战23团和24团遭到

南村以东极为崎岖的战场，原本海军硫磺岛警备队可以据险而守，却发动无谓进攻。

了愈发猛烈的炮击和渗透，井上左马二则秘密集结部队开始向美军阵地匍匐前进。23:30，日军潜行至陆战23团2营指挥部前方10米处，突然同时投出手榴弹，然后高喊"万岁"挥舞着刺刀冲向美军阵地。警惕的陆战队员们立即以机枪、步枪、迫击炮成片"收割"疯狂的日军，后方炮兵和军舰也连续发射照明弹，让日军士兵们无处可藏。在随后的战斗中，仅美军E连就消耗了500余枚手榴弹、200余发60mm迫击炮高爆弹、200余发照明弹，海军军舰也发射了193发照明弹。战至凌晨1:00，美军一度陷入了弹药短缺的危机，眼看防御就要崩溃，就在此时一辆吉普车拖着一拖车的弹药冒着密集的弹雨毅然驶至前线，解了燃眉之急。

不久之后，美军榴弹炮全面覆盖了战场，除了少数日军渗透至美军后方或者撤退之外，其余均被消灭。随着3月9日太阳升起，800多具日军尸体横七竖八地倒在美军阵前，其中包括带头挥舞着军刀冲锋的井上左马二大佐，海军硫磺岛警备队已经不复存在。美军共阵亡90人、受伤257人，虽然伤亡也不算轻，但是要远低于攻坚战中的巨大损失。就这样，日军长期抵抗陆战四师的资本在一夜之间灰飞烟灭。随着太阳升起，陆战四师于7:00继续进攻，甚至连陆战23团都无需休整就一鼓作气推进了300米，不过陆战24团和25团的进攻仍然十分艰难，进展甚微。

3月10日早晨8:00，美军期盼已久的突破终于来临。在徐进弹幕的掩护下，陆战23团和25团猛攻C-D岭西侧，日军的连贯防线终于崩溃，仅剩小股日军抵抗美军，于是美军主力绕过这些孤立阵地继续推进，留给后方

硫磺岛战役中至关重要的美军 60mm 迫击炮。

的工兵、坦克、步兵突击队将其一一消灭。战至15:00，沃尔特·温辛格上校的陆战23团已经推进了700米，距离东部海岸只剩500米，随后第2营派出先头部队一举攻抵立岩岬（Tachiiwa Point）附近海岸，终于完成了对当面日军的分割包围。同时，陆战25团最后一次以25团1、3营在左、25团2营和24团2营在右对"半圆形剧场"阵地和火鸡高地发动钳形攻势，这次陆战25团2、3营终于在正午时分胜利会师，彻底包围了"半圆形剧场"和火鸡高地。此时，日军的抵抗也终于到达了极限，已经抵抗15天之久的"半圆形剧场"、火鸡高地和整个C-D岭的残余日军阵地几乎同时被美军攻克，陆战25团终于在连续两个星期里足不前之后一举推进了600米。

3月11日，陆战四师的任务变为扫荡残敌，陆战23团主力顺利攻抵海岸，陆战25团却与作困兽之斗的日军展开了激战。一名俘虏向美军报告称300多名日军与千田贞季少将就藏在面前的山洞之中，但是这里山岭沟壑层峦迭嶂，美军进攻难度依然巨大。于是，美军在12日暂停攻击，试图用扩音器招降，令人哭笑不得的

是，美军的扩音器竟然因为技术故障无法使用，经过两个小时努力后耐心已尽的团长兰尼根上校干脆下令进攻。此时日军的阵地已经极为狭小，以至于美军炮兵畏于误伤守军无法继续提供火力支援，同时恶劣的地形阻碍了坦克行进，因此美军只能依靠巴祖卡火箭筒、手榴弹、60mm迫击炮、火焰喷射器和炸药包消灭顽敌。最终，残余的50~60名日军于3月15日在千田贞季少将的命令下趁夜突围，其中6人被美军击毙，其余人员被美军逼回洞内，最终在次日的总攻中被消灭。据俘虏交代，千田贞季本人已经在3月15日自尽，陆战四师终于获得了艰苦卓绝的胜利。

从2月25日至3月10日，陆战四师在强攻如同绞肉机一般的C-D岭的战斗中共伤亡4,075人，其中阵亡和失踪848人、受伤2,836人、因精神原因撤离391人。从3月11日至16日的扫尾战中陆战四师又伤亡了833人，其中至少226人阵亡。如此算来，陆战四师从2月25日开始的伤亡接近5,000人，这样的伤亡甚至超过了担任主攻的陆战三师。然而，在日复一日的血腥攻坚战中，陆战四师消灭了第2混成旅团主力、第145联队3大队，还全歼了海军硫磺岛守备队，终究以钢铁、火药、凝固汽油和血肉之躯砸烂了日本人的绞肉机。在硫磺岛战役中美军伤亡过于巨大，以至于7,188名补充兵被直接填进各部投入作战，这些缺乏经验的补充兵在人生地不熟的战场上伤亡率极高，这也是美军的无奈之举。

至此，最为关键的陆战三师和牺牲最为巨大的陆战四师的战斗已经结束，但是栗林忠道的最后一搏将发生在陆战五师面前。下一章将讲述陆战五师沿着西海岸推进，乃至最终胜利的历程。

第二十七章　昂贵的胜利——硫磺岛战役的终结

后勤奇迹

在硫磺岛战役中，美军拥有着压倒性的物质优势。然而，发挥物质优势的前提条件是及时将各种物资送至前线，但是硫磺岛时刻不停的日军炮火、遍布全岛的松软火山灰和海岸上的强浪都给美军后勤人员造成了巨大的挑战。

而且，计划在4月1日展开的冲绳战役又给硫磺岛之战带来了紧迫的时间压力，因此后勤部队的效率至关重要。

在登陆日当天，美军登陆舟艇在炮火下一股脑地将物资扔在了滩头上，因此超过10,000名后勤人员也只好在当天冒着致命的炮火登陆。就在6个陆战团从滩头阵地推进的同时，后勤部队也在进行同样意义重大的战斗。最终，后勤

登陆滩头，可见大量 LVT 陷在细沙之中，后勤保障难度巨大。

美军推土机拖拽 DUKW 上岸。

硫磺岛战役中立下大功的 M29 "鼬鼠"履带式运输车。

2 月 25 日美军以马斯顿带孔钢板铺设道路。

2 月 25 日东岸滩头的突击船舶和物资。

部队在损失巨大的情况下将60%~70%的物资送至各作战部队和补给站，立下了汗马功劳。

在随后的五天内，由于滩头沙堤和火山灰的阻碍，向前线运送补给的重任就落在了LVT两栖履带式登陆车、DUKW两栖卡车和M29"鼬鼠"履带式运输车上，而抢运至滩头的重型起重机担负了将堆积如山的物资装车，吊起陷入火山灰中车辆的重任。执行运输任务的车辆损失极大，多达133辆DUKW在战役中因为各种原因损失，达到了总数的53%。相比之下，小巧灵活的M29"鼬鼠"仅损失9辆，为参战总数的13%，表现相当优秀。

不过，仅仅利用这些特种车辆补给前线终究不是长久之计，于是美军工程兵利用推土机在沙堤上推出通道，随后铺设"马斯顿"带孔钢板，至2月25日就为轮式车辆开辟了从东部滩头到前线的道路，两天后也建成了从西部滩头至前线的道路。然而，从海上接近滩头仍然是一件困难且危险的差事：东部滩头的涌浪将众多中小型登陆艇拍上海岸，轻者搁浅、重者损毁。因此，美军利用了大量C-46/R4D、C-47/R5C运输机（分别为陆海军代号）向滩头空投补给，从3月1日开始直接向一号机场空投，从3月4日开始改为空运。

同时，开辟海况稳定的西部滩头意义重大，但是险些酿成大祸。3月1日，满载弹药的"哥伦比亚"号胜利轮（SS Columbia Victory）在岛西岸突然遭到来自两座小岛上日军迫击炮的攻击，其中一枚近失弹已经炸伤了一名船员并且造成轻微损伤。如果哪怕一枚炮弹直接命中这个"火药桶"，那么西部滩头的上千名陆战队员都会遭殃，其中甚至包括第五两栖军军

长施密特少将和登陆作战总指挥霍兰德·史密斯中将。在众目睽睽之下，"哥伦比亚"号幸运地躲开了全部炮弹驶离海滩。于是，陆军第506高射炮营被迅速部署至西岸，以其90mm高射炮压制两座小岛，西部滩头这才在3月2日重新开辟。仅仅一天后，美军全部突击船舶（assault shipping）就完成卸货、驶离硫磺岛，由运输船负责补给任务。

就这样，在整场战役中，美军将天文数字般的物资送到了前线，其中包括28,000吨各型弹药；4,100,000桶重油、595,000桶柴油、33,775,000加仑航空燃油、6,703,000加仑车辆用燃油、38吨衣物、10,000余吨舰队物资、7,000余吨船用帆布、碰垫、清洁用具、五金器具；1,000余吨糖果、洗漱用品、文具、餐具厨具和14,500吨作战口粮。数量如此庞大的物资保证陆战队员们在日复一日的血腥战斗中保持着强悍的战斗力，美军工程人员在这场战役中功不可没。

最能体现美军后勤、工程水平的莫过于通向折钵山山顶的道路。在日军占据硫磺岛的数十年内，日军几次三番试图向折钵山山顶修建

3月10日美军推土机拓宽折钵山盘山公路。

美国军舰夜间炮击日军阵地。

道路却都因为山体过于陡峭、工程难度过大而放弃。结果，于1945年3月6—7日，美军工程兵在不到24小时内以推土机修成了10米宽的双向道路，从而将雷达设施运至折钵山山顶。此时躲藏在山中的日军只能眼巴巴地目睹这一工程奇迹，随后在夜间偷取食物时被美军一一消灭。

美军在战役中的弹药消耗量也是空前的：榴弹炮日均发射超过23,000发，海军则在整场战役中发射了14,640吨弹药，其中仅新旧各型战列舰就发射了超过2,400发16英寸炮弹、5,700发14英寸炮弹和1,440发12英寸炮弹。这样的火力密度远超此前太平洋战争中的任何一场战役。除了数量之外，硫磺岛战役中美军火力支援的质量也大获提高，这主要归功于第5两栖军炮兵指挥官约翰·莱彻（John Letcher）上校率领的炮兵指挥部对这些火力的统一指挥和协调。这样一来，美军在进攻中就基本做到了军舰、飞机和大炮在时间和空间上的无缝衔接，更减少了误伤的情况。另外，陆战队大量使用的炮兵观测机和海军派出的炮火联络人员极大提高了美军炮击的准确性，摧毁了大部分探明的日军火力

点。最后，海军陆战队也在战争中首次使用了徐进弹幕，效果明显。

然而，在战役开始时海军将炮击从10天缩短到3天的行为备受争议。同样受到争议的是碌碌无为的总预备队——陆战3团。早在2月28日，陆战三师师长厄斯金少将和第5两栖军军长施密特少将就建议投入詹姆斯·斯图亚特上校的陆战3团，但是特纳中将和霍兰德·史密斯中将否决了这一请求。在后者看来，岛上的部队已经过于密集、难以展开，因此没有投入预备队的必要。然而，在战役期间美军投入了超过7,000名补充兵，其因为缺乏经验、人生地不熟而伤亡巨大，因此施密特和他的支持者们认为投入陆战3团、收窄其余部队前线是更为正确的决定。

救治伤员

在战役的第一阶段，由LST登陆舰改装的医院船"慷慨"号（Bountiful）、"慈善"号（Samaritan）、"慰藉"号（Solace），医疗运输船"平克尼"号（Pinkney）和临时征用的"奥沙克"号登陆舰（LSV Ozark）担任海上医院。至3月5日这几艘医院船和其余运输船已经后送了超过9,500名伤员，另有125名情况紧急的伤员被空运至马里亚纳群岛。至战役结束时，乘船撤离的伤员人数高达13,737人，空运撤离人数2,449人，达到了伤员总数的四分之三。

从2月25日开始，美军也积极在岛上设立医院及时抢救紧急伤员。首先海军在西岸开设了一个拥有200个床位的战地医院。陆战四师的17名外科大夫分为4个手术小组在一号机场北部

下方即为"慈善"号医院船，拍摄于 2 月 20 日。

靠近前线的位置设立战地手术室，几乎一刻不停地救治伤兵，陆战五师也在一号机场南部设立战地手术室。同一天，陆军第38战地医院的204名医护人员也顺利登陆，立即在东岸开设医院。

同时，美军明确地意识到战场急救的关键在于充足的血浆，因此不可思议地从美国西海岸直接空运冷藏血浆至战场。平均下来，一名美国志愿者在西海岸献的血八天后就会被输进万里之外的硫磺岛陆战队伤兵身体内。起初，美军专门为此在折钵山脚下设立了水上飞机基地来运输血浆，但是从3月8日开始改为直接用运输机空运至一号机场。至3月16日，超过450升血浆已经被空运至战场，而整场战役中美军共使用了超过6,000升血浆，救活了不计其数的伤员。

然而，无论医院设施再完备、血浆再充足，美军伤兵得到有效救治的最大功臣还是那些在火线上抢救陆战队伤兵的海军医护兵（Navy Corpsman）。时隔多年，众多老兵还都在回忆录中称赞并感谢这些必须一次次在遭到日军火力压制时奋不顾身离开掩体将伤兵拖到后方急救的救星。美军在战役中授予的27枚荣誉勋章当中4枚授给了海军医护兵，远超其人员比例，而且其中两人为追授，医护兵之英勇可见一斑。不同于相对文明的西欧战场，太平洋战场上的日军专门射杀美军医护兵，因此在整场战役中，多达197名医护人员牺牲、541人受伤。

即使美军尽力救治，还是有近7,000名美军在战役中阵亡，这就给尸体掩埋部门造成了巨大的困难。负责尸体掩埋工作的是路易斯·纳廷（Lewis Nutting）上尉。他几乎一刻不停地带领手下将后送的陆战队员尸体在浅坑中排成列，依次采集右手食指指纹、记录身份识别牌，但是很多士兵被炸得身首异处，那就只能通过牙齿、伤疤、文身、胎记、衣服或首饰判断身份，如果这些都没有，那就只能记录尸体来自哪个区域、什么时间以判断其单位。当一整列尸体处理完毕之后，纳廷的分队就给他们罩上毛毯或者雨衣，然后由推土机将其掩埋，最后在细沙上撒上黏土防止细沙被吹走。除了心理压力、恶臭和劳累之外，纳廷的埋尸队还有5人在战役期间伤亡，可谓受累不讨好。但正是他们的努力让阵亡的陆战队员得以安息、家人得以安心。

建成航空基地

"分遣队"行动的根本目的在于协助对日战略轰炸，因此修建机场的进度从根本上决定了这场战役的意义。最初，重修机场的任务由雷蒙德·墨菲（Raymond Murphy）少校的第133海军工程营负责，但是这支部队在登陆过程中就伤亡惨重，因此由多米尼克·埃尔米利奥（Dominick Ermilio）少校的第31海军工程营接手。从2月24日开始，勤劳的"海蜂"们就开始在查尔斯·克拉克（Charles Clark）中校的第5两栖军第2独立工兵营配合下重建刚刚夺取的一号机场，仅一天半就重修了450米的跑道。2月26日，陆战四师的第一架OY-1炮兵观测机顺利降落，随后16架来自VMO-4、VMO-5中队的OY-1炮兵观测机于3月1日从"威克岛"号护航航母（USS Wake Island）飞抵二号机场。

同时，陆战队第5两栖军独立第2工兵营和弗兰克·坎贝尔（Frank Campbell）少校指挥的海军第62工程营也分别负责修复一号机场的南-北、西北-东南和东北-西南跑道，至2月28日就迎来了第一架受损迫降的TBF鱼雷机，至3月2日将跑道延长至1,500米，并且等来了第一架陆战队R4D运输机空运12名紧急伤员。两天后，第一架执行运输任务的R5C运输机满载着5,500磅前线急需的迫击炮弹和子弹从关岛飞抵一号机场，从此美军得以直接向硫磺岛空运物资，效率远超空投。

第一架降落在硫磺岛的 OY-1 观测机。

然而，硫磺岛机场的决定性时刻在3月4日下午来临，这一天，绰号为"黛娜·迈特"（Dinah Might）的B-29轰炸机因为燃料不足在一号机场迫降，加满油后飞回马里亚纳群岛。夺取硫磺岛的根本理由之一就在于为燃料不足、故障或受损的B-29提供紧急落脚点，很快就有越来越多的B-29如此利用硫磺岛。至3月14日前线还激战正酣之际，已经有多达24架B-29在当天紧急降落在硫磺岛机场上。同时，美军也积极修复了二号机场，并且在战役结束后将二、三号机场连成一片，尽管工程难度巨大，美军还是在7月12日之前完成了一条3,000米长的跑道。最终，大约有2,400架次B-29在战争中

降落在硫磺岛机场，上面搭载了25,000名机组成员。没人可以确定倘若没有硫磺岛机场，其中多少人将命丧太平洋，但是欧内斯特·金海军上将的评论大体准确："硫磺岛战役拯救的生命超过了攻克它所牺牲的生命。"

同时，硫磺岛的另一重要意义是作为P-51"野马"战斗机护航B-29的基地。3月6日，美国陆航欧内斯特·摩尔（Ernest Moore）准将率领第15战斗机大队28架P-51"野马"和第548夜间战斗机中队12架P-61"黑寡妇"飞抵硫磺岛一号机场，立即接管了防空，压制小笠原群岛其余日占岛屿和支援地面作战的任务，其中15架P-51在3月11日首次对父岛发动了空袭，

2月末美军R4D运输机空投补给。

第一架紧急降落在硫磺岛的 B-29 轰炸机。

3 月 7 日，美军第 15 战斗机 P-51 机群从马里亚纳群岛飞往硫磺岛，注意"野马"上挂载的双副油箱。

海军护航航母也终于撤离了硫磺岛战场。3月8—9日，海军陆战队VMTB-242鱼雷机中队也飞抵硫磺岛助战；摩尔准将又在3月20日、3月23日和5月11日分别得到陆航第549夜间战斗机中队、第21战斗机大队和第306战斗机大队加强。在夜空中，P-61战斗机有效地保护了硫磺岛，以至于日军仅在5月21日、6月1日和6月24日三次趁夜将炸弹扔到岛上，其余企图均被P-61挫败。

在战争中，美军飞机共从硫磺岛对小笠原群岛其余岛屿发动了1,638架次的空袭，最终仅战损2架、故障损失8架飞机。此外，从硫磺岛起飞的P-51战斗机共执行了1,191架次B-29护航任务和3,081架次对日本本土的对地攻击或空中扫荡任务。就在勤劳的"海蜂"重建机场的同时，陆战五师正在岛西岸进行着硫磺岛战役中最为艰苦的战斗，最终依靠诸兵种的配合和陆战队员的血肉之躯歼灭岛上残敌，取得了胜利。

苦战来临

此前的全线攻击当中，凯勒·罗基少将的陆战五师在相对平坦的战线左翼进展最为迅速，至2月24日攻势结束时已经超过陆战三师约400米，因此在2月25日暂停进攻，等待陆战三师跟上。此时，陆战五师的前线宽度约1,100米，从左至右展开了陆战27团2营、26团2营和26团3营。然而，从这一刻开始，陆战五师面前一马平川的开阔地变成了一道道东西向的陡峭山岭和山谷，右侧则是居高临下的362-A和362-B高地，由日军第311独立步兵大队（辰已祭夫少佐）、数个独立机枪、速射炮中队和第17独立混成联队3大队（藤原环少佐）防御。相比起陆战三师、四师当面之敌，这里的日军虽然重武

器数量较少，但是其火力点更为分散、隐蔽，防御纵深更大，而且依托地形最大限度地发挥了轻武器的威力。其中，美军右翼的362-A高地更是日

陆战五师师长罗基少将。

军修建了复杂坑道阵地的防御重点，其山体十分陡峭，北坡更是一座直上直下24米的悬崖，日军在山棱线上部署了大量狙击手，视野囊括了直至折钵山的整个硫磺岛西岸。

事实上，陆战五师在24日攻势受阻当天的伤亡就高达353人，预示了接下来了巨大伤亡。不过，就在25日15:00，一架运气极佳的陆战五师炮兵观测机发现几门日军火炮正沿着公路向

美军M1917重机枪，枪管上写着"寡妇制造者"（Widow-Maker）。

北转移阵地。机不可失，陆战第13炮兵团立即向目标区域倾泻了近600发炮弹，确定击毁了3门火炮、数辆运输车和1座弹药堆。然而，这也是硫磺岛战役中美军唯一一次发现暴露在外的日军重武器，从此之后日军炮兵全部改为在夜间转移阵地，美军只能硬着头皮强攻。

2月26日，切斯特·格雷厄姆（Chester Graham）上校的陆战26团经过45分钟炮火准备后向700米外的362-A高地方向发动了进攻，却立即遭到了日军铺天盖地般的火炮、迫击炮打击，双方更是数次在近距离爆发手榴弹大战。不可思议的是，于10:00投入战斗的陆战26团2营F连和第5坦克营B连竟然迫使当面日军抛弃阵地逃亡，基本都在开阔地被美军机枪打死。右翼的第3营则在第5坦克营A连的支援下摧毁了不计其数的日军火力点，但是仅仅前进100米。左翼陆战27团2营在最初两小时内推进了400米，随后遭到日军压制而动弹不得，从海中提供支援的陆军第2装甲两栖突击营20辆LVT(A)-4也未能瓦解日军抵抗。最终，陆战五师整体前进约300

米，拿下了日军手中的最后两口水井，并且在明亮的月光下以炮击粉碎了日军一个中队规模的夜袭企图。从此之后，岛上日军的饮用水只能依靠现有的储备和雨水，大量士兵将因为干渴而死。

27日，美军以托马斯·沃纳姆（Thomas Wornham）上校的陆战27团接替陆战26团，依次展开第2、1、3营于8:00继续进攻。在进攻开始前，美军车载重型火箭弹齐射覆盖了当面日军阵地，随后海军舰炮更是持续炮击压制362-A高地，但是中央的第1营仅前进200米就陷入了错综复杂的日军火网当中。担任支援任务的75mm半履带自行火炮仅仅击毁一座日军火力点后整个车组就被精准的日军步机枪打得非死即伤，下午刚刚抵达的一辆喷火坦克更是在开始喷吐火舌之前就被一枚大口径迫击炮弹击毁。不过，剩下的M4坦克还是提供了强有力的火力支援，帮助陆战队员继续前进了200米。然而，A连一度在进攻中被孤立在山岭之上，遭到背后日军投掷的手榴弹和前方高地上日军步机枪的

陆战五师步坦协同进攻山岭。

猛烈打击，等到撤退时全连已8死50伤。

右翼的第3营以G连为先导，对362-A高地脚下的山岭发动了进攻，但是第一波进攻被日军击退。随后，美军在压制了部分日军火力点后卷土重来，成功爬上了山岭，却突然遭到来自反斜面的一阵手榴弹雨打击，当场被炸死10人，其中包括毅然扑向手榴弹并且因此被追授荣誉勋章的枪炮军士威廉·沃尔什（William Walsh）。然而，杀红眼的陆战队员们继续强攻，在夜幕降临前占领了这座位置关键的山岭。左翼的第2营则面对着以悬崖峭壁为主的地形，坦克完全无法通行。然而，美军以爆破小组为主力迅猛推进，最终在当天取得了500米的进展。战至中午，陆战五师终于攻抵362-A高地脚下，但是全师总共已有724人阵亡或失踪、2,494人受伤。眼前的战斗将更为血腥。

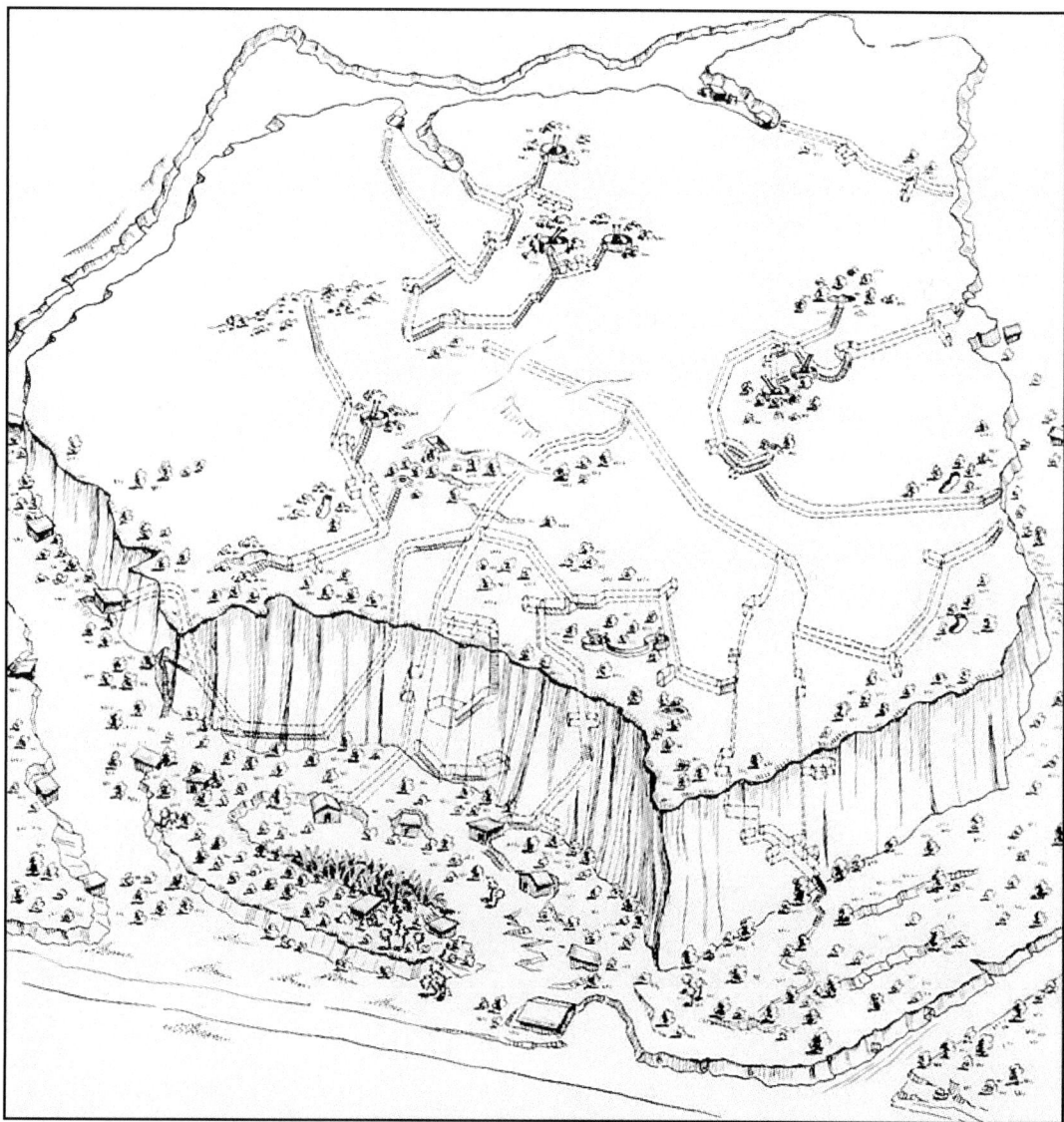

美国工兵绘制的362-A高地地图，注意四通八达的坑道和陡峭的山体。

血战362-A高地

2月28日8:15，陆战五师投入了硫磺岛上最血腥的战斗之一，陆战27团3营从右翼正面进攻362-A高地，第1营从中央攻击从362-A高地向西延伸的山岭。自出发伊始，美军就遭到了相当猛烈的炮火打击，但是两营均在正午时分推进200米至高地脚下。362-A高地在各个方向都有着凸起的巨型岩石，日军将其一一加固为火力点以阻击从任何方向靠近的美军。因此，美军遭到了异常猛烈的机枪和精准的步枪火力打击，瞬间死伤相枕。见强攻不成，美军只能派出小股侦察队，其中来自I连的一股居然在16:30摸上了山顶，但是立即遭到从坑道里钻出的日军围攻，被迫撤下山区。随后，50~100名日军对H连展开疯狂的反击，经过一番惨烈的白刃战之后才被击退。

当晚，日军又对陆战第13炮兵团的炮位展开猛烈炮击，炸毁了一座弹药库，瞬间摧毁了陆战五师20%的弹药，另外一枚炮弹险些摧毁了第5两栖军炮兵指挥部。支援作战的海军驱逐舰也在这个晚上遭受损失，首先是"特里"号驱逐舰（USS Terry）刚刚躲避空袭后不久就在硫磺岛最北端附近海域被日军岸防炮命中，舰上11死19伤，不久后"科尔霍恩"号驱逐舰（USS Colhoun）也在硫磺岛东北水域被岸防炮命中，舰上1死16伤。

3月1日，哈里·利沃塞吉上校的陆战28团接替了损失惨重的陆战27团，随后在155mm榴弹炮炮群、1艘战列舰和2艘巡洋舰领衔的45分钟强大炮火准备后，于9:00以第1、2、3营从右至左一字排开发起了进攻。对于陆战28团官兵来说，面前的362-A高地仿佛是折钵山的翻版，因此利沃塞吉也如法炮制了攻占折钵山的战术，以第2、1营分别从左右两翼迂回包抄362-A高地。至10:30，两营均已攻抵横跨362-A高地的山岭，却发现北侧是高达30米的峭壁。峭壁之后则是一道峡谷和后来被命名为"西岭"（Nishi Ridge）的日军重要山岭阵地，上面布满了轻重机枪和迫击炮，而且地形崎岖的峡谷正中间还有一道东西向的反坦克壕，这里正是岛西岸日军的主要防线所在。

无论如何，陆战28团1营A、B连首先试图从右侧迂回362-A高地，却招致子弹、手榴弹雨打击，两位连长一死一伤，A连专门组织了一个

美军向面前的西岭进攻，右侧可见362-A高地。

20人的小队去消灭日军狙击手，结果只有7人生还。同时，第2营在第5坦克营C连的10辆M4和2辆喷火坦克支援下试图强攻西岭，结果不仅攻势受阻，其中一辆坦克还在日军坑道前仅3米处抛锚，瞬间遭到30~40名日军围攻，但是坦克车组用冲锋枪、手枪拼命还击，竟然逃出生天。不过，战至此时362-A高地正面和侧面的大部分日军已经在美军持续的炮火打击下损失殆尽。另外，美军炮兵观测员在LCI(G)炮艇上指引炮火消灭日军沿岸火力点，以此协助左翼的陆战28团3营推进了350米。在此前两天的血战中，陆战五师死亡或失踪325人、受伤750人，可见362-A高地之战的血腥程度。

3月2日，陆战26团在陆战28团右边投入战斗，跟随陆战三师前进了500米，但是陆战28团继续对362-A高地展开代价巨大的钳形攻势。为了支援陷入苦战的陆战28团，陆战第13炮兵团集结了全部火力压制28团当面的日军迫击炮，同时团属重武器连调来3挺12.7mm的M2重机枪

这辆M4坦克也在战场上陷入坑中，远处可见362-A高地。

压制362-A高地北坡，并且以4.2英寸迫击炮猛轰西岭。在这样的掩护下，第5工兵营的装甲推土机终于部分填埋了反坦克壕，第5坦克营C连因此在14:00接替B连投入战斗。在前往西岭的过程中，C连坦克手猛轰362-A高地北坡，日军则抱着炸药包和反坦克雷试图与坦克同归于尽，但是大部分被美军机枪打死，陆战28团1营也消灭了129名反扑的日军。借助着坦克的掩护，陆

陆战五师机枪组在362-A高地日军的俯射下动弹不得。

战28团2营E连冲到了西岭脚下，突然之间日军枪炮齐鸣，此前攻占折钵山的功臣第2营营长钱德勒·约翰逊中校也被日军炮弹炸死。就这样，美军两营只好偃旗息鼓，但是362-A高地上的日军终于消耗殆尽，美军乘势将其攻克。

在战线左侧，陆战28团3营面对着复杂的坑道洞穴阵地缓慢推进，竟然在当天用37mm反坦克炮、81mm迫击炮和炸药包摧毁了多达68处洞口。右翼的陆战26团则接管了陆战三师当面的362-B高地战斗，即将发动另外一场艰苦的高地攻坚战。当晚，很可能是362-A高地的最后50名幸存者潜入陆战28团阵地，在肉搏战中被消灭殆尽。至此，362-A高地之战终于结束，但是同样关键的西岭和362-B高地之战已经开始。

意外突破

3月3日7:45，陆战五师官兵在发起进攻时完全没有预料到，这一天陆战五师将取得硫磺岛战役中最大的进展。在坦克、75mm半履带自行火炮和37mm反坦克炮的直接支援下，陆战28团小心翼翼地对西岭再次展开了攻击，并且在山岭上与日军再次陷入了激烈的手榴弹对战。不可思议的是，此前固若金汤的日军西岭阵地在战斗开始仅两个小时后就突然崩溃，陆

向西村进攻的陆战队员，注意左侧的M4坦克已经起火燃烧。

战28团乘势推进200米，直接占领了西村（Nishi Village），左翼第1营更是沿着海岸高歌猛进500米。

右侧的陆战26团则以第2、3营对362-B高地方向发起进攻，在日军居高临下的射击下伤亡不少。然而，正中间的第2营F连在第5坦克营B连的支援下一头冲破了日军防线，在相对开阔的地形上前进300米，随后又在碎石峡谷之间以巴祖卡火箭筒大量消灭日军火力点，继续推进了300米。同时，D、E连接替了362-B高地正斜面上的陆战三师9团3营，随后在16:00冲上了山顶与日军陷入激战。在战斗中，包括两位连长在内的大量陆战队员或死或伤，但是最终牢牢控制了高地，并且在当晚消灭了100余名试图渗透美军阵地的日军。在这一天进展出乎意料的战斗中，陆战五师也损失巨大，共136人阵亡、372人受伤，其中陆战26团伤亡多达281人。此时，陆战五师的总伤亡人数已经高达4,960人，以至于大量重武器连和指挥部人员被作为步兵编入战斗部队。

然而，这样的突飞猛进终究是昙花一现，美军3月4日的进攻彻底裹足不前，提供支援的75mm半履带自行火炮车组和37mm反坦克炮炮组更是在日军精准的轻武器打击下损失惨重，从天而降的阵雨也在缓解日军干渴的同时让美军的士气跌入谷底。次日，美军暂停攻势休整，但是即便如此，还是有2辆M4坦克分别毁于地雷和反坦克炮之手，乘坐吉普车视察前线的陆战27团1营营长约翰·巴特勒（John Butler）中校也连人带车被日军迫击炮弹炸上了天。3月6日，美军集中11个炮兵营132门75mm至155mm榴弹炮、1艘战列舰、2艘巡洋舰、3艘驱逐

舰和2艘LCI(G)炮艇依次为各师提供炮火掩护，但是陆战五师从8:00开始进攻后立刻被日军所阻，陆战26、27团仅推进50~100米，陆战28团更是未能前进一步。

3月7日，就在陆战三师对362-C高地展开夜袭的同时，陆战五师也派出陆战26团1营和3营H连提前40分钟对西村以北仅10米的小土丘发动突袭。不可思议的是，美军竟然没有遭到阻击就包围了这座土丘，还打死了几名逃跑的日军。就在美军为此意外收获而惊叹，派出H连40余人登上土丘的一瞬间，整座土丘突然在一声巨响中山崩地裂，炸药将陆战队员抛上天空，当场43人伤亡。原来，早在3月4日日军总指挥栗林忠道中将就决定向北方转移指挥部，而这场爆炸正是栗林忠道专门留下的"惊喜"。随后发动进攻的陆战26团3营主力仅仅推进150米就被阻挡，从中央出击的陆战27团2营也在顺利推进一段后陷入山岭沟壑之间，陷入两个方向的日军机枪交叉火力网之中，试图迂回的一个排更是几近覆没，幸好37mm反坦克炮压制了日军机枪才避免了更大伤亡。

只有在战线左侧，由陆战28团统一指挥的陆战27团2营和28团3营再次取得了意料之外的巨大进展。此前抵抗猛烈的日军突然不见踪影，只留下少数部队迟滞美军。于是，美军两个主攻营大胆穿插，将日军后卫部队留给跟进的陆战28团1、2营消灭，一举在易守难攻的恶劣地形中推进了500米，还拿下了日军未设防的215号高地。另外值得一提的是，由于陆战队榴弹炮在3月5日的炮击中弹药消耗过大，这一天的火力支援继续全部由海军驱逐舰和舰载机负责，各舰均奉命发射500发5英寸炮弹，舰载机则提供了147架次的支援，共投下67枚500磅炸弹、170枚100磅炸弹、426枚火箭弹和40枚凝固汽油弹，不过其中只有26枚成功引爆。至此，

陆战28团距离北方海岸仅剩700米，而且第5两栖军军长施密特少将更是发出命令："占领硫磺岛全部。"胜利似乎不再遥远。

3月8日，陆战27团团长沃纳姆上校命令装甲推土机为坦克开辟了通道，随后第2营在坦克支援下缓步前进，摧毁或压制了大量日军火力点，仅E连就消灭了75名日军。左翼的D、F连没能获得坦克支援，但是成功将陆战第13炮兵团B连的一门75mm榴弹炮推上前线直接对日军火力点发射了200余发炮弹，最终各部推进约100米。在战斗中，E连的职业橄榄球运动员杰克·拉默斯（Jack Lummus）中尉两次被手榴弹炸倒，却继续身先士卒突击日军火力点，唤起了全连的斗志。最后，他的双腿被一枚地雷同时炸断，奄奄一息的拉默斯却命令全排继续进攻，因此被追授荣誉勋章。

战线中央的陆战26团攻抵北村（Kita Village），却陷入了日军依托建筑物设置的筑垒地域，第1营强行推进400米后也因为缺乏支援而功亏一篑。左翼的陆战28团再次进展迅猛，在75mm半履带自行火炮、37mm反坦克炮和81mm迫击炮强有力的支援下推进了300~500米，但是也因为遭到日军猛烈阻击而停滞。当天，美军舰载机反复轰炸日军手中的最后制高点——165号高地，尽情地倾泻弹药。次日，从硫磺岛起飞的陆航P-51战斗机彻底接管了对地支援的任务，美军护航航母终于驶离硫磺岛。

3月9日，陆战27团首先遭遇飞来横祸，第1、2营营长在商议作战计划时一名传令兵踩上了一枚美国海军6英寸哑弹，传令兵和一众军官被当场炸死、两位营长重伤。此前进展顺利的陆战28团也遭到当面山岭上日军的顽抗，无法继续前进。次日，陆战28团仅推进200米、26团100米、27团更是止步不前。他们面前是岛上日军的最后抵抗阵地——北之鼻海角（Kitano

3月9日美军坦克推土机支援陆战五师作战。

Point），里面包括第145步兵联队2大队、第17独立混成联队3大队和一部散兵在内的1,500人。他们将在栗林忠道的亲自指挥下疯狂抵抗两个星期，让陆战五师流尽鲜血。

从2月25日至3月10日，陆战五师在苦战中推进不到3,000米，却遭受了1,098人阵亡或失踪、2,974人受伤和220人因精神原因撤离的惨痛损失，居三个陆战师之首。同时，陆战五师也确认消灭了8,073名日军、俘虏111人，战果同样超过了另外两个陆战师。

苦斗困兽

3月11日，陆战五师在陆战三师21团的配合下对北之鼻日军展开了攻势。由于此时日军在别处的有组织抵抗已经基本崩溃，陆战五师获得了全部12个炮兵营、飞机和军舰的支援。陆战28团依次展开第2、1、3营从左侧进攻，陆战27团依次展开配属的陆战26团1营、27团1、2、3营从右侧进攻。然而，无路可退的日军进行了困兽般的抵抗，让美军为每一寸土地的推进都付出巨大代价，陆战28团面对日军重兵防御的山岭仅仅前进了不到30米；陆战27团2营因为损失过大彻底退出战斗，第1营终于扫除了当面已经阻挡他们五天之久的日军，第3营则经过三次突击才拿下几座高地。12—13日的攻势只不过

是11日的翻版，各部均在日军猛烈抵抗下进展寥寥、损失巨大，尤其是陆战28团几乎寸步难行。

日军并不是临时起意才退守北之鼻海角，而是早就选定此地作为最后坚守到底的阵地。美军也终于发现了这一事实：飞机丢下的一枚500磅炸弹引起了400米外的一阵烟尘；另一枚则激起了半径200米的烟雾，可见日军早已在整个区域内挖满坑道，藏兵地下。同时，陆战五师的大部分连队都仅剩一个排的兵力，经验丰富的连排长也已损失殆尽。但是实际上美军在13日几乎逮住了栗林忠道——几名陆战26团的美军士兵发现了栗林忠道藏身的洞穴，迫使栗林和手下在洞穴深处屏声息气，可惜的是美军士兵没有深入洞穴搜查，栗林逃过一劫。

14日，美军转变主攻方向，令陆战28团原地固守，同时27团在推土机和喷火坦克的支援下从东向西进攻日军薄弱环节，一举取得了500米的巨大进展。当天9:30，第5两栖军军部举行了隆重的升旗仪式，在霍兰德·史密斯中将，施密特、厄斯金、凯茨、罗基少将，海军特纳中将、希尔少将以及陆军守备司令詹姆斯·钱尼（James Chaney）少将的注视下，折钵山上的星条旗缓缓落下，司令部的旗杆上星条旗缓缓升起，随后史密斯中将乘机飞离硫磺岛。

15日，东京的电台也向硫磺岛的最后900余名守军播放了"硫磺岛之歌"，以此命令剩余守军战斗到底、"光荣玉碎"。然而，战斗还未结束。当天凌晨2:00，100余名日军企图渗透陆战27团3营阵地，其中15人被击毙，还有小股日军靠近陆战26团2营阵地突然投掷手榴弹，最后第3营又在清晨时分遭到30余名日军攻击，其中半数被击毙，半数自杀。昼间，陆战27团又推进了400米，当面日军抵抗轻微，陆战26团也推进了200米。但是陆战28团当面日军仍然依托

3月16日的奇特场面：美军在这名日本伤兵承诺不引爆手雷后给其送去香烟。

山岭和峡谷疯狂抵抗。

16日，陆战三师和五师平分了攻占北之鼻的任务，其中陆战三师至当天14:00就攻占了海角东半边，陆战21团2营更是消灭了众多使用手榴弹或炸药包进行自杀式攻击的日军。然而，在陆战五师当面日军抵抗仍然激烈，陆战26团仅前进200米，28团则干脆按兵不动，耐心地逐个消灭日军火力点。战至当晚，陆战五师已经阵亡或失踪2,213人、5,959人受伤，全师战斗力仅剩30%。然而，日军也终于到了崩溃边缘，18:00，美军宣布硫磺岛战役结束，陆战第13炮兵团也因为日军防区过小而停止炮击。同时，栗林忠道命令身边的第145联队长池田增雄大佐烧毁军旗，并且向东京发出"面对数量和质素占优的陆海空攻击，卑职已尽全力，然现在险要尽落敌手，卑职万分抱歉"的诀别电报。随

后，他与池田增雄大佐和岛上海军指挥官市丸利之助少将一同前往山洞中的最后指挥部。市丸利之助还向罗斯福总统写了一封信，谴责美国妄图控制世界，不知是否寄到。

相当有趣的是，就在美军于3月17日攻占165号高地的同时，陆战三师师长厄斯金少将派出两名自告奋勇的日军战俘带着步话机向池田增雄递送劝降书。二位成功递交了劝降书，因为担心被栗林忠道处决而在收到回复前赶快离开，却误入陆战五师阵地，差点被疑心重重的陆战队员打死，好在厄斯金少将急忙派人将两人救出。更令人哭笑不得的是，硫磺岛美军突然在3月18日传开了"德国投降"的谣言，瞬间全岛部队陷入狂欢，最后被防空警报打断。

然而，陆战五师身心俱疲的官兵们在血淋淋的战斗中无心幽默。陆战28团面前的是一道600米长、200~500米宽，且极为陡峭的峡谷，全部通道都被日军机枪封锁，美军称其为"死亡谷"（Death Valley）。在17日的战斗中，一名陆战队员的火焰喷射器被日军命中，当场烧成火球，一名前来救援的战友也被活活烧死。美军为了减少伤亡尝尽千方百计，包括直射火箭弹、从炮兵观测机上投掷手榴弹、将汽油灌入峡谷点燃、从悬崖上方降下炸药包引爆，但是却依然无法消灭日军，尽管连日本大本营都在当

165号高地附近被抓获的日军战俘。

天宣布战斗结束，守军全体"玉碎"。24日，日军终于被挤压进一个50米乘50米的狭小方块内。从3月11日至26日，陆战五师在战斗中阵亡失踪638人、受伤1,640人、因精神原因撤离122人，远超另外两师1,485人的伤亡总和，或许冥冥之中这就是陆战五师将旗帜插在折钵山山顶，成为硫磺岛战役象征的代价。

昂贵的胜利

3月26日凌晨，指挥堪称完美的栗林忠道已经率部坚守一月有余，但是不可避免的最后时刻终于来临。一向头脑冷静的栗林忠道此时也没有失去理智，而是决定以一场计划周密的最后攻击完成他一直以来的目的——以手中有限的兵力给美军造成最大伤亡。于是，他亲率200~300名最后残存的日军趁着夜色潜伏通过美军前线，之后按照计划兵分三路偷袭三号机场上的美军。

从5:15开始，日军突然冲入美军第5战斗工兵营、第98海军工程营、陆航第21战斗机大队和第506高射炮营的营区，四处攻击从睡梦中惊醒的美军。不同于此前的"万岁"冲锋，栗林忠道严令手下部队保持安静，全神贯注地给美军造成最大伤亡。部分日军使用缴获的美军武器，甚至包括一门巴祖卡火箭筒四处射击，又引得美军互相射击，误伤情况严重，另一部分日军则挥舞着军刀、刺刀四面砍杀帐篷中的美军。在恐怖混乱的夜战中，第5战斗工兵营率先组织起散兵线，在自发投入战斗的陆战队员、航空兵、海军工程兵，甚至陆军医护兵的支援下发起反攻，其中包括很多仅被美军用作后勤兵的非裔陆战队员。

经过三小时的惨烈厮杀，日军在战场上留下了262具尸体，18人被俘，丢下的40把军刀更说明这场最后攻击中日军军官的比例。美军方面仅航空部队就阵亡44人、受伤99人，第5战斗工兵营也阵亡9人、受伤31人，代价实在不轻。其中，B连的哈里·马丁（Harry Marin）中尉率先组织抵抗，又在两度中弹的情况下坚持指

日军在夜袭中突袭的美军第21战斗机大队营地，注意右侧帐篷上的密集弹孔。

挥战斗、救援负伤战友，直至被手榴弹炸死，因此被追授了硫磺岛战役中的最后一枚荣誉勋章。硫磺岛战役终于以栗林忠道设想的方式结束。

毫无疑问，硫磺岛之战对于美军来说是一场极为昂贵的胜利，战至26日陆战队总伤亡高达25,851人，同时消灭20,000余名日军，却仅仅俘虏216人。从26日开始，担任守备部队，由罗伯特·约翰逊（Robert Johnson）上校指挥的陆军第147团又在扫荡作战中消灭大量日军。其中200多名日军在4月突然潜入东部滩头北侧高地，试图突击美军指挥部，结果大部被歼。后来日军第2混成旅团的地下医院又被美军发现，但是其中72名伤员和军医却极为罕见的通过投票决定投降，只有1人自杀。最终，第147步兵团击毙1,602名日军、俘虏867人，但是少数幸存日军一直躲藏至1949年，而那时第一部反映硫磺岛战役的电影《硫黄岛浴血战》已经在美国上映。

总之，海军陆战队官方战史统计美军总伤亡为6,775人阵亡失踪、19,217人受伤，中文维基百科则显示美军6,821人阵亡失踪、21,865人受伤，同时日军除了1,083人被俘外，剩下21,000至23,000人全军覆没。无论如何，这是太平洋战争中唯一一场完全由海军陆战队"担纲主演"的两栖登陆战，却也是唯一一次美军伤亡明显超过日军的行动。

充足的物质条件和高超的技战术水平是美

4月5日—8日第147步兵团使用巴祖卡火箭筒消灭顽抗日军。

国取得最终胜利的基石，最能说明问题的就是大部分搭载陆战队员前往硫磺岛的运输船是1944年以后建造的，其中运载陆战四师和五师的运输船当中竟然只有1艘在1944年10月31日之前服役。然而，栗林忠道完全认识到了美日两军之间巨大的物质差距，因此充分利用硫磺岛地形做出了具有针对性的防御部署，更首次大规模布设地雷，将硫磺岛打造成了太平洋战场上最为致命的海上要塞。最终，陆战队员们不顾巨大牺牲，前仆后继地掉到了一个又一个日军火力点，几乎是一寸寸地夺下了硫磺岛。在战役中，美军不可思议地授予了27枚荣誉勋章，其中陆战队获得的22枚占到其"二战"中总数的四分之一。然而，这27枚荣誉勋

硫磺岛血战的真实写照：两名陆战队员用步枪和钢盔为战友立起墓碑后，投入接下来的血腥战斗。

章中有14枚是追授给了已经在血战中身亡的战士。

最后，让我们用尼米兹将军的评论来概括这场战役："对于在硫磺岛作战的人来说，不寻常的勇气是普遍的美德。"

第二十八章　结　　语

至此，第二次世界大战太平洋战区的主要战役全过程就展现在了读者们面前。冲绳岛战役虽然严格意义上讲也属于太平洋战区，但是从战略层面上看更像是西南太平洋战区（South West Pacific Area）和太平洋战区的最终交汇，也是日本帝国结束的开始，因此本书不再叙述。

从结果而言，太平洋战区毫无疑问是第二次世界大战亚太战场的主舞台，也是整场战争中最具特色的篇章。在前所未有的强大工业和科技实力的支持下，美日两国在人类历史上首次将战争的主舞台放在了浩瀚的大洋之上，奉献了包括偷袭珍珠港、中途岛海战、瓜岛三栖大战、马里亚纳海陆决战在内的一段段战争史诗。在短短的三年半之内，日本陆海军盛极而衰，战争初期势不可挡的扩张戛然而止，随后在美军的打击下节节败退，几无还手之力。美军方面则在珍珠港的突然打击中迅速恢复，以有限的实力在各个方向上遏制了日军进攻的势头，最后以人类战争史上少见的决心和实力实现了越洋反攻的宏大设想。

太平洋战场最大的悖论在于，从结果看来美军最终取得胜利似乎是不可避免的，但是取得胜利的过程又是最为艰难、血腥的。毕竟，开足马力支持战争的美国社会和工业体系远不是日本人所可以比拟的，其中1944年美军投入中太平洋反攻的几乎全新舰队和新组建的陆战师

就是双方战争潜力差距的最直观体现。不过，最终将纸面上的优势转化成战场胜利的还是人——上至尼米兹、哈尔西、斯普鲁恩斯这样的名将名帅，下至贝斯特、埃德森、巴斯隆、伯尼曼、弗拉丘、霍普、海耶斯和千千万万没能在历史书中留下姓名的普通官兵。此外，还有从"内华达"号战列舰上努力还击的高射炮手、中途岛战役中径直突向日军航母的美军鱼雷机中队、埃德森岭上坚守岌岌可危阵地的陆战队突击队员、阿留申群岛暴风雪中起飞轰炸敌占岛屿的PBY机组、面对塔拉瓦滩头钢雨的陆战队员、淹没在塞班岛日军"万岁"冲锋人海里却仍然抵抗的陆军官兵、又一次将战友尸体拖下血鼻山脊的陆战一师医护兵、在折钵山顶星条旗辉映下冒着密集炮火突入绞肉防线的陆战队坦克兵。他们坚信最终的胜利，但是他们同样清楚取得胜利绝不轻松，需要他们最彻底的奉献。

在战场的另一侧，日军官兵们对胜利的渴望更加狂热。然而，日本帝国的侵略行径终究是一场不负责任的豪赌，战争发动者们从未想明该如何收场。等到扩张狂潮在中途岛和瓜岛戛然而止之后，一意孤行的日本帝国决策者只知道将士兵的生命和不多的本钱无意义地挥霍在浩瀚的大洋之上，最终仅在中太平洋各岛和硫磺岛上就遭受了268,900人死亡的惨痛代价。此等人类历史上少见的愚蠢行径也应警醒后人。

参 考 资 料

(1) 何国治：《南太平洋海战记》，武汉大学出版社2013年版。

(2) 刘怡：《联合舰队》，武汉大学出版社2010年版。

(3) Prange, Gordon W., Donald M. Goldstein, and Katherine V. Dillon. At Dawn We Slept: the Untold Story of Pearl Harbor. New York: McGraw-Hill, 1981.

(4) Stille, Mark. Tora! Tora! Tora!: Pearl Harbor 1941. Oxford: Osprey, 2011.

(5) Smith, Carl. Pearl Harbor 1941: the Day of Infamy. Oxford: Osprey Publishing, 2009.

(6) Zimm, Alan Douglas. Attack on Pearl Harbor: Strategy, Combat, Myths, Deceptions. Havertown, PA: Casemate, 2011.

(7) Russell, David Lee. Early U.S. Navy Carrier Raids, February-April 1942: Five Operations That Tested a New Dimension of American Air Power. Jefferson, NC: McFarland & Company, Inc., Publishers, 2019.

(8) Lundstrom, John B. The First Team: Pacific Naval Air Combat from Pearl Harbor to Midway. New York: Naval Institute Press, 2013.

(9) Chun, Clayton K.S, and Howard Gerrard. The Doolittle Raid 1942: America's First Strike Back at Japan. Oxford: Osprey, 2006.

(10) Parshall, Jonathan B., and Anthony P. Tully. Shattered Sword: the Untold Story of the Battle of Midway. Washington: Potomac Books, 2007.

(11) Stille, Mark. Midway 1942: Turning Point in the Pacific. Oxford: Osprey, 2010.

(12) Symonds, Craig L. The Battle of Midway. Oxford: Oxford University Press, 2011.

(13) Frank, Richard B. Guadalcanal: the Definitive Account of the Landmark Battle. Harmondsworth: Penguin Books, 1992.

(14) Tregaskis, Richard. Guadalcanal Diary. Mattituck, NY: Amereon House, 2002.

(15) Leckie, Robert. Helmet for My Pillow: from Parris Island to the Pacific. New York City, NY: Bantam Books, 2010.

(16) Garfield, Brian. Thousand-Mile War: World War II in Alaska and the Aleutians. Fairbanks: University of Alaska Press, 2010.

(17) Cloe, John Haile. Attu: The Forgotten Battle. Anchorage, AK: National Park Service, 2017.

(18) Wukovits, John F. One Square Mile of Hell: the Battle for Tarawa. New York: NAL Caliber, 2007.

(19) Smith, George W. Carlson's Raid:

the Daring Marine Assault on Makin. New York: Berkley Books, 2003.

(20) Lacey, Sharon Tosi. Pacific Blitzkrieg: World War II in the Central Pacific. Denton, TX: University of North Texas Press, 2015.

(21) Goldberg, Harold J. D-Day in the Pacific: the Battle of Saipan. Bloomington: Indiana University Press, 2007.

(22) Tillman, Barrett. Clash of the Carriers: The True Story of the Marianas Turkey Shoot of World War II. New York, NY: NAL Caliber, 2006.

(23) Y'Blood, William T. Red Sun Setting: The Battle of the Philippine Sea. Annapolis, MD: Naval Institute Press, 2003.

(24) Stille, Mark. The Philippine Sea 1944: The Last Great Carrier Battle. Oxford, England: Osprey Publishing, 2017.

(25) Prefer, Nathan. Battle for Tinian: Vital Stepping Stone in America's War Against Japan. Philadelphia, PA: Casemate Publishers, 2012.

(26) Gailey, Harry. The Liberation of Guam, 21 July - 10 August 1944. Novato: Presidio, 1997.

(27) Ross, Bill D. Peleliu: Tragic Triumph: the Untold Story of the Pacific War's Forgotten Battle. New York: Random House, 1991.

(28) Blair, Bobby C. Victory at Peleliu: the 81st Infantry Division's Pacific Campaign. Oklahoma City, OK: University Of Oklahoma Press, 2014.

(29) Sledge, Eugene B. With the Old Breed: At Peleliu and Okinawa. Novato: Presidio, 2007.

(30) Ross, Bill D. Iwo Jima: Legacy of Valor. New York: Vintage Books, 1986.

(31) Hough, Frank O., Verle E. Ludwig, and Henry I. Shaw. Pearl Harbor To Guadalcanal. Vol. 1.

5 vols. History of U.S. Marine Corps Operations in World War II. Washington: Historical Branch, G-3 Division, Headquarters, U.S. Marine Corps, 1959.

(32) Shaw, Henry I., Bernard C. Nalty, and Edwin T. Turnbladh. Central Pacific Drive. Vol. 3. 5 vols. History of U.S. Marine Corps Operations in World War II. Washington: Historical Branch, G-3 Division, Headquarters, U.S. Marine Corps, 1966.

(33) Garand, George W., and Truman R. Strobridge. Western Pacific Operations. Vol. 4. 5 vols. History of U.S. Marine Corps Operations in World War II. Washington: Historical Branch, G-3 Division, Headquarters, U.S. Marine Corps, 1971.

(34) Heinl, Robert D. The Defense of Wake. Marines in World War II Historical Monograph. Washington: Historical Section, Division of Public Information, headquarters, U.S. Marine Corps, 1947.

(35) Zimmerman, John L. The Guadalcanal Campaign. Marines in World War II Historical Monograph. Washington: USMCR Historical Section, Division of Public Information Headquarters, U.S. Marine Corps, 1949.

(36) Stockman, James R. The Battle for Tarawa. Marines in World War II Historical Monograph. Washington: Historical Section, Division of Public Information, headquarters, U.S. Marine Corps, 1947.

(37) Heinl, Robert D., and John A. Crown. The Marshalls: Increasing the Tempo. Marines in World War II Historical Monograph. Washington: Historical Branch, G-3 Division, Headquarters, U.S. Marine Corps, 1954.

(38) Hoffman, Carl W. Saipan: The Beginning of the End. Marines in World War II Historical

Monograph. Washington: Historical Branch, G-3 Division, Headquarters, U.S. Marine Corps, 1950.

(39) Hoffman, Carl W. The Seizure of Tinian. Marines in World War II Historical Monograph. Washington: Historical Branch, G-3 Division, Headquarters, U.S. Marine Corps, 1951.

(40) Lodge, O. R. The Recapture of Guam. Marines in World War II Historical Monograph. Washington: Historical Branch, G-3 Division, Headquarters, U.S. Marine Corps, 1951.

(41) Hough, F. O. The Assault on Peleliu. Marines in World War II Historical Monograph. Washington: Historical Branch, G-3 Division, Headquarters, U.S. Marine Corps, 1950.

(42) Bartley, Whitman S. Iwo Jima: Amphibious Epic. Marines in World War II Historical Monograph. Washington: Historical Section, Division of Public Information Headquarters, U.S. Marine Corps, 1954.

(43) Heinl, Robert Debs. The Defense of Wake. Marines in World War II Commemorative Series. Washington: Marine Corps Historical Center, 1947.

(44) Hoffman, John T. From Makin to Bougainville: Marine Raiders in the Pacific War. Marines in World War II Commemorative Series. Washington: Marine Corps Historical Center, 1995.

(45) Alexander, Joseph H. Across the Reef: the Marine Assault of Tarawa. Marines in World War II Commemorative Series. Washington: Marine Corps Historical Center, 1993.

(46) Craven, Wesley, and James Cate, eds. Plans and Early Operations, January 1939 to August 1942. Vol. 1. 7 vols. The Army Air Forces in World War II. Chicago: University of Chicago Press, 1948.

(47) Craven, Wesley, and James Cate, eds. The Pacific: Guadalcanal to Saipan, August 1942 to July 1944. Vol. 1. 7 vols. The Army Air Forces in World War II. Chicago: University of Chicago Press, 1950.

(48) Craven, Wesley, and James Cate, eds. The Pacific: MATTERHORN to Nagasaki, June 1944 to August 1945. Vol. 5. 7 vols. The Army Air Forces in World War II. Chicago: University of Chicago Press, 1952.

(49) Conn, Stetson, Rose C. Engelman, and Byron Fairchild. Guarding the United States and Its Outposts. United States Army in World War II: The Western Hemisphere. Washington: Office of the Chief of Military History, Dept. of the Army, 1964.

(50) Miller, John. Guadalcanal: The First Offensive. United States Army in World War II: The War in the Pacific. Washington: Center of Military History, United States Army, 1995.

(51) Crowl, Philip A., and Edmund G. Love. Seizure of the Gilberts and Marshalls. United States Army in World War II: The War in the Pacific. Washington: Center of Military History, United States Army, 1993.

(52) Crowl, Philip A. Campaign in the Marianas. United States Army in World War II: The War in the Pacific. Washington: Center of Military History, United States Army, 1993.

(53) Smith, Robert Ross. The Approach to the Philippines. United States Army in World War II: The War in the Pacific. Washington: Center of Military History, United States Army, 1996.

(54) Historical Division, War Department. The Capture of Makin: 20 November-24 November 1943. American Forces In Action Series. Washington: Historical Division, War Department,

1946.

(55) Historical Division, War Department. "The Fight on Tanapag Plain (27th Division, 6 July 1944)." Essay. In Small Unit Actions, 65–114. American Forces in Action Series. Washington: Historical Division, War Department, 1946.

(56) Office of the Chief of Military History, Dept. of the Army. Aleutian Islands: 3 June 1942-24 August 1943. The U.S. Army Campaigns of World War II. Washington: Office of the Chief of Military History, Dept. of the Army, 1992.

(57) Office of Naval Intelligence, US Navy. Early Raids in the Pacific Ocean, February 1 to March 10, 1942. Combat Narrative. Publication Section, Combat Intelligence Branch, 1943.

(58) Morison, Samuel Eliot. The Rising Sun in the Pacific, 1931-April 1942. 3. Vol. 3. 15 vols. History of United States Naval Operations in World War II. Annapolis, MD: Naval Institute Press, 2010.

(59) Morison, Samuel Eliot. Coral Sea, Midway and Submarine Actions: May 1942 - August 1942. 4. Vol. 4. 15 vols. History of United States Naval Operations in World War II. Annapolis, MD: Naval Institute, 2010.

(60) Morison, Samuel Eliot. Coral Sea, Midway and Submarine Actions: May 1942 - August 1942. 4. Vol. 4. 15 vols. History of United States Naval Operations in World War II. Annapolis, MD: Naval Institute, 2010.

(61) Morison, Samuel Eliot. Coral Sea, Midway and Submarine Actions: May 1942 - August 1942. 4. Vol. 4. 15 vols. History of United States Naval Operations in World War II. Annapolis, MD: Naval Institute, 2010.

(62) Morison, Samuel Eliot. The Struggle for Guadalcanal: August 1942 – February 1943. 5. Vol. 5. 15 vols. History of United States Naval Operations in World War II. Annapolis, MD: Naval Institute, 2010.

(63) Morison, Samuel Eliot. Aleutians, Gilberts, and Marshalls: June 1942 – April 1944. 7. Vol. 7. 15 vols. History of United States Naval Operations in World War II. Annapolis, MD: Naval Institute, 2011.

(64) Morison, Samuel Eliot. New Guinea and the Marianas: March 1944 – August 1944. 8. Vol. 8. 15 vols. History of United States Naval Operations in World War II. Annapolis, MD: Naval Institute, 2011.

(65) Morison, Samuel Eliot. Victory in the Pacific: 1945. 14. Vol. 14. 15 vols. History of United States Naval Operations in World War II. Annapolis, MD: Naval Institute, 2012.